이제껏 아무도 일러주지 않은
세종치세 도둑 대학살

이제껏 아무도 일러주지 않은

# 세종치세
# 도둑
# 대학살

조병인 지음

역사인

"요즈음 도둑이 날뛰는 것은 내가 백성의 생계를 챙겨주지 못한 데서 비롯되는 것이라서 심히 부끄럽게 생각한다."

- 세종실록 1444년(세종 26) 10월 9일 -

# 책을 여는 글

세종대왕 내외가 영면에 들어있는 여주가 고향이라, 어릴 적부터 대왕을 흠모하며 살았다. 초·중·고교를 다니는 동안 대왕의 훌륭한 면모를 참 많이 배웠고, 그럴 때마다 대왕의 위대함에 놀라며 속으로 무한한 존경심을 키웠다.

그런데 《세종실록》에 실린 빛나는 업적과 찬란한 창작에 감탄과 탄복을 거듭하다가, 꿈에도 생각해본 적이 없는 무지막지한 '잔혹사'가 있었음을 알게 되었다. '천국 속의 지옥'을 본 것이다.

지난 2016년에 나는 형사학도로서의 본능적 호기심에서 세종실록에 수록된 '죄수처형 기사'들을 분석해보고 나의 두 눈을 의심하였다. 세종이 보위에 있었던 32년 동안 천오백 명 안팎의 죄수가 사형에 처해진 사실을 확인했기 때문이다.

사형에 처해진 인원과 실제로 처형된 인원은 달랐을 것임을 감안하여도 충격적인 숫자였다. 거룩한 덕이 높고 높아서 사람들이 '해동의 요순'이라고 불렀다는 성군 시절에 연평균 50명에 이르는 백성이 극형에 처해졌다니 도무지 믿기질 않았다. 그것도 인구가 오백만 명 안팎 수준이던 시절의 일이니, 어떻게 믿음이 갔겠는가.

하지만 그다음에 맞닥뜨린 상황에 비하면 별 일도 아니었다. 다시 또 궁금증이 발동해 32년 동안 사형에 처해진 죄수들의 연도별 분포와 죄목을 분석해봤더니, 재위 막바지 28개월 동안 도둑들이 무더기로 처형된 '학살참극'이 드러났다. 이유가 뭐였을까?

풀리지 않는 수수께끼를 끌어안고 퍼즐을 풀어줄 단서를 오랫동안 추적한 끝에 마침내 비밀열쇠가 간직된 거대한 '정책실험장'을 찾았다. 바다처럼 넓은 실록의 숲에서 실험공간의 입구와 출구에 해당하는 특종기사 두 개를 극적으로 발굴한 것이다.

입구를 알려준 기사는 1422년(세종 4) 12월 20일에 대왕이 절도범을 처벌함에 있어서, 사면받은 전과는 따지지 말고, 사면 후에 절도를 세 번 저지른 경우만 사형에 처하게 하였다는 것이었다.

출구를 알려준 기사는 1445년(세종 27) 7월 5일에 대왕이 절도범을 처벌함에 있어서, 다시 예전처럼 사면받은 전과까지 합쳐서 절도를 세 번 범했으면 사형에 처하게 하였다는 것이었다.

그날 이후로 나는 네 가지 의문을 가슴에 품고서 각각에 대한 해답을 찾기 위해 시간과 수고를 아낌없이 쏟았다. 지금 와서 생각하면, 만년 형사학도로서 일종의 소명의식 같은 것을 느꼈던 것 같다.

"대체 그 사이 무슨 일들이 있었기에 대왕이 정책을 되돌렸을까?"
"도둑들에 대한 형벌정책을 바꾼 이후로 어떤 일들이 생긴 것일까?"
"끔찍한 참극이 28개월 만에 갑자기 멈춘 이유는 무엇 때문이었을까?"
"대왕이 죽은 뒤에는 도둑문제와 국가의 대응이 어떻게 전개되었을까?"

가장 먼저, 대왕이 처음에 도둑들에 대한 형벌정책을 바꿨다가 다시 당초의 정책을 복구하기까지 23년 동안의 세종실록을 샅샅이 훑어봤더니, 경악할 일들이 화석처럼 새겨져 있었다.

도둑들을 바다의 외딴섬이나 변방의 오지로 추방하고, 발꿈치 힘줄을 자르고, 얼굴에 죄명을 문신하였던 야만의 자취가 복마전처럼 어지럽게 뒤엉켜 있었다.

나라의 경사를 축하하거나 위기를 극복하려고 반복해서 시행한 사면이 도둑을 늘리는 역효과를 가져와 신하들의 집단항명이 있었던 흔적도 보였다. 도둑이 들끓어 나라에서 특별단속을 지시하면, 관원들이 고문의 수위를 높여서 엉뚱한 자에게 누명을 씌우거나 목숨을 잃게 한 자취가 곳곳에 남아있었다.

두 번째로, 도둑들에 대한 형벌정책을 다시 되돌린 이후의 상황을 추적해봤더니, 세종 29년 5월에 '우마절도범처벌 특례'가 제정되고, 두 달 뒤인 세종 29년 7월부터 살벌한 도둑사냥이 시작되었다. 그때로부터 불과 28개월 사이에 도둑 524명이 처형되었다. 오랫동안 도둑질을 반복하고서도 연달은 사면 덕분에 전과표시만 남기고 사형을 면한 강도와 상습절도범들이 막다른 골목에 갇힌 결과였다.

무자비한 도둑사냥이 28개월 만에 갑자기 멎은 이유를 추적해봤더니 연달은 사면이 결정적 원인으로 드러났다. 세자환후, 명나라 황제 교체, 대왕환후 등으로 불과 3개월 반 사이에 세 차례의 사면이 있었다. 그럼에도 불구하고 대왕이 끝내 회복을 못하고 마침내 숨을 거두자, 사형집행이 정지되고 도둑사냥도 따라서 멎었다.

마지막으로, 대왕이 죽은 뒤의 도둑문제와 국가의 대응을 추적해봤더니, 어이가 없을 정도로 기가 막히는 일들이 쉴 새 없이 이어졌다. 격동기간이 길어지면서 나라의 치안이 나빠질 대로 나빠지자, 형벌의 수위를 계속 높이는 악순환이 반복되었다.

이 책은 이상과 같은 줄거리를 시간의 흐름에 맞춰서 정교하게 복원한 것이다. 대왕이 이룩한 찬란한 업적들이 우리의 과거를 빛내주는 자랑거리면, 대왕이 치도(治盜) 영역에서 숱한 고생과 실패를 겪은 이야기는 우리의 미래를 밝혀줄 희귀자원이라고 믿고서, 담을 수 있는 정보를 최대한 담았다.

어진정치가 어그러져 어쩔 수 없이 잔인하게 도둑사냥을 벌인 대왕의 뼈아픈 시행착오는 오늘날의 사법당국에 훌륭한 반면교사가 되리라고 믿고서, 임진왜란 후에 어금니를 악물고《징비록》을 쓴 유성룡의 충정(忠情)을 떠올리며 결실을 맺었다.

육백 년이 지난 과거의 일을 파헤치면서도 '오래된 현재'를 바라보는 기분으로 본문을 채웠다. 그동안 인류문명이 고도로 발달하였어도 형사사법 생태계는 그대로이기 때문이다. 우선, 남의 것을 몰래 훔치거나 강제로 빼앗는 자들이 여전히 많다.

경제가 나빠져 먹고 살기가 힘들어지면 생계형 강·절도가 늘어나는 것도 변하지 않았다. 갈취와 강탈로 먹고사는 조직폭력배가 도처에 기생하는 것도 닮은꼴이다. 화이트칼라범죄도 마찬가지다.

육백년 전 도둑들이 얄팍한 술수로 관원들을 농락하였듯이, 오늘날의 도둑들도 형사·검사·판사·교도관·보호관찰관을 속인다. 사법제도도 바뀌지 않았다. 국가권력이 셋으로 나뉘고, 사법기능이 경찰·검찰·법원·교정기관으로 분산되었어도, 사법절차는 여전히 적발·수사·재판·행형으로 형성된다.

게다가 대왕이 힘써 강조한 흠휼지인(欽恤之仁)·휼민신형(恤民愼刑)·근신형벌(謹愼刑罰)·형벌관평(刑罰寬平)·극신용형(克愼用刑) 같은 형정자세는 오늘날의 사법정의·적법절차·인권보장·인도주의 등과 유전자가 동일하다.

이처럼 더없이 신기하면서도 가슴을 뭉클하게 만드는 뜻 깊은 발견을 실증하기 위해, 대왕이 '역지사지 형사사법의 신기원을 창조한 행적'을 열한 꼭지로 간추려서 에필로그로 실었다.

끝으로, 오랫동안 공들여 집필한 이 책을 온고지신(溫故知新)의 정신으로 한국학의 저변확대와 역사의 대중화를 선도하는 역사인을 통해 내놓게 된 것을 매우 기쁘게 여긴다.

한정희 대표님과 처음 전화통화를 하던 날, 국산영화 "기생충"으로 오스카(아카데미상) 4관왕에 오른 봉준호 감독의 수상소감이 TV를 통해 전해졌다.

그의 인용처럼, 만약 가장 개인적인 것이 가장 창의적인 것이라면, 가장 한국적인 이야기가 담긴 이 책은 가장 세계적인 책 가운데 하나라고 감히 자부한다.

2020년 9월 저자
서울역사편찬원 서울역사자료실에서

# 일러두기

이 책을 읽는 독자들의 이해를 돕기 위해 네 가지 중요한 정보를 알려드리겠다.

첫째로,《세종실록》의 수많은 기사들 중에서 치도(治盜·도둑을 다스림) 혹은 미도(弭盜·도둑을 막음)와 직간접으로 관련된 것들을 시간의 흐름에 따라서 빠짐없이 간추렸다.

《조선왕조실록》 전체가 오백년 동안의 통치기록이 상세히 담긴 귀중한 기록유산이지만, 그 중에서도《세종실록》은 형사학도의 흥미를 유발하는 특별한 보배를 담고 있다. 그 전후 임금들의 실록은 정적(政敵)을 숙청한 기사 일색인데 비해,《세종실록》은 범죄와 형사정책 및 사법행정을 다룬 기사들이 넘치도록 풍부하다.

그 덕분에, 관리들의 부정부패와 성추문뿐만 아니라, 발생빈도가 가장 높았던 강도와 절도범죄의 적발·수사·재판·행형에 관한 정보가 풍성해서, 대왕치세 동안의 치도전략 변화와 복병 등에 대한 입체적 파악이 가능하다.

형정기록이 충실하게 실린 것은, 1420년(세종 2) 2월 23일에 세종이 예문관 대제학 유관에게《고려사》 교정을 맡기면서, "모든 선악(善惡)을 다 기록하여 후대에 거울이 되게 하라."고 하였기 때문이었을 것이다. 그런데 문종실록부터 범법자들에 대한 사법처리 기록이 빠졌다.

둘째로, 주인공의 호칭으로 '대왕(大王)'을 선택하였다. 정식 호칭인 「세종장헌영문예무인성명효대왕(世宗莊憲英文睿武仁聖明孝大王)」과 세종실록 원본의 정식 명칭인《세종장헌대왕실록(世宗莊憲大王實錄)》에서 몸통 부분을 취한 것이다.

문법을 따져보면, 정식 호칭에서도 실록의 정식명칭에서도 '대왕' 앞에 위치한 글자들은 모두 '대왕'을 꾸며주는 수식어들이다.

1450년 2월 17일 대왕이 승하하니 3월 10일 의정부에서 육조의 참판과 집현전 제학, 동지춘추관사 이상이 토론을 거쳐서 대왕의 시호(諡號)를 영문예무인성명효대왕(英文睿武仁聖明孝大王)이라 하고, 묘호(廟號)를 세종(世宗)으로 정하여 새 임금(문종)의 인준을 받았다.

시호로 정한 영문예무인성명효(英文睿武仁聖明孝)는, 재주가 뛰어나고(英), 빛이 나면서 아름답고(文), 슬기롭고 총명하면서 사리에 밝고(睿), 군세면서 용맹스럽고(武), 마음이 어질고(仁), 인재를 알아보는 눈이 뛰어나고(明), 부모를 극진히 섬겼다(孝)는 뜻이다.

6월 12일(갑신)에 대왕을 영릉에 장사지내고 두 달쯤 지난 8월 18일에 명나라 황제가 장헌(莊憲)이라는 시호를 보내왔다. 그 의미는, 씩씩하고 왕성하면서(莊) 단정하고 바르고 엄격하였다(憲)'는 뜻으로 풀 수 있다.


셋째로, 왕조시대의 형정현장을 묘사한 일제 김윤보와 기산 김준근의 그림들을 곳곳에 배치하였다. 김윤보의 작품들도 김준근의 작품들도 하나같이 강도와 절도를 비롯한 각종 범죄의 적발, 수사, 재판, 그리고 형의 집행 장면을 사실적으로 묘사한 명작들이다.

김윤보도 김준근도 공히 19세기 후반부터 20세기 초반까지 살았던 화가들이다. 따라서 이 책의 내용과 그림들 사이에는 5백 년 안팎의 시차가 있지만, 독자들의 이해와 상상을 돕는 데 지장이 없다고 판단하였다. 오백 년 동안 나라의 사법당국자는 무수히 바뀌었어도, 형벌을 다섯 단계(사형, 유형, 도형, 장형, 태형)로 나누고 자백을 받기 위한 고신(拷訊)을 허용한 사법제도의 근간은 그대로였기 때문이다.

# |목 차|

# 제1부

## 호생지덕과 악전고투

기왓장에 무릎 꿇리기
작가: 김윤보, 사법제도연혁도보,
서울대학교중앙도서관 소장

# Ⅰ. 26살 제왕의 진취적 결단

## 1. 절도3범 처형요건 완화

짧은 기간 사이 산전수전을 다 겪었다. 1422년(세종 4) 5월 10일 부왕이 죽기 전까지 약 4년 동안 굵직한 일들이 연달아 있었다. 즉위하던 해 겨울에 장인을 비롯한 고관 넷이 참혹하게 처형되었다.

그다음 해에는 대마도정벌(4월)과 큰아버지 정종의 국상(9월)이 있었다.

재위 2년에는 모후의 국상(7월)이 있었다. 3년째 해 10월에는 적장자인 원자 향(向)을 왕세자로 책봉해 후계구도를 확정지었다. 비록 부왕이 주도한 일이긴 하여도, 태조 때 축조한 도성(都城)의 무너진 부분들을 말끔하게 보수하였다.

재위 4년 동안 명나라 사신이 여섯 차례 다녀갔고, 말 1만 필을 명나라에 팔았다. 창덕궁에 들어와 왕자 둘이 더 태어나 자식이 4남 2녀가 되었다. 왕비와 부부금슬이 매우 좋아서 신하와 백성들의 칭송이 자자하였다.

덕분에 무수히 많은 것을 깨닫고 익혔지만 막중한 책임감에 밤잠을 설쳤다. 정치스승이자 정신적 지주였던 부왕의 공백이 너무도 컸기 때문이다. 하지만 총명예지(聰明叡智)를 두루 겸비한 대왕은 조금도 위축되지 않고 자신의 색깔을 당당하게 드러냈다.

그 첫 신호탄으로, 사형에 처할 절도3범을 가릴 때 '사후위좌(赦後爲坐)' 원칙을 따르게 하였다. 이전까지 절도3범은 초범이나 재범 후에 사면을 받은 적이 있어도 사형에 처하던 것을, 사면 받은 전과는 따지지 말도록 형벌정책을 바꾼 것이다.[1]

기록상으로는 의정부의 건의를 수용한 것으로 되어있으나, 대왕도 깊이 공감하였던 것이 분명하다. 뒤에 가서 도둑이 늘어나 신하들이 정책을 되돌리기를 간절히 청해도 번번이 물리쳤기 때문이다. 이날의 결단은 대왕의 넉넉한 호생지덕(好生之德)에서 비롯된 것이 분명해 보인다.

호생지덕은《서경(書經)》에서 유래된 말이며, 백성의 생명을 지극히 아끼는 품성을 말한다.[2] 사전에는 어진 덕성(인심·仁心)이 있어서 살상을 싫어하는 임금의 마음(한국고전용어사전), 혹은 사형에 처할 죄인을 감형이나 사면으로 살려주는 제왕의 덕(국어사전) 등으로 풀이되어 있다.《세종실록》에는 이날의 상황이 다음과 같이 적혀있다.

의정부에서 아뢰기를, "《대명률(大明律)》 절도조에, '절도3범은 교수형에 처하되, 이전에 자자(刺字)[3]된 횟수를 합하여 처결한다.'라고만 되어있고, 3범이 차는 사이에 사면이 있었을 때는 어떻게 하라는 말이 없습니다. 그런데도 형조에서는 절도3범이면 중간에 사면이 있었어도 사형에 처하니 잘못하는 것입니다.《의형이람(議刑易覽)》에 이르기를, '도적이 처벌을 받고서 다시 또 도둑질을 하였으면 사면 이후의 범행만 따져서 처벌한다(수거사후위좌·須據赦後爲坐).'고 하였으니, 앞으로는 사면 후에 절도를 3회 저지른 경우만 사형에 처하게 하소서. 또, 지방에서 절도3범을 붙잡으면, 팔뚝에 자자하고 범죄사실과 범행일자 등을 명부에 등재한 다음, 형조에 보고하여 회신(판결문)을 받는 대로 따라서 형을 집행하고 훗날 증거로 삼게 하소서." 하니, 임

---

1 제도경단후 잉경위도 수거사후위좌(諸盜經斷後 仍更爲盜 須據赦後爲坐).
2 유영옥(2016), "『상서(尙書)』 형정(刑政)의 이념과 현실 적용", 『한국한문학연구』 제62권, 한국한문학회, 47-52쪽.
3 죄인의 얼굴이나 팔에 죄명을 새기는(문신) 것을 말한다. 죄수의 몸에 상처를 내고 먹물로 글자를 새겨 전과를 표시하는 표징형(表徵刑)으로, 정형(正刑)인 장형(杖刑)이나 유형(流刑)에 부수적으로 부가되었다. 경면(黥面)·삽면(鈒面) 또는 묵형(墨刑)이라고도 한다.

금이 그대로 따랐다(세종 4년 12월 20일).

실록기사의 골자는 세 가지다.

첫째는, 사면 이전의 절도전과는 따지지 말고(사전물론·赦前勿論) 사면 후에 절도를 세 번 범한 경우만 사형에 처하게 한 것이다(사후위좌·赦後爲 坐). 이전까지는 절도를 세 번 저지르는 사이에 사면이 있었어도 일체 봐 주지 않고 교수형에 처했었으니, 이날의 결정으로 새로운 치도(治盜)전략 이 시험대에 올랐다고 할 것이다.

둘째는, 《대명률》 대신 《의형이람》이라는 법전을 따르기로 하였다는 것이다. 이는 대명률이 비록 조선의 국법으로 채택되었어도 모든 조문이 그대로 적용되지는 않았음을 뜻하는 것이다. 이러한 측면을 일찍이 깊게 탐구한 선구적 논문들이 있다.4

셋째는 지방에서 붙잡히는 절도3범의 처리절차를 명백하게 정한 것이다.

대왕의 승낙이 떨어지고 오래지 않아서 시행령이 갖춰졌다. 12월과 윤 12월이 지나가고 새해로 접어들자마자, 대왕의 결단으로 향후 사형을 면 하게 될 절도3범의 자자 위치를 정했다.

건국초기에 국법으로 채택된 《대명률》에 절도 초범과 2범만 자자할 위치가 정해져 있고, 절도2범이 사면으로 풀려나서 다시 절도를 저지른

---

4 문형진(2000), "조선초기 『대명률』의 운영실태", 『외대사학』 제12집, 한국외국어 대학교 역사문화연구소, 95-134쪽; 한상권(2007), "세종대 치도론(治盜論)과 『대 명률』: 절도삼범자(竊盜三犯者) 처벌을 중심으로", 『역사와 현실』 제65호, 한국역 사연구회, 27-57쪽; 조지만(2007), 『조선시대의 형사법: 대명률과 국전』, 경인문 화사.

경우는 자자할 곳이 정해져 있지 않았기 때문이었다.

형조의 건의대로, 좌우 팔뚝과 목덜미에 차례로 죄명을 새겨서, 사면 이전과 이후의 전과가 구분되게 하였다. 원(元)나라 역사서인《원사(元史)》의 〈형법지(刑法志)〉에 의거해, 절도초범은 왼쪽 팔(좌비·左臂)에, 절도2범은 오른쪽 팔(우비·右臂)에, 절도3범은 목덜미에, 절도횟수가 네 번을 넘어서면 목덜미의 빈 곳에 차례로 죄명을 새기게 하였다(세종 5년 1월 9일).

## 2. 왕권장악과 위풍당당

당시 젊은 새 임금에게 형조의 잘못을 지적하고 개선을 건의한 의정부에는 유정현(영의정, 68세), 이원(좌의정, 55세), 정탁(우의정, 61세), 맹사성(찬성, 64세), 황희(참찬, 61세) 같은 거물들이 포진하고 있었다.

영의정 유정현은 4년 반 전에 태종이 양녕의 후임자를 정하는 문제로 고민에 빠졌을 때, '어진 자식을 고르라(택현·擇賢).'고 권하여 대왕이 세자가 되게 한 '평생은인'의 한 사람이었다(태종 18년 6월 3일).

따라서 생각하기에 따라서는 대왕이 의정부의 건의를 거부하기가 곤란하였을 것이라는 추측도 가능할 법 하지만, 실제로 그랬을 가능성은 매우 희박하다. 앞서 4년 동안 부왕으로부터 정치를 착실히 배웠을 뿐더러, 진즉부터 원로대신도 잘못하면 꾸짖고 벌을 주는 뚝심과 배포를 보여줬기 때문이다.

즉위하고 한 달 남짓 지나서, 도성에 왔다가 돌아가는 명나라 사신을 전송하러, 대왕이 상왕과 함께 모화루에 거둥하였다. 그런데 별운검(別雲劍)5 총제(정2품 무관)들인 성달생·이순몽·홍섭 등이 대왕을 따라 모화루

위에 올라 가까이서 시립(侍立)한 것을 보고, 급히 재촉하여 세 사람 모두 누 아래로 내려가게 하였다.

이유는 부왕 태종이 계시는 자리에서 세 사람이 칼을 차고 옆에 있었다는 것이었고, 환궁하자마자 세 사람을 모두 옥에 가두게 하였다. 또 그들이 칼을 차고 시립하게 놓아둔 좌대언 김효손도 함께 옥에 가두었다(세종 즉위년 9월 13일).

다음날 호조판서 최이, 형조판서 이유, 대사헌 허지, 좌사간 최관으로 하여금 세 사람을 추국하게 하더니, 이틀 뒤에 성달생·홍섭·김효손을 파직하고, 이순몽을 경상도 영천군에 안치하였다(세종 즉위년 9월 14일, 16일).

그 상태로 2개월~6개월을 보내고 나서야 세 사람을 관직에 복귀시켰으니, 대왕이 즉위 초반부터 왕권을 당차게 행사했음을 짐작케 하고도 남을 만하다(세종 즉위년 11월 20일, 1년 4월 8일).

즉위하고 8개월쯤 지났을 무렵, 노비소유권 소송을 담당하는 형조의 관원이 형벌을 과하게 쓴 의혹을 둘러싸고 형조와 사헌부가 서로 책임을 떠넘기자, 해당 관원뿐만 아니라 두 기관의 수장들인 형조판서와 대사헌까지 의금부에 가두게 하였다(세종 1년 6월 27일).

당시 형조판서는 그의 딸이 태종의 후궁이던 김점이었고, 태종이 살아 있었으니, 대왕이 나약했다면 엄두도 못 냈을 일이었다.

부왕 태종이 죽은 뒤에 명실상부한 국왕이 되어서 홀로서기를 하던 동안에도 군왕으로서의 위엄에 흔들림이 없었다. 재위 4년째 해 5월에 태종이 죽어서 9월에 장례를 마치고 한 달 남짓 지났을 무렵, 사헌부가 명백한

---

5 나라에 큰 잔치나 회합이 있을 때 운검(큰칼)을 차고 임금의 좌우에 서서 호위하던 무관 2명을 일컫던 말이다. 줄여서 운검(雲劍)이라고도 하였으며, 유능한 장수중에서 임금의 신임이 두터운 사람들이 임명되었다. 운검이 차던 칼은 칼집을 생선껍질로 싸고 주홍색으로 칠하였으며, 장식은 백은을 사용하였다(한국민족문화대백과, 한국학중앙연구원).

무고사건을 왕실이 연관되었다는 이유로 죄를 덮어씌운 사실이 드러나자, 대사헌과 사헌부 간부진 전원을 의금부에 가두고 호되게 꾸짖었다(세종 4년 10월 9일, 10월 24일).

## 3. 《대명률》의 다섯 가지 형벌

서기 1392년 7월 17일 조선의 시조가 된 이성계는 11일 뒤에 즉위교서를 반포하면서, "모든 범죄의 판결은 《대명률》을 적용하는 것을 원칙으로 한다."고 선언하여 《대명률》을 조선의 국법으로 삼았다(1392년 7월 28일).

《대명률》은 중국 명(明)나라의 형법인 《명률》을 높여서 불렀던 명칭이다.6 《대명률》은 당(唐)나라 때의 형법인 《당률(唐律)》과 그 주석서인 《당률소의(唐律疏議)》를 토대로 편찬되었으며, 그 내용은 대체로 《당률소의(唐律疏議)》와 많이 비슷하다.

세종 4년 12월 20일에 의정부가 대왕에게 말한 절도조는 대명률을 구성하는 명례율(名例律)·이율(吏律)·호율(戸律)·예율(禮律)·병률(兵律)·형률(刑律)·공률(工律) 가운데 여섯 번째의 〈형률〉 도적(盜賊) 편에 들어있다.

......................

6 명(明)나라의 홍무제(주원장)는 1367년에 옛날 당(唐)나라 시절에 쓰였던 형법을 좋아해, 그것을 기반으로 《대명률》을 제정하게 시켜서 이듬해 공포하고, 이후 세 차례(1374년, 1389년, 1397년) 수정을 거쳤다.

〈표 1〉《대명률》의 형벌 구분

| 유형 | | | 구분 |
|---|---|---|---|
| 사형(死刑) | 생명 박탈 | 2종 | 교(絞), 참(斬), 능지처사(陵遲處死) |
| 유형(流刑) | 퇴출(추방) | 3종 | 2천리+장1백, 2천5백리+장1백, 3천리+장1백 |
| 도형(徒刑) | 강제노역 | 5종 | 1년+장60, 1.5년+장70, 2년+장80, 2.5년+장90, 3년+장1백 |
| 장형(杖刑) | 방망이 매 | 5종 | 60, 70, 80, 90, 100 |
| 태형(笞刑) | 회초리 매 | 5종 | 10, 20, 30, 40, 50 |
| 부가형(附加刑) | | | 자자(刺字), 몰관(몰수·적몰·추징), 피해배상 등 |

　《대명률》은 〈표 1〉에서 보듯이 형벌을 다섯 종류로 나눈 뒤에 각각의
단계를 세분해놓았다. 흔히 극형(極刑)으로 불리는 사형은 오직 임금만이
결정권을 가지고 있었다. 교수·참수·능지처사 외에, 임금이 권도(權道)[7]를
써서 사사(賜死)·육시(戮屍)·환열(轘裂) 등을 쓰기도 하였다.

　유형(流刑)은 흔히 '귀양'으로 불리던 형벌로, 그 대상에 제한이 없었
다. 장형(杖刑)은 가시나무로 만든 빨래방망이 모양의 형구(刑具)로 허벅지
부분을 때리던 것을 말한다. 죄의 경중에 따라, 대곤(大棍), 중곤(中棍), 소
곤(小棍) 등 세 종류가 쓰였다. 군대에서는 버드나무로 만든 중곤(重棍), 치
도곤(治盜棍) 등 두 종류를 썼다.

　형을 실제로 정할 때(결안·結案)는 범행의 정상을 참작해 법정형보다
높거나 낮게 형을 선고하는 경우가 흔했다. 그 기준은 〈표 2〉에 제시된
바와 같이 《대명률》〈명례율〉 편의 가감죄례조(加減罪例條)를 따랐다.

　예를 들면, '장1백대'의 형을 1등급 올리면 '장60대+도1년'이 되고, 사
형을 1등급 낮추면 '장1백대+유3천리'가 되는 식이었다. 말하자면 양형기
준이 아주 투명했다고 할 수 있다.

......................

7 특정한 상황에서 임금이 뜻하는 목적을 달성하기 위해 형편에 따라서 임기응변
　으로 일을 처리하는 방도를 말한다. 그 반대를 상경(常經)이라고 하며, 어떤 경
　우에도 사람으로서 마땅히 지켜야 할 올바른 도리를 이르는 말이다.

〈표 2〉《대명률》에 규정된 형(刑)의 가중 및 감경 기준

| 형을 한 단계(1등) 올릴 때 | | 형을 한 단계(1등) 내릴 때 | |
|---|---|---|---|
| 법정형 | 선고형 | 법정형 | 선고형 |
| 태 40 | 태 50 | 태 50 | 태 40 |
| 장 1백 | 장 60+도 1년 | 장 60+도 1년 | 장 100 |
| 장 60+도 1년 | 장 70+도 1년 | 장 100+도 3년 | 장 90+도 2년 반 |
| 장 1백+도 3년 | 장 1백+유 2천리 | 장 100+유 3천리 | 장 1백+도 3년 |
| 장 1백+유 2천리 | 장 1백+유 2천5백리 | 사(교, 참) | 장 1백+유 3천리 |

감형과는 별개로 환형(換刑)제도도 있었다. 특정신분·특수직업·부녀자·노약자·환자·상주·독자 등에게 형을 선고할 때에, 소정의 돈(속전·贖錢)을 내고 형을 면할 수 있는(속죄·贖罪) 기회를 주는 식으로 시행되었다.

유죄(流罪)·장죄(杖罪)·태죄(笞罪)만 속죄가 허용되었고, 사형과 도형(강제노역)은 속죄가 허용되지 않았다. 유죄에 대해 속전을 내는 기준은 태종 때 두 차례에 걸쳐 정비한 수속법(手續法)을 따랐다(태종 2년 9월 3일, 13년 1월 16일).

의정부가 건의의 근거로 제시한《의형이람》은 원나라 때 법전인《대원통제(大元通制)》와《지정조격(至正條格)》을 중국의 속어로 알기 쉽게 풀어 쓴 법률해설서다. 읽고 이해하기가 쉬운 장점이 있어서 고려 말부터 조선 초기까지 나라의 법체계를 갖추고 정비하는 데에 많은 참고가 되었다.

《대원통제》는 원(元)나라 영종(英宗) 지지(至治) 3년(1323)에 반포된 율서의 이름으로, 각기 성립의 일부(日附)를 붙인 수많은 단행 법령과 판례들을 집대성한 것이다.

《지정조격》은 원(元) 나라 순종(順宗) 지정연간(至正年間, 1341장~1367)에 편찬된 법전의 이름으로, 고려 말부터 조선 초기에 이르기까지 국정운영에 빈번하게 활용되었다.

## 4. '절도(竊盜)'의 뜻과 쓰임

그렇다면 대왕이 자신의 시대를 열면서 그에 대한 형벌정책의 기조를 뒤집은 '절도'는 어떤 유형의 범죄였을까?

현행 형법 제329조는 '절도죄'의 구성요건을 '타인의 재물을 절취하는 행위'로 규정하고 있다. 하지만 예전의 절도 개념은 오늘날의 그것과 차이가 있었다. 조선시대에 통용된 절도의 개념은《대명률직해(大明律直解)》에 자세하게 적혀 있다.

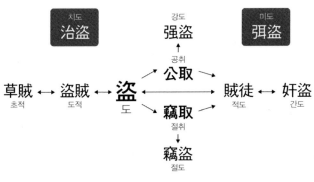

'盜'의 의미와 파생어

《대명률직해》는 이성계가《대명률》을 국법으로 정한 뒤에 거기에 실린 율문의 자구(字句)들을 해석한 율서의 이름이다. 조준의 주관 하에 고사경과 김지가 이두로 율문을 해석하고, 정도전과 당성이 윤색을 맡아 태조 4년(1395)에 완성을 보았다. 그 안의 〈형률〉 도적(盜賊) 편 '공취절취개위도조(公取竊取皆爲盜條)'에 '절도(竊盜)'의 의미가 상세하게 적혀있다.

'도(盜)'란 남의 물건을 그 주인의 면전에서 공공연하게 강제로 가

저가거나 물건의 주인이 모르게 슬그머니 가져가는 것을 말한다. 자신의 모습을 남들이 알아볼 수 있게 드러낸 상태로 남의 물건을 뻔뻔하게 강제로 빼앗으면 공취(公取)이고, 자신의 모습을 남들이 알아채지 못하게 하여 남의 물건을 몰래 가지면 절취(竊取)다.[8]

공취절취개위도조에 따르면, 기물이나 현금 또는 비단 등의 재물은 그 물품을 다른 곳으로 옮겨놓아야 절도죄가 성립한다. 옥구슬 같은 값비싼 보화(寶貨)를 손 안에 넣고 감싸 쥐어서 감췄다면, 그 물품을 가져가지 않았어도 그 물품을 훔친 것으로 간주해, 다른 절도범과 동일하게 취급한다.

말, 소, 노새, 나귀처럼 몸집이 큰 가축은 외양간이나 울타리를 완전히 벗어났어야지 훔친 것으로 본다. 반면, 매나 개처럼 몸집이 작은 가축은 그것을 탈취해 자기 손으로 틀어잡고 있었어야 훔친 것으로 본다. 말 한 필을 훔쳐서 몰고 가는데 다른 말이 따라와서 같이 데려갔으면, 따라온 말은 훔친 것으로 치지 않는다. 어미 말을 훔쳐서 데리고 가는데 그 말의 새끼(망아지)가 따라와 함께 데려갔으면 새끼도 훔친 것으로 친다.

조선왕조실록을 검색해보면 공취와 절취라는 용어보다 그것들의 파생어가 쓰인 경우가 거의 대부분이다. 공취라는 용어는 태조실록부터 세종실록까지 단 한 차례도 검색되지 않다가 문종실록에 한 차례 보일 뿐이다. 그런가 하면 사취(私取)라는 용어가 문종 이후 실록부터 7번 쓰인 것으로 검색된다.

공취와 절취를 합쳐서 '도적(盜賊)'으로 지칭한 경우가 많다. 盜(도)는 '도둑 혹은 훔치다'를 뜻하고, 賊(적)은 '도둑, 도둑질, 사악한, 해치다' 등

---

8 고사경·김지·정도전·당성 엮음, 박설주 역주(2014), 『역주 대명률직해』, 민속원, 444-446쪽.

을 의미하니 '도적'은 동어반복이라고 할 것이다. 도적을 적도(賊徒) 혹은 초적(草賊)이라고 지칭한 경우도 빈번하게 보인다.

적도는 '도적의 무리'라는 뜻이니 도둑떼를 뜻하고, 초적은 '농작물(풀의 열매)'을 훔친다는 뜻이니 좀도둑을 의미한다. 초적은 예전에 통치자들이 자신들의 압박과 수탈을 피해서 산속으로 달아나 들판의 곡식을 훔쳐서 먹으며 항쟁을 벌이던 자들을 낮잡아 부르던 데서 유래한 말이다. '강도강간'을 뜻하는 '간도(奸盜)'라는 말도 쓰였다.

갖가지 '盜(도)의 적발·수사·재판·행형 등을 일컬어 '치도(治盜)' 혹은 '미도(弭盜)'라고 하였다. 실록에는 미도지방(弭盜之方), 치도지방(治盜之方), 미도지술(弭盜之術), 치도지법(治盜之法)·미도지법(弭盜之法) 등으로 쓰였다.

세종실록 원문과 국역본의 용어사용이 매우 무질서하고 혼란스러운 것은, 세종실록을 편찬한 사관들도, 그것을 국어로 번역한 후대의 학자들도, '盜(도)'의 사전적 의미를 크게 상관하지 않고, 그때그때 편한 용어를 택해서 썼다는 뜻일 것이다.

하지만 크게 신경 쓸 일은 아니라고 생각된다. '盜(도)'로부터 파생된 용어가 난립하였다는 것은 남의 재물을 강제로 빼앗거나 몰래 훔치는 범죄가 그만큼 다양하고 흔했다는 의미일 것이기 때문이다. 오늘날 '좀도둑', '날도둑', '날강도' 같은 말들이 자연스럽게 쓰이는 현상을 떠올리면 쉽게 이해할 수 있을 것이다.

대가족제의 영향으로 집집마다 많은 식구가 북적였을 상황에서 가뭄과 흉년의 악순환이 반복되었던 육백 년 전의 시대상황을 떠올리면, 살던 고향을 떠나 도둑이 되는 백성이 많았을 법도 하다.

일찍이 맹자는, '항산(恒産)이 없으면 항심(恒心)도 없다.'고 하였다. 항산은 허기와 추위를 피할 수 있는 고정수입(경제력)을 말하고, 항심은 예의·윤리·도덕·법령 같은 사회규범을 지키려는 의지(마음가짐)를 말한다.

그러므로 맹자의 말은, 먹고 살기가 극도로 힘들면 남의 것을 훔치게 되어 있다는 뜻이다. '사흘 굶어 도둑질 안 할 사람 없다.'는 속담은 흉년 (가난, 빈곤, 궁핍)과 도둑질의 인과관계를 확실하게 깨우쳐준다.

그런데 실록의 기록들을 보면 풍년은 어쩌다 한 번씩 들었을 뿐이어서 거의 매년 도둑이 들끓는 상황이 끊임없이 반복되었다. 반면, 도둑을 잡기는 쉽지가 않았다. 저마다 붙잡히면 끝장이라는 각오로 몸을 숨겼기 때문이었다.

게다가 옛날의 강도와 절도범들은 그 행태가 오늘날의 조직폭력배와 비슷하여, 상황이 불리하면 거침없이 흉기를 휘둘렀다. 또, 상대방이 피해 사실을 관아에 알리면 잔혹하게 보복을 하여서 자신들의 안전을 도모하는 교활성을 보였다.

대왕이 보위에 오르던 해부터 10여 년 동안 극심한 흉년이 잇따라서, 대왕과 사법당국이 치도(治盜) 문제로 숱하게 고초를 겪었다. 치안당국이 힘들여 붙잡은 도둑들을 사면이나 보방으로 한꺼번에 풀어줬다가, 다시 또 치안당국에 체포명령을 내려야하는 고충도 무수히 겪었다.


## 5. 강도와 절도에 대한 형률

《대명률》의 복사판 격인《대명률직해》〈형률〉'도적편'은 통념상의 강도와 절도의 범주를 벗어나는 모반대역(謀反大逆)9, 모반(謀叛)10, 조요서요

--------------------

9 나라를 무너뜨리려고 역모를 꾸미는 모반(謀反)과, 나라가 망하도록 하기 위해 종묘·왕릉·궁궐 등을 파괴하는 대역(大逆)을 합한 죄목이다. 혐의가 드러나면 주동자와 추종자 전원을 거열형에 처했다. 법에는 없는 사형수 처형방법인데 군

언(造妖書妖言)[11] 같은 죄목을 맨 앞부분에 차례로 싣고 있다. 예전에는 나라를 훔치거나 위험에 빠뜨리는 행위를 '큰 도적'으로 간주한 것이다.

그 외에도 아홉 가지 죄목이 더 나오고 나서 강도와 절도의 구성요건과 처벌기준이 나오는데, 맛보기삼아 중요한 몇 대목을 간추려서 소개해 보겠다.[12]

▶ **강도(强盜):** ① 강도를 행하였으나 재물을 취득하지 못했으면 장 1백대를 쳐서 3천리 밖으로 쫓아내고, 재물을 얻었으면 주범과 종범을 따지지 않고 모두 참형에 처한다. ② 사람에게 약(藥)을 마시게 하여 정신을 몽롱한 상태에 빠뜨려놓고서 강제로 재물을 빼앗았으면 강도를 저지른 것으로 본다.
③ 남의 물건을 훔친 절도범(들)이 자신을 붙잡으려고 쫓아오는 피해자(물품의 주인)를 살해하거나 부상을 입혔으면 범행에 가담한 자 전원을 참형에 처한다. ④ 절도범(들)이 물품의 주인에게 저항하다가 상대방을 강간하였으면 물품의 주인을 살해하거나 상해를 입힌 예에 의거해 전원을 참형에 처한다. ⑤ 절도범(들)이 물품을 훔쳤다가 주인에게 들켜서 훔친 물건을 내버리고 도주하다가, 자신을 붙잡으려고 뒤따라온 주인에게 항

..................

왕이 권도를 써서 법 바깥의 형벌로 다스린 것이다.
10 조국에 대한 신의를 저버리고(나라를 배반하고) 다른 나라와 은밀히 내통하는 행위를 뜻하는 말이었다. 혐의가 드러나면 주동자와 추종자 전원을 참형에 처했다.
11 미래에 일어날 일들을 예언한 책(예언서), 민심을 어지럽히는 말을 적은 책(요서·妖書), 혹은 민심이 동요하게 만들 만한 말(요언·妖言) 등을 지어내거나 전파 혹은 유포하는 행위를 일컫는 말이다. 혐의가 드러나면 주모자와 추종자 전원을 참형에 처했다.
12 고사경·김지·정도전·당성 저, 박설주 역(2014), 앞의 책, 413-423쪽. 태조 6년(1397) 12월에 영의정 조준의 책임 하에 편찬된 《경제육전(經濟六典)》〈형전(刑典)〉에도 비슷한 내용이 들어있었을 것이 분명하나, 실물이 전해지지 않아 확인이 불가하다.

거하였으면 '죄인거포(罪人拒捕)'(〈형률〉 포망(捕亡) 편) 조문을 적용해 형벌을 2단계 높인다.

▶ **겁수(劫囚):** 감옥에 갇힌 죄수를 협박하여 강제로 몸을 빼앗은 자는 참형에 처한다. 비록 죄수를 협박하는 데 실패하여 몸을 빼앗지 못하였어도 겁탈한 것으로 간주해 참형에 처한다.

▶ **백주창탈(白晝搶奪):** ① 대낮에 남의 물품을 빼앗은 자는 장 1백 대와 도(徒) 3년에 처한다. ② 이때 강제로 빼앗은 물품의 액수를 돈으로 환산한 금액이 아주 많으면 형벌을 2단계 높인다. ③ 대낮에 물품을 빼앗으면서 사람에게 상해를 입힌 자는 참형에 처한다. ④ 부주의로 인해 화재가 났거나 항해하던 배가 풍랑을 만나 표류하다가, 수심이 얕아서 배가 모래톱에 잠시 머물러 있는 동안 남의 물품을 강탈하였거나, 혹은 남의 배를 부수거나 훼손하였으면 '대낮에 남의 물품을 탈취한 죄'를 적용해 참형에 처한다.

▶ **절도(竊盜):** ① 도둑질을 하였으나 재물을 얻지 못한 경우는 절도 미수로 간주해 태(笞·회초리) 50대에 처하고 자자는 하지 않는다. ② 여러 차례 도둑질을 반복하다가 검거된 경우는, 가장 많이 훔친 집에서 취득한 재물과 동일한 양의 재물을 모든 집에서 똑같이 훔친 것으로 간주해 형을 정한다. 훔친 재물을 여러 사람이 나눠가졌어도, 훔친 재물의 총량에 해당하는 재물을 각자가 훔친 것으로 간주해 각자의 형벌을 정한다.
③ 재물을 훔친 집이 두 집 이상인데 그 중 어느 한 집에서 훔친 재물의 금액이나 수량이 특히 많을 경우는 나머지 집들에서도 동일한 양의 재물을 훔친 것으로 간주해 형을 정한다. ④ 군인이 도둑질을 한 경우는 자자를 면해준다. 절도를 3번 범했으면 일반인이든 군인이든 교수형에 처한다.

▶ **도마우축산**(盜馬牛畜産): ① 말, 소, 나귀, 노새, 돼지, 양. 닭, 개, 거위, 오리 등과 같은 가축을 훔쳤을 때는 일반절도의 예에 따라 형을 정한다. 관청의 말이나 소 같은 가축을 훔쳤으면 일반인이 관청의 물품을 훔친 예에 의거해 형을 정한다. ② 소나 말을 훔쳐서 몰고 가버렸거나 몰래 죽여서 잡았으면 장 1백대와 도(徒) 3년에 처한다.

▶ **도전야곡맥**(盜田野穀麥): ① 밭이나 들에 있는 곡식·채소·과일 혹은 감시자가 없는 도구나 연장 등을 훔쳤으면, 훔친 작물 혹은 훔친 도구나 연장들의 값어치를 합산한 액수를 따져서 절도의 예에 준하여 형을 정하고, 자자는 면제한다. ② 다른 사람이 시간을 내서 힘들여 자르고 운반하여 산이나 들에 쌓아둔 땔감, 목재, 석재 등을 훔쳤으면, 밭이나 들에 있는 생산물 혹은 감시자가 없는 도구나 연장 등을 훔친 경우와 동일하게 처벌한다.

▶ **친족상도**(親族相盜): ① 각자 따로 거주하는 친족의 재물을 훔친 경우는 서로간의 촌수를 따져서 형을 5~2등급 낮추고 자자는 면제한다. ② 친족의 웃어른이 손아래 친족의 거처에서 강도짓을 하였으면 바로 앞의 예에 따라 형을 낮춘다. ③ 손아래 친족이 손위 친족의 거처에서 강도짓을 하였으면 일반인이 강도질을 한 예에 따라 형을 정한다. ④ 한집에서 같이 거주하는 노비 또는 품팔이꾼이 주인의 물품을 훔쳤거나, 동료 노비 혹은 동료 품팔이꾼의 물품을 훔쳤으면, 일반인이 절도죄를 범한 경우보다 형을 1등급 낮추고 자자는 면제한다.

# II. 선제적 예방정책과 복병

## 1. 화척과 재인의 정착 유도

대왕 재위 2년째 해 11월 예조에서 대왕에게, 화척(禾尺)과 재인(才人)들의 동화를 유도하는 정책을 적극 펼치기를 청했다. 《경제육전(經濟六典)》13과 《속육전(續六典)》14에 실려 있는 정부 각처의 지시사항 가운데 관리들이 받들어 시행하지 아니하여 사실상 사문화된 30가지의 철저한 이행을 건의하면서, 그 두 번째에 화척과 재인 대책을 넣은 것이다.15

1419년(세종 1)에 의정부에서 지침을 내리기를, "화척과 재인들이 농사에는 관심을 두지 않고 활 쏘고 말 타는 데만 정신을 쏟으며 양민과는 혼인도 하지 않고 저희끼리 모여 살면서 수시로 모였다 흩어졌다 하며 소나 말을 잡아서 팔아먹어 일반백성이 피해를 입고 있으니, 이들로 하여금 서로 떨어져 살면서 평민과 혼인하여 농사를 지으

......................

13 조선이 개국된 뒤에 영의정 조준의 책임 하에 1388년부터 1397년까지 10년간 시행된 법령과 장차 시행할 법령을 수집하여 1397년(태조 6) 12월 26일 편찬을 마친 국가법령집이다.

14 태종 때 《경제육전》을 개찬한 《경제육전속집상절(經濟六典續集詳節)》·《신속육전(新續六典)》·《신찬경제속육전(新撰經濟續六典)》 등을 통칭하는 용어다. 흔히 《경제육전》을 《원전(元典)》 혹은 《원육전(元六典)》이라 하고, 개정된 법전들을 《속전(續典)》 또는 《속육전(續六典)》이라고 한다.

15 세종실록에는 예조에서 관리들이 받들어 시행하지 않아서 사문화되었다고 지목한 이전의 의정부지침이 보이지 않는다. 왕의 교지가 아니어서 빠졌을 것으로 짐작된다.

면서 살게 하고, 옛날 버릇을 버리지 않는 자들은 각자가 기르는 가축들을 모두 몰수하고 아울러 마을의 책임자도 처벌하라."고 하였습니다(세종 2년 11월 7일).

화척과 재인은 신라말엽과 고려초기의 혼란기에 북방으로부터 유입된 여진, 거란, 말갈, 달단(韃靼·몽골) 계통의 후예였다. 대다수가 유목생활에 익숙하고 농사는 서툴러서 조선사회에 쉽게 동화되지 못하고 이곳저곳을 떠돌며, 버들가지로 바구니를 만들어 팔거나, 사냥·도축·공연 등으로 생계를 꾸렸다.

그런데 모두가 유목민 출신들이라 가축을 잡는 일에 익숙해 남의 소나 말을 훔쳐서 몰래 도살하는 버릇이 있어서, 나라에서 그들이 토착민들처럼 한 곳에 정착해 농사를 지으면서 살게 해주려고 부단히 노력을 기울였다.[16] 그들의 혈통과 생활습관에 대하여는 세 권의 책이 길잡이가 될 만하다.[17]

예조의 건의문을 읽어본 대왕은 즉석에서 30가지 조목을 모두 승낙하였다. 이후로 화척과 재인들의 운신에 많은 불편과 제약이 따랐을 것으로 짐작된다. 보고서의 서두에, '이후로는 철저히 이행케 하고, 따르지 않으면 죄를 가하게 하라.'고 적혀있었기 때문이다.

이날 예조에서 시행이 부진하다고 보고한 '의정부지침'은 오래된 국가정책을 재확인한 것이었다.

태조 재위 4년 12월 익주(익산)의 지사 민유의가 임금에게, 화척과 재인들의 유랑생활을 금하고 호적을 만들어 농사를 지을 수 있게 토지를 나

16  남도영(1975), "선초(鮮初)의 우마도적: 특히 형정운영을 중심으로", 『동국대학교논문집』제14집, 동국대학교, 93-108쪽.
17  김용심(2019), 『백정: 나는 이렇게 생각한다』, 보리; 이희근(2013), 『백정: 외면당한 역사의 진실』, 책밭; 박종성(2013), 『백정과 기생: 조선천민사의 두 얼굴』, 서울대학교출판문화원.

뉘주자고 청하니, 임금이 명하기를, '새로 법을 세우지 말고 이미 세워져 있는 관련법들을 각도에 이첩하라.'고 하였다(태조 4년 12월 25일).

정종을 거쳐서 태종이 즉위하고 6년쯤 지나서, 나라에서 달단 계열의 화척에게 소와 말을 잡지 말라고 거듭 타일렀다(태종 6년 4월 24일). 하지만 순순히 따른 자가 적었던 모양이다.

6개월쯤 뒤에 영의정 성석린이 국정현안 20가지를 상서하면서 그 열여섯 번째에 나라에서 재인과 화척의 정착생활을 지원할 것을 청하는 내용을 포함하였다.

> 관계당국으로 하여금 소와 말을 함부로 잡지 못하게 금지한 법령을 엄격히 시행하게 하시고, 도살(屠殺)로 생계를 꾸리는 재인과 화척들을 지역별로 한 곳에 모아서 살 집과 경작할 토지를 나눠주어 다른 곳으로 흩어지지 않게 하소서. 이들 무리인들 어찌 쓸 곳이 없겠습니까(태종 7년 1월 19일).

의정부에서 검토를 마치고 나서 두 사항 모두 일찍이 내려 보낸 교지를 거듭 밝혀서 거행하게 할 것을 청하니, 임금이 그대로 따랐다.

그럼에도 불구하고 재인과 화척들이 몸에 배인 유목민의 습성을 버리지 못했던 모양이다. 태종 재위 11년 10월에 사헌부에서 국정현안 여섯 가지를 상서하면서, 그 네 번째에 유사한 내용을 또 집어넣었다.

> 《경제육전》에 소의 도살을 금지한 법이 실려 있는데도 재인과 화척들이 궁벽한 땅에 부락을 이루고서 농사는 짓지 않고 가축을 잡아주고 대가를 받아서 생계를 잇고 있습니다. 시간이 오래 지났어도 그들의 나쁜 습성이 바뀌지 않는 것은 일반백성과 떨어져 살면서 저희끼리만 서로 혼인을 하기 때문입니다. 그래서 1409년(태종 9)에 그들을 평민과 섞여서 살게 하고 저희끼리 서로 혼인하는 것을 금하는 교

지를 내렸는데, 아직도 따르지 않는 자가 많습니다. 하오니, 앞서 내린 교지에 의거해, 재인과 화척들을 정식으로 등록시켜 일반백성과 섞어서 살면서 서로 혼인을 하게 하시옵소서. 그래도 따르지 아니하고 자기들끼리 혼인을 하면 강제로 이혼시키고 처벌하게 하시옵소서 (태종 11년 10월 17일).

재인과 화척들은 재주가 좋고 체력이 강인하여 나라에도 쓰임이 많았다. 특히 남자들은 산속에서 움직임이 민첩하고 짐승의 습성을 잘 알아서, 임금들이 사냥을 나갈 때 몰이꾼으로 데려갔다.[18]

대왕 재위 초반에 왜구토벌을 위해 대마도에 원정군을 보낼 때는, 출병으로 인해 방비가 허술해진 여러 포구와 요새지에 재인과 화척들을 배치하였다. 그들이 말을 잘 타고 활쏘기에 능숙했기 때문이다(세종 1년 5월 14일).

그런데 화척과 재인 가운데 우마도둑이 많아서, 나라에서 화척과 재인의 습성을 고쳐주려고 다양한 정책을 펼쳤다. 부왕 태종이 죽어서 국상이 난 상황에서도 이곳저곳을 떠돌아다니는 화척과 재인들을 모두 본래 살던 고장으로 돌려보내고, 그들을 성심껏 고찰하지 않는 수령들을 적발하여 처벌하게 하였다(세종 4년 7월 15일).

1422년(세종 4) 9월 6일에 부왕의 국장을 마치고 두 달 반쯤 지나서, 전국의 감사들로 하여금 군적(軍籍)에서 누락된 재인과 화척을 샅샅이 찾아내 모두 군적에 올리게 하였다. 군적에 오르지 않은 재인이나 화척 가운데 당국의 감시를 피해 으슥한 곳에 터를 잡고서 몰래 도적질이나 살인을 저지르는 자들이 많았기 때문이었다.

..................
18 태종 13년 3월 4일, 9월 16일, 14년 윤9월 3일, 16년 7월 3일, 세종 1년 2월 20일, 3월 8일자 실록기사 참조.

모든 재인과 화척을 예외 없이 군적에 올림과 동시에 평민들과 섞여 살면서 농사를 익히게 하고, 3년마다 한 번씩 출생된 자손들을 찾아내 호적에 올리게 하였다. 또, 외지를 다녀올 때는 반드시 사전에 기간이 명시된 여행증을 발급받고 출발하게 하였다(세종 4년 11월 24일).

　　재인과 화척이라는 호칭을 '백정(白丁)'으로 바꾸고 정착생활에 필요한 것들을 나라에서 지원하게 하였다. 재인과 화척은 본시 양인들인데, 생업이 천하고 호칭도 생소하여 백성들이 혐오감을 가지고 서로 혼인하는 것을 부끄럽게 여겨서, 대왕이 그들을 불쌍하게 여기고 있던 차에, 병조에서 개선책을 아뢰어 그대로 따른 것이었다.

　　그들의 칭호를 백정이라고 고쳐서 일반백성과 섞여 살면서 서로 혼인도 하게하고, 그들의 세대를 호적에 올리고, 경작하지 않고 묵히는 땅이 많은 사람의 밭을 나눠줘서 농사를 짓게 하라. 또, 사냥에 동원되는 부역과, 버들가지그릇·가죽제품·말갈기·말총·힘줄·뿔 등을 공물로 바쳐야하는 의무를 면해주어 그들이 한곳에 정책해 안정된 생활을 영위하게 하라. 그들 가운데 살림이 넉넉하면서 무예가 특출한 자는 시위패에 충원하고, 생활형편도 어렵고 무예도 떨어지는 자는 수성군(守城軍·성곽을 지키는 부대)에 충원하게 하라. 무예가 특출한 자는 도절제사가 1차로 검정시험을 치른 뒤에 병조에서 2차로 시험을 봐서 통과하면 갑사로 임용하게 하라. 아울러서, 나라에서 시키는 대로 농사를 짓지 않고 이리저리 떠돌아다니며 이전처럼 사는 자들은 법대로 죄를 가한 뒤에 호적을 확인하여 본래 살던 곳으로 돌려보내되, 개인의 노비인 자는 주인이 알아서 처리하게 하라(세종 5년 10월 8일).

　　6개월쯤 시간이 흐른 뒤에 나라의 정책을 바꿔서 재인과 화척으로부터 거두던 물품들을 일반백성에게서 거두게 하였다. 한 명도 예외 없이 평민과 섞여 살면서 서로 혼인도 하고 정착하여 농사도 지을 수 있게 도와주기 위함이었다(세종 6년 3월 8일).

이후로 재인과 화척들이 장흥고(長興庫)[19]에 납품하던 버들가지제품들과 댓개비로 만든 물건들을 다른 공물과 마찬가지로 일반백성이 공납하였다.


## 2. 강·절도범 검거유공자 포상

대왕 재위 1년 3월 형조참판 홍여방이 대왕에게, 저절로 죽은 소의 고기를 먹는 것은 처벌하지 말기를 청했다. 소를 죽이는 행위를 법으로 금지하면서 잡은 소의 고기를 먹은 자까지 처벌하게 해 놓아서, 자연사한 소의 고기를 먹은 자들까지 중형에 처해지고 있다며 개선책을 올린 것이다.

대왕이 관련법을 보완할 필요성에 공감을 나타내니, 지신사 원숙이 법을 고치지 말고 그대로 두기를 청했다. 소의 도살을 금지한 상태에서 저절로 죽은 소의 고기는 먹을 수 있게 법을 고치면 멀쩡한 소를 몰래 죽이고서 저절로 죽었다고 속이는 사례가 생길 수 있다는 것이어서 결말을 짓지 못했다(세종 1년 3월 27일).

같은 해 섣달 초순경 형조판서 김점이 대왕에게, 사전에 허가를 받지 않고 소를 잡은 자를 제보한 자에게 주는 상의 금액을 정하기를 청했다.[20]

......................

19 궁중에서 일상적으로 쓰이는 물품들을 조달하고 관리하던 관청의 이름이다.
20 김점의 제안은 중국 오대 때 후주(後周)의 두엄(竇儼)이라는 인물이 왕에게, '도둑으로 하여금 자기들끼리 서로 살펴 고발하게 하고, 고발인에게 상으로 피고발인 재산의 절반을 주면 도둑이 모이지 못할 것'이라고 상소했던 것을 인용한 것으로 보인다. 이익(저)·고정일(역)(2015), 『성호사설』, 동서문화사, 215-216쪽.

대왕이 듣고 나더니, 부왕이 제보자에게는 범인의 가산을 상으로 주도록 법을 정해놓았다며 따르지 않았다.

당시는 부왕 태종이 상왕으로 있으면서 나라의 중요한 정책들을 친히 관장하던 시기였으므로, 대왕이 김점의 청을 따를 수 있는 입장도 아니었다(세종 1년 12월 2일).[21]

그로부터 얼마 뒤에 대왕이 호조의 건의를 받아들여, 나라창고에서 관물을 훔친 용의자를 제보하면 도난당한 물건의 일정비율을 현물로 포상하게 하였다. 관청의 창고에서 쌀이나 곡식 혹은 돈(저화·楮貨)을 훔친 자를 신고하면, 도난당한 물품의 20퍼센트에 해당하는 현물(쌀·곡식·돈)을 상으로 주게 한 것이다(세종 2년 윤1월 15일).

그뿐만 아니라, 그사이 태종과 상의가 있었는지, 5개월쯤 뒤에 형조의 건의를 수용해, 소나 말을 도살한 자를 제보하면 저화(楮貨·지폐)로 포상하게 하였다. 이후로 소나 말을 도살한 자를 제보해 체포하게 한 자에게는 범죄자의 재산을 처분하여 저화 2백 장을 상으로 주었다. 포상을 하고도 저화가 남으면 전액을 관에서 몰수하고, 범인의 재산이 저화 2백 장에 미달하면 포상을 생략하였다(세종 2년 5월 11일).

이로써 범죄용의자를 검거하거나 신고하는 사람들을 후하게 포상하는 제도가 확고하게 뿌리를 내렸으며, 특히, 강도, 절도, 그리고 소나 말을 훔쳐서 도살한 자들을 신고하면 특별히 더 후하게 상이 주어졌다.

획일적인 방식 대신 차별적인 방식으로 폭넓은 범죄신고자포상제도를 운용하였다. 용의자를 검거한 자, 검거에 기여한 자, 용의자 혹은 장물을

......................

21 태종은 왕좌에 앉은 지 18년 만에 아들인 세종에게 왕위를 넘겨주고 자신은 상왕으로 물러나면서, 주변에 간사한 자들이 많아서, 아들이 장성할 때까지 군사(軍事)와 중요한 국정에 관한 일은 본인이 관장할 것이라고 선언하고, 약 4년 동안 중요한 국정들을 직접 챙기다가 세상을 떴다(태종 18년 8월 10일).

신고한 자 등으로 유형을 구분해, 관직·재물·베 등을 하사하거나 천민신분을 양민신분으로 높여주는 등으로 후하게 보상해주었다.

포상으로 줄 수 있는 것은 모두 주었다고 하여도 과언이 아닐 정도로 다양한 종류의 범죄신고 유인책을 시행하였다. 도적이 자수하여 동료들을 고발하면 특별히 더 후하게 상을 주었다.

반면, 신고를 기피한 자들을 불고죄(不告罪)로 처벌하는 법을 제정해 범법자신고를 압박하였다. 그러므로 비록 실록에 통계를 집계한 자료는 없어도, 제도의 효과가 매우 컸을 것으로 짐작된다.

그런데 두 가지 뜻밖의 변수가 겹치기로 돌출해 나라의 치도전략에 중대한 차질이 생겼다. 매우 유감스럽게도 대왕의 치도(治盜)가 '의외성'의 덫에 걸린 것이다.


## 3. 사면과 보방 사유 속출

첫 번째 돌발변수는 많은 죄수를 동시에 풀어줘야 할 일이 쉴 새 없이 이어진 것이다. 첫째로, 사면사유가 빈번하게 발생해 많은 수의 도둑을 한꺼번에 석방해줘야 하였다.

우선 전례에 따라 경축사면을 단행해야 할 상황이 계속 생겼다. 선위와 즉위, 존호 봉숭, 탄신일, 부묘(祔廟)의식, 원묘 건립, 원손(元孫) 탄생, 왕세손 책봉 같은 경사가 꼬리를 물었다.

명나라로부터, 황제 즉위, 황태자 책봉, 전각(殿閣) 건립 같은 소식이 쉴 새 없이 당도했다. 이래저래 32년 동안 자국과 명나라의 경사로 인한 사면(일반사면)을 열 번도 넘게 하였다.

다음으로, 왕실에 환후(병환)가 닥쳐서 사면을 단행해야 할 필요가 반

옥중죄인

복해서 생겼다. 부왕 태종이 승하하기 전에 환후가 있었던 동안 사면령을 선포해 많은 죄수들을 대거 석방하였다.

　재위 후반에는, 왕비(소헌왕후)가 눈을 감기 전에 환후가 깊어서 사면령을 내렸고, 재위 막판에는 대왕과 왕세자가 번갈아 환후가 있어서 많은 죄수들을 용서하여 풀어주었다.

　마지막으로, 극심한 가뭄이 닥치면 마음이 내키지 않아도 사면령을 내려야 하였다. 대왕이 보위에 있었던 동안 가뭄이 없었던 해가 거의 없었다. 상상을 초월할 정도의 가뭄도 세 번(재위 5년-6년, 18년-19년, 25년-26년)이나 있었다.

　그 기간에 가뭄으로 인한 기근이 얼마나 심했으면, 많은 사람들이 허기를 참다못해 흙을 파서 먹거나 오래도록 굶다가 병에 걸려서 죽었다.

부모와 아이들을 버려두고 고향을 떠나서 객지를 떠돌아다니거나 도둑이 되는 백성이 많았다. 그때마다 옥문을 열어서 많은 죄수를 한꺼번에 용서하였으니 치도(治盜)가 제대로 되었을 리가 없다. 도둑 가운데 사면을 감사히 여기고 마음을 고쳐먹는 자는 적고, 법을 낮잡아보고 도둑질을 일삼는 자가 많았다.

가뭄에 따른 사면은 중국의 옛 문헌인 《문헌통고(文獻通考)》에 나오는, '4월 이후에 비가 오지 않으면 가장 먼저 억울한 죄수들을 풀어주라.'는 구절을 따른 것이었다(세종 9년 6월 9일).

《문헌통고》는 송(宋)나라 말엽부터 원(元)나라 초기까지 살았던 마단림이라는 학자가 중국 고대로부터 남송의 영종(寧宗) 시대까지 시행된 제도와 문물을 기록한 책이다. 조선왕조실록에 그 책이 빈번하게 등장하니, 국가경영에 크게 영향을 미쳤다고 할 것이다.

역시 조선의 국가경영에 많은 영향을 미친 《개원예(開元禮)》에는, '오래도록 비가 오지 않으면 지체된 옥송의 조속한 처리를 독려하라.'는 대목이 들어있다. 《개원예》는 당(唐)나라의 여섯 번째 황제였던 현종(顯宗)이 '개원'이라는 연호를 쓰던 기간에 간행된 법전이다.

《문헌통고》와 《개원예》에 첫 번째 가뭄대책으로 '죄수석방'과 '옥송처리 독려'가 실리게 된 것은, 군왕의 통치와 기상이변을 비롯한 각종 환난 사이의 인과관계를 믿는 천인합일(天人合一) 사상의 산물이다.

그 결과로, 가뭄과 같은 천재지변이 생기면, 남형·체옥·오결·학대 등으로 죄수들의 원통하고 억울한 마음이 쌓여서 하늘의 벌(천벌·天罰)을 불렀다고 여기고, 신속하게 사면으로 죄수들을 용서해 하늘의 견책에 응답하였다.[22]

한편, 사면은 재범을 부추기는 부작용 외에도 교정교화를 방해하는 독소(毒素)로 작용하였다. 첫째로, 사면령 선포는 권선징악 원칙에 반하는 것이었다. 둘째로, 옥에 간힌 죄수들이 사면의 요행을 기대하고 나라에 닥친 환난이 더 심각해지기를 빌었다(세종 22년 4월 25일). 대왕도 그런 실상을 잘 알고 있어서, 말년에 승지들에게 묵은 고민을 털어놓았다.

근래에 수재와 한재로 여러 차례 사면령을 내린 마당에 다시 또 사면령을 내리면, 착한 사람에게 복을 주고 악한 사람에게 화를 내리는 천도(天道)의 뜻에 어긋남이 있다. 또, 재난을 만날 때마다 사면을 행하면 악을 징계하는 법이 엄하지 못하여, 도형(노역)이나 유형에 처해진 자들이 요행을 기대하는 마음을 품게 될 것이다(세종 27년 5월 11일).

하지만 부작용과 역기능을 이유로 사면을 그만둘 수도 없었다. 비록 죄수를 먹이고 입힐 책임이 가족에게 있었어도, 주기적으로 사면을 단행하지 않으면 여러 가지 문제가 생겼다.

과밀수용에 따른 죄수 간 충돌, 질병 감염, 감시의 한계에 따른 죄수탈옥, 옥관과 옥졸의 횡포와 비리 등이 뒤따라서, 속으로는 내리고 싶지 않아도 때때로 사면령을 내려야 하였다.

대왕치세 32년 동안 34번의 사면(일반사면)이 있었다. 《세종실록》에 대사면(大赦免)·사면(赦免)·은사(恩赦)·사유(赦宥)·방면(放免)·사죄(赦罪)·유죄(宥罪)·유면(宥免)·원면(原免) 등으로 기재된 경우들을 모두 취합하여 얻은 통계다.

대략 연평균 약 1회 꼴로 사면이 있었음을 알 수 있다. 대왕 재위기간

22 조병인(2019), "세종이 훈민정음을 창제한 이유: 형사학의 관점", 『형사정책연구』 제30권 제4호(통권 제120호), 한국형사정책연구원, 40-51쪽.

에 사면령이 선포된 일자, 사유, 석방상한 등을 간추려서 [부록 3](459쪽)으로 첨부해놓았다.[23]

사면령을 내릴 때마다, "이미 범죄사실이 발각되었든지 발각되지 않았든지, 이미 형이 정해졌든지 정해지지 않았든지, 일체 상관하지 말고 모두 죄를 용서하여 석방하라. 사면 이전의 일을 고소하거나 고발하는 자는 그 죄에 정한 형으로 다스리겠다."는 단서가 붙었다.

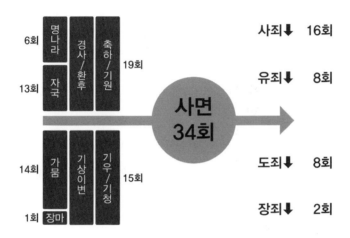

사면 때마다 석방상한에 차이가 있었다. 사형수까지 포함하는 '일죄(一罪) 이하' 사면은 열여섯 번 있었다. '일죄(一罪)'는 사형(참형, 교형)을 뜻하고, '2죄(二罪)'는 사형 아래의 유죄(流罪), 도죄(徒罪), 장죄(杖罪), 태죄(笞罪)를 통칭하는 용어였다.

. . . . . . . . . . . . . . . . . . . .

23 일반사면(대사면)과 별도로, 특정한 죄수(들)를 용서하는 특별사면이 최소한 25회 있었다. 또, 가뭄이 극심하여 사형·유형·도형·외방종편 등에 처해졌던 죄수들의 형을 면해주거나 혹은 빼앗았던 직첩을 돌려줘서 파면을 구제해준 특별사면도 최소한 6회 이상 있었다. 하지만 이 책의 관심사인 '치도(治盜)'와 거리가 있어서 따로 집계하지 않았다.

그러므로 '일죄 이하' 죄수들을 사면했다면《대명률》〈명례〉 편의 상사소불원조(常赦所不原條)[24]에 해당하는 죄수(대부분 사형수)들을 제외한 나머지 전원을 용서하여 풀어줬다는 뜻이다.

상사소불원조에는 여덟 죄목이 명시되어 있었고, 그 가운데 강도죄가 들어 있었다. 게다가 강도는 초범이라도 참형에 처하도록 법에 규정되어 있어서, 한 번 붙잡히면 살 길이 없었다. 이러한 사실은 대왕치세 말년에 도둑들이 떼죽음을 당한 맥락을 이해하는 데 중요한 열쇠가 된다.

반면, 사형에 처해졌어야 할 상습절도범(3범 이상)이 사면을 받아 목숨을 건진 사례는 매우 많았을 것이 분명하다. 절도전과가 아무리 많아도 상사소불원조와 상관이 없는데다, 사죄삼복법(死罪三覆法)[25]을 따르느라 시일이 지체되는 동안 사면을 만나는 경우가 흔했을 것이기 때문이다.[26]

'일죄 이하' 사면 외에, '유죄 이하' 사면이 8번, '도죄 이하' 사면이 8번, 그리고 '장죄 이하' 사면이 2번 있었다. 34회 가운데 19번은 축하 혹은 환자의 쾌유를 위한 것이었고, 15번은 기우(祈雨) 혹은 기청(祈晴)을 위한 것이었다. 사면사유에 따라 석방상한이 달랐다.

자국과 명나라에 축하 혹은 기원할 일이 생겨서 사면령을 내린 경우들을 보면, 전체(19번)의 84퍼센트(16번)가 '일죄 이하'였다. 반면, 비를 바라거나(기우) 혹은 날이 개이기를 바라고(기청) 내려진 사면령의 경우는,

....................

24 사면령을 내릴 때에, 모반·대역죄인, 자식으로서 부모를 죽인 자, 처첩으로서 남편을 죽인 자, 노비로서 주인을 죽인 자, 저주(咀呪) 또는 독(毒)을 이용해 사람을 죽인 자, 강도, 고의살인범 등은 대상에서 빼도록 명시되어 있었다.
25 혹시라도 사형판결이 잘못되어 억울하게 사형에 처해지는 것을 막기 위해 법정형이 사형인 사건은 무조건 모두 세 차례 심리를 거치게 한 것을 말한다. 자세한 내용은 352-357쪽 참조.
26 대왕치세 중반쯤에, '절도3범인데도 구비서류가 갖춰지지 않았다거나 금형기간이라는 등을 이유로 결단이 미뤄지다가 사면을 받아서 죽음을 면한다.'는 지적이 있었다(세종 17년 6월 14일).

'일죄 이하'는 한 번도 없고, '유죄 이하' 일곱 번, '도죄 이하' 일곱 번', '장죄 이하' 한 번씩 있었다.

명나라의 일에 따른 여섯 번의 사면은, 황제등극(4회), 황태자 책봉(1회), 황궁정전 준공(1회) 등이었다. 자국의 일에 따른 열세 번의 사면은, 경사 일곱 번(대왕즉위, 상왕존호봉숭, 상왕탄신일, 상왕 내외부묘, 원묘 건립, 원손탄생, 왕세손책봉 등)과, 환후·재변 여섯 번(상왕병환, 왕비병환, 세자병환, 대왕병환[2회], 벼락 등)이었다. '벼락 1회'는 전국 곳곳에 연달아 벼락이 떨어져 궁녀 1명을 포함한 여러 명의 백성이 사망한 경우이다.

대왕보다 앞에 국왕이었던 태조, 정종, 태종은 거의 매년 본인의 생일날 사면령을 선포해 많은 죄수들을 용서하였다. 태조는 24번 중 5번, 정종은 9번 중 3번, 태종은 43번 중 9번 생일사면을 하였다.

태조와 정종은 왕비의 생일에도 사면을 하였다. 태조는 왕비가 죽자 그다음 해 제삿날 사면령을 내렸다. 모두 정통성이 없음을 가리기 위한 선심이었을 개연성이 높다.

하지만 대왕은 32년 동안 34번 사면을 하면서 생일사면을 한 번도 하지 않았다. 정통성을 따지기로 말하면 대왕도 선왕들처럼 장남이 아닌 약점을 갖고 있었지만 생일을 조용하게 넘겼다.

대왕이 스물아홉 살 되던 해 생일날 예조에서 군신이 함께 잔치를 베풀기를 청하니, "사람의 자식이라면 생일에는 다른 날보다 두 배로 슬퍼하며 가슴 아프게 보내야 할 것이거늘, 어찌 잔치를 열어 즐길 수가 있겠느냐." 하고 허락지 않았다(세종 7년 4월 10일).

부모님이 자신을 낳아서 기르느라 고생하신 것을 생각해야 할 날에 기뻐하거나 즐거워할 수는 없다며, 생일잔치를 벌이자는 예조의 청을 뿌리친 것이다.

그 뒤로도 이런저런 구실을 내세워 7년 동안이나 생일하례를 받지 않다가, 서른여섯 살이 되던 재위 14년에 처음으로 생일날 정전에서 신하들로부터 하례를 받았다.

이후 18년 동안 생일하례를 일곱 차례 더 받았으나, 본인이 원해서가 아니라 매번 신하들의 등쌀에 못 이겨서 어쩔 수 없이 정전에 나아가 하례의식을 가진 것이었다.

그 사유가 무엇이었든지간에, 사면은 죄수들에게 큰 축복이자 횡재였지만, 백성과 치안당국에는 재앙이자 환난이었다. 죄를 용서받은 죄수의 태반이 도둑이었고, 풀려난 도둑 가운데 상당수가 곧바로 재범을 저질렀기 때문이다.

특히 가뭄이 극심해서 사면을 단행한 경우는 흉년이 예고된 상태에서 많은 도둑이 한꺼번에 석방되어서 치안당국의 부담을 크게 늘리고 백성에게 커다란 위협이 되었다.

게다가 사면이 전부가 아니었다. 농번기, 혹한기, 혹서기 등이 닥치면 일정 기간 동안 죄수들의 구금을 풀어주는 보방(保放)을 시행해야 하였다. 오늘날의 보석(保釋)과 비슷한 제도였다. 요즘의 보석은 돈(보증금)을 내야 구금을 풀어주지만, 예전의 보방은 보증인만 세우면 되었다. 그 보증인을 책보(責保)라고 하였다.

대왕이 보위에 있었던 동안 보방이 33번 있었다. 연평균 1회 이상 죄수들을 대거 풀어주고 집에서 농사를 짓거나 무더위 혹은 맹추위가 지나간 뒤에 수사 혹은 재판을 받게 한 것이다. 결과적으로 32년 동안 죄수들을 67번 풀어준 것이니, 도둑들의 입장에서는 평균 1년에 2번씩 구금을 벗어날 기회가 주어진 셈이다.

보방의 석방상한을 보면, '유죄 이하' 2회, '도죄 이하' 9회, 그리고 '장형 이하'가 22회 있었다. 빈도가 가장 높은 '장죄 이하' 보방은 실록에 '경죄(輕罪)' 이하 죄수들을 풀어준 경우들을 모두 합한 것이다. '태죄 이하'를 풀어준 경우는 한 번도 없어서 집계에 넣지 않았다.

전체 보방횟수 33번 가운데 13번은 죄수보호 혹은 왕의 쾌유를 위한 것이었고, 나머지 20회는 기우 혹은 기청을 위한 것이었다. 전자에 해당하는 사유는, 무더위(4회), 맹추위(4회), 농번기(3회), 상왕 환후(1회), 옥사 지체(1회) 등이었다. 후자에 해당하는 사유는 가뭄이 19번이고, 장마가 1번이었다.

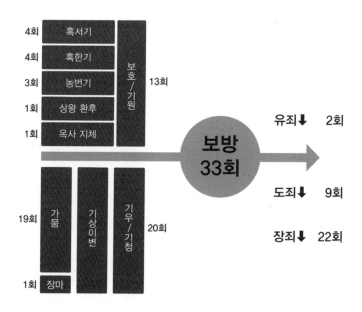

가뭄이 심해서 기우사면을 단행한 횟수(14회)와 보방을 시행한 횟수(19번)를 합하면, 흉년이 이미 예상되어 조만간 도둑이 들끓게 될 것을 알면서도 죄수들을 대거 석방한 경우가 33번에 달한 셈이다.

사면과 보방으로 풀려난 죄수의 태반이 절도범(초범, 재범, 3번, 4범,

5범…)이었다고 가정하면, 그들 대부분이 생계곤란에 직면해 다시 강도나 절도 행각을 벌였을 것이 거의 확실하다. 대왕치세 동안의 보방 일자, 사유, 석방상한 등을 간추려서 [부록 4](460쪽)로 첨부해놓았다.

사면 또는 보방과 별도로, 도형(노역)에 처해져서 지방에 부처되거나 안치된 죄수 가운데 80살이 넘은 고령의 부모가 살아있는 자들에게 귀휴(歸休)를 주었다. 1년에 한 번씩 5일의 휴가를 줘서 부모를 봉양하게 하고 노역한 것으로 쳐줬다(세종 26년 7월 4일, 12일).


## 4. 명나라와 우마 강제교역


두 번째 돌발변수는 많은 수효의 말과 소를 명나라에 판 것이 치안당국의 부담을 가중시킨 것이었다. 국내에 말과 소의 개체수가 크게 줄어 말 값이 천정부지로 치솟자 우마도둑이 가파르게 늘어난 것이다.

명나라에 팔려간 말들은 전쟁용 군마로 쓰였다.[27] 13세기 중반부터 14세기 중반까지 약 백 년 동안 동아시아를 지배하다 주원장이 이끄는 한족 반란군에 밀려서 북경을 내주고 북쪽으로 퇴각하던 원나라가 끊임없이 반격을 시도했기 때문이다.

원제국의 마지막 황제였던 순제(順帝)는 주원장의 위세에 밀려 북경을 버리고 북쪽의 개평(開平)과 응창(應昌)으로 쫓기면서도 줄기차게 명나라를 괴롭혔다. 연속적인 참패로 제국의 구심점이 완전히 사라진 것 같다가도, 어느 새 세력을 키워서 역공을 펼쳤다.

문제는 조선의 입장에서 명나라의 청을 거절하기가 곤란했다는 것이

....................

27 조병인(2018), 『세종의 꿈(고): 대국의 민낯』, 정진라이프, 128-215쪽.

다. 만약 명나라가 패하고 원나라가 이기면 조선은 설 땅이 없어질 처지였기 때문이다. 주지하듯이, 조선이 건국되기 이전의 고려왕조는 원나라를 대국으로 섬겼었다.

그런데 원나라가 쇠하고 명나라가 세력을 떨치는 틈새에 고려의 장수였던 이성계가 위화도 회군을 통해 조선을 세우고 명나라에 사대와 조공을 약속했다. 동북아시아의 맹주가 바뀌는 기류에 편승해 원나라에 대한 사대와 조공을 끊은 것이니, 원나라가 앙심을 품고도 남을 일이었다.

게다가 명나라도 편한 우방이 아니었다. 영락제가 황제가 되기 전에, 전 황제였던 건문제(조카)와 전쟁을 벌일 때, 조선의 국왕이었던 태종이 건문제에게 군마 3천 필을 보내줬기 때문이다. 그런 과거가 있었기에 명나라도 조선의 약점으로 여기고 거리낌 없이 말 교역을 요구하였다.

이성계가 국정을 좌우하였던 고려 말엽의 공양왕 시절부터 대왕 재위 9년까지 약 40년 동안 6만여 필의 말을 명나라에 팔았다. 나라에 말이 남아 돌아서 판 것이 아니라 백성의 살을 베고 피를 짜서 보낸 것이었다. [458쪽 부록1 참조]

명나라가 요구한 말의 수효를 채우느라 백성의 허리가 휘고 등골이 빠졌다. 또, 국내에 말이 귀해 군대에 공급할 말이 모자랐고, 말 값이 폭등하니 고수익을 노리는 우마도둑이 늘어났다.

대왕이 보위에 있었을 동안에만 모두 세 차례에 걸쳐서 2만2천 필의 말을 명나라에 팔았다. 첫 번째 말 교역은 재위 3년째 해 하반기에 있었다.

영락제로부터 말 교역을 요구하는 칙서가 도착해, 9월부터 11월까지 두 달 동안 전국에서 1만 필의 말을 거둬들여 요동도사가 있는 곳까지 끌어다주었다.

중앙과 지방의 문무 관원을 비롯하여, 계약직·염장·역승·도승까지 관직의 품계에 따라 차등 있게 거둬들인 말들이었다. 심지어는 무녀나 장의

사도 말을 내게 하여, 1회에 3백~5백 필씩 열여덟 차례에 걸쳐서 들여보냈다.

요동은 며칠이면 다녀올 수 있는 이웃동네가 아니었으니, 말들을 들여보낼 때마다, 끌려가는 말들도 데려가는 사람들도 밤낮으로 말할 수 없는 고통을 겪었을 것이 자명하다.

두 번째 말 수출은 재위 5년 8월 전후에 있었다. 앞서 1만 필을 강제로 뺏어가고 채 2년도 되지 않아 영락제가 다시 또 말 1만 필을 요구해, 전처럼 말을 모아서, 1회에 1천 필씩 도합 7천 필을 요동까지 보내주었다.

말을 모으기는 1만 4백 필을 모았으나 3천 4백 필은 보내지 않았다. 들여보낸 말들을 검수하는 요동의 관리들이 터무니없는 트집을 잡고 까탈을 부렸기 때문이었다.

세 번째 말 수출은 재위 9년째 해 5월 전후에 있었다. 그사이 영락제가 죽어서 새로 황제가 된 선덕제가 말 5천 필 교역을 요구해, 5월 11일부터 6월 16일까지 한 달여 동안 한 번에 6백 필씩 아홉 차례로 나눠서 보내주었다.

**〈표 3〉 세종치세 동안 명나라에 보낼 말(馬)을 배당한 내역 (단위: 필)**

| 구분 | 한성 | 개성 | 경기 | 충청 | 전라 | 경상 | 황해 | 함길 | 평안 | 강원 | 계 |
|---|---|---|---|---|---|---|---|---|---|---|---|
| 재위 3년 | 2,047 | 240 | 660 | 1,203 | 1,808 | 2,172 | 894 | 546 | 856 | 1,042 | 11,468 |
| 재위 5년 | 2,050 | 250 | 650 | 1,200 | 1,350 | 2,200 | 800 | 500 | 600 | 800 | 10,400 |
| 재위 9년 | 1,000 | 100 | 300 | 600 | 650 | 1,049 | 400 | 250 | 300 | 400 | 5,049 |
| 계 | 5,097 | 590 | 1,610 | 3,003 | 3,808 | 5,421 | 2,094 | 1,296 | 1,756 | 2,242 | 26,917 |

〈표 3〉은 명나라에 수출할 말을 지역별로 분담시킨 내역을 정리한 것이다. 재위 9년에 지역별로 말을 분담시킨 내역은, 세종실록에 자료가 없어서, 바로 앞의 재위 5년째 해에 지역별로 분담시킨 비율을 적용해 산출하였다.

불과 7년 사이에 약 2만 2천 필을 명나라에 빼앗긴 것이니, 당시의 나라의 인구를 5백만 명으로 잡으면 228명당(아이와 노인 포함) 1필 꼴로 명나라에 말을 강탈당한 셈이다.

전국 10개 지역으로부터 수 천 필씩 말을 거둔데 따른 여파로 말 값이 치솟은 상황에서 매년 지독한 가뭄이 반복되자, 전국 각지에서 남의 말을 훔치는 도둑이 들끓었다.

설상가상으로 농사에 쓰는 소(牛)들까지 강제로 명나라에 팔아야 하는 상황이 닥쳤다. 명나라의 선덕제가, 자기네 백성인 요동의 농민과 군인들이, 땅은 넓은데 소가 없어서 농사를 짓지 못한다며, 조선에서 그들에게 농우를 팔기를 요청한 것이다.[28]

어쩔 수 없이, 대왕 재위 14년에 농우(農牛) 6천 두를 요동에 보내주었다. 선덕제는 농우 1만 두를 요동에 보내주기를 요청했었으나, 소를 거두기가 어려워 대왕이 황제에게 양해를 구하고 6천 두만 보내주었다. [458쪽 부록2 참조]

하지만 이후로 국내에 소가 귀해져 농가들의 어려움이 가중되고, 소 값이 치솟자, 고수익을 노리고 남의 소를 훔치는 자들이 가파르게 늘어났다.

이후로 말과 소가 동시에 도적들이 호시탐탐 훔칠 기회를 노리는 표적이 되어서, 많은 백성이 이루 말할 수 없는 고통을 겪고 임금도 골치를 앓았는데, 실록을 편찬한 사관들은 명나라를 탓하는 말을 단 한 마디도 남기지 않았다. 대국에 대한 소국의 지성사대는 그와 같이 철저한 것이었다.

. . . . . . . . . . . . . . . . . . . .

28 조병인(2018), 앞의 책 185-215쪽.

# Ⅲ. 명화도적 무리의 도성유린

## 1. 연속적 사면과 치안문란

1392년 7월 17일에 조선의 시조로 등극한 이성계는 2년쯤 뒤인 1394년 6월 한양부를 새 도읍으로 정하고 그 이름을 한성부로 고쳤다. 도성의 둘레는 9천 9백 75보였다(약 18.6km). 북쪽 백악사(白嶽祠)로부터 남쪽 목멱사(木覓祠)에 이르는 지름이 6천 63보이고, 동쪽 홍인문으로부터 서쪽 돈의문에 이르는 지름이 4천 3백 86보였다.[29]

도시 전체를 5부(동부·서부·남부·북부·중부)로 나누고 각 부 아래 8-12개의 방(坊)을 두었다. 전체 52개 방별로 행정을 책임지는 관령(管領)을 임명하고, 부별로 산하 방들을 관할하는 주부(主簿·종6품)를 두었다.[30]

치밀한 계획에 따라 사통팔달로 도로가 뚫리고 건물이 속속 들어서니 전국 각지로부터 각계계층 사람들이 모여들어 서로 협력하고 부딪히며 행복과 불행을 만들었다. 또, 사대교린의 외교정책으로, 명나라인, 야인(여진부족), 왜인들의 왕래가 빈번해지자, 나라에서 국적별 전용숙소를 정해서 운영하였다.[31]

....................

29 세종실록 지리지 경도 한성부, 태조 2년 1월 29일, 3년 8월 13일, 10월 25일, 28일, 4년 6월 6일, 윤9월 19일, 태종 9년 2월 26일, 세종 8년 9월 22일자 실록 기사 참조.

30 임용한(2017), 「조선초기 한성부의 기능과 한성판윤」, 『서울과 역사』 권95호, 서울역사편찬원, 140쪽.

31 명나라 사신단 전용숙소로 숭례문 근처에 태평관(현 퍼시픽빌딩 자리)을, 여진족 전용숙소로 홍인문 근처에 야인관(현 한양도성박물관/서울디자인지원센터

그런 가운데 당국의 눈을 피해서 은밀하게 불법무역을 행하는 자들이 생겼다. 내국인 상인 가운데 왜관을 드나들면서 법으로 거래가 금지된 물품들을 몰래 사고 파는 자들이 있었던 것이다.

심지어는 법을 낮잡아보고 왜인과 결탁해 명주·비단·면포 등을 밀수출하는 자들도 있어서, 태형 50대에 속전(贖錢)을 허용하게 되어 있던 형벌의 수위를 《대명률》 수준으로 대폭 높였다.

위반자는 장 1백대를 가하고 물건과 배와 수레를 몰수하게 하였으며, 외국인과 내통하여 서로 공모한 정황이 드러나면 간첩으로 간주해 엄중히 다스리게 하였다(세종 3년 6월 9일).

그처럼 도성의 면모가 활력 넘치는 국제도시로 바뀌고 있던 1422년(세종 4) 5월 10일에 부왕 태종이 숨을 거두니, 이전까지 견습 임금의 처지에 머물렀던 대왕이 명실상부한 군주가 되었다.

한성부의 인구가 빠르게 늘면서 각종 물품의 유통과 거래가 활발해지고 소비규모가 부쩍 커지자 대왕이 물물경제를 화폐경제로 바꾸기 위한 정책을 적극 펼쳤다. 부왕 때의 실패경험을 유의하면서 지폐(저화)를 찍고 동전(조선통보)을 주조해 두루 사용하게 한 것인데, 백성의 호응은 저조하고 민심만 사나워졌다.[32]

그런 상황에서 왕실에 연달아 악재가 생겼다. 대왕의 누이동생인 정선공주(그녀의 친손자가 남이장군이다)가 21살로 죽었다(세종 6년 1월 25일).

그로부터 한 달 후에, 열다섯 살에 결혼하여 1년 만에 얻은 첫딸 정소공주가 13살 어린 나이로 죽었다(세종 6년 2월 25일, 4월 15일). 두 달이

자리, 뒤에 북평관으로 명명)을, 왜국 사신단 전용숙소로 남산 북쪽기슭의 남부 낙선방(중구 예관동)에 왜관(동평관·서평관)을 두었다. 장지연(2020), "15세기 한성의 사신객관 형성과 그 의미", 『서울과 역사』 권104호, 7-33쪽.
32 세종 2년 윤1월 9일, 2월 25일, 3년 3월 24일, 4년 10월 13일, 16일, 6년 7월 26일자 실록기사 참조.

채 안 되어서, 사위(태종)에게 멸문지화를 당한 대왕의 외조모가 한 많은 삶을 마쳤다(세종 6년 6월 10일).

그런 가운데 대왕이 소와 말이 줄어드는 것을 막기 위한 국가정책의 고삐를 조였다. 가장 먼저 소나 말을 잡거나 훔친 경우는 장 1백대를 가한 뒤에 자자하여 수군에 충원하고 재산을 모두 빼앗게 하였다.

이전에는, 소나 말을 사서 잡은 경우는 장 1백대를 가하고 재산을 몰수한 뒤에 수군에 충원하고, 소와 말을 훔쳐서 잡은 경우는 재산몰수 없이 장 1백대와 강제노역 3년에 처하게 되어 있었던 것을, 형이 더 높은 쪽을 기준으로 형평을 맞춘 것이다(세종 6년 3월 14일).

하루 뒤에는 동면·서면·북면의 백성이 소나 말을 새로 사거나 우마의 새끼를 얻으면 즉시 관에 신고하여 등에 불도장을 찍은 뒤에 등록절차를 밟게 하고, 3년에 한 번씩 점검하여 기재사항을 수정하게 하였다.

그렇게 하라는 법이 있는데도, 자신이 소유한 마소를 마음대로 남에게 팔거나, 남의 마소를 훔쳐다가 몰래 잡아서 고기·내장·뼈·가죽 등을 팔거나, 혹은 낙인이 없는 말을 몰래 숨겨두었다가 요동의 영봉군인(迎逢軍人)[33]에게 팔아먹는 자들이 있었기 때문이었다(세종 6년 3월 15일).

그 뒤로 짧은 기간에 네 차례에 걸쳐서 사면령이 연달아 선포되었다. 먼저, 5월 10일에 부왕의 3년 상이 끝나자 대왕이 모후의 시호인 '원경왕후' 앞에 '창덕소열(彰德昭烈)'이라는 존호를 더하고[34], 그 기념으로 사형수까지 포함하는(일죄 이하) 사면령을 내리고, 아울러서 정치범 104명을

---

33 압록강 건너에 주둔하면서 명나라에 들어가는 조선의 사절단이나 조선을 방문하는 명나라 사절단의 호위와 길안내를 담당하였던 명나라 군대의 이름이었다.
34 세종 6년 5월 10일, 6월 11일, 7월 1일, 2일, 11일, 12일, 16일자 실록기사 참조. 부왕 태종은 명나라의 영락제가 내려준 공정(恭定)이라는 시호가 있어서 따로 존호를 올리지 않았다. 태종의 선왕인 정종은 태종보다 앞에 영락제로부터 공정(恭靖)이라는 시호를 받았다(세종 2년 4월 12일).

특별사면해줬다.

하루 뒤에 담제(禫祭)[35]를 마친 대왕은 원묘(元廟)[36]로 신축한 광효전에 부왕 내외의 위패를 봉안하고, 같은 날 하윤을 비롯한 공신 5명[37]의 신주를 종묘에 배향하 의식까지 마쳤다.

그렇게 해서 부왕의 3년 상을 마무리한 대왕은 우마절도 상습범들인 신백정[38]들에 대한 감시와 통제를 강화하였다. 각 도의 경차관들로 하여금 감사와 함께 도내의 신백정들과 그들의 배우자와 자식들을 모두 찾아내 적합한 조치를 취하게 하였다.

본래부터 농사를 지어서 형편이 넉넉한 경우는 장정 셋으로 한 호를 만들고, 농사가 처음이라 형편이 어려운 경우는 장정 다섯으로 한 호를 만들어, 앞서 내린 교지대로 각자 재능과 성품에 따라 별패·시위패·수성군[39] 등에 충원하게 하였다(세종 6년 10월 10일).

..................

35 3년의 상기(喪期)가 끝난 뒤 상주가 죽은 조상에게 평상으로 되돌아감을 고하는 제례의식이다. 일반적으로 부모상일 경우 대상(大祥) 후 3개월째(상후 27개월) 되는 달의 정일(丁日) 또는 해일(亥日)에 지낸다(한국민족문화대백과, 한국학중앙연구원).

36 왕위를 물려받은 대왕이 종묘와는 별도로 궐내에 건물을 지어서 죽은 선왕 내외의 신주를 봉안하고 생존 시와 똑같이 때맞춰서 음식·떡·술·과일 등을 올리던 사당을 말한다. 태종은 부왕인 태조 내외를 위한 문소전(文昭殿)을 지었고, 대왕은 부왕 태종을 위해 광효전(廣孝殿)을 지었다. 10년쯤 지나서 두 원묘를 합치고 문소전이라고 하였다.

37 하윤, 조영무, 정탁, 이천우, 이내 등 5명의 신주를 종묘의 공신당에 배향하였다.

38 세종 5년 10월 10일에 '재인'과 '화척'이라는 호칭을 '백정'으로 고치게 한 뒤로 '새로 붙여진 이름'임을 나타내기 위해 앞에다 '신(新)'자를 붙여서 사용한 것으로 짐작된다.

39 별패는 대왕과 대신들의 행차 때 호위 임무를 담당하던 부대였다. 시위패는 양인 농민으로 구성되어 국방을 주로 담당했던 병종으로, 시위군이라고도 하였다. 수성군은 성을 지키는 군사였다.

그해 연말이 지나고 새해로 접어들어 정월 하순에 이르니 강원도 감사로부터 신백정 처리에 관한 첫 번째 보고가 올라왔다. 그 내용인즉슨, 도내 여러 고을의 신백정 98명을, 각자의 재력·재주·품성 등에 따라, 별패·시위패·수성군 등에 충원하고, 그들의 의식주를 담당할 봉족 4백 26명을 지정하였다는 것이었다(세종 7년 1월 22일).

그사이 명나라 황제이던 영락제가 죽어서 그 뒤를 이은 새 황제(홍희제)의 등극조서가 닷새 뒤에 도착하니, 축하하는 뜻으로 사형수까지 포함하는(일죄 이하) 사면을 단행해, 다시 또 많은 죄수들을 풀어주었다(세종 6년 10월 15일).

불과 3개월 사이에 대명률의 상사소불원조와 무관한 사형수들을 포함하는 대사면이 두 차례 있었던 것이니, 도둑들 사이에 법을 겁내지 않는 풍조가 퍼졌을 것이 분명하다.

게다가 도성의 인구가 늘어난 결과로 사람들 간의 이해관계가 복잡해지면서 법을 어기는 자들이 급격히 늘었다. 세종 7년(1425) 정월 초엽에 병조에서 대왕에게, 도성 안 각지의 산자락에 소재한 여러 마을에서 도적들이 소나 말을 함부로 도살한다고 아뢰었다.

그뿐만 아니라 산의 소나무를 몰래 베다가 팔아먹는 자들도 있다며, 진무들을 시켜서 범법자들이 지나다니는 길목에 방호원을 배치하게 하는 방안을 대책으로 올리니, 윤허가 떨어졌다(세종 7년 1월 5일).

진무는 병조소속의 정랑(정5품~정6품)급 무관이었는데, 살인·강도·방화 등이 발생하거나 도적떼가 나타나면 임금의 명에 의해 단골로 검거작전에 단골로 투입되었다.[40] 당시는 오늘날의 경찰과 같은 조직이 따로 없

---

40 조선 초기에 삼군(중군, 좌군, 우군)에 소속되어 각종 군령을 수령, 전달하고 감독하는 임무를 수행했던 병조의 낭관(정5품 정랑, 정6품 좌랑)급 관직이었다. 1409년(태종 9) 삼군진무소가 설치되면서 도진무·상진무·부진무 각 1인 외에

었고 주로 군인들이 치안을 담당했었다.

소나무를 함부로 베다가 파는 것도 방치할 일이 아니었지만, 소나 말을 훔쳐다 몰래 팔거나 혹은 죽여서 고기·내장·뼈·가죽 등을 은밀히 처분하는 행위를 단속하는 일이 훨씬 더 시급하고 절박하였다.

그보다 앞서 1만7천 필의 말을 명나라에 강제로 팔아서 소와 말의 수가 절대로 부족해진 상황에서 우마절도까지 날뛰면, 가뜩이나 힘든 농사와 국방이 한층 더 어려워질 수밖에 없었기 때문이었다.

우선 급한 대로 도성의 각 요로에 군사들을 배치해 불시에 검문검색을 행하게 하고, 도성 안 13개 장소에 방호소를 두게 하였다(세종 7년 1월 15일). 그럼에도 불구하고 분노조절이 서툰 불량배들이 백주에 거리에서 폭력을 휘둘러 사상자가 발생하자, 의금부관원으로 하여금 낮에도 순찰을 돌면서 노상폭력배가 눈에 띄면 즉시 체포하여 엄중히 다스리게 하였다(세종 7년 1월 24일).

또, 도성 안과 성 밑에 터를 잡고 할 일 없이 빈둥거리는 불량배들과 어울려 우마를 훔쳐다 도살하는 신백정들을 체포하기 위해, 치밀한 작전계획을 세워 기민하게 추진하라고 특명을 내렸다.

먼저 신백정의 가족관계를 상세히 파악한 뒤에 전원을 해변의 여러 고을로 옮겨서 군역에 충당하고, 군관이 수시로 점검을 실시하여 원래 살던 곳으로 도망쳐 달아나는 것을 막게 하였다(세종 7년 2월 4일).

아울러서 한성부로 하여금 소나 말이 도살된 실정을 알고도 그 고기를 먹은 사람을 색출하여, 《대명률》의 '제서유위조(制書有違條)'[41]에 따라 장 1백대에 처하게 하였다. 소나 말의 고기를 먹은 자들에 대한 형벌이 태

---

진무 27명이 배속되면서 진무의 역할이 활발해졌다. 세종 10년 무렵에는 진무가 40명이었다(세종 10년 10월 23일).

41 임금의 교지(敎旨)나 세자의 영지(令旨)를 위반한 자에게 적용되던 조문이다.

**노인을 폭행한 사내 체포**
작가: 김윤보, 사법제도연혁도보
서울대학교중앙도서관 소장

50대에 불과하여, 법을 가볍게 여기고, 고기의 출처를 확인하지 않고 스스럼없이 사먹는 사람이 많아서 처벌수위를 두 배로 높인 것이다.42

또, 사람들이 붐비는 길거리에서 함부로 말을 달려서 사람의 생명을 상하게 하는 자가 많아서, 왕명을 속히 전하기 위해 급히 달리는 경우 외에는 모두 금지시키고, 사람의 목숨을 상하게 한 자는 3천리 밖으로 내쫓게 하였다(세종 7년 4월 4일).

궁중에서 쓸 말들을 사육하는 살곶이의 궁궐직영 목장에서 말을 훔쳐다가 잡아서 팔아먹은 백정과 근위병정을 장 1백대를 때려서 3천리 밖으로 내쫓게 하였다. 법대로 하면 마땅히 참형에 처해야 하였지만 법보다 덕을 앞세워 감형으로 목숨을 살려준 것이다(세종 7년 5월 25일).

이후로 농사철이 한참 지나도록 비가 전혀 오지 아니하자, 관례대로 사면을 단행하였다. 형벌이 중도(中道)를 잃은 결과로 죄수들의 원망이 쌓여서 환난을 불렀을 가능성을 헤아려 죄수들을 대거 용서하여 구금을 풀

........................

42 세종실록에는, '1411년(태종 11)에 신백정들의 우마절도와 도살이 극심해서, 그들을 모두 색출하여 도성으로부터 90리 밖으로 내쫓았는데, 모두 다시 성 안과 성 밑으로 돌아와 불량배들과 어울려 우마를 훔쳐다 도살을 자행한다.'고 적혀 있으나(세종 7년 2월 4일), 태종실록에 해당 기사가 보이지 않는다.

어준 것이다. 같은 날 특별사면도 함께 단행해 종친과 전직 관료 39명의 죄를 용서하였다(세종 7년 6월 23일).

그사이 새로 등극한 명나라의 홍희제가 죽어서 그 뒤를 이은 선덕제가 등극조서를 보내와서, 축하하는 뜻으로 상사소불원조와 무관한 사형수까지 포함하는(일죄 이하) 사면령을 다시 또 내렸다(세종 7년 윤7월 22일).

전년 6월의 부묘의식 때와, 윤7월에 명나라의 홍희제가 등극했을 때 사면령을 내린 것까지 합하면, 13개월 동안 네 차례(3개월에 한 번꼴) 사면을 한 것인데, 그 여파로 도성의 치안에 적신호가 켜졌다.

그러자 사헌부에서 대왕에게 도성의 주야간 순찰체계를 전편 개편하기를 청했다. 의금부의 주간순찰은 한성부의 경계근무와 겹치고, 심야순찰은 군부대와 갑사[43]의 합동순찰과 중복되는 문제 등을 지적하며, 의금부의 기능을 축소하는 구조조정(안)을 마련해서 올린 것이다.

그대로 윤허가 떨어지니, 의금부 도부외(都府外)[44] 인원 1천명을 전원 연고지 고을의 군역에 충당하고, 주간순찰은 한성부가, 야간순찰은 군부(상호군-정3품·대호군-종3품·호군-정4품)가 전담하는 것으로 도성의 순찰체계가 개편되었다(세종 7년 9월 17일).

도성의 치안은 법질서유지에 더하여 궁궐과 국왕의 안전을 책임지는 국방기능까지 포함하는 특수성을 가지는 점을 고려해, 한성부와 군부대가

---

43 오위(五衛)로 편제된 군대조직 중 중위(中衛)에 속했던 특수병종의 정예군을 일컫던 말이다. 대부분 부유한 지배계층의 자식 가운데 용모가 준수하면서 무예와 용맹을 갖춘 자들을 선발해 국왕·왕비·왕자·공주 등 왕실가족의 경호와 궁궐을 포함한 도성의 수비를 맡겼다. 세종 때부터 선발조건이 더욱 강화되어 신장·힘·기·예를 모두 갖춰야 선발될 수 있었다(한국학중앙연구원, 한국민족문화대백과사전).

44 고려 말에서 조선 초에 걸쳐 순군만호부(巡軍萬戶府 : 뒤의 의금부)에 소속되어 있던 경찰부대를 일컫던 이름이었으나, 이후로 시간이 흐르면서 도부외의 존재가 희미해졌다(한국학중앙연구원, 한국민족문화대백과사전).

주야간 순찰을 분담하는 이원적 방범체계를 갖춘 것이다.[45]

그런데 도성의 주야간 순찰체계를 전면 개편한 뒤로도, 마음이 바르지 않은 자들이 고수익을 기대하고 소나 말을 훔치거나 잡아서 몰래 팔아먹는 범법행위가 계속해서 늘어나자, 도성 서쪽의 무악산(毋岳山)[46] 아래에 터를 잡고 남의 소와 말을 훔쳐다 도살(盜殺)하던 무리들을 모두 도성 밖으로 내쫓게 하였다.

소나 말을 몰래 도살하는 것을 금지한 법이 매우 엄중한데도 밀도살이 계속 적발되고, 밀도살을 고발하면 상을 주는 법이 있어도 고발하는 자가 드물어, 대왕이 신하들에게 해법을 물어서, 병조판서 조말생이 내놓은 권고를 그대로 따른 것이었다(세종 7년 12월 5일).

당시 우마도둑이 극성을 부렸던 이유는 수요가 늘어나면 공급도 따라서 늘어나는 원리에 기인한 것으로 보인다. 나라의 국교가 불교에서 유교로 바뀌어 가뜩이나 행사용 고기의 수요가 늘어난 상황에서, 인구증가와 우마품귀까지 겹치자 소와 말의 값이 폭등해 우마도둑이 날뛰었던 것일 개연성이 높다.

조선의 도읍으로 정해지고 30년쯤 지난 세종 8년(1426년) 즈음의 한성부는 고려시대의 한양부와는 달라도 너무 다른 거대도시로 바뀌어 있었다. 우선 외형적인 규모가 놀라울 정도로 크게 팽창하였다.

개국 당시 52개였던 방의 수가 61개로 늘고(성 안 46개+성 밖 십리 15개), 인구도 1만 6천 9백 21 세대에 10만 3천 3백 28명에 달했다(세종 10년 윤4월 8일). 호구조사 통계이니 호적이 없었던 노비, 지방에서 올라

· · · · · · · · · · · · · · · · · · · ·

45 임용한(2017), 앞의 논문, 147-148쪽; 김승무(1966), "포도청에 대하여-조선경찰 제도의 기원에 대한 고찰", 『향토서울』 제26호, 서울역사편찬원, 123-183쪽.

46 서울 시내 중심에서 홍제동으로 향하는 통일로를 사이에 두고 인왕산과 마주하고 있다. 산의 생김새가 말이나 소의 등에 짐을 싣기 위해 사용한 길마와 같이 생겼다 하여 안산(鞍山) 혹은 길마재라고도 한다(두산백과).

온 시위군인, 방문자까지 합하면 실제 체류인원은 훨씬 더 많았다고 봐야 할 것이다.

그와 같이 인구가 늘어난 도성의 관청, 거리, 상점, 뒷골목 등은 전에는 상상조차 할 수 없었던 기회와 위험이 공존하는 '신천지'로 변모해 있었다. 충격적인 사건이나 사고가 수시로 터져도 하나도 이상할 것이 없을 정도로 아슬아슬한 '지뢰밭'이 되어 있었다.

## 2. 불길한 조짐과 아비규환

1426년(세종 8) 12월 중순 무렵 대왕이 명년 봄에 강무(講武·사냥대회를 겸한 군사훈련)를 하기로 마음을 정하고 조정에 미리 알려주었다. 그러자 사간원에서 경기도에 흉년이 들어서 고통을 겪는 백성이 많다며 강무계획을 취소하기를 청하는 상소를 올렸다.

대왕이 처음에는 따르지 않다가, 사간원에서 재차 상소를 올려서 강무계획을 취소하기를 간청하자, 절충안으로, 도성에서 멀지 않은 곳에서 약식으로 때우는 방안을 토론에 붙였다.

대왕으로서는 강무하는 시늉만 내려고 한 것인데, 병조의 지휘부가 제동을 걸었다. 판서 조말생·참의 유연지·총제 이군실 등이, 비교적 농사가 잘 된 편인 강원도에다 이미 강무비용을 확보해놓았다며, 횡성으로 강무를 가기를 강력하게 청해서, 대왕이 그렇게 결정을 지었다.

다음 날 아침회의에서 대왕이 전날의 결정을 발표하니 반대가 대세였다. 영돈녕 유정현과 이조판서 허조 등이, 준비의 어려움, 기상이변, 상납 적폐 외에, 태종이 천둥과 폭우를 무시하고 매사냥을 보러 동교에 나갔다가 병을 얻어서 죽은 일까지 들추며 결정을 물리기를 청했다.

서운관의 제조이던 영의정 이직은 성수(星宿)[47]가 불길하게 움직여 두렵고 무서운 심정을 밝혀서 반대론에 무게를 실었다. 하지만 대왕은 조선과 상관이 없는 징조라고 일축하고, 생뚱맞게 공직사회의 기강해이와 사헌부의 직무태만을 힐책하였다.

예문제학 윤회를 윤대하면서, 관리들이 몰려다니며 술잔치를 벌여도 사헌부가 적발을 하지 않아서 겨울인데도 날씨가 봄철 같은 것이라고 불만을 표하더니, 같은 날 예조의 청에 따라, 도성 안의 북쪽에 사당을 세워서 성황신(城隍神)을 봉안하게 하였다(세종 7년 12월 15일, 16일).

해가 바뀌자 사간원에서 다시 또 상소를 올려서 강무계획을 취소할 것을 재차 간곡히 청해봤지만 대왕은 결정을 바꾸지 않았다(세종 8년 1월 16일). 이후로 사람들이 불길한 조짐으로 여기는 꺼림칙한 징조들이 연달아 나타났다.

바람이 크게 불고 나더니, 동북방에 붉은 기운이 일어났다(세종 8년 1월 21일). 검은 기운이 동쪽 하늘에서 시작하여 서쪽 하늘에까지 뻗쳤다가 얼마 후에 사라졌다(세종 8년 2월 8일).

모두 미신(迷信)으로 여기고 무시하면 그만일 일들이었지만, 도성 안에서 거의 매일 밤마다 두세 건씩 화재가 발생하는 일은 이야기가 달랐다. 사람들이 실수나 부주의로 불을 내는 것이 아니고, 개처럼 남의 것을 훔치는 무리(구투지배·狗偸之輩)가 도둑질을 하려고 어둠을 틈타 멀쩡한 집에 불을 지르는 것이었기 때문이다.

하지만 대왕은 단속을 강화하면 곧바로 진압될 일시적 현상으로 여겼

· · · · · · · · · · · · · · · · · ·

47 고대 중국에서 달이 지구를 한 바퀴 도는 데 28일(27.33일)이 걸리는 규칙성에 착안하여, 달이 매일 옮겨가는 위치에 있는 28개의 별에 성좌(星座·별자리)를 지정하였는데, '성수(星宿)'는 이 중 스물다섯 번째의 별에 붙여진 이름이고, '봉황의 목'이라는 뜻이다. 다만, 여기서는 이직의 말이 전체적인 '별자리'의 움직임을 뜻한 것일 수도 있다.

던 것 같다. 강무를 떠나기 하루 전에 한성부가 '그대로 방치할 수 없다.'
며 방비강화와 유공자포상을 골자로 하는 대비책을 마련하여 올리니, 그
대로 윤허가 떨어졌다.

그 대비책에 의거해, 한성 5부의 각 방과 각 호로 하여금 번갈아가며
길목을 지키게 하고, 방화범을 체포한 자는 범인의 재산으로 상을 주겠다
는 약속을 공표한 상황에서, 다음날 대왕이 예정대로 도성을 출발해 횡성
으로 강무를 떠났다(세종 8년 2월 12일, 13일).

그런데 불길한 조짐들은 괜한 것이 아니었다. 하루 뒤에 황해도 서흥
부 용천에 있던 나라창고에 불이 나서 쌀과 콩 1만 7천 여석이 소실되더
니(세종 8년 2월 14일), 그다음 날 도성에서 초대형 화재가 발생했다.

점심때 서북풍이 거세게 불고 있는데 한성부 남쪽에 살던 인순부(仁順
府)48 노비 장룡의 집에 불이 붙더니, 순식간에 도성의 사람과 집들을 집
어삼켰다. 남녀노소가 비탄에 빠져 울부짖었다.

다행히 대궐을 지키던 왕비(소헌왕후)가 도성에 남아 있던 대신과 백
관을 지휘하여 가까스로 종묘와 창덕궁을 지켜냈으나, 불로 인한 피해가
말로 다 할 수 없을 정도로 막대하였다(세종 8년 2월 15일).

그날 저녁에 화재소식과 피해상황을 보고받은 대왕은, 혼비백산하고
망연자실하여 마치 실성한 사람처럼 병조판서 조말생과 대언(승지) 등에
게 원망하는 말을 퍼부었다.

나는 이번 길을 떠나고 싶지 않았는데 경들이 군이 가자고 청해서

48 세자궁에 딸렸던 관아의 이름이다. 세종 3년(1421)에 경순부(敬順府)를 인순부
로 고쳤으며, 관원으로는 최고책임자 격인 윤(尹)과 부책임자 격인 소윤(少尹)
등이 있었다.

온 것이다. 또, 어제 길에서 폭풍이 거세게 불고 몸도 불편해서 궁으로 돌아가려고 하였는데 경들이 말려서 돌아가지 못했다. 나는 이번 길이 천심(天心)에 합당하지 않아서 도성에 그런 재변이 생겼다고 생각되어 깊이 후회하는 바이다. 내일 궁으로 돌아갈 것이니 강무를 위해 동원한 몰이꾼들을 모두 돌려보내라(세종 8년 2월 16일).

하지만 대왕이 이내 온전한 판단력을 회복하였던지, 곧바로 간소한 환궁채비를 지시하였다. 의장을 갖추지 말고, 세자도 교외까지 마중을 나오지 말고, 각 관청의 관원들도 문밖에 나와 마중하지 말도록 명을 내리더니, 예조에 긴급구호를 지시하였다.

가산이 모두 불타서 식량이 떨어진 집들과 그 식구를 조사하여 신속히 식량을 공급하라. 화상을 입은 자는 의원으로 하여금 신속히 치료하게 하라. 사망한 자들을 속히 매장할 수 있도록, 한 사람당 쌀 1석과 함께 종이와 거적을 나눠줘라. 친족이 없는 자는 관청에서 장례용품을 내주어 한성부로 하여금 사람을 시켜서 장사를 지내주게 하라(세종 8년 2월 16일).

그런데 매우 불행하게도 화재가 한 번으로 그친 것이 아니었다. 바로 다음 날 바람이 세차게 불고 있는데, 오후 1시부터 3시 사이에 중부 서린방의 전옥서(典獄署)[49] 서쪽에 있던 정연(사헌부 집의)의 집에서 다시 또 불이 일어났다.

......................

49 형조에 속하여 아직 죄목과 형이 정해지기 이전 상태인 미결수들을 구금하였던 곳이다. 당시는 오늘날의 징역이나 금고처럼 자유를 제한하는 형벌이 없었으므로, 전옥서의 기결수는 사형이 확정되어 집행을 기다리는 죄수들뿐이었다.

| 구분 | 사망자 | 가옥 소실 | 기타 손실 |
|---|---|---|---|
| 15일 | 남자 9명<br>여자 23명<br>신원확인 불능자 다수 | · 경시서, 북쪽 행랑 106간<br>· 중부 가옥 1천6백30호<br>· 남부 가옥 3백50호<br>· 동부 가옥 1백90호 | · 식량, 식품<br>· 문서, 서적<br>· 의류. 의관<br>· 가구, 집기<br>· 보석, 패물 |
| 16일 | 없음 | · 전옥서, 행랑 8간<br>· 종루 동쪽 가옥 2백호+ | · 나무, 화초<br>· 가축, 기타 |

삼시간에 전옥서와 행랑 여덟 칸을 집어삼키고 종루까지 위협하였다. 다행히 불에 타죽은 사람이 없었고 종루도 가까스로 보전되었으나, 인가 2백여 호가 화마에 사라졌다. 남녀노소가 다시 또 울부짖었다.

이틀 동안의 화재 중에 전체 세대의 절반이 도둑을 맞았다. 불이 번지지 않은 집에서도 황급히 불을 피하느라 재산의 태반을 망실하였다.

횡성에서 심란하게 밤을 보낸 대왕은 다음날 수레와 가마를 재촉해 사흘 만에 대궐에 이르러 일사천리로 수습을 지휘하였다. 의정부에 명하여, 화재를 당한 집의 가족을 장년과 어린아이로 나누어 구제하게 시키고, 병조로 하여금, 화재로 집이 불탄 사람들에게 새 집을 지을 수 있게 말라 죽은 소나무를 베어서 나눠주게 하였다(세종 8년 2월 19일).

그다음 날은 내자시(內資寺)에 명하여, 묵은 장(醬) 3백 석을 내어서 화재로 먹을 식량을 모두 잃은 사람들에게 나눠주게 하더니, 장래의 화재에 대비한 담장신축과 도로정비를 지시하였다.

도성의 행랑에 방화용 담을 쌓게 하고, 성내의 도로를 넓게 사방으로 통하도록 만들게 하라. 궁성이나 돈과 곡식이 있는 관청과 근접해 있는 가옥은 적절히 철거하도록 하라. 행랑은 10칸마다, 개인집은 5

칸마다 우물 하나씩을 파게 하라. 관청마다 우물을 두 개씩 파서 물을 저장해 두게 하라. 종묘와 대궐 안과 종루의 문에 소방도구를 비치해두었다가, 화재가 발생하면 즉시 달려가 끌 수 있게 하라. 군인과 노비가 있는 각 관청들도 소방도구들을 갖춰놓았다가, 화재소식이 들리면 즉시 부하들을 거느리고 달려가서 끌 수 있게 하라(세종 8년 2월 20일).

그다음 날은 화재를 당한 집에서 죄를 저질러 군대에 충원된 사람들을 상세히 조사하여 아뢰게 하고, 화재를 당한 동네에 거주하는 삼군의 갑사, 방패근장대장, 대부 가운데 휴직을 원하는 자는 모두 들어주게 하였다. 또, 휴직을 원치 않아도 2개월의 휴가를 주어서 집을 지을 수 있게 하라는 지시와 함께 세부지침을 내려주었다.

사복시·충호위·사옹원·상의원의 여러 관원, 군기감의 별군관, 그리고 각 관청의 조예(皂隷)·나장(螺匠)·도부외(都府外)·소유(所由)·갈도(喝道)·장수(杖首)·보충군 등에게 올곡식이 익을 때가지 7개월의 휴가를 주어서 새 집을 지을 수 있게 하라. 지방백성으로 도성에 올라와 직무에 복무하면서 세로 들어있던 집이 불탄 사람 가운데 당번차례인 사람들을 모두 고향으로 돌려보내고, 어쩔 수 없이 일을 시켜야 될 기술자들은 그 처자들에게도 급료를 주도록 하라(세종 8년 2월 21일).

그런데 도성 대화재로 조정이 어지럽게 돌아가는 혼란을 틈타서 무뢰배들이 몰래 여기저기 나타나 여러 곳에 불을 질렀다. 그로 인해 민심이 흉흉해지자, 도성의 백성들로 하여금 모두 지붕에 올라가서 밤낮으로 망을 보게 하였다.

아울러서 도적을 체포하는 자에게는 상금을 내리게 하였다. 또, 치안당국과 사법당국의 책임자들을 향해서, 필요하면 군대를 동원해서라도 범인들을 끝까지 추적해 반드시 잡으라고 엄명을 내렸다(세종 8년 2월 21일).

이틀 뒤에 대왕이 정사를 보다가 형조참판 정초에게, 필시 누군가가 도성에 불을 지르고 다니는 것이 틀림없다며 기필코 범인을 검거하라고 특명을 내리니, 이틀 뒤에 병조에서 대책을 올렸다.

그 골자는, 흉년이 연달아 무뢰배들이 떼로 몰려다니며 닥치는 대로 도둑질을 저지르고, 거의 날마다 성안의 주택가에다 불을 지르는 실정을 아뢰고, 검문검색 강화·방화범신고자 포상·자수자 면죄 및 포상 등을 건의한 것이다(세종 8년 2월 23일, 25일).

> 첫째. 도성의 각 방(坊)과 각 동(洞)의 장정들을 번갈아가며 동원해서 통행인이 많은 길목마다 5명씩 배치하여 파수(把守)를 보게 하고, 저녁 7시부터 다음날 아침 5시까지 정규순찰대원(순관)과 특별순찰대원(별순)으로 하여금 매 2시간마다 중복해서 근무상태를 점검하게 하소서.
>
> 둘째. 방화용의자를 검거하여 관청에 인계한 자에게 후하게 상을 내려주되, 그 사람이 양민이면 일반적 포상기준보다 한 단계 높은 관직을 주고, 천민이면 신분을 양민으로 바꿔줌과 동시에 면포 2백 필을 주게 하소서.
>
> 셋째. 불을 지른 무리 중에서 스스로 자수한 자는 죄를 면해주고, 일당을 고발한 자는 죄를 면해줌과 동시에 상으로 면포 2백 필을 주도록 하소서.

즉석에서 윤허가 떨어지니 주야간의 순찰과 검문검색이 강화되고, 일찍이 한 번도 전례가 없었던 놀라운 내용의 현상수배 벽보가 도처에 나붙었다.

첫째는, 보상약속에 관직을 포함하였다. 공직을 감당할 만한 사람이 범인을 잡으면 공무원으로 특채하겠다는 것이었다. 그것도 국가에서 정한 일반적 포상기준보다 한 등급 높은 관직을 약속하였으니, 방화범을 기필코 잡아서 죄 값을 치르게 하고 싶은 마음이 얼마나 조급하고 간절했는지를 단번에 알 수 있다.

〈표 5〉 도성 연쇄방화 용의자 현상수배

| 구분 | | 보상약속 |
|---|---|---|
| 범인체포 공로 | 양민 | 관직 |
| (검거 또는 제보) | 천민 | 면천(신분을 양민으로 격상) |
| 자수 | 자발적 범행신고 | 면죄 |
| | 범행자백+일당 고발자 | 면죄+포상(면포 2백 필) |

둘째는, 노비를 비롯한 천인들에게 신분상승과 일확천금을 동시에 이룰 수 있는 기회를 부여하였다. 범인을 최대한 빨리 잡으려고 '벼락출세'를 미끼로 내건 것이다.

육백년 전에 면포 1필은 쌀 1가마(80킬로그램)와 같았으므로, 면포 2백 필은 쌀 2백 가마와 같았다(세종 16년 1월 19일). 2020년 9월 현재 쌀 1가마 값이 19만원 안팎이니 쌀 2백가마면 현금 3천8백만원에 해당하고, 육백년 전에는 좋은 말 8필을 살 수 있는 거금이었다(태종 17년 8월 3일).

용의자 현상수배를 비롯하여 범인을 조기에 검거하기 위한 총력동원을 준비하던 도중에, 예조판서 신상의 건의를 받아들여, 대화재로 인한 불안과 공포분위기가 가라앉을 때까지 방화범(명화도적)들을 극형에 처하게 하였다(세종 8년 2월 25일).

## 3. 전방위 화재예방과 소방

화재단속과 방화범 검거를 전담하는 금화도감을 설치하라는 어명이 떨어졌다(세종 8년 2월 26일). 앞서 이조에서, 도성 안에 소방을 전담하는 기관이 없어, 세간의 무식한 자들이 마음을 다해서 불을 조심해서 다루지 않다가 집과 재산을 불태우는 일이 많다며 대책으로 올린 안을 수용한 것이었다.

제조 7명과 상근직원 12명으로 금화도감을 창설하기로 가닥이 잡히자 대왕이 의정부와 육조의 대신들을 한 자리에 불러서 화재와 도둑을 방지할 대책을 토론에 붙였다. 도성 대화재가 진화되고 2주일 만에, 대신들의 의견을 널리 수렴하기 위해, 범정부차원의 비상대책회의를 개최한 것이다.

옛날기록에 이르기를, 재난 가운데는 하늘에서 내리는 것이 있고, 인간이 저지르는 것이 있다고 하였다. 아래에서 사람들이 어떻게 하느냐에 따라, 위에서 하늘이 재변을 내리고 않고 하는 것이 정해진 이치다.[50] 한 사람씩 돌아가면서 도둑방지와 화재진압 대책에 대한 생각을 마음을 다해 말해보라(세종 8년 2월 26일).

대왕으로서는 도둑방지와 화재진압 대책에 대한 생각들을 들어보려고 한 것인데, 대신들의 이야기는 이재민을 구호할 방법과 화폐정책의 문제점에 집중되었다. 화폐정책이 도마 위에 오른 것은 무리한 화폐정책이 대화재를 불렀다는 공감이 두텁게 형성되어 있었음을 말해주는 것이다.

처음에 국가에서, 물품을 거래할 때 면포(현물) 대신 지폐(저화)를 쓰

---

50 인사감어하 즉천변응어상 이지상야(人事感於下 則天變應於上 理之常也)(세종 8년 2월 26일). 이날을 포함하여 세종실록 전반에 걸쳐서 대왕이 하늘을 두렵게 여겼음을 뒷받침하는 말이 13차례 등장한다.

게 하니 백성들이 지폐의 가치가 불시에 폭락할 것을 우려해 유통이 잘 이뤄지지 않았다. 동전(조선통보)을 주조해 저화와 함께 쓰게 하니, 백성들이 단순한 쇳덩이로 여기고 역시 사용을 기피하였다.

그래서 면포사용을 법으로 금지하고 위반하면 속전(벌금)을 부과하니 백성의 삶이 점차 피폐해졌다. 급기야는 속전을 내지 못해 스스로 목숨을 끊는 백성까지 생기더니, 급기야는 도성이 불타는 대재앙이 닥쳤다.

대왕이 강무를 떠나기 전부터 화적들이 밤마다 도성 곳곳에 나타나 방화와 약탈을 저지르다, 대왕이 도성을 비운 사이에 바람이 강한 날을 택하여 이틀 연속 고의로 불을 지른 것이었다.[51] 2월 15일에 장룡의 집에서 시작된 불도, 16일에 정연의 집에서 시작된 불도 모두 화적들의 소행이었다.

가장 먼저 좌의정 이원이 말문을 열더니, 화재로 알거지가 된 사람들의 물물교환을 묵인해주자고 하였다. 이조참판 성엄이 가세해, 물품을 바꾸면서 화폐를 쓰지 않는 자들에 대한 제재를 완화하기를 청하니, 대왕이 이르기를, "상황을 봐가면서 적절히 판단하여 시행하라." 하였다.

영돈녕 유정현이 비로소 대왕이 원했던 대답을 내놨다. 한양에 국도를 세운 지 33년 만에 대화재가 난 것은 필시 농사를 싫어하는 무뢰배들이 도둑질을 목적으로 일부러 남의 집에 불을 질렀기 때문일 것이라며, 화재와 도둑을 막을 대책을 내놓은 것이다.

그 골자는 마을별로 우범자를 색출해 방화범이 아닌지 알아보고, 화재 발생 시에 대비해 곳곳에 물을 갖춰두자는 것이었다.

첫째. 금화도감 제조들로 하여금 도성의 5부를 분담하여 거동수상

......................

51 세종 1년 3월 27일, 2년 윤1월 9일, 2월 25일, 3년 3월 24일, 4년 10월 13일, 16일, 5년 9월 16일, 6년 7월 26일, 7년 2월 8일, 18일, 8월 24일, 12월 11일, 8년 2월 28일자 실록기사 참조.

자들을 색출하게 하소서. 각자의 담당지역 안에, 직업이 없는데도 생활이 풍족하거나, 밤마다 술을 마시고 낮에는 잠을 자는 등 행동이 의심스러운 자가 있으면, 각 동네의 색장(色掌)[52]을 시켜서 붙잡아다가, 본적지, 근본내력, 수입원 등을 세밀히 추궁하는 방법으로 압박을 가하면 도둑이 저절로 줄어들 것입니다.

둘째. 한성부에 사는 세대주와 마을사람들로 하여금, 다른 곳으로부터 이사와 사는 사람들 가운데 고정된 직업이 없이 놀고먹는 자들을 관청에 신고하게 한 뒤에, 각자의 연고지를 추궁하여 본래 살던 곳으로 돌려보내고, 그런 자를 알면서도 숨기고 신고하지 않은 자는 법에 따라 엄벌에 처하게 하소서.

셋째. 절도를 세 번 범한 자는 먹물로 팔뚝에 죄명을 새기게 하고, 사면을 만나서 운 좋게 죄를 면한 자는 여죄를 밝혀서 경기도 밖으로 내쫓게 하소서. 그런 다음에 쫓겨 간 지방의 관청에서 노역을 정해주고 동태를 계속 감시하게 시키고, 쫓겨난 도둑을 숨겨준 자는 법에 따라 처벌하게 하소서.

넷째. 샘이 날 만한 곳마다 우물을 파서 물을 저장해두게 하소서.

다섯째. 중국의 예를 따라서 다섯 집마다 1개씩 물을 저장하는 독을 갖추게 하고, 물을 저장한 상황을 수시로 점검하게 하소서.

이조판서 황희가 두 가지 대책을 더 보탰다. 오래된 옛날 책에 적혀있는 대로, 귀신의 힘을 빌어서 재난을 방지하고, 봄철에 기우제를 지내자는

--------------------

52 고려 말 이후 전국 각 고을의 면(面)이나 리(里)에서 농사장려, 범인색출, 조세와 군역 감독 등을 비롯한 잡무를 맡아서 처리하던 직책이었다(한국고전용어사전, 세종대왕기념사업회).

것이었는데, 대왕이 듣고 나서 유정현이 내놓은 다섯 가지와 황희가 낸 두 가지를 모두 시행하게 하였다.

대제학 변계량이 화폐정책의 문제점을 장황하게 지적하더니, 백성들이 필요한 물품을 돈과 바꾸든지 물건과 바꾸든지 상관하지 말고, 속죄금을 받을 때와 관청에서 물품을 구입할 때만 돈으로 내게 하자고 하였다.

그러면 돈도 유통되고 백성의 원망도 풀려서 재변이 종식될 것이라고 소신발언을 한 것인데, 대왕이 듣고 나더니 따르지 않았다. 문제가 있다고 해서 법을 쉽게 바꾸면 백성의 신뢰를 잃는다는 것이었다.

바로 다음 날 병조의 건의를 받아들여 궁궐 주변에 대한 순찰을 강화하는 두 가지 조치를 취했다. 첫째로, 특별순찰대 총제가 저녁 7시에서 9시 사이에 한 차례 궁궐주변을 돌아보던 것을, 궁궐의 사방에 밤새도록 군졸들을 세워두게 하였다.

둘째로, 중국의 경우처럼, 통행금지 이후부터 통금해제 때까지 군졸 둘이서 목탁을 두들기며 동서남북을 쉬지 말고 계속해서 살피면서 순찰을 돌게 하였다(세종 8년 2월 27일).

그다음 날 대왕이 예조참판이자 의금부제조이던 하연에게 화적혐의로 체포돼 의금부에 갇힌 자들에 대한 조사상황을 물었다. 하연이 있다가, 모두가 북청·길주·영흥 출신들이고 아직 조사가 진행 중이라고 아뢰니, 대왕이 뜬금없이 귀화한 왜인인 등현(藤賢·후지카타)의 집에 불을 지른 범인은 함길도 출신인 두지와 귀생일 가능성이 높다고 하였다(세종 8년 2월 28일).

그의 집이 불에 탔다는 후지카타는 태조 연간에 병선 수십 척을 이끌고 조선에 투항한 라가온(羅可溫·라가 아츠시)[53]이라는 왜인 무장의 부하로 따라와 산원(散員·정8품 무관)이 된 인물이었다. 조선인이 된 등현은 이후로 나라를 위해 헌신적으로 봉사하며 여러 가지 공로를 쌓았다.

1406년(태종 6) 1월 전라도의 바닷가에 왜구가 침입하였을 때 조정의 명을 받고 소탕에 앞장서 용감하게 무찔렀다. 1419년(세종 1) 7월에 상왕 태종이 대마도 성주에게 항복을 압박하는 글을 보낼 때는 다른 일행과 함께 그 글을 가지고 대마도를 다녀왔다.

이를테면, 등현은 비록 귀화한 왜인이지만, 조선정부로부터 국가유공자 대접을 받았을 거물이라서 대왕이 그의 집에 불을 지른 방화범을 잡기 위한 수사에 신경을 쓴 것으로 보인다.

그 이유가 무엇이었든지 간에, 귀화한 왜인 등현의 집에 불을 지른 범인에 대해 하연과 대화를 마친 대왕은 다시 또 화재와 도난 피해를 방지할 방안을 토론에 붙였다.

논의를 시작하기에 앞서, "화재는 계속되고, 하늘은 비를 주지 않는 이유를 모르겠다."고 탄식하더니, "숯을 피워서 불을 놓은 흔적이 있는 것은 누군가가 일부러 불을 놓았다는 뜻이지만, 하늘이 사람을 시켜서 불을 놓게 하였을 수도 있다." 하고, 한 사람씩 돌아가며 도둑방지대책을 말하게 하였다.

첫 번째로 의정부참찬 최윤덕이 나서서, 하늘이 불을 일어나게 하였을 가능성을 제기하였다. 자신이 전에 평안도에서 복무할 때 하늘이 낸 불에 돌과 나무가 모두 타버리는 것을 직접 보았다고 아뢰니, 대왕이 듣고 있

----

53 임온(林溫)이라고도 불린 것으로 검색되는데, 정황상 귀화해서 새로 지은 조선 식 이름이었을 것으로 추정된다. 만약 그의 또 다른 일본식 이름이었다면 '하야 시 아츠시'로 불렸을 것으로 추정된다.

다가, '하늘이 어떻게 불을 낼 수 있다는 말이냐.'고 핀잔을 주었다.

두 번째로 강골신하로 이름을 떨치던 지사간원사 고약해가 입을 열더니, 연쇄방화의 책임을 대신들에게 돌렸다. 화재는 전적으로 백성의 마음이 바르지 못해서 난 것이고, 백성의 마음이 바르지 못한 것은 대신들의 책임이라고 직격탄을 날린 것이다. 그뿐만이 아니었다.

말을 덧붙이기를, 대왕은 현명한데 대신들이 음양의 기운을 바루지 못해서 재앙이 닥친 것이라며 「덕행이 높은 사람은 단지 마음을 바로 가질 뿐이다.」라고 옛말을 읊조리자, 대왕이 약해를 높이고 자신을 낮췄다. 음양이 고르지 못한 것은 자신이 부덕한 탓임을 시인하더니, 자신은 비록 변변치 못해도 대신들이 잘 도와주면 하늘의 재변도 없앨 수 있을 것이라며 분발을 당부하고 회의를 마쳤다.

그날 오후에 대왕이 다시 신하들을 모으더니 화폐사용을 중지시키는 방안을 토론에 붙였다. 백성의 불편을 줄여서 생활을 편하게 해주려고 화폐제도를 시행한 것이라도, 백성이 쓰기를 즐겨하지 않아서 미련을 버리려고 한 것인데, 주무장관인 호조판서 안순이 반론을 내놨다.

법의 시행은 본래 귀한 사람으로부터 시작되는 것이라고 자락을 깔더니, 대신들의 집에서는 오로지 화폐만 쓰고 있으니 머지않아 백성들도 화폐를 쓸 것이라고 낙관론을 펼치자, 대왕이 회의론으로 일축하였다.

화폐제도는 성인(聖人)이 고안한 것이지만, 공적으로도 사적으로도 이로운 것이 없어 보인다며 화폐사용을 중지시킨 것이니, 화폐유통 강제에 대한 불만정서에 편승한 화적들의 연쇄방화가 화폐정책을 바꾼 모양새가 된 셈이다(세종 8년 2월 28일).

## 4. 방화용의자 색출과 무관용

조속한 피해복구를 위해, 화재를 당한 집 가운데 가난하여 기와를 구입하지 못하는 집들에 싼 값으로 기와를 팔게 하였다. 즉시 시행이 가능하도록 한성부에 기와공장을 새로 짓고 기와를 구울 줄 아는 승려 40명과 보조원 3백 명을 모집해 기와를 대량으로 생산하게 하였다(세종 8년 2월 29일).

또, 금화도감의 건의를 받아들여, 화재진화를 저해하는 요소들을 즉각 없애게 하였다(세종 8년 3월 3일).

첫째로, 소방요원이 통금시간에 화재현장으로 달려가다가 순찰관원에게 붙잡혀서 제때에 도착해 불을 끄지 못하게 되는 상황이 발생하지 않도록, 소방요원들에게 신패(信牌)를 지급해 비상시에 증표로 쓰게 하였다.

둘째로, 화재가 발생하면, 각처의 군인은 병조가, 각 관청의 노비는 한성부가 그 출동과 진화를 지휘하게 하였다.

셋째로, 소방담당 관원이나 군인들이 멀리 떨어져 있을 때나 깊은 밤중에 불이 나도 곧바로 달려가서 불을 끄게 할 수 있도록, 종루에 의금부 관원을 배치해, 밤낮으로 관망하다가 관공서에 불이 난 것이 발견되면 종을 울려서 사방으로 알리게 하였다.

그런데 이틀 뒤에 중부에 또 화재가 나서 민가 20채가 불타자, 대왕이 방화범 검거를 독려했다. 의금부 제조이던 맹사성·전흥·하연 등에게 화적혐의로 갇혀있는 자들을 엄히 문초해 방화범을 알아내게 시키고, 좌부대언 김자에게 국문에 참여하게 하였다(세종 8년 3월 5일).

　대왕이 방화범들의 사법처리를 형조나 한성부가 아닌 의금부[54]에 맡
긴 것은 범인들을 즉결처형하기 위함이었을 것으로 짐작된다. 형조와 한
성부는 사죄삼복법(死罪三覆法)에 따라 모든 사죄사건을 세 번 심리해야
하였으나, 특별사법기관인 의금부는 한 번의 심리만으로 형을 정했기 때
문이다.[55]

　대왕의 지시가 있고 나서 수사에 진전이 있었다. 의금부가 화적 이영생
과 장원만으로부터, 같은 일당인 송오마지와 김불자 등 6, 7명이 배를 타
고 교동·강화 등지로 도둑질을 하러 갔다는 진술을 받아내 그대로 아뢰니,
대왕이 진무 홍사석·강화 부사·교동 지현사·좌도 수군첨절제사·정포 만
호 등으로 하여금 힘을 합쳐서 잡아들이게 하였다(세종 8년 3월 6일).

　며칠 뒤에 의금부에서, 그때까지 검거된 화적 7명(평민 장원만·이영
생·김천용, 노비 진내·근내·석이, 역무원 김영기 등)에게 모반대역죄를
적용해 전원을 능지처사하기를 청했다. 혐의내용은 남의 재물을 훔치기로
공모하고 재물이 많아 보이는 집들에 불을 질러 가옥 2천여 호가 불에
타고 많은 사람이 죽게 했다는 것이었다.

　아울러서, 연좌제를 적용해, 화적들의 아비와 16살이 넘은 아들들을
모두 교수형에 처하고, 15살 이하인 아들과 어미·딸·아내·첩·할아비·손
자·형제·자매·며느리 등은 공신들에게 노비로 나눠주고, 재산은 모두 관

---

54 의금부를 금오(金吾)라고도 하였다.《금오헌록(金吾憲錄)》은 의금부의 법규를 기
　록한 책이다. 김진옥(2015), "금오헌록의 자료적 가치", 『민족문화』 제45호, 한
　국고전번역원, 247-283쪽.
55 세종 8년 이후로는 의금부에서도 사죄사건을 삼복하는 경우가 있었다(세종 8년
　6월 24일, 18년 6월 1일). 정순옥(2007), 「조선전기 의금부 죄수의 삼복과 의정
　부 상복 시행 논란」, 『역사학연구』 제29집, 호남사학회, 113-144쪽.

에서 몰수하기를 청했다.

또, 화적들의 백부·숙부·형제의 아들들을 모두 3천리 밖으로 쫓아내고, 장원만을 숨겨준 자(주장)를 참형에 처하기를 청하니, 곧바로 지엄한 어명이 뒤따랐다.

아뢴 대로 형을 정하되, 범인들의 아비와 자식들은 사형을 면해주고 가산을 몰수해 관청의 노비로 삼게 하라. 그들이 소유한 노비는 몰수하지 말고, 장원만을 숨겨준 주장은 1등을 감하여 장 1백대를 가한 뒤에 3천리 밖에 유배하라(세종 8년 3월 15일).

대왕이 화적 7명의 능지처사를 재가한 것은 일벌백계로 방화범죄를 근절하겠다는 의지를 만방에 보인 것이라고 할 것이다. 방화범들이 사지를 찢겨서 죽는 형벌에 처해질 즈음, 전직 부사직 출신인 김용생이라는 자가 난언(亂言)[56]을 무고한 혐의로 목이 베이고 가산을 모두 몰수당했다.

그런 가운데도 대왕은 화재피해 복구에 전력을 쏟아서, 화재로 직첩이 불에 타 없어진 사람들에 대해 확인절차를 거쳐서 직첩을 재발급해주게 하였다(세종 8년 4월 1일).

종루가 불타는 것을 막은 봉상시 노비 흔장과 가각고 노비 측금의 공로를 1등급으로 판정해, 두 사람 모두 군역과 부역을 면해주고, 군기감 영사 최훈 등 34인에게 상으로 면포를 주었다(세종 8년 4월 13일).

....................

56 '종묘의 소나무에서 까마귀가 울고, 하늘에서 기후의 변화가 일어나 비가 오고 구름이 시커멓게 끼었으니 왕조가 바뀔 징조'라며, 병조판서 조말생과 곡산군 연사종이 반역을 도모하고 있는 것처럼 말을 꾸며서 헛소문을 퍼뜨린 것으로 되어 있다(세종 8년 3월 20일).

<표 6> 화재진압 유공자 포상

| 등급 | 상금(면포) | 인원 | 성명 |
|------|-----------|------|------|
| 1등 | 부역과 군역 면제 | 2명 | 흔장(관노), 측금(관노) |
| 등외 | 면포(필 수 미상) | 34명 | 군기감 영사 최훈 외 |

이때까지만 해도 일이 순조롭게 돌아가는 듯싶더니 뜻밖의 대형 악재가 터졌다. 연쇄방화 공범으로 붙잡혀서 능지처사를 선고받고 의금부에 갇혀있던 화적들이 연달아 탈옥을 한 것이다. 의금부에서 탈주자들을 붙잡기 위한 대책을 올렸는데, 그보다 앞에 탈옥한 화적들이 더 있었던 모양이다.

1. 이번에 도망간 화적 진내와 근내, 전에 도망간 화적 이금도·장천·송오마지·금불재도자(금불자, 도자)·여경 등 7명을 중앙과 지방의 관원들을 총동원해 모조리 붙잡게 하소서. 1. 한성 오부의 관원들과 전국 각지 고을의 수령들 가운데 도망자 검거에 소홀한 자는 모두 형률에 따라 논죄하소서. 1. 탈주범을 신고해 붙잡게 한 자는 지난 2월 25일에 병조에 명하신 그대로, 양인은 품계를 높여서 관직을 주고, 천인은 신분을 양민으로 바꿔줌과 동시에 면포 2백 필을 주게 하소서. 1. 탈주범들이 이름을 바꾸고 여자·소경·거지 등으로 변장해 옷과 밥을 구걸하거나, 머리를 깎고 중으로 위장해 민가를 다니며 시주를 구하거나, 혹은 절간에 숨어있을 수도 있으니, 샅샅이 뒤져서 붙잡게 하소서. 1. 탈주범들이 다른 도적들과 합세하여 도둑질을 할 수도 있으니, 언제든지 범행현장을 덮칠 수 있도록 각 고을과 각 마을 사이에 긴밀한 연락을 유지하게 하소서. 1. 도망친 자들이 야인지역으로 넘어갈 수도 있으니, 함길도와 평안도의 통행로 길목마다 파수를 두어 지키게 하소서. 1. 도망친 자들이 고기를 잡는다고 속이고 배를 타고 바다로 나아가 섬으로 숨었을 수도 있으니, 각 포(浦)의 만호와 천호들로 하여금 빈틈없이 수색하게 하소서(세종 8년 5월 6일).

그대로 윤허가 떨어지니 곧바로 효과가 나타났다. 사흘 뒤에 사노 도지의 제보로 진내와 근내가 검거되자, 열흘 뒤에 많은 사람이 보는 앞에서 거열형을 집행하게 하였다(세종 8년 5월 9일, 19일).

그 뒤로 9월 12일까지 약 4개월 동안, 여경, 금불재도자, 이금도, 송오마지 등 4명이 차례로 체포되어, 여경과 송오마지는 환열(거열)되고 이금도는 능지처사되었다. 금불재도자(금불자, 도자)는 실록에 처형기록이 보이지 않으나, 필시 거열되거나 능지처사되었을 것이다.

도망친 7명 가운데 장천은 붙잡힌 기록이 보이지 않는다. 그 대신 도성 대화재와 무관한 화적 세 명(벌웅·수이·석을동)이 더 붙잡혀 참형에 처해졌다.[57]

도망친 화적의 은신처를 제보하였거나 검거에 기여한 자들에게는 각자의 기여도에 따라 차등 있게 상이 주어졌다(세종 8년 6월 2일, 9일). 그 덕분에 노비 두 명이 확실하게 팔자를 고쳤다.

진내와 근내의 은신처를 제보한 노비(도지)는 면포 80필을 상으로 받고 양민이 되었다. 그 결과로 노비가 한 명 줄어든 도지의 주인에게 도지와 비슷한 연령대의 공노비가 하사되었다. 또, 여경의 은신처를 제공한 관노비(서인보)는 면포 2백필을 상으로 받고 양민이 되었다.

〈표 7〉 연쇄방화범(진내·근내·여경) 체포유공자 포상

| 등급 | 상금(면포) | 인원 | 이름 |
|---|---|---|---|
| 1등 | 80필+면천 | 1명 | 도지[사노]-주인에게 동년배 공노비 1명 하사 |
| | 2백필+면천 | 1명 | 서인보[내자시 관노]. 여경의 은신처 제보 |
| 2등 | 60필 | 2명 | 이철(장수·杖首) |
| 3등 | 30필 | 2명 | 장의생(제용감 권지직장)·석구지(마산역 급주노) |
| 계 | 3백70필+면천 2명 | 6명 | |

. . . . . . . . . . . . . . . . . . . .

57 세종 8년 5월 9일, 19일, 21일, 6월 1일, 2일, 8일, 9일, 27일, 7월 8일, 9월 12일자 실록기사 참조.

## 5. 통치의 원숙과 전화위복

세종 8년(1426) 2월에 발생한 '도성 대화재'는 한양이 나라의 도읍이 된 이후로 인구와 물류의 급격한 증가에 수반해 갈등요인이 크게 증가한 데서 비롯된 최악의 불상사였다.

그 원인을 따지자면, 부왕 태종이 죽은 뒤에 도둑들에 대한 형벌정책이 엄벌주의에서 온정주의로 바뀐 상태에서 사면사유가 속출하여 도둑들이 법을 겁내지 않게 된 시대상황을 빼놓을 수 없다.

하지만 대왕은 굳이 강무를 고집한 병조판서 조말생을 파직하였다. 그가 형방대언 시절에 남의 노비소송을 이기게 해주고 노비 24명을 받은 혐의와, 8년을 병조판서로 있으면서 저지른 비리들을 들춰서 직첩을 빼앗고 충청도 회인으로 귀양보냈다(세종 8년 3월 4일, 7일, 14일, 15일).

한편, 치명적인 판단착오와 조말생 숙청의 진통에도 불구하고, 재위 8년 2월의 도성 대화재가 대왕에게는 국정운영에 능란한 통치자로 발돋움하는 계기가 되었던 것 같다. 이전에는 병권을 장악한 조말생을 적절히 제지하지 못했으나, 혹독한 대가를 치르고 나서는 통치가 확연하게 원숙해졌음을 뒷받침하는 증거가 세종실록 곳곳에 보인다.

첫째로, 3개월 전에 병조의 산하기관으로 출범한 금화도감과 공조의 산하기관이던 성문도감을 통합해, 수성금화도감으로 이름을 붙이고 공조에 소속시켜, 성곽수리·화재단속, 하천관리, 도로와 다리 보수 등의 일을 도맡게 하였다.[58]

---

58 세종 8년 6월 16일, 19일, 7월 8일자 실록기사 참조.

둘째로, 도성 안의 초가집을 모두 기와집으로 바꾸게 하였다(세종 8년 3월 3일, 11년 9월 30일).

셋째로, 방화범죄가 근절될 때가지 시한부로, 현장에서 잡히지 않은 방화용의자도 극형에 처할 수 있게 법을 고쳤다(세종 9년 1월 7일).

넷째로, 도성 안에서 도로의 경계를 침범하여 지어진 민가를 파악하여, 도로확장에 지장이 되는 집들을 적절히 철거하게 하였다.[59]

다섯째로, 화재가 발생하면 신속히 지붕에 올라가 불을 끌 수 있도록, 근정전·경회루·사정전·문무루·인정전·광연루·모화관 등의 처마 밑과 옥상에 쇠고리를 박아놓게 하였다(세종 13년 1월 2일).

여섯째로, 매년 한식이 되면 3일 동안 이른 아침에 불을 때서 밥을 지어놓고 오후에는 일체 불을 쓰지 못하게 하였다. 한식 하루 전날이나 한식과 날이 겹치는 청명절이 되면, 오전에는 바람이 없다가 오후가 되면 바람이 일어서 불이 날 확률이 높아지기 때문이다(세종 13년 2월 26일, 3월 27일).

일곱째로, 대형화재 발생 시 체험학습을 통해 축적된 경험을 요긴하게 활용하였다. 재위 13년 3월 마지막 날 흥복사 동남쪽 민가지역에서 화재가 발생해 가옥 84채가 잿더미로 변하니, 대왕이 1426년(세종 8) 2월의 대화재 때 구호조치를 취했던 그대로 따라서 신속히 대처하게 하였다(세종 13년 3월 30일).

여덟째로, 흥복사 동남쪽 민가지역에서 발생한 화재를 계기로, 화재가 발생할 경우에 신속한 진화를 어렵게 만드는 요소들을 모두 없애는 방안을 토론에 붙여서, 화재예방을 국가의 역점정책에 포함되게 만들었다(세종 13년 4월 3일).

........................

59 세종 8년 2월 20일, 9년 11월 17일, 10년 윤4월 24일, 11년 3월 7일, 13년 4월 3일자 실록기사 참조.

40일쯤 뒤에, 의정부, 육조, 한성부, 수성금화도감 등이 공동으로 범정부차원의 「화재진압비상계획」을 작성해서 대왕에게 올렸다. 그 안에는 화재발생 시의 인원동원, 역할분담, 지휘체계, 진화방법, 사후조치, 정기점검 등이 꼼꼼하게 적혀있었다.

비록 그 내용은 모두 합해서 여덟 조목에 불과하나, 한 조목씩 읽어나가면, 육백년 전 도성 도심에 화재가 나서 관원·군인·노비 등이 순식간에 총출동하여 일사분란하게 불을 끄는 모습이 눈앞의 현실처럼 연상된다 (세종 13년 5월 13일).

# Ⅳ. 치안붕괴징후와 동상이몽

## 1. 재인과 화척의 서북면 위협

1424년(세종 6) 8월 명나라 영락제의 사망소식이 전해졌다. 65살의 고령으로 군대를 이끌고 달단(몽골군) 토벌에 나섰다가 야전에서 악천후를 만나 졸지에 횡사한 것이다. 그것이 다가 아니었다.

황태자이던 아들이 곧바로 새 황제(홍희제)가 되었다가 불과 1년 만에 죽었다. 다시 황태자가 황제(선덕제)에 오르더니, '말 5천 필을 팔라.'고 칙서를 보내와(세종 9년 4월 21일), 곧바로 보내주었다.

얼마 뒤에 세자(훗날의 문종)가 명나라에 가게 되어, 황제에게 예물로 바칠 말 50필, 교대로 타고 갈 말 25필, 짐을 싣고 갈 말 24필을 가져가게 하였다(세종 9년 10월 13일).

그래서 국내에 말의 씨가 거의 마를 지경인데, 민간에서 말과 소를 몰래 도살하는 풍조가 번지는 기미가 엿보이자, 대왕이 다시 또 우마보호정책의 고삐를 조였다.

명나라 사신과 함께 연회할 때와 대왕이 신하들을 위해 연회를 열 때 외에는 우마도축을 금하여 백성에게 소를 중요하게 여기는 뜻을 보이려고 한 것인데, 의정부 찬성 권진과 이조판서 허조가 함께 실정과 대책을 아뢰면서, 소나 말을 몰래 잡는 자들이 많은 이유를 아뢰었다.

화척들은 본시 소를 잡는 것을 생업으로 삼는 사람들이라, 나라에서 억지로 평민들과 섞어서 살게 하여 몰래 소를 잡지 못하게 하여도 기필코 후미진 곳으로 피신해 다시 소를 잡으니, 수색하는 법을 제정해 무시로 사람을 보내 붙잡아다가 법에 따라 제재를 가하게 하소서. 그리고 요즈음 지위의 고하를 막론하고 저마다 말의 안장을 덮는 우비를 소가죽이나 말가죽으로 만드는 풍조 때문에 가죽 값이 비싸져 몰래 우마를 잡는 사람들이 늘어나고 있습니다(세종 9년 10월 16일).

대왕이 듣고 나더니, 전에 가죽으로 말안장을 제작하는 것을 금지하는 법을 시행하다가 가뭄으로 중지한 적이 있었다며, 승정원에 그 법에 대한 재검토를 지시하고, 형조를 불러서 화척들의 우마도살을 막을 방안을 토의하여 아뢰게 하였다. 40일쯤 뒤에 형조가 결과를 아뢰니, 우마도살을 금하는 법을 거듭 널리 알리게 하였다(세종 9년 11월 27일).

얼마 지나지 않아서 함길도 경원에서 알타리(오도리) 여진족에게 말을 팔아먹은 세 명이 검거되자, 각각 장 1백대를 가한 뒤에 3천리 밖으로 내쫓게 하였다. 앞서 내린 교지를 따르면 당연히 사형에 처해야 하였으나[60], 대왕이 권도로 자비를 베풀어, 형을 한 등급 낮춰서 목숨을 살려준 것이다(세종 10년 1월 18일).

반면, 황해도에서 야밤에 남의 집에 침입하여 남녀 다섯 명을 결박하여 묶어놓고 횃불을 밝혀 재물을 강탈한 뒤에 그 집에 불을 질러 한 사람이 타죽게 한 화적 다섯 명은 모두 참형에 처하고, 가을을 기다릴 것 없이 곧바로 집행하게 하였다. 공범이 세 명 더 있었으나 수감 중에 모두 사망하였다(세종 10년 3월 5일).

.....................

60 세종 5년 10월 초9일에 '동북면·서북면 사람들이 소유한 말들의 나이와 털빛을 등록받아 엉덩이에 불도장을 찍어서 돌려준 뒤에 불시점검을 실시하여, 만약 야인들에게 몰래 판 사람이 적발되면 사형에 처하게 하라.'고 지시한 교지를 지칭한 것으로 되어 있으나, 같은 날짜의 세종실록에 해당 기사가 보이지 않는다. 대신 그보다 5개월쯤 뒤인 세종 6년 3월 15일의 세 번째 실록기사를 통해 그런 교지가 있었음을 확인할 수 있다.

두 달쯤 뒤인 세종 10년 윤4월 3일 황해도 감사가 올려 보낸 장계가 어전에 당도하였다. 그 요지인즉슨, 관내의 강음현, 평산, 배천 등 세 곳에 도적떼가 숨어서 강도짓을 일삼고 있는데, 도무지 잡을 수가 없으니, 두 가지 조치를 취해달라는 것이었다.

황해도 감사는 결기가 군세고 담력과 배짱이 두둑하기로 소문난 박안신이라는 인물이었다. 그런 강직한 감사가 임금에게 다급하게 도움을 청했다는 것은, 그 자체로 도적들의 노략질이 매우 심했음을 짐작케 하고도 남을 일이었다. 장계의 골자는 일곱 가지였다.

(1) 강음현 천신사 인근의 탑고개에 신백정 20여 명이 숨어서 활과 화살을 소지하고 말을 타고 다니면서 불을 지르고 도둑질을 하여서, 그 고을의 수령이 일부를 붙잡았습니다. (2) 수령이 현장에 도착하자 활과 화살로 무장한 남녀 열 명이 활을 쏘며 저항하여, 1명을 사살하고 7명을 생포했습니다. (3) 생포한 일곱 명 가운데 한 명은 남장을 한 여자였습니다. (4) 붙잡지 못하고 놓친 2명은 둘 다 남자인데, 개성의 왕흥산 쪽으로 달아났습니다. (5) 평산의 원적동 산봉우리에도 활과 화살을 소지하고 말을 타고 다니는 도적 8명이 숨어서, 배천의 호국산 동쪽 봉우리의 도적들과 횃불로 연락을 주고받습니다. (5) 군사를 풀어서 추격하면 모두 개성 쪽으로 달아나는 것으로 보아, 개성에 사는 화척과 재인들로 추정됩니다. (6) 군사를 보내 검거하려고 하면 활을 쏘며 항거하여 생포하기가 어려우니, 저항하는 자는 화살을 쏴서 체포하게 허락해 주시옵소서. (7) 개성에 사는 신백정과 재인들을 다른 지역의 예처럼 여러 곳에 분산시켜 평민들과 섞여서 살게 해 주시옵소서(세종 10년 윤4월 3일).

그런데 황해도 감사의 장계는 얼핏 보기에도 매우 어색한 측면들이 있었다. 특히 도둑들의 세력이 정말로 막강해서 임금에게 도움을 청했다기

보다는, 책임 있는 당국자들이 자신들의 무능을 스스로 드러냈다는 생각을 먼저 떠올리게 만든다. 이유는 네 가지다.

첫째는, 아무리 활과 화살을 가지고 말을 타고 다니면서 도둑질을 하였기로서니, 고작 10명, 8명의 도둑을 해당 고을의 수령이 소탕하지 못해서, 감사로 하여금 임금에게 장계를 올리게 한 것을 납득할 수 없다.

둘째는, 감사가 세 고을(강음, 평산, 배천)에 출몰한 도둑떼의 세력이 8명, 10명 수준인 줄을 알았으면, 자기 선에서 신속히 섬멸하고 임금에게는 결과만 보고했어야지, 어쩌자고 먼저 임금에게 애로사항부터 아뢰었는지 이해가 안 된다.

셋째는, 감사가 건의사항으로 적어 보낸 내용도 상식과 멀게 느껴진다. 관군이 출동하였는데 도적이 화살을 쏘면서 저항하면 당연히 이쪽에서도 화살을 쏘아서 제압해야 하는 것이 아닌가. 게다가 강음의 현령은 그렇게 해서 8명을 소탕하였다고, 앞에서 자기 손으로 적지 않았는가?

넷째는, 도적떼 체포가 당장 시급한 상황에서, 개성에 사는 신백정과 재인들을 여러 지역에 분산시켜 평민들과 섞여서 살게 할 것을 건의한 것도 너무 앞서간 것으로 보인다.


한마디로, 황해도 감사 박안신의 장계는, 공권력이 한 없이 무기력했음을 여실히 보여주었다는 느낌을 지울 수가 없다. 그런데 대왕도 똑같은 생각을 하였던지, 황해도 감사의 장계를 읽어보고는 한 마디 언급도 없이 장계를 병조에 내려 보냈다.

황해도의 감사와 수령들만 무능한 것이 아니었다. 대왕이 황해도 감사의 장계를 병조에 내려주고 며칠 뒤에 병조판서 황상의 무능이 드러났다. 당연히 병조에서 먼저 실상을 자세히 알아보고 대응책을 마련해서 대왕에게 재가를 청했어야 마땅할 상황에서 정반대 상황이 벌어진 것이다.

일주일이 되도록 병조에서 아무런 보고도 올리지 아니하자, 대왕 쪽에서 병조를 부르더니, 충격적인 첩보를 알려주면서, 특명을 내렸다.

황해도 재령과 평산에 도적떼가 출몰해 가옥을 불태우거나 행상을 살해하는데도 재령과 평산의 수령이 숨기고 보고하지 않는다는 소문이 있다. 그러니 황해도 전역에서 도둑들에 의해 피살된 인원, 불에 탄 가옥, 그리고 각 고을에서 도적을 포획한 상황을 자세히 파악하여 아뢰도록 하라(세종 10년 윤4월 10일).

대왕의 특명은 황해도 감사 박안신의 보고도 정확하지 않았음을 짐작케 한다. 그로부터 열흘 뒤에 명장 최윤덕을 병조판서로 앉혔다(세종 10년 윤4월 20일). 그 경질이 적중하여, 한 달 만에 경기도·유후사(개경)·황해도·평안도 일원에서 백성을 침탈하던 도적떼가 자취를 감췄다.

위기상황에서 능력이 검증된 인물을 전격 발탁한 선택이 '신의 한 수'가 되었던 것이니, 확실한 증거는 이후로 세종실록에 도적관련 기사가 한동안 없다는 것이다.

황상의 후임으로 병조판서가 된 최윤덕은 일주일 뒤에 대왕에게 기마토벌대 편성을 건의하였다. 경기·유후사·황해도·평안도에서 동원이 가능한 사람들 가운데 말을 가진 자들을 소집해 각자의 거주지 인근에 대기시켰다가, 도적이 나타나면 곧바로 출동하게 하자고 한 것이다(세종 10년 윤4월 30일).

즉석에서 대왕의 승낙이 떨어지니, 도적떼가 나타나는 고을마다 말을 가진 젊은이들 위주로 도적소탕을 위한 향토기마토벌대가 편성되어 기습작전에 투입되었다. 그런데 황해도 현지에서 대왕에게 올려 보내는 장계마다 납득하기 어려운 점들이 있었다.

도적토벌이 계속되면 남은 도적들이 겁을 집어먹고 도망하는 것이 정상일 터인데, 전혀 거리낌 없이 도적질을 반복한다는 것이었다. 도둑을 잡으러 출동한 군사가 도적들이 쏜 화살을 맞았다고도 하였다. 뭔가 이상한 낌새를 눈치 챈 대왕이 지신사 정흠지에게 그 이유를 물으니, 어처구니없는 대답을 내놨다.

아뢰옵기 황공하오나, 황해도 현지의 수령들이 신체도 허약하고 겁도 많은 사람들을 검거작전에 투입하여 성과가 없는 것인 줄로 아옵니다. 소인의 생각으로는, 도성에 주둔하고 있는 삼군의 진무들을 황해도에 보내서 도적들을 소탕하게 하는 것이 가장 좋을 것으로 생각되옵니다(세종 10년 5월 6일).

흠지가 말을 마치자, 대왕이 병조를 불러서 삼군의 진무를 황해도에 파견하는 방안에 대한 의견수렴을 지시하였다. 병조에서 당일로 결과를 수렴하여 아뢰면서, 황해도뿐만 아니라 경기도와 평안도의 도적까지 파악하여, 일망타진 의지를 결연하게 밝혔다. 수장이 바뀌면서 조직의 기강이 바로잡힌 것이고, 병조에서 대왕에게 아뢴 내용은 여섯 가지였다.

(1) 황해도 강음과 곡산, 경기도 송림(인천), 평안도 상원과 삼등 등지에 도둑들이 떼거지로 몰려있어 검거하기가 쉽지 않습니다. (2) 그런데도 수령들이 힘써 잡으려고 하지 않아 도적의 기세가 날로 더해가니, 이후로는 수령들에게 도둑들을 끝까지 추적하여 붙잡게 하겠습니다. (3) 감사와 절제사에게 미리 통지를 보내고, 진무로 하여금 군사를 거느리고 가서 도적을 붙잡도록 허락해주옵소서. (4) 진무가 데려가기를 원하는 자는 모두 보내주시옵소서. (5) 도적을 잡는 데 공을 세운 자들은 전하께 아뢰고 상을 내리게 허락해주시옵소서. (6) 도둑검거에 마음을 쓰지 않는 수령이나 진무가 있으면 현장에서 즉결로 죄를 다스릴 수 있게 허락해주시옵소서(세종 10년 5월 6일).

병조의 보고를 청취한 대왕은 즉석에서 모두 승낙하고, 바로 다음 날 삼군의 진무들을 평안도와 황해도로 출발시켰다(세종 10년 5월 7일). 불과 10여일 만에 상황이 뒤집혔다. 진무들이 이끄는 군사와 지역의 향토기마토벌대가 합동으로 소탕작전을 펼치자, 평안도 일대에서 무리를 지어서 노략질을 일삼던 도적들이 처자들을 내팽개치고 깊은 산속으로 도망쳐 숨었다.

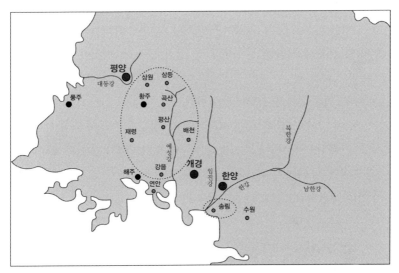

서북면(황해도, 평안도)과 경기도의 도적떼 출몰지역

하지만 대왕은 도둑들이 멀리 달아난 것으로 만족하지 않았다. 단속이 느슨해지면 다시 또 나타날 것을 예상하고, 평안도 현지로부터 장계가 올라오자마자 곧바로 평안도 감사에게 은밀하게 밀지를 내렸다. 앞으로 일어날 상황을 미리 내다보고 빈틈없는 선제조치를 지시한 것이다.

도둑들이 굶주림을 참다가 지치면 물불을 가리지 않고 노략질과 약탈을 저지르다가 종당은 야인(여진족) 지역으로 달아나려 할 가능성이 높다. 그러니 압록강 나루마다 방호소를 설치해 도적들이 강을 건너지 못하게 하라(세종 10년 5월 19일).

평안도뿐만 아니라 황해도, 경기도에서 날뛰던 도적들도 순식간에 사라졌다. 나라의 엄정한 대응에 지레 겁을 집어먹고 스스로 잠적한 것이니, 책임 있는 당국자 한 명을 바꿔서 도적떼도 토벌하고 공권력의 위엄도 세우는 일석이조 효과를 보았다고 할 것이다. 기간을 따져보면, 황해도 감사 박안신의 장계가 도착한 날로부터 한 달반 만이고, 병조판서를 바꾼 지 한 달 만이다.

이후로 최윤덕이 병조판서로 있었던 1년 반 동안 강도죄로 처형된 인원이 5명에 그쳤다(세종 10년 10월 28일). 절도죄로 처형된 인원도 2명 있었으나 공히 절도3범이 아니었다. 한 명은 대궐에서 물건을 훔친 내섬시의 종이었고, 나머지 한 명은 남의 물건을 훔치다가 체포에 항거한 평민이었다(세종 11년 2월 11일, 10월 21일).


## 2. 왜인숙소 통역외교관 피살

1429년(세종 11) 11월 중순경 한성부에서 대왕에게 도성에서 밤중에 도적이 다닌다고 보고하였다. 대왕이 즉시 대신들과 토론을 벌여서 경수소 설치를 지시하고, 그곳의 대원들로 하여금 구석진 곳과 좁은 골목까지 두루 순찰하게 하였는데(세종 11년 1월 12일), 두 달쯤 뒤에 도성에서 끔찍한 살인사건이 발생했다.

봄기운이 한창 무르익었을 3월 하순의 야심한 밤중에 한성부 훈도방

거리에서 왜관(倭館)의 통역관(외교관)이던 이춘발이 괴한이 휘두른 몽둥이에 머리를 맞고 숨이 끊어졌다(세종 11년 3월 23일).

사건현장에는 이춘발의 머리를 가격하는 데 쓰인 것으로 추정되는 막대기(말뚝 크기) 하나가 버려져있고, 범인의 종적은 온데 간 데 없었다. 살인사건이 발생한 훈도방은 지금의 중구 필동 한옥마을 맞은편의 퇴계로와 충무로 일대를 포함하는 지역이었다.

이춘발은 피살되기 전에 훈도방 서편(지금의 충무로 2가나 3가) 어디쯤 살았던 것으로 보인다. 당시 왜관이 지금의 중구청 인근(덕수중학교 앞)에 있었는데, 범인들이 춘발의 집을 찾아가, 춘발을 즉시 왜관으로 가도록 유인한 뒤에, 춘발이 훈도방을 지날 때 일시에 덮쳐서 몽둥이질을 한 것으로 되어 있기 때문이다.

사건발생 다음날 대왕에게 보고가 올라가니, 의금부와 형조가 합심하여 신속히 범인을 잡으라는 특명이 떨어졌다. 의금부가 발 빠르게 현상수배를 허락해주기를 청했다. 범인을 체포하거나 고발하는 자가 있으면 면포 1백 필과 범인의 재산을 상으로 주자고 한 것인데, 곧바로 윤허가 떨어졌다(세종 11년 3월 24일).

그런데 다행히 현상수배 벽보를 붙이기도 전에 범인이 붙잡힐 것 같았다. 춘발의 사위가 관아(수사본부)를 찾아와 용의자들을 제보했기 때문이다. 그의 제보는 매우 구체적이고 신빙성이 있어 보였다.

여자 무당인 주련과 그 아들 사재가 평소 장인을 원망하였는데, 장인이 죽은 장소가 사재의 집 문 앞일 뿐더러, 장인이 피격당한 직후에 함께 따라가던 노비가 사재의 집 대문을 두드리며 애타게 도움을 청해도 나와 보는 이가 없었으니 사재가 범인임에 틀림이 없습니다.[61]

의금부에서 사재와 그의 동생 상이를 붙잡아다 모질게 매질을 가하니, 동생인 상이가 고통을 참다가 이내 진술하기를, '형이 이웃사람인 김소고미와 김매읍동과 함께 춘발에게 묵은 원한이 있어서 죽일 기회를 엿보고 있다가 마침내 힘을 합해 실행을 한 것이라.'고 하였다.

옥관이 사건현장에서 수거한 뭉둥이를 가지고 사재의 집을 찾아가보니, 울타리의 긴 나무 하나가 빠져 있었다. 가져간 막대기를 그 구멍에 꽂으니 정확하게 딱 들어맞고 위로 남은 길이도 같아서, 주련·사재·김소고미·김매읍동 등 네 명을 용의자로 체포해 모질게 신장(訊杖·매질)을 가하고 압슬(壓膝)62을 더했다.

그런데 예상과 달리 네 명 모두가 하나같이 범행을 극구 부인하여 수사가 미궁에 빠졌다. 사재의 집 울타리에서 막대기(말뚝)를 뽑아가지고 춘발에게 휘두른 자들은 따로 있는 줄을 모르고 엉뚱한 생사람을 잡았다가 큰 낭패에 직면한 것이다.

수사를 맡았던 관원들이 어쩔 줄을 몰라서 안절부절 전전긍긍하고 있는데, 대왕이 돌파구를 열어주었다. 전후의 상황을 자세하게 파악하고 나서 의금부에 현상수배를 지시하니, 판중추부사 허조가 포상금을 증액하기를 청했다.

도성 안에서 도적이 사람을 죽였다는 말을 들어본 적이 없다며, 범인 체포 유공자에 대한 포상금을 대폭 늘릴 필요성을 주장하였다. 또, 도적이 겁도 없이 노상에서 사람을 죽였으니 어떻게 해서든 최대한 신속하게 범인을 잡아서 본때를 보여야 한다고 하였다.

......................

61 여기의 초동수사 줄거리는 2년쯤 뒤에 반포된 〈휼형(恤刑)교지〉의 '중국과 조선의 그릇된 옥사판결 사례' 부분에서 발췌한 것이다(세종 13년 6월 2일).
62 죄인을 기둥에 단단히 묶은 다음 사금파리가 뿌려진 자리에 무릎을 꿇게 하고 그 위에 짓누르는 도구(압슬기)나 무거운 돌을 얹어서 자백을 강요하였다.

전하께서, '범인을 붙잡거나 제보하면 상으로 면포 1백 필을 내리 겠다.'고 하신 것은 매우 잘하신 일이지만, 누군가가 범인을 잡는다면 1백 필의 베로 어찌 보상이 되겠습니까. 이미 내리신 명령을 고쳐서, '천한 사람이 잡아서 데려오면 천인신분을 면하게 해주고, 양인이 잡 아서 데려오면 관직과 함께 면포 2백 필을 상으로 주겠다. 만약 함께 살인을 모의한 사람이 자수하면 죄를 면해줄 것이며, 제보한 내용이 사실이 아니어도 죄를 묻지 않겠다.'고 다시 포고하는 것이 좋을 것 같습니다(세종 11년 4월 1일).

〈표 8〉 이춘발 살해 용의자 현상수배

| 구분 | 보상약속 | | |
|------|------|------|------|
| | 1차 | 2차 | |
| 범인체포 공로 (검거 또는 신고) | 면포 1백 필 범인재산 전부 | 양인 | 관직 | 면포 2백 필 |
| | | 천인 | 면천(신분 격상) | |
| 자수 | | 면죄+오인제보 면책 | | |

허조가 말을 마치자 대왕이 우대언 정연에게 현상금을 면포 2백 필로 올려서 널리 알리도록 명을 내리고, 이틀 뒤에 순찰체계를 전면 개편하였 다(세종 11년 4월 3일). 순찰을 감시하는 총제들이 책임감을 잊었을 뿐더 러, 순찰을 도는 녹사(錄事)들의 보고체계도 부실하다는 지적이 있었기 때 문이었는데, 곧바로 현상수배한 효과가 나타났다.

귀화한 왜인으로 부사직(종5품 무관)으로 재직하던 변상(邊相·헨쇼우) 이라는 인물이 현상수배 벽보를 보고 의금부에 유력한 용의자를 알려주 었다. 그가 말하기를, 춘발과 같은 왜통사이면서 춘발과 사이가 나빴던 홍 성부가 김생언과 더불어 춘발을 죽였을 가능성이 높다고 하여서, 수사가 급물살을 탔다(세종 11년 4월 6일).

의금부에서 즉시 두 사람을 연행해 범행을 추궁하니 두 사람 다 순순히 자백하였다. 그래서 생언에게 공모자를 물으니까 생언이 같은 패거리인 김오와 고용봉을 지목하였다.

그런데 생언이 공모자로 지목한 두 사람은 생언이 수사에 혼선을 주기 위해 미리 입을 맞춰둔 대역들이었다. 그런 사실을 까맣게 몰랐던 의금부가 두 사람을 잡아다가 매질을 가하니, 모두 생언이 시킨 대로 태연하게 범행을 자백했다.

그런데 김생언, 김오, 고용봉의 연기에 빈틈이 없었던 모양이다. 수사가 시작되고 보름쯤 지났을 무렵 의금부 제조 셋이서 대왕에게 뜻밖의 건의를 올렸다. 놀랍게도, 생언의 진술이 오락가락해서 살인혐의를 밝히기가 어려우니 생언에게 '거래가 금지된 금과 은을 왜관에 판 죄'만 적용해 사형에 처하자고 아뢴 것이다(세종 11년 5월 7일).

대왕이 어이가 없었던지 청을 따르지 않았다. 대신에 생언·김오·고용봉에 대한 재조사를 지시하니, 의금부제조들의 우두머리였던 의정부 찬성 권진이 수사를 사헌부와 사간원이 맡게 해주기를 청했다. 세 사람을 다시 조사하더라도 생언의 살인혐의를 입증할 자신이 없었던 것이다(세종 11년 5월 7일).

그러자 대왕이 재빨리 상황을 간파하고 자신의 주특기인 '신의 한 수'를 꺼내들었다. 권진의 후임으로 충추부 판사로 있던 백전노장 허조를 전격 발탁하고, 사헌부의 수장인 대사헌 조치와 사간원의 수장인 좌사간 유맹문과 함께 생언 등을 국문하게 하였다.

닷새 째 되던 날 의금부에서 공조의 기능공인 강용을 용의자로 체포해, '두목인 이득시가 부하 60명과 함께 남산에 숨어있다.'는 진술을 받아서 대왕에게 아뢰었다(세종 11년 5월 12일).

대왕이 병조를 불러서, 의금부·진무소·군기감과 함께 수색하여 모두 체포할 것을 명하니, 닷새 만에 이득시가 붙잡혔다. 도망쳐서 머리를 깎고 승려로 변장해 경기도 광주 일대를 돌아다니는 것을, 사노인 원만·부존·두언·금록 등이 체포한 것이다.

기간을 따져보면, 사건이 발생하고 거의 두 달 만에 주범이 검거된 것이고, 당일로 현상수배 때 약속한 포상금(면포 2백 필)이 체포유공자들에게 〈표 9〉와 같이 배분되었다(세종 11년 5월 17일).

**〈표 9〉 이춘발 살해범(이득시) 체포유공자 포상**

| 등급 | 상금(면포) | 인원 | 이름 |
|------|-----------|------|------|
| 1등 | 120필/명 | 1명 | 원만(사노) |
| 2등 | 40필/명 | 1명 | 부존(사노) |
| 3등 | 20필/명 | 2명 | 두언(사노)·금록(사노) |
| 계 | 200필 | 4명 | |

의금부에서 홍성부·김생언·이득시·간충 등을 엄하게 추궁하니, 홍성부가 이춘발의 왜통사 직임을 빼앗을 목적으로 생언에게 부탁하여 춘발을 죽이게 한 사실이 명확하게 드러났다. 아울러서, 홍성부와 생언, 그리고 생언이 공범으로 지목한 김오와 고용봉 등은 왜인 상인들과 짜고 불법무역을 하던 패거리임이 드러났다(세종 11년 7월 30일).

처음에 성부가 왜관의 통사 자리를 탐내고 생언과 더불어 이춘발을 죽이기로 모의하였다. 사건이 있던 날 생언이 전부터 알고 지내던 이득시와 노비의 남편인 간충 등을 거느리고 통금시간 후에 훈도방에 이르러, 득시를 개천교 부근에 남겨두고 생언이 간충을 데리고 이춘발의 집을 찾아갔다.

생언이 춘발을 밖으로 불러내서는, 왜관의 사령이라고 속이고, "왜관에서 왜인들이 서로 싸우니 속히 가서 말려달다." 하고는, 득시가 있는 곳으로 돌아와 간충으로 하여금 주변을 살피게 하였다.

잠시 뒤에 춘발이 나타나자 득시가 다가가 순찰대원인 양 연기를 펼치니 춘발이 말에서 내렸다. 그 순간 생언이 달려들어 몽둥이로 춘발의 머리를 가격하였다. 득시도 따라서 몽둥이로 춘발의 머리를 내리치니, 춘발이 반격하거나 달아날 겨를도 없이 현장에서 숨이 끊어졌다(세종 11년 5월 20일).

두 달이 좀 넘게 지났을 즈음 의금부에서, 홍성부·김생언·김오·고용봉·이득시·간충·신백 등이 공동으로 이춘발을 죽이게 된 경위와 더불어서, 그들 중 일부는 법을 어기고 거래가 금지된 물품들을 사고 판 내역을 상세히 적어서, 각자에게 적용할 죄와 벌의 수위를 대왕에게 아뢰었다.

홍성부는 주범으로서 이춘발을 살해한 죄와 왜관투숙객에게 은과 동전을 주고 잡동사니를 구입한 죄 중에서 한 쪽을 쫓아 참형에 처하고, 김생언은 성부와 공동으로 춘발을 살해한 죄와 왜관투숙객에게 백은·동전을 주고 물건을 구입한 죄 중에서 중한 쪽을 쫓아 참형에 처하는 것이 옳겠사옵니다. 김오와 고용봉은 왜관투숙객에게 동·납·철을 주고 은을 구입한 죄로 모두 참형에 처하고, 부정하게 사들인 물품은 모두 관에서 몰수하는 것이 옳겠사옵니다. 이득시와 간충은 춘발을 살해하는 데에 가담한 공범들이니 모두 교형에 처하는 것이 옳겠사옵니다. 신백은 그가 도피중인 사실을 알면서도 이득시를 숨겨주었으니 장 1백대를 가한 뒤에 3천리 밖 변방의 군부대에 충원하는 것이 옳겠사옵니다. 상이는 동복형인 사재가 김소고미·김매읍동 등과 공모하여 이춘발을 죽였다고 거짓말을 하였으니 '장 1백대+3천리 밖 유배+노역 3년'을 돈으로 내게 하는 것이 옳겠사옵니다(세종 11년 7월 30일).

대왕이 명하기를, 아뢴 대로 형을 집행하되, 김오·고용봉·간충은 각각 형을 1등씩 낮춰서 목숨을 살려주고, 상이의 죄는 논하지 말라고 하였다.

이로써 사건이 발생하고 4개월이 넘어서 범인 세 명이 처형되고 이춘
발 살해사건이 마무리되었는데, 이춘발을 죽인 대가로 목숨을 빼앗긴 자
들의 이름·죄목·처형방법은 〈표 10〉과 같다.

〈표 10〉 이춘발 살해범일당 처형

| 이름 | 죄목 | 처형방법 |
|------|------|----------|
| 홍성부 | 살인교사. 왜관투숙객에게 은과 동전을 주고 잡물 구입 | 참형 |
| 김생언 | 살인주범. 왜관투숙객에게 백은·동전을 주고 물품 구입 | 참형 |
| 이득시 | 살인공범. 순찰원으로 가장해 몽둥이로 춘발을 살해 | 교형 |

한편, 범인은 자기가 왜관의 통역사가 되기 위해 현직 통역사를 죽였
다는 '범행동기'는 왜관통사의 영향력이 상당하였을 것임을 대뜸 깨닫게
해준다. 무리한 상상이 아닐 것이, 나라에서 왜인전용 숙소로 제공한 왜관
은 단순히 왜인들이 숙박만 하는 곳이 아니었다. 그곳에서 왜인 상인과
내국인 상인들이 물건을 사고 파는 국제무역이 활발하였다.

그뿐만 아니라 왜인 상인과 내국인 상인이 서로 짜고서 법으로 거래가
금지된 물품을 몰래 사고 파는 불법무역도 성행하였다. 불법무역이 오죽
심했으면, 이춘발이 피살되기 8년 전에, 외국인과 내통하여 밀수출을 공
모한 자는 간첩으로 간주해 엄벌에 처하게 하는 법을 세웠다(세종 3년 6
월 9일).

왜관 안팎에서 합법, 불법의 국제무역이 활발했다는 것은 국제무역의
규모가 상당하였음을 반증하는 것이다. 또, 그 무역거래의 중심에 양쪽으
로 말이 통하는 왜관의 통역사가 있었을 것이 자명하기 때문에, 홍성부가
왜관의 통역사 자리를 탐내서 이춘발을 죽였다는 설명이 전혀 어색하지
가 않다.

대왕과 고위관료들도 왜인 상인들과 내국인 상인들 사이의 물품거래

가 매우 어지러운 상황을 심히 우려하였던 것 같다. 이춘발이 피살된 직후에 예조판서 신상이 대왕에게 왜인들의 상거래에 대한 밀착감시를 건의하였다.

이춘발을 살해한 범인은 법으로 거래가 금지된 물품을 몰래 거래하다가 춘발에게 발각된 자일 개연성이 높다고 생각되오니, 왜인 무역상들에 대한 감시를 강화하게 하시옵소서(세종 11년 4월 21일).

하지만 대왕은 왜국과 화친을 유지할 필요성을 내세워 신중한 대응을 지시하였다.

나도 왜국상인들이 여러 가지 물건을 가져와서 멋대로 거래하는 것이 몹시 못마땅하다. 하지만 그렇다고 해서 저들의 상거래를 철저히 감시하는 법을 새로 세우면 왜국이 반발할 수 있으니, 우선은 왜관에서 물품을 사고 파는 것을 금하게 하라(세종 11년 4월 21일).

마지막으로, 사법당국이 이춘발 피살사건의 전모를 밝히는 과정에 우여곡절이 많았다. 사법정의를 수호하는 민주공화국의 형사, 검사, 판사들에게 훌륭한 반면교사가 될 만한 무리, 억지, 오판, 실수 등이 수두룩한 것이다.

그 중에서도 아직 용의자가 특정되지 않은 수사초기에, 피해자 측이 범인으로 제보한 사람들을 무턱대고 과도하게 고문하였다가 크게 낭패를 당하고, 수사담당자가 범인의 거짓말에 감쪽같이 속아서 헛수고를 한 실책이 특히 우수한 백신 역할을 하리라 믿는다.

## 3. 간관의 우려와 임금의 외면

이춘발 피살사건에 대한 사법절차가 진행되던 시점을 전후하여, 형벌의 적용에 대한 대왕의 평소 신념이 잘 반영된 상황이 두 차례 연달아 연출되었다.

첫째로, 절도혐의로 검거된 소년을 풀어주게 하였다. 처음에 형조판서 신상이 어전에 나아가 애로사항을 털어놓으며 해법을 물었다. 남의 서속(기장과 조)을 한 말쯤 훔친 소년이 붙잡혔는데, 나이가 15세 이하라서 장형에 처할 수도 없고, 팔뚝에 자자를 하려고 해도 적용할 법조항이 없다며 대왕에게 마땅한 지침을 청했던 것이다.

대왕이 대답하기를, 소년의 죄를 캐려고 하지 말고 불문에 붙이라고 하였다. 나이가 어려서 사리를 알지 못하는 아이가 어쩌다가 훔친 것을 굳이 처벌할 필요가 없을 뿐더러, 적용할 법조문이 없다면 '죄가 의심스러운 경우(의죄·疑罪)'에 해당하니 죄를 따지지 않는 것이 옳다고 일러준 것이다(세종 11년 7월 11일).

신상이 반론을 펼쳤다. 분명히 남의 물품을 훔치고 붙잡혔으니 의죄가 될 수 없을 뿐더러, 팔뚝에 죄명을 새기지 않으면 법을 낮잡아보고 또 다시 도둑질을 할 것이라며 엄중히 다스리기를 청한 것이다. 그러자 대왕이 다시 이르기를, "해당되는 법조문이 없으니 의죄가 맞다." 하고, 의정부와 육조와 더불어 다시 의논하여 아뢰게 하였다.

둘째로, 노인과 아동에 대하여는 먹물로 몸에 죄명을 새기는 자자를 금지시켰다. 처음에 우대언 정연이, 노인과 어린아이가 절도를 범하였을 때에도 모두 팔뚝에 문신을 해야 할는지 여부를 물으니, 대왕이 부정적인 반응을 보였다. 어린아이는 뒤에 허물을 고칠 수 있고, 노인은 여생이 얼마 남지 않았으니 양쪽 모두 자자하지 않는 것이 좋겠다고 한 것이다.

형조참판 유계문이 강력하게 항변을 내놨다. 자자는 전과를 나타내는 것이라서 노인이나 어린아이도 면해줄 일이 아니라고 주장을 펼치자, 판중추부사 허조가 대왕을 거들었다.

노인과 어린아이는 장도 때리지 않고 속전을 받는 마당에, 태형이나 장형보다 더 가혹한 자자를 하면 되겠느냐고 계문의 주장을 반박하자, 대왕이 공감을 표하고, 나이가 70세 이상인 자와 15세 이하인 자는 문신을 하지 말게 하였다(세종 11년 7월 30일).

그런데 사회질서는 대왕의 어진정치와 조화를 이루지 못했다. 시간이 갈수록 도성의 치안이 불안해지더니, 급기야는 말생이라는 사노가 나라에서 경영하는 살곶이(현재의 서울 성동구 성수동 일대) 목장의 말 2필을 훔쳐서 도살한 혐의로 붙잡혔다.

병조·형조·한성부·의금부가 합세하여 검거한 것이고, 공범인 관노 김귀는 도망해 숨었다(세종 12년 4월 4일). 바로 다음 날 판중추부사 최윤덕 등이 사복시의 말을 도살하는 무리에 대한 엄벌을 건의하였다.

> 소나 말을 훔쳐다가 죽이는 자가 매우 많사온데, 필시 모두가 갖바치(가죽신을 만드는 일을 직업으로 하던 사람) 아니면 불량배들의 짓일 것이니, 사복시의 말을 훔쳐다 도살한 적이 있는 무리들을 신문하여 갖바치들을 엄하게 응징하시기 바랍니다(세종 12년 4월 5일).

윤덕이 말을 마치자 우의정 맹사성이 거들고 나섰다. 일반백성이 가죽신을 신거나 긴요하지 않은 가죽제품을 소지하는 것을 엄격히 금할 것을 청한 것인데, 대왕이 따르지 않았다. 가죽신 착용을 금하기가 생각처럼 쉽지가 않다고 이유를 밝히더니, 형조에 명하기를, 갖바치와 불량배들을 끝까지 조사해 혐의를 밝히라고 하였다.

그런데 사실은 4년 전에 이미 백성들의 가죽신 착용을 제한하는 법을 시행하다가 중지한 적이 있었다. 당시의 상황을 복기해보면, 대왕 재위 8년째 해 1월에 사헌부에서 대왕에게 신분과 지위에 따라 신발의 유형별 착용자격을 법으로 정하기를 청했다.

의복제도는 상하 계급에 따라 등급이 뚜렷하게 구분되어 있는데, 신발은 그렇지가 못해서 사람들이 신분과 지위에 걸맞지 않는 신발을 거리낌없이 신는다는 것이었다.

심지어는 대장장이, 장사꾼, 노비들까지 목이 긴 가죽신을 신고 다니고, 7품 이하의 관리와 관직이 없는 사람까지도 모두 가죽으로 지은 덧신을 버젓이 신고 다닌다며 입법의 필요성을 제기한 것인데, 그 가운데 우마도둑의 준동이 들어있었다.

> 신발 착용에 관한 법도가 없어서 상하 계급의 구별이 없을 뿐만 아니라, 가죽 값이 치솟아 우마도축을 엄중히 금지한 법령이 있어도 소나 말을 몰래 훔치는 일이 잇따르고 있사오니, 예조로 하여금 착용기준을 상세히 정하게 하여서 상하의 구별을 밝히고 우마절도의 근원을 막게 하소서(세종 8년 1월 26일).

대왕이 듣고 나더니, 예조에 명하여 의정부와 육조와 더불어 함께 의논하여 아뢰게 하였다. 예조에서 당일로 의정부와 육조의 의견을 수렴하여 '가죽신착용기준규정(안)'을 마련해서 올렸다.

> 투(套)와 혜(鞋)는 전·현직 동서반 7품 이상만 신을 수 있게 하소서. 대소 승려와 불경(佛經)법사, 별군 소속의 근장(近仗)·대장(隊仗)·대부(隊副)·보충군·조례(皂隷)·장수(杖首)·소유(所有)·갈도(喝道)·나장(螺匠)·도부외(都府外)·서인(庶人)과 공인(工人)·상인(商人), 공사(公私) 천인

등은 목화(木靴)[63]를 신지 못하게 하소서. 무공(武工)과 악공(樂工), 그리고 도청(道廳)의 7품 이하도 풍악을 연주할 때 외에는 목화를 신지 못하게 하고, 각 전(殿)의 별감과 소친시 등도 입번하는 때만 목화를 신게 하고, 남녀 공히 피초혜(皮草鞋)를 신지 못하게 하소서(세종 8년 1월 26일).

대왕이 읽어보고 나서, 그대로 따르되, 각전 별감과 소친시는 마음대로 신게 하라고 하였는데, 오래지 않아서 변수가 생겼다. 한 달 남짓 지나서 대왕이 「가죽신착용기준규정」의 시행을 당분간 정지할 것을 명하더니, 다음 날 예조판서 신상에게 그 이유를 밝혔다.

법이 생긴 지가 오래되면 반드시 위반자가 생기게 마련일 뿐더러, 나라가 어수선하고 소란한 때에 새로운 법을 세우는 것은 바람직하지 않다는 것이었다(세종 8년 2월 28일, 2월 29일).

'나라가 어수선하고 소란하다.'고 한 것은, 어린 시절에 화자(火者)로 뽑혀서 명나라에 보내진 윤봉과 백언이라는 동포가 사신으로 와서 온갖 폐단을 일으켰던 것을 말한 것으로 보인다.

당시 두 사람은, 명나라의 선덕제가 조선에서 여러 차례 사람을 들여보내 자신의 등극을 축하해준 데 대한 보답으로 내려준 예물을 전하러 나와서는 온갖 요구를 닥치는 대로 거리낌 없이 내놓아 대왕과 관리들을 힘들게 하였다.

이후로도 윤봉과 백언이 4개월 가까이 토색질과 분탕질을 반복하다 6월 말경에 명나라로 돌아갔다. 하지만 그다음 해 4월에 두 사람이 또 '말 5천필을 팔라.'는 황제의 칙서를 가지고 와서 온갖 민폐를 끼쳤다.

......................

63 가죽으로 만든 목이 긴 마른신을 일컫는 말이며, 임금이나 고위관료들이 관복을 입을 때 그런 신을 신었었다.

다시 수사 이야기로 돌아가면, 대왕이 형조에 명하여 갖바치와 불량배들에 대한 철저한 조사를 지시하고 일주일쯤 지나서, 한성부에서 우마도둑을 막기 위한 방책으로 인증제(認證制)를 보완하기를 청했다.

도성 안 오부와 성 밑 10리 안에서 도축된 소와 말을 검사하여 인증서를 발급해준 뒤에, 그 표시를 고기에만 붙이게 하여서 우마도둑이 준동하는 것이라며, 가죽에도 인증서를 붙이는 안을 아뢴 것이다.

> 앞으로는 생가죽을 한성부에 제출하여 '漢(한나라 한)' 자가 새겨진 불도장과 인증서를 받게 해서, 그 가죽을 가공하여 시장에 팔 때에 미리 경시서에 신고를 하면 경시서가 인증서를 확인하고 매매를 허가한 뒤에 인증서를 불태워 없애게 하소서. 인증서 없이 가죽을 거래한 자가 있으면 도성에서는 관령과 오가(五家)의 장이, 성 밖 10리 안에서는 권농(勸農·농사를 권장하는 역할을 하던 관리)과 방의 별감이 즉시 우리 한성부에 보고하게 하소서. 그 다음에는 우리 한성부가 형조에 공문을 보내 '무표우마육매매인예론죄(無標牛馬肉買賣人例論罪)'에 의거해 죄를 따지게 하고 가죽은 관청에서 몰수하게 하소서. 아울러서, 인증서 없이 우마고기를 거래한 사람을 알면서도 신고하지 않은 관령, 오가의 장, 권농, 각 방의 별감 등도 죄를 가하게 하소서. 지방의 각 도는 각기 그 고을의 이름을 새긴 불도장을 찍고 인증서를 붙여서 위의 규례와 똑같이 시행하게 하소서(세종 12년 4월 13일).

그대로 윤허가 떨어지니, 이후로 허가된 도축장에서 소를 잡으면 고기뿐만 아니라 가공되기 이전의 쇠가죽에 대해서도 인증제가 적용되었다. 아울러서 4년 전인 1426년(세종 8) 1월 26일에 제정하였다가 한 달 만에 시행을 멈췄던 「가죽신착용기준규정」도 다시 시행에 들어갔다(세종 12년 5월 15일).

같은 날 사간원의 수장인 좌사간 신포시 등이 국정현안에 대해 상소를 올리면서, 절도3범에 대해 사후위좌(赦後爲坐) 원칙을 적용하는 정책을 재검토할 필요성을 내용에 포함하였다.

절도범들이 사면이 있을 것을 믿고 도성에서까지 거리낌 없이 남의 것을 훔치거나 빼앗는 실정을 먼저 아뢰고 나서, 예전의 엄벌정책을 복구하기를 에둘러서 청한 것인데, 대왕이 단호하게 뿌리쳤다.

옛날 사람이 이르기를, '간하는 말을 좇되 물이 흐르듯이 하라.'고 하였는데, 나는 소견이 트이질 못해서 그렇게는 못하겠다. 절도3범을 가볍게 용서하는 일을 나도 잘 알고 있으나, 형률에 사형에 처하라는 말이 없지 않느냐. 더구나 범행이 의심되면 형벌이 가벼운 쪽을 따르라고 하였으니, 혐의가 미심쩍으면 사형에 처하지 말아야 옳지 않겠느냐(세종 12년 5월 15일).


## 4. 임금의 연민과 조정의 냉기

살곶이 목장에 풀어놓은 개인 말을 훔쳐서 도살한 혐의로 두 달쯤 전에 검거된 공노비 김보64와 사노비 말생에 대한 죄와 벌이 정해졌다.

처음에 형조에서, 두 사람이 애초에 개인소유의 말인 줄을 몰랐으니 임금의 수레를 끄는 말을 도살한 것과 다름이 없다며, 궁궐의 재물을 훔친 죄를 적용해 곧바로 목을 베게 하기를 청하니, 대왕이 형을 한 등급 낮추게 하였다.

형조에서 그대로 따르지 않고 다른 대안을 내놨다. 김보는 임금의 수

......................

64 말생이 검거되던 날(세종 12년 4월 4일)의 실록기사에는 공범의 이름이 김보(金寶)가 아닌 김귀(金貴)로 적혀 있다. 한 쪽은 오류임이 분명하다.

레를 끄는 말을 도살한 주범이니 유배소의 봉화간(烽火干)[65]으로 영구히 소속시키고, 말생은 뜸질로 전에 자자한 흔적을 없앴으니, 같은 자리에 '절도3범'이라고 다시 새겨서 경기도 밖으로 내쫓기를 청하니, 대왕이 자자는 그만두고 경기도 밖으로 내쫓게 하였다(세종 12년 6월 15일).

이날 이후로 여러 명의 도둑이 목이 베이거나 교수대에 올려졌다. 1차로 밤중에 횃불을 들고 도둑질을 저지른 명화도적 8명이 법에 따라 참형에 처해졌다(세종 12년 6월 17일). 2차로, 사면으로 전과를 용서받고서도 절도를 세 번 저지른 고음삼이라는 자가 교형에 처해졌다(세종 12년 9월 5일).

그런데 이처럼 도둑들을 연달아 사형에 처한 대왕이 형조에 두 가지 특별한 지시를 내렸다. 그 첫 번째는 죄수의 형벌을 감할 수 있으면 감해 주라는 것이었다(세종 12년 9월 5일).

그 두 번째는 절도용의자를 신문할 때에 정해진 규정과 기준을 어기는 일이 없게 하라는 것이었다. 형정일선에서 절도사건을 수사하는 관원들이 용의자의 자백을 얻기 위해 형벌권을 오·남용하는 경우가 흔했던 적폐를 없애기 위함이었다.

중앙과 지방의 관리들이 절도용의자를 신문할 때에, 전후에 범행한 내역이 자세히 밝혀졌는데도 소행을 괘씸히 여겨 함부로 신장(訊杖)을 가하거나, 사실관계를 속히 알아낼 욕심으로 형장규정을 어기거나, 혹은 도주할 우려가 있다는 이유로 오래도록 가두고 괴롭혀서 죄수가 생명을 잃는 경우가 있다고 하니, 중앙과 지방에 공문을 내려 죄수들을 가혹하게 다루지 못하게 하라(세종 12년 10월 28일).

...................
65 산꼭대기에 설치된 봉수(烽燧)에서 불을 올리는 일을 맡아보던 사람의 호칭이다.

그럼에도 불구하고 관리들이 죄의 경중을 구별하지 않고 걸핏하면 형틀에 올려 매서 고문을 한다는 소문이 들리자, 중앙과 지방의 형정담당 관원들에게 다시 또 형벌을 신중히 쓰라고 지시를 내렸다.

옥에 갇히거나 신문을 당하는 것은 누구에게나 고통스러운 일이라며, 15세 이하와 70세 이상인 자는 살인 혹은 강도 용의자가 아니면 옥에 가두지 말고, 비록 죽을죄를 지었더라도 가두거나 고문하지 말고 여러 사람의 증언을 토대로 죄를 정하게 하였다(세종 12년 11월 27일).

그뿐만 아니라 나흘 뒤에 정사를 보다가 다시 또 좌우의 신하들에게, 고문 과정에서 일어나는 남형 병폐를 거론하였다. 먼저 법정형이 태형(회초리 매질)인 죄를 범한 자에게도 함부로 신장(방망이 매질)을 가하여 때때로 부상자가 생기는 문제점을 지적하였다.

그런 다음에, 예전에 신장의 횟수를 장차 용의자에게 적용될 죄의 법정형 이내로 제한한 신장불과본죄법(訊杖不過本罪之法)이 시행되었던 일을 언급하며, 《대명률》에 태형의 죄를 저지른 자에게 신장을 가하는 것을 금지한 조문이 없는 것을 아쉬워하였다.

대왕이 말을 마치자 이조판서 권진이 신장불과본죄법의 단점(허점)을 아뢰었다. 그 법을 시행하면 범죄용의자들이 매질의 한계횟수까지 고통을 꾹 참고 견디며 범행을 숨길 것이라며, 그 법을 시행하는 것보다는 형조의 관리들이 각자 알아서 신장을 함부로 가하지 않도록 하는 것이 나을 것이라고 한 것이다.

대왕이 말하기를, "형조의 관리들만 법을 집행하는 것이 아니고 지방의 수령들도 모두 형벌집행권을 갖고 있는데, 법을 세우지 않고 어떻게 모두 스스로 알아서 남형을 자제하기를 바라겠느냐."고 하니, 이번에는 의정부 찬성 허조가 형식논리를 내세워 반대를 표했다.

그 법이 설령 훌륭하다 할지라도 《대명률》에 없는 법을 함부로 시행하

면 안 된다고 한 것인데, 대왕이 그 말을 그대로 받아들였다. 신장불과본
죄법을 제정할 마음을 먹었다가, 허조의 말을 듣고는 즉석에서 생각을 바
꾼 것이다.

《대명률》은 죄의 경중을 참작하여 형벌의 등급을 정해놓은 것이라
서 어길 수가 없다. 중국에서 법전에 없는 형벌을 쓰는 사례가 있기
는 하지만, 한시적인 임시방편에 불과할 뿐이다. 황제가 내린 교서에
'법전에 없는 형벌에 처한다.'고 적힌 문구가 바로 그런 것이다(세종
12년 12월 1일).

일주일쯤 지나서 사면 후에 절도를 세 번 저지른 사노가 교수형에 처
해졌다(세종 12년 12월 9일). 그로부터 다시 일주일 뒤에 형조판서 김자
지가 대왕에게, 사면 전의 전과까지 합해서 절도3범이면 사형에 처하게 해
주기를 청했다(세종 12년 12월 16일).
8년 전에 사면 전의 범행은 덮어주기로 절도범에 대한 형벌정책을 바
꾸고 나서 최초로 반기를 든 것인데, 대왕이 백성에 대한 신의와 절도범
의 딱한 처지를 내세워 받아주지 않았다(1차 거부).

한때의 나쁜 짓을 미워하여 사면 이전의 죄까지 소급해 추궁하면
신의를 잃을 수 있다. 더구나 사면은 새로운 삶을 열어 주기 위해 과
거의 잘못을 청산해주는 것이니, 사면 전의 범행까지 합해서 처형하
면 죄를 용서해준 취지가 사라져 백성의 신뢰를 잃을 것이다. 또, 절
도는 궁핍한 백성이 저지르는 것이라서 큰 죄악이 아니고, 그들의 사
정이 너무 딱해서, 절도3범은 사면과 상관없이 모두 죽이자는 제안을
차마 따를 수가 없다(세종 12년 12월 16일).

그런데 신속한 옥사처리를 빙자해 고신(拷訊)[66]을 남용하는 것을 막기

위한 고민과 궁리는 대왕 혼자만의 몽상이었던 모양이다. 대왕은 어떻게 해서든지 남형을 없앨 생각에 잠시도 여념이 없는데, 형정담당 관원이 강도나 절도 용의자에게 과도하게 고신을 가하여 사망케 하거나 거의 죽기 직전까지 가게 한 의혹이 연달아 불거졌다.

이전에도 무리한 강압수사로 용의자가 죽거나 불구가 되는 일이 종종 있었지만, 마치 유행하듯이 초대형 남형사고가 동시다발로 불거진 적은 일찍이 없었다. 그런데 가만히 따져보면 남형이 사라지기를 기대할 수가 없는 구조적 원인이 있었다.

당시는 범죄혐의가 확실해도 용의자의 자백이 없으면 유죄를 인정하고 형을 선고할 수가 없었다. 따라서 철저히 규정을 지키다가는 옥송이 밀려서 제재를 당하거나 혹은 무능력자로 낙인찍힐 각오를 해야 하였다.

그래서 예컨대, 범행의 증거가 명백한데도 피의자가 자백을 거부하면 담당자의 입장에서 고문의 수위를 높여서 자백을 받을 수밖에 없었고(엄형득정·嚴刑得情), 따라서 대왕이 '형벌을 조심해서 쓰라.'고 귀가 닳도록 주의를 주어도, 한 귀로 듣고 한 귀로 흘리는 관원이 많을 수밖에 없었다.

---

66 죄와 벌을 정하는 데 필요한 자백을 얻어내기 위해 용의자를 매질로 고문하던 것을 말하며, 남용을 막기 위한 안전장치가 갖춰져 있었다. 《경국대전》에 따르면, 1회에 매질을 30대 이상 할 수 없고, 한 번 고신을 행했으면 3일 동안 고신을 할 수 없었다. 일단 고신을 진행하였으면 10일 이내에 죄와 벌을 정해야 하였다. 하루 한 차례만 고신이 허용되고, 특히 엄한 추국을 요하는 경우에도 하루에 2회를 넘을 수 없었다. 일반서민의 고신은 형정담당관이 직권으로 행할 수 있었으나, 공신과 사대부는 사전에 임금의 승낙을 받아야 행할 수 있었다(두산백과).

# V. 공권력의 광란과 긴급조치

## 1. 영홍부의 엽기적 범인조작

대왕이 형조판서의 간언을 물리치던 무렵 함길도 영홍부 관아에서 실로 어처구니없는 고문치사 의혹이 불거졌다.[67] 처음에 영홍부 관아의 창고에서 도둑을 맞았는데, 어떤 사람이 익명으로, 영홍부의 관노인 연만·가질동·내은달을 용의자로 신고하였다.

영홍부사 박관이 세 명의 노비를 모질게 고문하였으나 혐의가 드러나지 않아 모두 석방하였는데, 얼마 뒤에 영홍부의 군기고가 불에 탔다. 그런데 연만과 대은달이 (부사가 다시 또 자기들을 방화범으로 몰까 봐) 자취를 감추자, 부사가 두 사람을 진범으로 단정하고 남아있던 가질동을 혹독하게 고문하였다.

가질동이 고통을 견디지 못하여, 연만·내은달과 공모하여 군기고에 불을 질렀다고 허위로 자백하자, 부사가 아전을 시켜 가질동의 진술을 정리해 감사에게 올려 보냈다. 감사가 조서를 받아보고 지고원군사 이대를 차사원으로 임명해 영홍에 파견하니, 역시 가질동에게 모진 고문을 가하여 부사가 받은 자백과 똑같은 자백을 받아냈다.

마침 잠적했던 연만과 내은달이 제 발로 감옥에 나타나 결백을 주장하자, 가질동의 허위자백을 기정사실로 둔갑시킬 목적으로, 부사·아전·차사

---

67 여기에 인용한 초동수사 줄거리는 7개월 반쯤 뒤에 반포된 〈휼형(恤刑)교지〉의 '중국과 조선의 그릇된 옥사판결 사례' 부분에서 발췌한 것이다(세종 13년 6월 2일).

**치도곤(治盜棍)**
작가: 김윤보, 사법제도연혁도보, 서울대학교중앙도서관 소장

원이 번갈아가며 연만과 내은달을 혹독하게 고문하여, 내은달이 신장 수백 대를 맞고 마침내 숨을 거뒀다.

보고를 받은 감사가 지문천군사 김보중을 다시 새 차사원으로 임명해 영흥에 파견하니, 연만과 가질동이 자신들은 군기고에 불을 지르지 않았다며 억울함을 펴 주기를 청했다. 그러자 보중이 도리어 매질의 강도를 더욱 높여서 급하게 고문을 가하고, 연속해서 세 차례나 압슬을 가하여 결국은 자백하게 만들었다.

그 뒤에 감사·형조·의정부의 검증을 거치는 동안 아무도 이견을 내지 아니하여, 그대로 대왕에게 보고되었는데, 꼬리가 길어서 덜미가 잡혔다. 수사결과를 받아본 대왕은, 사건의 동기가 분명치 않음을 이상하게 여기고, 형조정랑 신자근을 현지에 보내 진상을 알아보게 하고, 의금부에 재수사를 지시하니, 과연 세 사람은 방화범이 아니었다.

곧바로 명을 내려, 형조관리들을 논죄하고 가질동과 연만을 즉시 풀어 주게 하였는데, 그때까지 가질동은 신장을 1천 3백여 대나 맞았고, 연만도 거의 4백 대를 맞은 것으로 밝혀졌다.

얼마 뒤에 의금부에서 재수사결과를 보고하면서, 영흥부사 박관[68]을 참형에 처하기를 청했다. 차사원으로 파견되어 과도하게 고문을 자행한 이대와 김보중, 함길도 감사 민심언, 판관 전강, 박관의 후임(이위), 그리고 무리한 고문으로 내은달을 죽게 한 영흥부 관원(엄극관) 등도 죄에 따라 응징하기를 청하니, 그대로 윤허가 떨어졌다(세종 12년 12월 17일, 윤 12월 10일).

그런데 김보중·이대·전강 등의 형을 정하는 과정에서 의금부지사 박결이 임의로 세 사람의 희망을 들어준 의혹이 불거지자, 대왕이 노하여, 보중은 충주로, 이대는 청주로, 전강은 상주로 각각 옮겨서 모두 정료간(庭燎干·관청 뜰에서 횃불을 드는 사람)으로 삼게 하였다. 박관은 신장 1백대를 가한 뒤에 도성에서 3천리 떨어진 거제에 유배하고, 박결은 사헌부에 넘겨졌다(세종 12년 윤12월 14일).

--------------------

68 세종이 즉위하여 사헌부의 간부진을 물갈이하면서 사헌 집의(2인자)로 발탁한 인물이다. 태종치세 때 이조정랑으로서 이성계의 이복동생 이원계의 아들인 완평군 이조의 시호를 잘못 지어 올렸다가 영구히 파면되어(태종 8년 4월 29일) 불명예를 안고 공직을 떠났던 사람을, 풍헌기관의 중책을 맡겨서 명예를 회복할 기회를 준 것인데, 기대를 저버리고 어처구니없는 사고를 낸 것이다.

## 2. 의금부의 우악한 강압수사

대왕이 군사들을 거느리고 강원도로 봄철 강무를 떠나려고 준비하는데, 병조에서 대왕이 없을 동안 도성에 도둑이 날뛸 것을 염려하며, 한성부로 하여금 각 방의 요로에 방호소를 설치하고 수성금화도감으로 하여금 순찰과 검문검색을 행하게 하기를 청하니, 그대로 윤허가 떨어졌다(세종 13년 2월 8일).

나흘 뒤에 세자와 더불어서 경기 북부지역으로 강무를 떠나서 8일째 되던 날 악재가 닥쳤다. 포천 매장원에 이르러 머무르는데 갑자기 진눈깨비를 동반한 혹한이 닥쳐서 사람 26명이 죽고 말 69필과 소 1두가 죽었다.[69] 여러 날 동안 휴식을 취하지 못해 탈진한 사람들과 가축들이 추위와 허기를 견디지 못해서 생긴 참사였다.

두 달쯤 뒤에, 매장원의 악몽이 아직 사라지지 않았는데, 도성에서 끔찍한 강도살인 사건이 발생했다. 남산기슭 남쪽의 벌아현 초막에 거주하던 승려 세 명이 화적떼의 습격을 받아, 한 명이 돌에 맞아 죽고, 두 명이 부상을 입었다(세종 13년 4월 9일, 11일).

벌아현은 오늘날 한남동에서 약수동 쪽으로 넘어가는 고개와 한남동에서 장충단공원 쪽으로 넘어가는 고개를 합해서 일컫는 '버티고개'의 옛날이름이다. 벌아령이라고도 하였다. 당시는 소나무 숲이 울창한 후미진 곳이어서 도적이 자주 출몰하였다.[70]

......................

69 세종 13년 2월 12일부터 3월 2일까지 약 20일 동안의 실록기사 참조.
70 그래서 세조 연간에 남소문을 냈다가, 나라에 연달아 액운이 닥치자, 풍수가 좋지 않다는 이유로 예종 때 폐쇄하였다. 세조 2년 11월 20일, 예종 1년 8월 25일, 26일, 9월 11일, 14일, 19일, 명종 8년 4월 16일, 숙종 1년 6월 11일, 29일, 7월 19일, 8월 10일자 실록기사 참조.

보고를 접한 대왕은 세 갈래로 지시를 내렸다. 먼저 형조·의금부·한성부에 명을 내려 범인들을 신속히 붙잡게 하였다. 다음에는 좌대언 김종서를 불러서, 의금부제조와 함께 범인들의 소재를 파악하여 진무 세 명으로 하여금 각각 방패 10명씩을 거느리고 가서 잡아오게 하라고 지시하였다.

마지막으로, 호조에 명하여 부상한 승려들에게 급료와 약품을 주게 하고, 병조로 하여금 대대적인 수색을 벌여서 범인을 붙잡게 하였다.

그래서 상황이 급박하게 돌아가는데, 사건이 발생한 뒤에 보고체계가 제대로 작동하지 않은 사실이 속속 드러나, 관원 여러 명이 된서리를 맞았다. 먼저, 한성부 관리들이 벌아현에서 명화도적이 승려들을 습격한 사실을 알고서도 대왕에게 즉시 아뢰지 않은 사실이 밝혀져, 모조리 사헌부에 넘겨졌다.

두 번째로는, 숙직을 하면서 명화도적이 살인을 저지른 사실을 알고서도 대왕에게 즉시 아뢰지 않은 병조좌랑 이백검과, 백검으로부터 도적을 신문한다는 말을 듣고도 대왕에게 즉시 아뢰지 않은 병조좌랑 박흡이 의금부에 넘겨졌다.

또, 그날 11시에서 새벽 1시 사이에 수구문에 이르러 명화도적이 사람을 살상한 현장을 확인하고서도 보고를 지체한 순찰대원도 의금부에 넘겨졌다(세종 13년 4월 12일).

빨리 범인들을 잡는 일이 급선무였기에, 대왕이 의정부 찬성 허조·대사헌 신개·좌사간 김중곤 등으로 하여금 의금부 제조와 대언과 더불어 신속히 범인을 검거할 것을 지시하였다.

그러자 의금부에서 대왕에게, 범인을 체포하거나 고발하는 자에게 후하게 상을 내리고, 범인을 알면서도 신고하지 않은 자는 엄히 다스리기를 청했다.

5부의 각 리와 성 밖의 집집마다 명화도적을 체포하거나 신고하게 하여, 결정적인 정보를 가져오는 자에게는 범인의 재산으로 면포 1백 필을 주고, 신고한 내용이 사실이 아니어도 죄를 가하지 말게 하고, 일찍이 알고서도 신고하지 않은 자가 발각되면 법에 따라 다스리게 하시옵소서(세종 13년 4월 12일).

그대로 윤허가 떨어졌는데 결정적인 용의자제보가 접수되었다. 피습당한 세 승려와 함께 지내다가 사건 당일 가까스로 목숨을 건진 해전이라는 승려가 수사팀에게, 현직 호조정랑(정5품)인 김경의 집 여종의 남편이자 마을에서 돌을 깨는 석공인 막산이 범인들 중에 섞여 있었다고 진술을 한 것이다.[71]

의금부에서 막산을 연행해 모질게 신장을 가하니, 막산이 고통을 참다가 못해서, 김경의 집종 다섯 명과 함께 승려들의 초막을 덮쳤다고 실토하였다. 사실은 막산이 매를 못 이겨서 거짓말을 꾸며낸 것인데, 의금부관원들은 사실로 믿었다.

막산의 진술을 옮겨보면, 4월 초9일 밤에 막산과 서중·박연·두지·부존·미마이 등 여섯 명이 함께 수구문 밖 벌아현 초막 북쪽에 이르러 동정을 살피다가, 밤 9시를 알리는 북 소리가 멈추자 부존이 부싯돌을 쳐서 쑥 뭉치에 불을 붙여 초막에 다가갔다.

승려 한 명이 밖에 나와 소변을 보는 것을 보고, 박연이 다가가 뒤에서 작은 몽둥이로 내리치니 땅에 엎어져서 죽은 듯이 있었다. 부존이 쑥 뭉치에 불을 붙여서 법당 안으로 던지자, 그곳에 있던 승려가 집어서 밖으로 던졌다.

......................

71 여기에 인용한 초동수사 줄거리는 두 달쯤 뒤에 반포된 〈휼형(恤刑)교지〉의 '중국과 조선의 그릇된 옥사판결 사례' 부분에서 발췌한 것이다(세종 13년 6월 2일).

부존이 초막의 이엉을 뽑아 불을 붙여서 법당 안에 놓아두고, 돌을 마구잡이로 던지면서, '가지고 있는 재물을 모두 내놓지 않으면 모두 죽이겠다.'고 협박하니, 승려들이 울부짖으며 갖고 있던 재물을 모두 내주었다.

갑자기 승려 두 명이 도망쳐 달아나서 여럿이서 뒤따라가 한 명을 붙잡으니 박연이 몽둥이로 가격하였다. 승려가 땅바닥에 엎어지니, 박연이 무리들과 더불어 그의 머리와 얼굴을 돌멩이로 때렸다.

또 한 명은 시식대(施食臺) 밑에서 붙잡아 결박을 지어놓고 사정없이 폭행한 뒤에, 현장을 떠나서 밭고랑에 여기저기 흩어져서 누워서 시간을 보내다 성문이 열린 뒤에 함께 성안으로 들어왔다.

승려들에게서 빼앗은 물건들은 막산이 집으로 가져와 주인집의 모탕(나무를 패거나 자를 때에 받쳐 놓는 나무토막) 옆에 묻었는데, 막산의 아내 소근과 미마이의 아내 장미가 그 장면을 보았다.

그런데 막산의 자백을 듣고 의금부에서 미마이의 아내 장미를 붙잡아다 신장을 가하니 말이 왔다 갔다 하였다. 처음에는, 4월 초10일에 미마이가 어떤 물건을 보자기에 싸서 풀무의 발판 아래 빈 공간에 숨겨서, 자기가 무슨 물건이냐고 물었더니, '너는 몰라도 되니 못 본 것으로 하라고 하고는, 그날 저녁식사 후에 미마이가 그 물건들을 급히 가지고 나갔다.'고 하였다

그런데 뒤에 가서는 말을 바꿔서, 4월 11일 날 옥관이 주인집에 와서 수색을 하고 돌아가서, 자기가 수상한 생각을 품고 미마이가 감춰둔 물건을 꺼내다가 부엌에서 모두 불에 태웠다고 하였다.

그러자 의금부에서 생존한 피해자 해전을 통해 범행을 입증하려 하였다. 옥관을 시켜서 초막 근처에서 돌을 깨는 석공 12명을 모두 잡아다 뜰 밑에 일렬로 세우고 해전에게 범인을 지목하게 하니 김경의 집종들인 부존·박연·서중·두지 등 네 사람을 가리켰다.

**신장(訊杖)**

작가: 미상, 소장자: 미상

이튿날 또 다른 스무 명을 일렬로 세우고 부존 등에게 다른 옷을 입혀서 그 사이사이에 끼어 넣고 해전에게 다시 범인을 가려내게 시키니, 똑같이 네 사람을 가리켰다. 그뿐만 아니라, 박연을 지목하면서, 자신들을 가장 심하게 겁박하고 폭행한 자라고 하였다.

박연이 얼굴을 붉히면서 부끄럽고 두려워하는 기색을 감추지 못하자, 해전이 또 말하기를, 도둑이 자기를 겁박할 때 자기가 돌멩이를 주워서 도둑의 발에 던졌으니 반드시 발에 상처가 났을 것이라고 하고, 도둑들이 달아난 뒤에 현장에서 주운 것이라며, 가죽 끈이 매달린 미투리 한 짝을 내놓았다.

옥관이 사람들을 두루 불러서 확인해보니, 부존 한 사람만 발등에 상처가 나있었다. 또 미투리의 임자를 물으니 모두가 부존이 평소 신던 것이라고 하여, 막산·서중·박연·두지·부존·미마이 등 여섯 명을 범인으로 단정하고 수사를 종결하려고 하는데, 일이 커졌다. 여섯 노비의 주인인 김경이 부존을 구해주려다가 덤터기를 쓴 것이다.

의금부 관원들이 김경을 사건의 배후로 의심하여 옥에 가두고 두 차례 연달아 신장을 가했다. 김경이 끝내 부인하자, 그의 노비 10여 명을 더 잡아다 신장을 가했다. 그들도 역시 범행을 부인하자, 박연에게 압슬을 가하여, 두지·막산·미마이·부존·서중 등과 더불어 물건을 훔쳐서 나눠가졌다는 자백을 받았다.

또, 앞서 고문에 굴복해 허위로 범행을 자백한 막산을 제외한 나머지 네 명에게 신장을 가하니, 두지와 미마이는 고통을 못 견뎌 허위로 범행을 자백하고, 서중과 부존은 모진 압슬을 가해도 끝내 범행을 부인하였다.

그래서 수사가 난관에 빠졌는데, 대왕이 병조판서 이명덕·참판 최사강·참의 김상직 등을 의금부에 내려 '책임회피 혐의'를 조사하게 하였다.

병조좌랑 박흡이 명화도적의 범행을 즉각 보고했는데도, 판서와 참판이 「형조 소관」이라며 위에 아뢰지 않은 의혹이 불거졌기 때문이다. 의금부에서 명덕 등을 조사하고 결과를 아뢰니, 무슨 상황변화가 있었는지, 대왕이 돌연 논죄를 중단시켰다(세종 13년 4월 14일).

닷새가 더 지나도록 범인이 드러나지 아니하자, 의금부가, 막산 등 여섯 명을 여전히 유력한 용의자로 가둬둔 상태로, 대왕에게 범인신고자에 대한 포상수위를 대폭 높이기를 청했다. 신고자가 있으면 신분에 따라 관직이나 면포를 상으로 내려주고, 지각신고와 오인제보를 용서하는 조건을 추가해 사람들의 신고를 부추기기를 건의한 것이다.

강도들의 장물을 받아 감춘 자는 처벌을 두려워하여 고하지 아니하고, 강도에 대해 들었거나 강도를 목격한 자는 대질을 해야 하는 부담감 때문에 제보를 꺼립니다. 하오니, 한성부로 하여금 오부와 성밖 십리에 대자보를 붙여서, 장물을 숨기고 있거나 혹은 강도를 직접 보았거나 들은 사실을 가장 먼저 관청에 알리는 자에게 상을 내리게 하시되, 제보자가 양인이면 관직을 내려주고, 기능인·상인·노비이면 면포 50필을 주게 하시옵소서. 아울러서, 보다 더 일찍 알리지 않은 죄를 묻지 말게 하고, 보거나 듣고 와서 알린 내용이 사실과 달라도 죄를 논하지 말게 하시옵소서(세종 13년 4월 19일).

〈표 11〉 벌아현 강도살인 용의자 현상수배

| 구분 | 대상 | 약속 | | 용서 |
| --- | --- | --- | --- | --- |
| | | 포상 | | |
| 1차 | 범인체포 공로 (검거 또는 제보) | 면포 1백 필 불고자(不告者) 처벌 | | 오인제보 |
| 2차 | 장물 신고 장물은닉자 제보 | 양인 | 관직 | 오인제보 |
| | | 기술자·상인·노비 | 면포 50필 | 지각신고 |

그대로 윤허가 떨어졌는데, 당일에 각각 망오지와 박만이라는 이름을 가진 명화도적 두 명이 붙잡혔다. 처음에 여섯 명의 사내가 각기 봇짐을 짊어지고 영서역(현 은평구 연신내 사거리) 정자에 모인 것을 관령이 보고서 마을사람들과 합세해 두 사람을 체포한 것이다.

나머지 네 명은 봇짐을 버리고 삼각산의 향림사 쪽으로 달아나 봇짐만 거두었는데, 그 안에 벌아현 초막에서 강탈당한 물품들이 들어있었다.

곧바로 망오지와 박만을 결박하여 한성부로 보내 의금부 옥에 가두게 하니, 대왕이 병조·형조·한성부·의금부·삼군진무 등으로 하여금 각기 부하들을 거느리고 가서 도주한 네 명을 잡아오게 하였다.

망오지와 박만이 범행을 시인하면서, 공범들이 목멱산(남산)에 숨어있다고 털어놓아 대왕에게 그대로 아뢰니, 사방의 성문을 차단해 사람들의 출입을 금하라는 어명이 내려졌다(세종 13년 4월 19일). 강도살인범으로 지목된 김경의 여섯 노비(막산·서중·박연·두지·부존·미마이)는 김경과 함께 그대로 가둬두게 하였다.

그다음 날, 삼각산에 파견된 진무 이사신 등이 도적 4명을 잡았으나, 벌아현 사건과는 무관한 자들로 밝혀졌다. 조사결과 그들은 형조에 갇힌 다른 도적들과 한패거리로, 낮에는 산속에 숨어 있다가 밤이 되면 여럿이 모여 도둑질을 한 것으로 드러났다.

그런데 의금부에 갇힌 도적들이 옥바라지를 해줄 혈육이 아무도 없다는 사실이 알려지자, 대왕이 의금부에 명을 내려, 관에서 먹을 것을 주어 굶주리지 않게 하라고 하였다(세종 13년 4월 20일). 범죄사실을 밝혀내기 위해서도 굶어죽게 방치할 수는 없었을 것이다.

같은 날 승정원에서 범인체포에 동원된 형조와 한성부의 관원들을 직무에 복귀시키기를 청했다. 밀린 일이 많다고 이유를 아뢰니, 대왕이 그대로 윤허하면서, 도둑을 잡으려간 삼군의 진무들과 그들이 데려간 군사들에게 도적들을 끝까지 잡으라고 전하게 하였다.

아울러서, 병조의 건의를 수용하여, 삼군의 다른 진무들로 하여금 내금위·별시위의 갑사·방패·별군·시위패 등을 거느리고 도성 안팎과 관용 숙소·산장·농막 등 한적하고 외진 곳들을 샅샅이 뒤져서 벌아현의 승려 초막을 습격한 일당을 검거하게 하였다.

하루 뒤에 망오지와 박만 등이 감춰두었던 장물이 수거되자, 의금부가 대왕의 승낙을 받고서 김경과 그의 노비 여섯 명을 석방하였다(세종 13년 4월 21일).

그다음 날 대왕이 승지들을 불러서, 도적을 잡으러 나간 군사들을 불러들이는 방안에 대해 의견을 물었다. 열흘 이상 시간이 흘러서 도적들이 모두 흩어져서 붙잡기가 힘들어졌다고 판단하고 군사들을 물리려고 한 것인데, 지신사 안숭선이 다른 의견을 내놨다.

사방으로 흩어져서 산속으로 달아난 도적들이 여러 날 동안 끼니를 굶으면 반드시 마을로 내려와 음식을 구걸할 것이라며, 성문을 막고 지키다가 다음날 검거에 나서기를 청한 것이다.

대왕이 그대로 승낙하더니 돌연 군사들의 근무상태를 점검하게 하였다. 사람을 보내서 군사들이 도적체포에 총력을 쏟고 있는지 여부를 살피게 하여, 직무태만으로 적발된 영군진무(領軍鎭撫) 안구경(대호군)과 판사 김희경을 의금부에 내리더니, 다음날 도적을 잡으러 나가있던 군사들을 모두 철수시켰다(세종 13년 4월 22일, 23일).

그다음 날 벌아현 강도살인 사건의 공범 중 한 명인 어물이 검거되었다(세종 13년 4월 24일). 이틀 뒤에 좌대언 김종서가 대왕에게, 그날까지 명화도적 4명을 붙잡았고 6명을 추적중이라고 아뢰고 나서, 도둑을 붙잡은 영서역 마을의 사람들에게 먼저 상을 내리기를 청했다.

의금부제조들이 자기에게, 그리하면 필시 다른 사람들이 마음을 다하여 도적을 잡을 것이라고 조언하여 그대로 아뢴 것인데, 대왕의 승낙이 떨어지자, 과연 곧바로 효과가 나타났다(세종 13년 4월 26일).

대왕이 듣고서 의금부에 명을 내려, 도적을 잡은 자들의 공로를 개인별로 구분하여 아뢰라고 지시하니, 이틀 뒤에 벌아현에서 승려들을 습격한 화적 일당 중 두 명(잣금, 모지리)이 붙잡혔다. 곧바로 체포에 기여한 사람들에게 차등 있게 상금이 주어졌다(세종 13년 4월 28일, 5월 1일).

이틀 뒤에 병조에서, 도성 안팎의 요로에서 강도짓을 일삼는 자들은 주인을 배반하고 도망하여 의지할 곳이 없는 노비들이라고 아뢰면서, 의금부·한성부·병조에 역할을 분담시켜 소탕하게 하고, 유후사(개경)도 그곳의 호위병들로 하여금 무시로 도둑들을 수색해 잡도록 하기를 청했다

(세종 13년 5월 3일).

그대로 윤허가 떨어졌는데, 이후로 계속 비가 오지 아니하자 대왕이 사면령을 내려서 '도죄 이하' 죄수들을 석방하였다(세종 13년 5월 16일).

그다음 달 하순경, 벌아현 강도살인 용의자 중 한 명인 사개무지가 붙잡히자, 검거한 두 사람을 후하게 포상하였다. 2개월 전인 4월 19일에 포상을 약속한 면포 100필 외에, 사개무지의 재산으로 면포 80필(1등 용수)과 20필(3등 자질금)씩을 얹어주게 하였다.

〈표 12〉 강도살인범 일당(잣금·모지리·사개무지) 체포유공자 포상

| 구분 | 상금(면포) | 인원 | 이름 |
|------|-----------|------|------|
| 1등 | 35필/명 | 2명 | 도자·원봉 |
| | 80필/명 | 1명 | 용수(사개무지 체포) |
| 2등 | 15필/명 | 7명 | 박모, 지이·김내근내·송인백·박천생·박임·황을진 |
| 3등 | 10필/명 | 2명 | 고자진·고음룡 |
| | 20필/명 | 1명 | 자질금(사개무지 체포) |
| 계 | 295필 | 13명 | |

사개무지가 붙잡히고 나흘 뒤에 의금부에서 수사결과를 아뢰며, 붙잡힌 네 명을 우선 먼저 단죄해주기를 청했다. 의금부에서 사노 박만·망오지·사개무지·어물 등을 문초해 밝혀낸 벌아현 강도살인 사건의 전모는 이러하였다.

1431년(세종 13) 4월 초8일에 같은 한 패인 박만·망오지·사개무지·어물·고원·박가·물금·한진·의대·벌개 등 열 명이 함께 어울려서 돈의문 밖에서 잠을 자는데, 사개무지가 말하기를, '벌아현 초막에 중 셋이 살고 있는데, 만약 쳐들어가면 양식을 얻을 것이라.'고 하여, 함께 범행을 모의하였다.

다음날 해질 무렵에 사개무지를 먼저 초막이 있는 곳으로 보내고, 나머지 아홉 명은 나중에 뒤따라갔다. 사개무지가 남산의 뒤쪽봉우리에 올라 흰 삿갓을 벗어 휘두른 것을 신호삼아 고원·박가·물금·한진·의대·벌개 등 여섯 명이 막대기와 돌을 집어 들고 초막을 덮쳤다.

고원·한진·의대·박가 등 네 명이 한 승려를 쳐서 땅에 넘어뜨리고는, 고원이 이엉을 빼어 불을 붙여서 방안에 던지며, 큰소리로 「갖고 있는 재물을 모두 내놓아라.」고 고함을 지르니, 승려들이 가지고 있던 것들을 모두 내놓았다.

승려 중 한 명이 뛰쳐나와 도망을 쳐서 박가와 고원 둘이서 추격하니, 승려가 거짓으로 죽은 체하고 땅바닥에 엎어져서, 짚으로 묶고 섶으로 덮었다. 한진·의대·사개무지 등 세 명이 또 승려 한 명을 가격해 넘어뜨리니, 고원이 두 눈에 모래를 넣고 나무못으로 찔러 상처를 입혔다. 그 뒤에 이태원 역참으로 이동해 승려들에게서 빼앗은 장물을 나눠가졌다(세종 13년 6월 27일).

위와 같이 범행의 경위를 자세하게 아뢴 뒤에 전원을 부대시로 참형에 처하기를 청했다. 고원·물금·박가·한진·의대·벌개 등 여섯 명이 아직 도망 중에 있는데도, 여러 사람의 증언이 정확히 일치하니, 붙잡힌 자들만 우선 먼저 극형에 처해서 본때를 보이기를 건의한 것이다.

그대로 윤허가 떨어지니 붙잡힌 4명(박만·망오지·사개무지·어물)이 참형에 처해져 곧바로 많은 사람이 보는데서 목이 베이었다(세종 13년 6월 27일). 1년이 못 되어서 한 명을 제외한 나머지 다섯 명이 차례로 검거되어 모두 부대시로 참형에 처해졌다.

가장 먼저 7월 중순에 벌개가 검거되어 목이 베이고(세종 13년 7월 12일), 그다음 해 5월에 고원·한진·의대·박가[72] 등 네 명이 검거되어 역시

**참형(斬刑)**
작가: 김윤보, 사법제도연혁도보, 서울대학교중앙도서관 소장

목이 잘렸다(세종 14년 5월 18일).

이로써 벌아현 승려초막 피습사건이 발생한 지 약 13개월 만에 범인 열 명 중 아홉 명을 검거하여 단죄까지 마쳤으나, 나머지 한 명(물금)은 검거된 기록이 끝내 보이질 않는다.[73]

---

72 실록에는 박만으로 되어 있으나, 박만은 먼저 체포되어 전년 6월 27일에 처형된 네 명에 들어있어, 박가를 박만으로 오기한 것으로 보인다.

73 세종 13년 5월 22일자 실록기사로, '교하현감이 벌아현 초막을 습격한 명화도적 금음마를 붙잡아 보내서 의금부에 가두었다.'는 내용이 실려 있으나, 공범 열 명의 명단에 없는 이름이다.

# 3. 흉형교지 반포와 신형호소

현직 호조정랑이던 김경의 노비들에 대한 무차별 고문이 있은 직후, 대왕이 좌대언 김종서를 사정전으로 부르더니, 의금부가 벌아현 사건의 용의자들을 너무 가혹하게 다룬 것을 개탄하였다. 곧바로 이어서 지방의 수령들 가운데 형벌을 함부로 쓰는 자가 많을 가능성을 염려하더니, 죄수들에 대한 연민을 드러냈다.

> 의금부 제조, 위관, 삼성(三省)[74]들은 모두 옥사처리에 능숙한 것으로 알려져 있는데, 전일에 김경과 그의 종 부존 등을 강도살인 용의자로 잡아다가 살갗과 몸이 상하도록 매질을 가했다. 일을 아는 관리들이 함께 국문해도 이처럼 형벌이 잘못 쓰이니, 혼자서 한 고을을 다스리는 지방수령들 가운데 법을 굽혀 함부로 매를 휘두르는 자가 많을 것을 생각하면, 마음이 몹시 슬프고 죄수들이 가엾다(세종 13년 4월 25일)

그 뒤로 오래도록 비가 오지 아니하여 거의 매일 대왕이 직접 나서서 기우제와 비를 비는 의식들을 정성껏 챙겼다. 농사철인데 오래도록 비가 안 오면, 흉년이 들어서 끼니를 굶고 추위에 떨다가 병에 거려서 죽는 백성이 생길 뿐만 아니라, 부모와 처자를 떠나서 도둑이 되는 자가 늘어날 것이 불을 보듯 명확했기 때문이었다.

20일쯤 뒤에 형조에서 상주 백성들인 절도공범 3명에 대해 참형을 청하니, 한 명은 율대로 참형에 처하고, 공범 두 명은 형을 한 등급 낮추게 하였다. 셋이 함께 이웃집 닭을 훔쳤는데, 닭의 주인이 자기들을 붙잡으려

--------------------

74 의정부·사헌부·의금부를 아울러서 일컫던 말이다. 때로는 어느 하나 혹은 두 부서 대신 형조나 사간원을 삼성으로 치기도 하였다.

가위주리(전도주뢰·剪刀周牢)
작가: 김준근, 국립민속박물관 소장

고 쫓아오자, 한 명이 잡히지 않으려고 항거하다가 주인을 사망케 한 혐의였다(세종 13년 5월 15일).

바로 다음 날 선군(船軍)이 강화에 가서 성을 쌓고 집으로 돌아오다가 배가 전복되어 31명이 바다에 빠져죽은 대형 참사가 발생하였다. 대왕에게 보고가 올라가니, 정군(正軍) 28명에게는 전례에 따라 유족에게 부의(賻儀)를 보내고 부역을 면해주고, 남을 대신해서 갔던 3명은 그 유족을 2년 동안 구휼하게 하였다(세종 13년 5월 16일).

10여 일 뒤에 대왕이 지신사 안숭선을 불러서 남형의 심각성을 개탄하더니, 이춘발 피살사건과 벌아현 강도살인 사건 때 혹독한 매질에 못 이겨 공히 억지로 허위자백을 한 상이와 막산의 경우를 예로 들며, 특별한 숙제를 내줬다.

　　중외의 관리들이 옥사를 판결할 때에 사실관계를 조심해서 명백하게 밝히지 아니하여, 살려야 할 자를 죽이고 죽여야 할 자를 살리는 사례가 간혹 생기니, 막산과 상이의 예가 대표적 본보기다. 말을 잇는 것만으로도 마음이 아프니, 집현전으로 하여금 과거에 옥사판결을 잘못한 사례들을 간추려서 내게 아뢰게 하라. 경도 《강호기문(江湖紀聞)》에 실려 있는 오결사례들을 뽑아서 내게 가져오라. 내가 하교하여 효유하겠노라(세종 13년 5월 27일).

《강호기문》은 옛날부터 전해오는 중국문헌으로, 기이한 전설들을 집대성한 일종의 잡학사전 같은 책이다. 그런데 다음날 의금부에서 실로 어처구니가 없는 엽기적 남형사례를 또 아뢰었다.

평양부에서 무고한 백성들을 참혹하게 죽였다며, 전 평안도 감사 조뇌·전 평양 소윤 박천무·호군 박경무·감정 이손·전 서령 김여회·삼화현령 주소·순안현사 최심·경기경력 안완경 등 아홉 명에 대해 사법처리를 청한 것이다(세종 13년 5월 28일).

대왕이 평양부의 참사를 듣고 집현전과 승정원에 숙제를 독촉하였는지, 안숭선에게 어명이 내려지고 닷새 뒤에 극히 이례적인 교지가 내려졌다. 대왕이 친히, 옥사(獄事)를 담당하는 관리는 형벌을 삼가야한다는 취지의 〈휼형(恤刑)교지〉[75]를 장황하게 지어서 전국의 형정담당 관리들에게 내려준 것이다.[76]

....................

75 그 골자가 형벌의 사용을 삼가라(함부로 쓰지 말라)는 것이었으므로 〈신형지교 (愼刑之敎)〉라고도 하였다(세종 30년 5월 11일).

단순히 형벌을 신중하게 쓰라고 특별히 당부하는 수준의 교지가 아니었다. 형벌을 잘못 쓴 결과로 죄수들의 원통하고 억울한 마음이 쌓여서 천지의 화기(和氣)를 떨어뜨리고 홍수와 가뭄을 부르는 것을 막기 위한 애절한 호소문이었다.

중국과 조선의 오판사례(형옥지변·刑獄之變) 열한 건과 〈옥송수칙(獄訟守則)〉 여덟 가지를 제시하여, 전국의 관아에서 형정을 담당하는 관원들에게 신형(愼刑)정신을 각인시키려 한 것이다(세종 13년 6월 2일).

### 대왕이 내려준 여덟 가지 〈옥송수칙(獄訟守則)〉

1. 속이 비칠 정도로 말끔히 마음을 비워라(精白虛心).
2. 자신의 생각이나 지식에 얽매이지 마라(無拘於一己之見).
3. 사람들로부터 들은 말을 그대로 믿지 마라(無主於先入之辭).
4. 남이 하자는 대로 따라서 부화뇌동하지 마라(毋雷同而效轍).
5. 오래된 인연이나 연고 때문에 고민하지 마라(毋苟且以因循).
6. 피의자가 말을 바꿔서 자백하였다고 기뻐하지 마라(勿喜囚人之易服).
7. 사법절차가 속히 종결되기를 기대하지 마라(勿要獄辭之速成).
8. 여러 방면으로 따져보고 반복해서 답을 찾아보라(多方以詰之 反覆以求之).

위와 같이 형정을 담당하는 관원들이 가슴에 새겨야 할 〈옥송수칙〉을 나열하고 나서, "사형선고를 받고 죽는 자들이 구천에서 원한을 품는 일이 없게 하고, 살아남은 자들로 하여금 마음속에 원한을 품는 일이 없게 하라." 하고, 인하여 "모든 사람이 서로 기쁨을 나누어, 죄를 짓고 옥에 갇히는 사람이 없게 만들어서, 따뜻하고 온화한 기운이 천지를 채워 비와

---

76 조병인(2019), "세종의 〈휼형(恤刑)교지〉에 관한 연구", 『범죄수사학연구』 제5권 제1호(통권 제8호), 경찰대학 범죄수사연구원, 21-47쪽.

볕이 때맞춰서 적절히 내리고 쬐게 하라."고 당부하였다.


## 4. 평양부 대참사와 문책공방


대왕으로 하여금 다급하게 〈휼형교지〉를 반포하게 만든 평양부 사건은, 책임 있는 당국자들이 끔찍한 고문치사 사고를 저지르고 이를 조직적으로 은폐하였다가 임금에게 들킨 파렴치의 극치였다.

평안도 감사와 관원들이 아동들의 실없는 말을 듣고 순진한 백성들을 강도로 엮으려고 과도하게 고문을 가하여 아홉 명이 죽고 다섯 명은 거의 죽을 뻔한 초대형 남형사고를 숨겼다가 그때 와서 적발된 것이다(세종 13년 6월 13일).

당연히 파문이 일었다. 휼형교지가 반포된 직후 군신 사이에 치열한 문책공방이 불꽃을 튀겼다. 교지가 반포되고 일주일 뒤에 의금부에서 형조와 의정부 관리들에 대한 추국(推鞫)77을 허락해주기를 청했다.

형조관리들에 대해서는, 평안도 감사가 무고한 백성 권매읍동을 모질게 고문하여 억지로 자백을 받아서 형조로 보냈는데도, 다시 추국해 밝히지 않고 그대로 의정부로 넘긴 잘못을 따져야한다고 하였다.

의정부 관리들에 대해서는 형조에서 올려 보낸 수사보고서를 꼼꼼히 살피지 않고 그대로 형조로 돌려보낸 죄를 따져야 한다고 하였다(세종 13년 6월 9일).

대왕이 허락을 거부하자, 이틀 뒤에 의금부제조인 이조판서 권진·예조판서 신상·참판 심도원 등을 필두로, 위관인 대제학 하연과 좌대언 김종

....................

77 의금부가 임금의 특명에 따라 죄인을 문초하던 것을 일컫던 말이다. 임금이 직접 죄인을 문초하는 것은 친국(親鞫)이라고 하였다.

서 등까지 합세해 대왕을 압박하였다. 하지만 대왕은 지난 달(5월 16일)에 사면으로 용서한 일이라며 고개를 저었다.

의금부제조들도 뜻을 굽히지 않았다. 한 달 전의 사면은 도죄 이하에 속하는 자들을 용서한 것이고, 형조와 의정부 관원들의 직무태만은 유배형에 해당한다며 재차 문책을 청하자, 대왕이 대답하기를, 평안도 감사 등의 죄와 형조와 의정부 관원들의 죄는 같지가 않다고 하였다.

> 조뇌 등은 몸소 추국하면서 정밀하게 살피기를 게을리 하여 인명을 상하게 하였을 뿐만 아니라, 잘못해서 사람을 죽게까지 하였으니 추핵하지 않을 수가 없다. 그러나 의정부와 형조의 관리들은 다만 이미 결정된 문안에 따라 정상으로 처리한 것이니 죄가 전혀 다르다(세종 13년 6월 11일).

대왕의 의중을 확인한 의금부가 다음날 평양참사에 연루된 일곱 관원의 혐의를 각각 자세히 갖추어 아뢰며 율에 따라 차등 있게 죄를 내릴 것을 청하니, 그대로 윤허가 떨어졌다. 하지만 대왕이 속으로 내친 김에 남형 적폐의 뿌리를 뽑기로 작심을 하였던 모양이다.

아뢴 대로 시행하되, 조뇌·조종생·김여회·박경무 등은 전원 직첩을 거두고, 최심·이손·박천무는 차례로 고성·광양·해남에 유배하라고 명을 내리더니, 형조의 건의를 수용하는 형식으로, 형벌을 쓰는 전국의 수령들에게 〈휼형(恤刑)교지〉 관리에 관한 특별지시를 내리게 하였다.

> 열흘 전에 전국의 관아에 내려 보낸 〈휼형교지〉를 목판에 새겨서 관아의 벽에 걸어놓았다가, 임기가 다하면 후임자에게 확실히 인계하라(세종 13년 6월 12일).

그런데 문책공방이 봉합된 것이 아니었다. 아니 오히려 군신 사이에 불꽃 튀기는 갑론을박이 한층 더 뜨겁게 전개되었다. 먼저 사헌부의 수장인 대사헌 신개가 능란한 필력으로 상소를 올려서 평양부의 잔혹한 가혹 행위를 신랄하게 성토하였다.

나라의 명맥을 배양하는 길은 백성의 목숨을 중하게 여기는 데 있고, 백성의 목숨을 중히 여기는 것은 형벌을 삼가는 데 있습니다. 한 사람이 허물없이 억울하게 죽어도 화기(和氣)가 크게 떨어질 것인데, 평양의 평안도 감영에서는 무고한 백성에게 강도 누명을 덮어씌워 극도의 고통에 빠뜨리고, 채찍을 마구 휘둘러 열 명 가까운 사람이 목숨을 잃게 하였으니, 이 어찌 온화한 기운을 상하게 하고 국가의 원기(元氣)를 병들게 한 것이 아니겠습니까.

형조는 억울한 옥사와 중한 죄를 꼼꼼히 살피지 않았고, 의정부 또한 형조의 결정문을 자세하게 살피지 아니하고 그대로 인준하였으니, 만약 전하께서 해와 달처럼 밝으시지 않았다면 살아남은 5명도 틀림없이 한을 품고 원통하게 죽었을 것입니다. (중략) 하오니 형조판서 정흠지, 참판 박규, 참의 이숙치, 정랑 민신·박근, 좌랑 이인손·정함·이종번, 우의정 맹사성, 찬성 허조, 참찬 오승·이맹균, 사인 윤형·조서강 등을 엄히 꾸짖고 관직을 박탈하여 후일의 본보기가 되게 하시옵소서(세종 13년 6월 13일).

신개의 상소를 읽어본 대왕은 사흘 전에 권진 등의 요구를 물리칠 때와 똑같은 대답을 내놓으며, 사면 전의 일을 가지고 대신에게 죄를 더하는 것은 옳지 않다고 쐐기를 박았다. 그러자 사헌부 지평 이사증이 일종의 절충안을 제시하였다.

허물없이 그릇된 형벌로 인해 죽은 자가 아홉 명이고, 간신히 목숨을 보전한 자가 다섯 명인데, 의정부와 형조의 간부들이 옥사를 면밀히 살피지 아니하고 망령되게 사지(死地)에 방치한 죄를 응징하지 않으면 장차 어느 관원이 국법을 무서워하겠습니까. 만약 사면 전에 벌어진 일이라 도죄(徒罪)나 장죄(杖罪)에 처하기가 곤란하시면, 조뇌와 조종생의 예에 따라 직첩이라도 모두 거두어야 할 것입니다(세종 13년 6월 13일).

대왕이 여전히 똑같은 대답을 내놓으며, 사중의 청을 물리쳤다. 그러자 사중이 2년 전에(세종 11년 3월 25일) 영흥부의 군기고 화재사건을 처리할 때도 의정부와 형조에서 무고한 백성을 방화범으로 믿고서 사형을 청한 것을 대왕이 무죄를 밝혀서 목숨을 구해준 일을 들추며, 형조와 의정부의 관원들을 엄히 문책하기를 간청하였다. 하지만 대왕은 빈틈없는 논리와 근거로 사중을 설복시켰다.

영흥부 사건을 잘못 판결한 죄에 대해 말하자면, 의정부와 형조 관리들의 죄에 경중의 차이가 있었기 때문에 형조관리들만 문책하고 의정부관리들은 다시 관직에 나오게 하였던 것이다. 그리고 이미 시행한 일과 미처 시행하지 못한 일이 겹쳐있는 상황에서, 어떤 일을 시행에 들어가기 전에 스스로는 깨닫지 못한 문제점을 다른 사람이 먼저 알고서 바로잡아준 경우는 문책을 할 수 없도록 한 법조문이 있으니, 죄를 가하지 않는 것이 마땅하다(세종 13년 6월 13일).

그러자 이번에는 사간원이 들고 일어났다. 우사간 김고 등이 상소를 올려서 의정부와 형조의 직무태만을 엄히 다스리기를 간곡히 청하니, 대왕이 사헌부의 청을 뿌리칠 때와 똑같은 대답을 내놓았다.

같은 사간원의 우헌납 이의흡이 다시 또 나서서, 죄 없는 백성을 아홉 명이나 죽었는데도 죄를 가하지 않는 것은 말이 안 된다며, 매달리듯이 간청하였지만, 대왕의 대답은 녹음기처럼 똑같았다(세종 13년 6월 13일).

사간원과의 신경전을 끝으로 문책공방을 가라앉힌 대왕은 평양부·영흥부의 지나친 형벌로 죽은 아홉 명의 유족과 영흥부에서 맞아죽은 내은달의 유족에게 쌀과 콩을 합하여 4석씩 내려주고 이후 3년 동안 부역을 면해주게 하였다(세종 13년 6월 13일).

그리고 나서 앞서 내린 〈휼형교지〉의 내용을 보다 더 광범위하게 전파시킬 필요성을 느꼈던지, 엿새 있다가, 휼형교지를 종이에 인쇄하여 중앙과 지방의 현직 관리·종친·문관(5품 이상), 무관(3품 이상)에게 두루 나눠주게 하였다(세종 13년 6월 19일).


## 5. 신장규제와 경수소 대개혁


3개월쯤 지나서 절도를 세 번 범한 백정이 교수형에 처해지더니, 이틀 뒤에 형조에 어명이 떨어졌다. 그 내용인즉슨, 이후로 절도를 세 차례 범한 자를 보고할 때는, 과거에 절도죄로 처벌받은 기록과 지방에서 혐의를 신문한 내역을 자세히 적어서 올리라는 것이었다. 형조에서 이미 종결한 사건을 아뢸 때도 관련기록을 자세히 살펴보고 아뢰라고 되어 있었다(세종 13년 9월 27일, 29일).

한 달 남짓 날짜가 흐르고 나서, 대왕이 형조에 명을 내려, 전년 12월 1일에 신하들 앞에서 말을 꺼냈다가 권진과 허조의 반론에 막힌 적이 있는 신장불과본죄법을 시행하는 방안에 대해 의견을 수렴하게 하였다.

관원들이 쉽게 자백을 얻을 생각으로 태죄(笞罪) 용의자에게도 거리낌 없이 신장을 가하는 적폐를 없애기 위해, 신장의 횟수를 용의자가 범한 죄의 법정형 이내로 제한하는 법을 제정하기 위한 수순에 들어간 것이다.

《당률》에는, '죄수에 대한 고문은 세 차례를 넘으면 안 되고, 한 번에 신장을 2백회 이상 가하면 안 되고, 장죄(杖罪) 이하용의자에 대한 신장은 그 범죄의 법정형을 넘으면 안 된다.'고 되어있다. 또, 그 주석서인 《당률소의》에는, '태 10대부터 장형 사이에 해당하는 범죄의 용의자가 자백을 거부하여 부득이 고문을 해야 할 경우는 법에 정한 태형과 장형의 횟수를 넘으면 안 되고, 도죄(徒罪) 용의자의 경우는 신장을 2백대까지 가하도록 범행을 자백하지 않으면 보방으로 풀어준다.'고 하였으니, 이것이 곧 형률 조문의 본뜻이다.
그런데도 중앙과 지방의 관리들이 태죄를 범한 용의자를 고문할 때에 법에 규정된 태형의 횟수를 초과하니, 죄인을 신중히 심의해야 하는 뜻에 위배되는 것이다. 앞으로는 도죄 이상의 중죄 용의자를 고문할 때를 제외하고, 그 나머지 태죄 혹은 장죄 용의자를 고문할 때는 장차 적용될 죄의 법정형(횟수) 이상의 매질을 못하게 하면 어떻겠는가. 의정부와 여러 관청의 의견을 물어봐서 아뢰도록 하라(세종 13년 11월 5일).

형조에서 어명에 따라 의견을 수렴한 결과에 관해서는 실록에 아무런 정보가 없다. 하지만 한 달 반쯤 지나서 신장불과본죄법을 시행하라는 어명이 내려진 것으로 미루어, 반대의견을 무시한 것으로 추정된다. 최종적으로 대왕이 형조로 하여금 신장불과본죄원칙을 적용하도록 지시한 교지는 다음과 같았다.

형벌이 태형이나 장형에 지나지 않는 죄의 용의자를 고문할 때에 그 사람에게 선고될 태형이나 장형의 횟수보다 더 많이 매를 때리는 것은 죄인을 신중히 다뤄야하는 뜻에 위배되는 것이다. 앞으로는 도죄(徒罪) 이상의 중죄 용의자를 고문할 경우를 제외하고, 그 나머지 태죄 혹은 장죄 용의자를 고문할 때는 장차 적용될 죄의 법정형(횟수) 이상의 매질을 가하는 일이 없게 하라(세종 13년 12월 20일).

이로써 6개월 전에 반포한 〈휼형(恤刑)교지〉가 실질적인 영향력을 발휘하게 만든 대왕은, 그다음 해 가을에 치도의 효율성을 높이기 위한 두 가지 혁신을 단행하였다.

첫째로, 병조에서 먼저, 밤에 경수소에서 숙직하는 당번에 대한 관리 감독이 매우 허술하다는 지적과 함께 개선책으로 올린 건의를 그대로 수용하여, 경수소의 운영 전반을 개혁하게 하였다(세종 14년 9월 8일).

둘째로, 신백정들에 대한 강력한 단속과 더불어서, 그들을 회유하는 정책을 보다 더 적극적으로 추진하게 하였다. 앞서 예조에서 아뢰기를, 신백정들이 전국 각지를 유랑하며 우마절도를 빈번하게 저지른다며, 회유책의 하나로, 신백정의 자식들 가운데 독서를 원하는 자는 향학에 나아가 글을 읽으며 유학을 배우게 하기를 청하여, 그대로 따른 것이었다(세종 14년 10월 12일).

두 달쯤 뒤에, 압록강 너머 파저강(혼강) 일대에 무리를 지어 기거하던 야인들이 평안도의 국경을 침략하였다. 명나라 땅인 건주위(建州衛)의 지휘(指揮)이던 이만주의 사주를 받은 야인 4백여 명이 말을 타고 평안도 여연에 침입해 노략질을 벌이고 달아난 것이다.

인근 강계의 절제사(박초)가 군사를 이끌고 뒤쫓아 가서, 붙잡혀가던 사람 26명과 말 30필, 소 50두를 도로 빼앗아 왔으나, 아군 48명이 전사하고 27명이 붙잡혀갔다(세종 14년 12월 9일, 15년 1월 9일).

그런데 이만주가 잔꾀를 부려서 다른 지역 야인들의 소행이라고 거짓말을 하자, 대왕이 크게 노하여, 다음해 4월에 최윤덕에게 1만 5천 명의 군사를 주어서 압록강 너머 파저강 일대의 야인들을 섬멸하게 하였다.

파저강으로부터 아직 승전보가 도착하지 않았는데 병조에서, 경수소의 역할이 유명무실하다며 2차로 개선책을 올렸다. 그 골자는 숙직하는 낭청과 진무가 2시간 간격으로 불시에 순찰근무를 점검하여, 근무도중에 잠을 자거나 지정된 시간에 순찰을 돌지 않는 자들을 적발하여 문책하게 하자는 것이었다(세종 15년 5월 3일).

그대로 윤허가 떨어졌는데도, 경수소의 복무기강이 바로서지 않았던 가보다. 3개월쯤 뒤에 대왕이 대언들을 불러서, 최근 몇 년간은 흉년이 그렇게 심하지 않았는데 도둑이 늘어나고 있다며 마땅한 방책을 물으니, 지신사 안숭선이 경수소에서 야간에 검문검색을 안 한다고 보고하였다.

> 저번에 경수소를 설치하고 나서 처음에는 통행금지를 알리는 종이 울린 뒤에 돌아다니는 자들을 엄하게 단속하였는데, 얼마 되지 아니하여 흐지부지 되었습니다(세종 15년 8월 4일).

그리고 나서는, 대다수 도둑들은 먹을 것이 없어서 훔치는 것이 아니라며, 도둑들의 습성을 거론하였다. 무뢰배의 무리가 생업으로 도둑질을 하는 경우가 많은 것을 보면, 습관이 천성이 되어서 제 스스로 그만두지 못하는 것 같다고 견해를 밝히자, 좌대언 김종서가 낙관론을 내놨다.

고려 말엽에는 강도가 없는 곳이 없었지만, 당시의 도둑들은 거의가 좀도둑에 지나지 않는다고 아뢴 것인데, 대왕이 두 사람의 말을 듣고 나더니, 병조에서 무시로 경수소의 근무실태를 점검하여 근무자세가 불량한 자가 적발되면 법에 따라 엄중히 다스리라고 명을 내렸다.

하지만 조정의 분위기는 경수소 운영을 개혁하는 것만으로는 많이 부족하다는 여론이 대세였던 모양이다. 영의정 황희·좌의정 맹사성·우의정 권진·이조판서 허조·예문관 대제학 정초 등이 합세해, 강도와 절도를 저지르는 자들에 대한 엄벌을 건의하며, 두 가지 개선책을 올렸다(세종 15년 8월 13일).

첫째로, 강도는 때를 기다리지 말고 처형하게(부대시 사형집행) 할 것을 청했다. 본래 사형은 추분 이후 집행하는 것이 원칙이지만, 치안상황이 명나라나 당나라 때에 견줄 수 없을 정도로 나쁘니 임금이 '권도 찬스'를 쓰라는 것이었다.

둘째로, 절도범에 대한 추징제도의 시행규칙을 보완하자고 하였다. 두 사람이 함께 절도를 저지르고 한 사람이 먼저 죽었을 때는, 생존해 있는 공범에게 추징을 하여서 거둬들인 재물로 피해자 집의 손해를 보상해주게 하자는 것이었다.

한마디로, 강도와 절도범들은 관용을 베풀어도 회개할 줄을 모르니 처벌 수위를 더 높이자고 한 것인데, 이번에도 대왕이 따르지 않았다. 그 대신 병조의 건의를 수용하여, 경수소 구조조정을 지시하였다. 신하들은 사후적 대책에 신경을 집중할 때에 대왕은 사전적 예방대책을 먼저 챙긴 것이다.

한 달쯤 지나고 나서 병조에서 대왕에게, 충청·경기·황해 등지의 신백정 가운데 무술재간이 있는 자들을 뽑아서, 조를 편성해 평안도 여연에 들어보내 국경을 방어하는 부대에 배치할 것을 청하니, 그대로 윤허가 떨어졌다(세종 15년 윤8월 16일).

그로부터 얼마 뒤에 여진부족인 알타리(오도리)의 추장으로 동북면의 회령(아목하=알목하=오음회)에 터를 잡고 오랫동안 일대의 맹주로 군림해온 동맹가첩목아(童猛哥帖木兒)가 갑자기 죽었다.

명나라 황제의 명에 따라, 또 다른 여진부족의 추장이던 양목답올(楊木答兀)을 살해하려다가, 상대방의 선제공격을 받고 아들과 함께 피살된 것인데, 대왕이 옛 영토에 대한 통치권을 회복할 수 있는 절호의 기회로 여기고, 지체 없이 행동에 들어갔다(세종 15년 11월 19일).

대왕의 신임이 각별했던 당대 최고의 명장들이면서 현지 사정을 훤히 꿰고 있던 이징옥·하경복과 최고의 충복이던 김종서 등을 동시에 현지로 보내, 요로마다 진지를 구축하고 민간인을 들여보내 나라의 영토를 회복코자 한 것인데, 흡족한 결과가 있었다.

대왕이 김종서를 얼마나 신임하였으면, 그에게 함길도감사(1년)와 함길도절제사(6년) 직책을 무려 7년 동안이나 맡겨서 마침내 원대한 계획이 성공에 이르게 하였다.

# 제2부

## 초법대응과 백약무효

학춤(鶴舞)

작가: 김윤보, 사법제도연혁도보,
서울대학교중앙도서관 소장

# Ⅰ. 첫 번째 법외 형벌-격리

## 1. 중벌요구와 임금의 신중

대왕 재위 15년 가을이 깊어갈 즈음 예조판서 신상이 절도범에 대한 형벌정책의 기조를 옛날로 되돌리기를 청했다. 중앙과 지방에 도둑이 들끓는 것을 염려하여, 과거처럼 사면 전후의 범행을 합쳐서 절도3범이면 극형에 처하게 할 것을 건의한 것인데, 대왕의 대답이 이전보다 더 용의주도하였다(2차 거부). 이유는 네 가지였다.

첫째로, 법을 바꾸려면 기존의 법이 열 가지 폐단이 있고 새 법은 한 가지 폐단도 없어야 하는 것이다. 둘째로, 사면 이전의 죄는 불문에 붙인다는 법을 시행한 지가 이미 오래되어 고칠 수가 없다. 셋째로, 사람을 죽이는 일에 관계되는 법을 더 무겁게 고칠 수는 없다. 넷째로, 도둑을 마구 죽인다고 도둑이 사라지겠는가(세종 15년 10월 23일).

함께 있던 형조판서 정흠지1가 다른 대안을 제시하였다. 상습절도범들은 말할 수 없이 교활하다며, 믿을 만한 증거가 있으면 범행을 자백하지 않아도 사형에 처할 수 있게 하자고 한 것이다.

하지만 대왕은 윤허하는 대신에, 개선책을 궁리해서 올리면 장차 의정부와 육조에 의견을 물어보겠다고 하였다.

....................

1 사위(김질)로부터 단종복위 모의를 전해 듣고 세조에게 고변해 사육신의 희생을 부르게 한 정창손의 부친이다.

흠지가 대왕에게 도둑들이 말할 수 없이 교활하다고 아뢴 것은, 입법하기 전에 권진이 예견한 대로, 신장(訊杖)의 횟수를 용의자가 지은 죄의 법정형 이내로 제한한 신장불과본죄법(訊杖不過本罪之法)을 교묘하게 악용하는 자들이 있었기 때문이었다.

절도용의자들은 영악하게도 수사과정에서 신장을 맞았으면 그 횟수를 형량에서 빼주는 점을 이용하였다. 신장을 가하더라도 한 번에 30회까지만 매질이 허용되어, 법정형이 장 60대인 절도초범들이 두 차례의 고문을 견디면서 자백을 거부하는 방법으로 전과가 남는 것을 피한 것이다.

대왕이 듣고 나더니, 각지에 도둑이 날뛰는 상황을 방치할 수 없다며, 형조로 하여금 의정부·육조와 더불어서 도둑을 단속할 방법과 백성들이 도둑질을 그치게 할 대책을 의논하여 아뢰게 하였다(세종 15년 10월 23일).

대왕이 형조판서에게 범정부차원의 대응책 마련을 지시한 것이고, 장차 모종의 특별조치들이 연속적으로 이어질 것을 예고하는 전주곡이었다.


## 2. 절도재범자 외딴섬 안치

대왕의 지엄한 분부가 떨어지자 형조판서 정흠지가 분주하게 움직였다. 영의정 황희·좌의정 맹사성·우의정 권진 등과 더불어 보름 가까이 토론을 거쳐서, 병조 우참판 황보인 중심의 신중론과 영의정 황희 중심의 강경론을 각각 보고하였다.

황보인도 황희도 도둑들의 태생적 기질에 대한 생각은 다르지 않았다. 황보인은 도둑들을 '성질이 사납고 억세면서 행동은 느리고 게으른 무리'로 간주하고, 황희는 도둑들을 '뭐든지 열심히 하려는 마음이 없고 게으르면서 성품이 막되어 먹어 예의와 염치를 모르고 함부로 행동하는 무리'

로 간주하였다.

도둑들의 습성에 대한 두 사람의 공감은 당시 도둑들의 행태가 오늘날의 '조직폭력배'와 유사하였음을 짐작케 한다. 그런데 대응책의 각론에 있어서 두 사람의 생각이 달랐다.

황보인은 말하기를, 증거가 명백하면 범행을 자백하지 않아도 《당률(唐律)》[2]에 따라 처단할 수 있게 하고 두어 해 동안 형세를 관망하자며, 엄벌의 역기능을 내세워 새로운 입법에 반대를 표했다.

> 옛날에 도둑의 준동을 막으려고 참외 한 개를 훔친 자까지 사형에 처했더니, 도둑이 줄기는커녕 권세가의 재물을 강탈하는 자가 생겼다고 합니다. 이 말은 곧 형벌을 엄하게 하고 법을 무겁게 하여 도둑을 막으려고 하는 것은 정치의 온당한 도리가 아니라는 뜻일 터이니, 따로 법령의 조문을 만들 필요가 없겠사옵니다(세종 15년 11월 5일).

반면, 황희는 도둑들을 봐주면 안 된다고 하였다. 그 이유로 도둑들의 나태하고 교활한 기질을 들었다. 도둑들은 생업을 일삼지 않으며, 조그마한 재물도 처분하지 아니하고 가만히 앉아서 좋은 옷과 좋은 음식을 얻는다고 하였다.

그뿐만 아니라, 붙잡혀서 고문을 당할 때도, 자신이 저지른 죄의 법정형 이내에서 매질이 그치는 것을 알고서, 한두 차례 신장을 참고 견디며 범행을 실토하지 않는다고 하였다.

......................

2 중국 당(唐)나라 시절인 624년에 묵자(법가)와 공자의 법을 혼합하여 제정한 형법이다. 28년 뒤인 652년에 그 주석서인 《당률소의(唐律疏義 또는 唐律疏議)》가 탄생하였다. 중국의 후대 왕조들이 편찬한 《대송형률총류》(大宋刑律統類), 《대명률(大明律)》, 《대청률례(大淸律例)》 등의 기초가 되었으며, 조선과 일본을 비롯한 동아시아 국가들의 율령체제에 지대한 영향을 미쳤다.

그렇게 해서 전과기록을 남기지 않고 석방되면, 다시 또 도둑질을 하기 때문에 갈수록 절도가 늘어나는 것이라며, 도둑들에게는 엄벌만이 약이라고 역설하였다.

첫째로, 범행의 증거가 명백한 경우는, 《당률소의(唐律疏議)》[3]의 조문에 의거하여, 용의자가 범행을 자백하지 않아도 법대로 형을 선고하게 하시옵소서. 그렇게 해서 도둑질은 이득보다 손해가 더 크다고 믿게 만들어야 도둑이 줄어들 것입니다. 둘째로, 절도재범자는 처자와 함께 외딴섬인 전라도의 자은도·암태도·진도 등지에 안치하고, 관할하는 수령으로 하여금 엄중히 감시하면서 출입을 금하게 하시옵소서(세종 15년 11월 5일).

황희가 절도전과자들을 외딴섬에 가두는 방안을 제안할 당시는 도성에서 절도를 두 번 저지른 자들을 경기도 밖으로 추방했었다.[4] 그런데 붙잡힌 도둑들을 추방지로 옮길 때에 역참 관원(역졸)들의 감시가 허술하여 도중에 몰래 도망치는 자가 많았다. 목적지까지 도달한 자들도 대다수가 하루 이틀 내에 도망쳐 달아났다.

......................

3 652년에 당나라 장손무기(長孫無忌), 이적(李勣) 등이 고종의 칙명을 받들어 《당률》》을 주석한 법전이다. 명례(名例), 위금(衛禁), 직제(職制), 호혼(戶婚), 구고(廐庫), 천흥(擅興), 적도(賊盜), 투송(鬪訟), 사위(詐僞), 잡률(雜律), 포망(捕亡), 단옥(斷獄) 등 12편, 총 5백조, 30권으로 되어 있다. 《대명률(大明律)》, 《무원록(無寃錄)》 등과 함께 조선시대 율학의 생도를 뽑는 시험과목으로 포함되었다(한국고전용어사전, 세종대왕기념사업회).

4 도성 대화재가 발생한 직후인 세종 8년 2월 26일 대왕과 대신들이 대응책을 의논하던 자리에서, 당시 영돈녕이던 유정현이 '절도를 세 번 이상 범한 자는 먹물로 팔뚝에 죄명을 새기고(자자), 사면을 만나서 운 좋게 죄를 면한 자는 다시 신문을 진행하여 경기도 밖으로 쫓아내자.'고 제안하여 시행에 이르렀다(57쪽 참조).

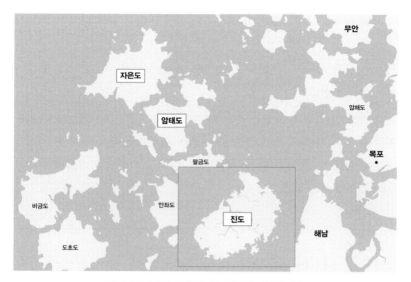

절도재범자들을 안치하기로 결정한 세 곳(3섬)

이에 영의정이던 황희가, 절도혐의로 장을 맞고 석방된 자들 가운데 재범자는 수십 명에 불과하다(인원수가 많지가 않다)며, '경기도 바깥' 대신 '바다 한가운데 외딴섬'을 대안으로 제시한 것이고, 네 가지 장점을 앞세워 대왕을 설득하였다.

첫째로, 절도재범자들을 가족과 함께 바다의 외딴섬에 가두고 스스로의 노력으로 농사를 지어 세금을 내면서 수명대로 살게 하는 것이, 그대로 방치하여 장차 절도3범으로 처형되게 하는 것보다 낫지 않겠습니까. 둘째로, 섬을 탈출하려는 자들이 생길 가능성은 염려할 일이 아닙니다. 우선, 바다는 육로를 걷듯이 쉽게 건널 수가 없습니다. 또, 섬에 데려간 처자를 놓아두고 혼자서 섬을 나오기는 쉽지가 않을 뿐더러, 설령 섬을 벗어나더라도 붙잡기가 어렵지 않을 것입니다(세종 15년 11월 5일).

형조판서를 통해 정승들의 의견을 청취한 대왕은 황희 등의 의견을 따르는 것으로 가닥을 잡았다. 유사 이래 처음으로 절도범들을 바다 한가운데 외딴섬에 가두는 강제적 '보안처분(保安處分)'이 바야흐로 실험에 들어가는 순간이었다.

이후로 도적질로 처벌을 받은 자가 재범을 하면(이미 재범을 저지른 자들을 포함) 처자와 함께 전라도 신안의 자은도·암태도와 진도 등지에 가두어 출입을 금하고 현지의 수령으로 하여금 무시로 규찰하게 하였다 (세종 15년 11월 5일).


## 3. 어마목장에 대한 경계 강화

절도재범자들을 전원 전라도의 외딴섬에 안치하기로 정책이 정해지자 병조와 이조에서 우마절도와 도살 방지를 위한 대책을 차례로 내놨다. 먼저 병조에서 제주와 도성의 우마절도 실태와 대책을 동시에 아뢰었다.

첫째로, 말이 번식하는 기간에 사육사들의 감시소홀로 우마가 도살되면, 1년 동안 번식할 수 있는 수효만큼 말을 징수하는 정책을 한시적으로 시행하기를 청했다. 제주의 우마사육사들이 국가 혹은 개인 소유 목장의 소나 말을 몰래 도살(盜殺)하거나 타인과 짜고 재살(宰殺)하여 번식률이 날로 떨어졌기 때문이었다(세종 16년 4월 24일).

도살(盜殺)은 당국의 허가를 받지 않고 몰래 가축을 죽이는 것을 말한다. 발음이 같으면서 한자 표기가 다른 도살(屠殺)은 고기를 먹으려고 가축을 잡아 죽이는 것이다. 屠(도)는 '죽이다. (짐승을) 잡다, 무찌르다' 등의 의미를 갖고 있다.

재살(宰殺)은 짐승을 잡아 죽이는 일체의 행위를 말한다. 죽이는 목적과는 상관이 없다는 뜻이다. '宰(재)'는 재상(宰相), 가신(家臣), 우두머리 등의 의미로 널리 쓰이지만, '도살(屠殺)하다', '고기를 저미다(여러 개의 작은 조각으로 얇게 베어내다)'라는 뜻도 갖고 있다.

둘째로, 도성의 살곶이 목장에 대한 야간순찰을 강화하기를 청했다. 그곳에서 기르던 왕실 소유의 소 3마리와 개인 소유의 말 1마리를 도둑맞아, 순찰인력을 늘려달라고 요구한 것이다. 하급관원들이 사육사들을 거느리고 밤마다 목장 안을 순찰하여도, 도둑들이 3일·5일·10일 간격으로 불규칙하게 나타나 붙잡기가 어렵다며, 순찰 및 검문 강화와 신고자에 대한 포상을 건의하였다.

> 야간에 많은 관원을 한강의 두모포·마전포·광나루 강변과 아차산· 중랑포·답심(답십리) 등지에 풀어서 불시에 순찰을 돌게 하소서. 홍인문과 동소문·수구문에 호군 5명씩을 배치해, 날이 밝으면 의심스러운 짐짝들을 풀어서 그 안의 물건들을 수색하게 하소서. 도둑을 붙잡는 자에게는 후하게 포상을 하게 하소서(세종 16년 4월 24일).

대왕이 내용을 듣고 나서, 사복시 제조와 의논하여 결과를 아뢰라고 지시를 내리니, 병조가 처음에 건의한 내용에다 네 가지를 더 얹어서 최종대책으로 아뢰었다.

> 첫째. 불시에 입번 진무를 보내 관원과 사육사들의 순찰실태를 점검하게 하소서. 둘째. 목장 내에서 농사를 짓는 사람 외에는 목장출입을 금하게 하소서. 셋째. 목장 인근에 거주하는 신백정을 5, 60리 밖으로 내쫓게 하소서. 넷째. 사육사들이 말을 몰래 팔아먹고는 잃어버렸다거나 도둑맞았다고 속이는 사례가 없게 하고, 제보자를 후히 포상하게 하소서(세종 16년 4월 24일).

그대로 윤허가 떨어지니, 이틀 뒤에 이조에서, 군마를 사육하는 제주의 감목관을 1431년(세종 13)부터 현지인으로 임명한 뒤로 전에 없던 폐단들이 생겨났다며, 전국 각지에서 말 사육을 책임지고 있는 감목관들의 품계를 2품(재상) 이상으로 높이기를 청했다.

조정의 관원 가운데 마정(馬政)에 밝으면서 유능한 사람을 감목관으로 보내서 제주 판관·정의 현감·대정 현감 등의 복무상황까지 검찰하게 하자는 내용이었는데, 그대로 윤허가 떨어졌다(세종 16년 4월 26일).


## 4. 제주 우마도둑 변방안치

계절이 한여름으로 접어들 즈음에, 대왕이 병조의 건의를 받아들여, 제주에서 소나 말을 훔쳐서 도살한 혐의로 검거된 자들을 모두 검거해 육지로 내보내라고 명을 내렸다. 무턱대고 보내라고만 한 것이 아니었다.

제주에서 우마를 훔쳐서 도살한 자 가운데 육지에 주인이 있는 사노비는 주인에게 보내고, 평민과 공노비는 땅이 넓고 백성이 드문 평안도 변방의 여러 고을에 안치해 편안히 살 수 있게 해주라는 지시가 딸려있었다(세종 16년 6월 14일).

닷새가 지난 뒤에, 제주출신으로 문과에 급제해 출세가도를 달리던 예조참의 고득종이 사익을 취하려고 제주의 목장들을 평지에서 산기슭으로 옮기려 하였다는 의혹이 제기되었다.

사헌부가 폭로하기를, 제주에서 생장하여 말 사육에 밝은 득종이 제주 안무사 장우량을 부추겨, 상호군 박호문으로 하여금 말 목장을 옮길 부지를 선정하게 하였다며 사법처리를 청하자, 대왕이 득종과 우량을 함께 파직하였다(세종 16년 6월 19일).

득종이 가만있지 않았다. 자신은 떳떳하고 결백한데 사헌부가 누명을 씌웠다며 상소를 올리자, 대사헌 노한(대왕의 이모부)과 사헌부의 관리들이 피혐(避嫌·스스로 알아서 직무를 정지함)하고 출근하지 않았다.

대왕이 노한 등을 불러서, 득종의 상소를 신경 쓰지 말고 모두 직무에 임하라고 타이르니, 노한 등이 득종을 응징하기를 청했다. 하지만 대왕은 사헌부의 요구대로 득종을 파직한 것이라 하고 따르지 않았다(세종 16년 6월 30일, 7월 1일).

여름이 저물 무렵 제주안무사로부터, '도둑들에 의한 우마도살이 끊이지 아니하여, 좋은 말의 종자가 끊어질까 봐 두렵다.'는 장계가 올라왔다. 대왕이 보고 나서 형조에 이르기를, 풍속이 바로잡힐 때까지 한시적으로 우마도둑이 붙잡히면 자자보다 더 엄한 벌로 다스리라고 하였다가 곧바로 명령을 철회하였다.

대왕의 명이 떨어지자마자 형조에서 아뢰기를, '소나 말을 훔쳐서 죽인 자를 자자하지 않고 엄한 형벌로 다스리는 것은 법을 벗어나는 것이어서 따를 수 없다.'고 하여서, 대왕이 즉석에서 마음을 바꾼 것이다(세종 16년 7월 28일).

추석 바로 다음날, 세간의 도둑을 잡은 사람을 포상하는 기준을 정했다. 한성부의 건의를 받아들여, 《속육전(續六典)》에, '관청의 물품을 훔친 자를 붙잡은 사람에게는 그 도둑이 훔친 물품의 5분의 1을 상으로 주되, 쌀은 10석당 2석을 주고, 돈은 1천 문(文)당 2백 문을 준다.'고 한 규정을 그대로 시행하게 하였다(세종 16년 8월 16일).

가을이 본격적으로 시작될 무렵, 예조참의로 있다가 파직된 고득종이 대왕에게 제주의 우마도둑을 막을 대책을 올렸다. 제주에 흉년이 심하니 우마도살 전과가 2범인 자 이외의 우마절도범은 제주에 그대로 두어서 스스로 뉘우쳐서 예전의 마음을 회복하게 하고, 이후로 도둑질을 하는 자는 초범이라도 육지의 접경지역에 안치하기를 청한 것이다.

득종의 상소를 읽어본 대왕은 의정부의 세 정승과 병조에 내려 보내 찬성 의견을 확인한 뒤에, 그대로 따르도록 지시를 내렸다(세종 16년 8월 28일). 4개월쯤 시간이 흘러서 계절이 한겨울로 접어들자 병조에 명을 내려, 조정의 관원을 제주에 보내서 우마절도2범 이상자를 색출해 평안도로 옮기게 하였다.

아울러서 이미 배에 태워 육지로 실어온 가 가운데 고령의 부모를 봉양할 다른 형제가 없는 독자는 제주로 다시 돌려보내고, 아직 육지에 나오지 않은 독자는 제주 경차관이 현지에서 집으로 돌려보내게 하였다(세종 16년 12월 21일).

또, 제주의 우마도적들을 변방으로 들여보낼 때에, 그들이 통과하는 각 고을에 공문을 보내, 의복과 식량을 넉넉히 지급해 굶거나 떠는 자가 생기지 않게 하라고 지시를 내리고, 특히 부녀자와 아이들이 추위에 떨거나 끼니를 거르는 일이 없게 하라고 주의를 시켰다(세종 17년 1월 3일).

영의정 황희의 건의를 받아들여, 제주에서 우마도살 재범자로 검거된 6백 50명 가운데, 단지 도살된 우마의 고기를 먹었을 뿐인 자들은 제주에 남겨두고, 소나 말을 훔쳐다 잡아서 팔아먹은 자들만 육지로 데려오게 하였다(세종 17년 1월 14일).

또, 호조의 건의를 받아들여, 평안도 각지에 분산시킬 제주의 우마도적들을 형편이 넉넉한 세대에 나눠주되, 어미와 자식이 서로 떨어지는 일이 없게 하고, 고공인(雇工人·고용직 기술자)의 예에 따라 역무에 종사하게 하라고 지시를 내렸다.

호조의 건의에는 나이가 고령이거나 질병으로 자활이 불가능한 자들에게 구호양곡을 지급하는 방안도 들어있었다(세종 17년 1월 22일).

그런데 안타깝게도 예상치 못한 대형사고가 발생했다. 제주에서 검거된 우마절도재범자들을 육지로 데려오기 위해 선박들을 거느리고 제주로 떠났던 사복 소윤 조순생 일행이 거센 풍랑을 만나 졸지에 중국으로 표류하거나 바다에 빠져죽는 대참사가 벌어진 것이다.

대왕에게 보고가 올라가니, 좌의정으로 은퇴한 맹사성, 사복시 제조 정연, 그리고 병조참판 황보인을 불렀다. 먼저 조순생 일행의 집단희생을 예상하지 못한 것을 후회하더니, 농사철이 닥치기 전에 제주의 도둑들을 육지로 데려올 방안을 걱정하였다.

두 번째로는, 제주의 우마도둑들을 너무 마구잡이로 붙잡아서 육지로 데려오는 것은 아닌지 여부를 물었다. 제주에서 붙잡은 우마도둑이 거의 천명에 달하는 것은, 오래된 전통에 따라 자신의 우마를 잡아 제사에 쓰고 그 고기를 먹은 자들까지 모두 적발했기 때문이라는 말을 들었다며, 사실관계를 확인한 것이다.

세 사람의 대답을 모두 청취한 대왕은 즉시 병조판서를 불러서, 제주에서 우마절도재범자로 붙잡아서 이미 육지로 데려온 자들과 아직 데려오지 않은 자들을 처리하는 데 필요한 지침을 내려주었다. 그 골자는 다음과 같은 여섯 가지였다.

> 첫째. 이미 육지로 데려온 자들은 전라도 각 고을에 분산 배치하고 대여양곡과 노는 땅을 나눠주어 그곳에 정착하여 편히 살도록 하라.
> 둘째. 아직 육지로 데려오지 않은 자들은 제주로 하여금 그 진상을 규명하여 가을에 육지로 내보내게 하라.
> 셋째. 가을에는 8, 9월에, 봄에는 2월까지 육지로 데려와서 각자가 희망하는 곳에 분산 배치하라.
> 넷째. 독자인 자는 잡아오지 말고 제 집에 그대로 두어서 어버이를 봉양하게 하라.

다섯째. 이미 평안도로 들여보낸 자들도 장차 육지로 데려올 자들 과 똑같이 구제하고 생계를 도와주게 하라.

여섯째. 관원들이 그들을 도둑으로 대하고 힘써 구호하지 않아서 기아에 빠지는 일이 생기지 않도록 하라(세종 17년 3월 12일).

# II. 형조판서 신개의 파격행보

## 1. 종합적 도둑방지대책 상서

춘삼월이 저물어갈 즈음 형조판서가 정흠지에서 신개로 바뀌었다(세종 17년 3월 27일). 신개는 고려왕조의 태사(太師)였던 신숭겸의 후손으로, 대왕은 그가 네 번째로 섬기는 임금이었다. 대왕을 잘 보좌한 공로가 인정되어, 훗날 대왕의 신주가 종묘에 봉안될 때에 황희·허조·최윤덕·이수 등과 함께 묘정에 배향되었다(문종 2년 4월 10일).

신개가 대왕의 배향공신에 포함된 데에는 틀림없이 형조판서로서 도둑을 퇴치하기 위한 국가정책을 획기적으로 바꾼 공로도 크게 작용을 하였을 것이 분명하다.

비록 줄곧 도둑을 연민하고 동정한 대왕의 뜻에 반하는 정책들을 내놓았어도, 치도(治盜)의 신기원을 연 주역임에는 틀림이 없기 때문이다. 게다가 신개를 종묘에 배향하기로 한 결정은 대왕이 죽고 나서 신개의 강경을 지지한 신하들이 내린 것이었다.[5]

신개가 형조판서로 임명될 무렵 전라도의 세 섬에 안치한 절도전과자들이 갖가지 문제를 일으켰다. 전라도 감사와 자은도·암태도·진도를 관

--------------------

5 신개가 대왕의 배향공신에 포함된 배경을 분석한 한 논문은, 신개가 형조판서로서 치도(治盜)의 토대를 제공한 사실은 주목하지 않고, "세종 17년 62세의 나이로 형조판서에 올랐던 신개는 7개월 만에 의정부 참찬으로 자리를 옮겼다."고만 서술하였다. 소순규(2019), "조선 세종조 배향공신(配享功臣) 신개의 정치적 역할과 종묘 배향의 배경", 『민족문화연구』 제82호, 고려대학교 민족문화연구원, 141-180쪽(앞의 서술은 논문 152쪽에 나옴).

할하는 수령들의 관리와 감시가 소홀한 틈에 섬을 탈출하는 자들이 많았다. 육지에 상륙한 뒤에는 거의가 다시 도둑질을 저질러서, 대왕이 감사로 하여금 매월 말에 서면으로 상황을 보고하게 하였다(세종 17년 5월 21일).

그런 형국에서 대왕이 신개의 역량을 믿고 형조판서를 제수한 것인데, 3개월이 안 되어 형조판서가 이숙묘6로 바뀌었다. 신개가 연달아 상(喪)을 치르느라 체력을 모두 소진하여 장기간 출근을 못했기 때문이었다(세종 17년 6월 9일).

그런데 3개월 뒤에 신개가 다시 형조판서로 복귀한 것을 감안하면, 이때의 이숙묘 기용은 신개에게 건강을 추스를 시간을 주기 위한 임시방편이었던 것 같다. 그런데 신개가 당분간 집에서 쉬라는 어명을 어기고 밤을 새워가며 일을 했던가보다.

휴가에 들어간 지 닷새째 되던 날, 집에서 쉬는 동안 깊이 생각해 작성한 것이라며, 도둑을 막는 데 필요한 대책을 자세하게 적은 「도둑방지종합대책(안)」을 대왕에게 올렸다(세종 17년 6월 14일).

직책에서 물러난 처지라서 며칠을 망설이다가, 대소 인민이 도적을 걱정하는 상황을 외면할 수 없어서 무례를 무릅쓰고 준비한 것이라며 자신의 견해를 밝힌 것인데, 그 내용이 놀라울 정도로 정교하고 치밀하다. 몇 번을 다시 읽어봐도 저절로 탄성이 쏟아질 정도로 짜임과 구성이 훌륭하여, '도둑방지종합대책'의 효시(嚆矢)로 여길 만하다.

그렇게 주장해도 무리가 아닐 것이, 이후로 도둑의 증가추세가 꺾이지 아니하자, 신개가 대책으로 제시한 방안들이 하나하나 순차적으로 시행되었다. 그 중 일부는 육백년이 지난 오늘날도 그대로 시행되고 있다. 이제부터 전체적 흐름을 시간의 경과에 따라 복원해보겠다.

......................

6 목은 이색의 손자이자 대왕의 백부(큰아버지)인 진안대군 이방우의 사위였다.

## 2. 강·절도범죄의 심각성 함축

신개가 대왕에게 올린 상서는 그 내용을 기준으로 전반부와 후반부로 구분이 가능하다. 전반부에는 도둑문제의 심각성과 대책의 시급성에 대한 나름의 견해를 진솔하게 서술하고, 후반부에는 도둑방지에 효과가 있을 법한 다양한 대응책을 빼곡히 적어 넣었다.

먼저 전반부의 내용을 보면, 머리말에 해당하는 부분에서 도둑이 날뛰는 상황과 나라의 안이한 대처에 대한 백성의 원망을 4가지로 간추렸다. 그 내용 하나하나가 마치 오랫동안 도둑세계를 연구한 학자가 학술대회에서 발표한 논문처럼 매우 구체적이고 생생하다. 또, 상소문 전반에 자신감이 충만하고 구절구절에 거침이 없다.

첫째로, 도둑들은 거의 하나같이 성질이 억세고 고집이 세면서 행동이 게을러서, 부역을 회피하고 도적질로 생업을 잇습니다. 둘째로, 여럿이 무리를 지어서 귀신과 유령처럼 날래게 숨고 교활하게 이동하며 도성과 지방의 부잣집만 텁니다. 셋째로, 도성의 각 방(坊)마다 도둑이 없는 날이 없습니다. 대낮에도 도난을 당하는 경우가 빈번해, 집집마다 담장을 높이고 문을 단단히 걸어 잠급니다. 넷째로, 지방은 도둑떼가 더욱 날뛰어서, 남녀노소 할 것 없이 모이기만 하면, '무엇 때문에 나라가 도둑놈들을 살려줘서 백성들이 재산을 모두 털리게 하느냐.'고 원망을 합니다(세종 17년 6월 14일).

위와 같이 강도와 절도가 들끓는 실태를 밝히고 나서, 오래전부터 전해오는 '자산과 태숙' 이야기와 공자의 말을 차례로 인용하였다. 도둑은 쉽게 없앨 수 있는 것이 아니어서, 형벌을 최대한 자제하는 정치를 펼쳤던 군주도 도적만큼은 엄중히 다스렸다는 것을 입증하기 위함이었다.

옛적에 정(鄭)나라의 재상이던 자산(子産)7이 병이 깊어지자 후임자 태숙(太叔)에게 이르기를, '내가 죽으면 그대가 정치를 맡을 것인데, 덕을 갖추고 관용으로 백성을 복종시키는 것이 가장 좋고, 다음으로는 백성을 거칠게 다루는 것이 바람직하다. 하지만 불은 맹렬하기 때문에 누구나 겁을 먹고 피해서 타죽는 사람이 적고, 물은 부드럽고 연약해서 낮잡아보고 뛰어들어서 익사자가 많은 것이니, 관용은 바람직한 것이 아니다.'라고 하였답니다.

몇 달 뒤에 자산이 죽고 태숙이 뒤를 이었는데, 차마 사납게 하지 못하고 덕치를 펼치니, 각처에 도적이 창궐하고 숲이 우거진 곳마다 도적의 소굴이 되더랍니다. 그때서야 태숙이 자산의 말을 따르지 않은 것을 크게 뉘우치며 군사를 풀어서 가까스로 숲속의 도적을 섬멸하니, 비로소 도적이 뜸해지더랍니다.

공자는 일찍이 말하기를, '정치가 관대하면 백성이 게으름에 빠지니, 백성이 게을러지면 맹렬하게(억세고 사납게) 다스려야 하느니라. 하지만 정치가 맹렬하면 백성이 쇠잔해지니, 백성이 쇠잔해지면 관용을 베풀어야 하느니라. 관용으로 맹렬을 구제하고 맹렬로 관용을 구제하면 정치가 비로소 제대로 펼쳐질 것이다.'라고 하였습니다.

위와 같이 '자산과 태숙'의 고사와 공자의 가르침을 소개하고는, 마치 간증을 하듯이 도적들의 악랄하고 교활한 행태를 서술하였다.

도둑들은 하나같이 성질이 사납고 포악하여, 사람으로서 차마 하지

7 공자와 같은 시대 사람으로(서로 친구사이) 지혜와 덕이 출중하여 왕이 오래도록 나라의 재상으로 삼았는데, 고령에다 병까지 들어 물러날 때가 되자, 왕에게 태숙이란 사람을 후임으로 천거하고, 태숙에게 정치의 대의를 일러주었다고 전해진다.

못할 일들을 서슴없이 자행합니다. 만일 무리에 끼기를 원하는 자가 있으면, 사정없이 매를 때려봐서, 묵묵히 고통을 참아야지 받아줍니다. 절도를 저지른 증거가 명백하여도, 고문을 할 때에 절도죄의 법정형 이상의 매질을 할 수 없다는 것을 알고서, 마음속으로 매를 세면서 자백을 거부합니다.

실상이 그렇다보니, 출옥하자마자 곧바로 다시 남의 재물을 훔치고, 만약 또 붙잡히면 역시 같은 방법으로 간단하게 위기를 넘기며 일생을 마칩니다. 사람들과 대화를 할 때도, "목숨이 끊어지면 그만이지만, 뼈가 으스러진 상태라도 목숨이 붙어서 풀려나게 되면, 아침에 나오면 저녁에 먹을 것이 없고, 저녁에 나오면 아침에 먹을 것이 없으니, 어떻게 춥고 배고픈 고통을 참을 수 있겠느냐. 그리고 빠져나갈 구멍이 널려 있어서, 다시 붙잡혀도 걱정할 것이 없다."고 허풍을 칩니다.

그중에서도 특히 거물급 도적과 불한당들은 손 하나 까딱하지 않는데도 입고 먹을 것이 풍족하여, 밖에서는 화려한 옷을 걸치고 윤기나는 말을 타고 다니고, 집에서는 맛있는 술에 기름진 음식을 즐깁니다. 게다가, 간악하기 짝이 없게도, 힘들게 일하면서도 추위와 허기에 시달리는 이들을 비웃고 업신여기기까지 하니, 법과 형벌을 담당하는 관원들이 나태하고 무책임하기 때문입니다.

마땅히 교수형에 처해야 할 절도3범까지도, 사건기록이 덜 갖춰졌다거나, 혹은 금형기간이라 처형할 수 없다는 등의 이유로 기약 없이 처결을 미루다가, 어떤 일로 사면령이 선포되면 모두 죽음을 면하게 해줍니다. 사면을 통해 죄를 용서받은 자들의 여죄를 파헤쳐보면, 남의 집을 부쉈거나 다른 사람을 죽인 범행이 수십 번에 달하는 자도 있을 것입니다.

강도와 절도는 같은 무리의 소행입니다. 대체로 도둑들은 칼과 몽둥이를 소지하고 다니다가, 재물의 많고 적음과 형세의 강약을 살펴서, 절도가 편리하겠으면 절도를 하고, 강도가 편리하겠으면 강도를 하는 것이지, 미리 마음을 정하고서 범행을 하는 것이 아닙니다. 도성 주변에서 붙잡힌 강도들이 모두 좀도둑 출신으로 드러난 것이 확실한 증거입니다.


## 3. 도둑제압을 위한 전략 제시

상소문의 후반부는 도둑방지에 필요한 대책으로 채워져 있다. 구체적인 처방을 나열하기에 앞서 두 가지 제안을 적었다. 그리고 이어서 도둑들을 가혹한 형벌로 다스릴 필요성과 더불어서 여섯 가지 세부전략을 차례로 열거하였다. 이제부터 그 내용을 하나씩 차례로 간추려보겠다.


**[제안 1] 훔친 증거가 명백하면(장증명백·贓證明白) 법정형 이상의 신장도 가할 수 있게 허락하소서.**

절도와 강도는 각기 다른 무리가 아닌 것이 분명하니, 훔친 증거가 명백한 용의자가 자백을 거부할 때는 절도죄의 법정형과 상관없이 범행을 실토할 때까지 매질을 계속할 수 있게 허락해주시옵소서.


**[제안 2] 절도3범은 사면과 상관없이 교수형에 처하게 하소서.**

옛날에 성인(聖人)께서 이르기를, '형벌을 써서 형벌이 없어지게 하고(이형지형·以刑止刑)[8], 죽임으로써 죽이는 것을 그치게 한다(이살지살·以

---

8 《서경(書經)》〈대우모(大禹謨)〉 편에 나오는 '형기우무형(刑期于無刑)'이라는 순(舜) 임금의 말을 풀어서 인용한 것이다(앞에서 소개한 유영옥의 2016년 논문

144　세종치세 도둑 대학살

殺止殺).'고 하였습니다. 또, 공자의 가르침과 자산의 유언도 오늘날의 폐단을 극복하는 데에 도움이 될 것 같아서, 도적방지에 효과가 있을 만한 대책을 조목별로 나열하오니, 읽어보시고 지침을 내려주시옵소서.

## [제안 3] 거동수상자들을 낱낱이 파악하여 일시에 소탕하게 하소서.

도적들도 예외 없이 마을에 제 집을 가지고 있고, 집이 있으면 반드시 이웃이 있게 마련인데, 도적의 이웃들은 도적의 악행을 훤히 알기 때문에 모두 다 이를 갈며 분개합니다. 마을에 사는 도적들은 성질이 고약해서, 비위에 거슬리는 사람이 있으면 반드시 기회를 봐서 해코지를 하거나 집에 불을 지르거나 혹은 그 집의 물건을 훔칩니다. 그렇기 때문에 일반인은 도적을 호랑이보다 더 무섭게 여기니, 누가 감히 보복을 각오하고 도둑을 일러바치겠습니까.

앞으로는 도성의 각 동네마다 다섯 집 단위로 편성된 주민조직과 지방 마을의 대표들에게, 마을주민 가운데, 생업이 없이 부유한 자, 밤에 마을을 떠났다가 새벽에 돌아오는 자, 행선지를 숨기고 객지를 나다니는 자 등의 주거지·이름·가족상황 등을 자세히 기록하여, 밀봉한 상태로, 도성에서는 형조에, 지방에서는 수령에게 제출하게 하시옵소서.

그런 다음에 각급 관청과 개인이 도난피해를 당한 사례를 모조리 접수받아, 아전이나 잡인들이 모르게, 담당관원이 잽싸게 용의자의 집을 급습하여 증거물을 압수하게 하시옵소서.

도둑을 신고한 자에게는 범인의 재산을 상으로 내려주되, 뒤에 가서 이웃의 도적을 신고하지 아니한 사실이 발각될 경우는 도적과 같은 패거

---

참조). 그 뜻은, 나라에서 범법자에게 형벌을 내리는 이유는 악행을 징계하여 그 사람의 재범을 막고(특별예방효과), 다른 사람들도 범법을 하면 형벌이 따른다는 것을 알고 범죄를 단념하게(일반예방효과) 하기 위해서라는 것이다.

리로 간주해 처벌하게 하시옵소서.

[제안 4] 자수자는 면죄해주고 패거리를 털어놓으면 상을 주게 하소서.
　도적무리 중에는 반드시 다른 도적들을 지휘하는 우두머리가 있는 반면에, 간혹 양심이 있어서 행실을 고치고자 하는 자도 있을 것입니다. 하오니, 제 발로 무리를 벗어나 스스로 자수하는 자는 죄를 면해주고, 자신이 속했던 패거리를 털어놓는 자에게는 다음의 기준에 따라 상을 내리게 하시옵소서.

⟨표 12⟩ 자수하여 패거리를 고발한 자에 대한 포상금지급기준

| 고발인원 | 포상금(면포) | 고발인원 | 포상금(면포) |
|---|---|---|---|
| 1~5명 | 50필 | 50~69명 | 200필 |
| 6~10명 | 80필 | 70~99명 | 250필 |
| 11~20명 | 100필 | 100명 이상 | 300필 |
| 30~40명 | 150필 | - | - |

　여러 해 동안 골치를 썩인 간악하고 사나운 패거리를 제보하여 붙잡게 한 경우는 인원을 따지지 말고 후하게 상을 주게 하소서. 전국에 100명이 넘는 조직원을 거느린 도적의 무리를 고발하여 모두 붙잡게 한 경우는, 고발인이 양인이면 관직으로 포상하고, 천인이면 그 신분을 면해주는 동시에 범인의 재산을 주게 하소서. 자수한 도적이 공개적으로 고발하기를 주저하면 사람들이 알지 못하게 은밀히 제보하게 허락해주시옵소서.

[제안 5] 도둑을 아는 자들에게 신고할 기회를 제공하고, 도둑을 잡아서 데려오거나 결정적인 정보를 제공한 사람을 후히 포상하게 하소서.
　누구든지 도적의 패거리에 대해 자세히 아는 사람은, 그들의 거주지·

우두머리·인원수·인상착의 등을 은밀히 관청에 신고할 수 있게 기회를 제공하소서. 도성은 형조·의금부·한성부가, 지방은 감사와 수령이 각각 신고를 접수하여, 신고자의 신분을 비밀에 붙인 상태에서, 도적이 먼 곳에 있으면 말을 주어서 타고 가 잡아오게 하고, 가까운 곳에 있으면 직접 출동해 잡아들이게 하소서. 검거하여 죄상을 밝힌 뒤에 제보자가 보상을 요구하면 [제안 4]의 기준에 따라 포상하소서.

### [제안 6] 수사에 적극 협조하거나 같은 패거리를 고발한 자는 자수한 것으로 간주하게 하소서.

도적이 붙잡혀서 관에 이르면 재물을 훔친 곳과 같은 패거리를 물어봐서, 고문을 행하기 전에 자진해서 순순히 털어놓으면 자수한 것으로 간주해 죄를 면해주고, 자기 자신의 범행은 말하지 않으면서 다른 도적을 많이 제보하여도 자수한 것으로 간주하게 하시옵소서.

### [제안 7] 훔친 장물과 증거가 명백한 경우는 사면 전에 저지른 범행도 추궁할 수 있게 하소서.

다른 사람의 물건을 훔친 증거가 명백한 경우는 범행이 사면 전에 있었더라도 고문을 가하여 죄상을 추궁할 수 있게 허락하소서.

### [제안 8] 안치된 섬을 탈출하였다가 검거된 자는 단근(斷筋) 혹은 경면(黥面)을 하게 하소서.

절도재범자들을 바다의 외딴섬에 가둔 것은 그 출입을 봉쇄하여 일생을 마치도록 한 것인데, 감시가 부실하여 도망처 나와서 다시 도둑질을 하는 자가 많습니다. 그래서 관리들과 마땅한 방법을 궁리하면서 여러 사람에게 생각을 물어봤더니, 권도로 중한 법을 써서 죽이는 것이 가장 좋고, 죽이지 않으려면 발꿈치 힘줄을 끊거나(단근) 얼굴에 죄명을 새기는 (경면) 것이 바람직하다는 것이 중론입니다.

그런 형벌은 너무 잔혹하다고 생각될 수도 있고 법전에도 없지만, 형벌을 쓰지 않는다면 모를까, 형벌을 쓰기로 말하면, 관대하고 너그러운 법으로는 도둑들을 제압할 수가 없습니다. 하오니, 앞으로는 섬사람들이 두려워하는 자를 관령으로 임명해 절도범들의 동태를 면밀히 감시하게 하여서, 그들이 섬을 탈출할 생각을 버리고 각자의 일에 전념하게 하소서. 만일 섬을 탈출한 자가 있으면 관령이 나이와 인상착의를 기록하여 감사에게 보고하고, 감사는 형조를 통해 여러 도에 수배령을 내려서 반드시 붙잡아 아래와 같이 응징하게 하시옵소서.

첫째, 재범자가 처음 도주하였으면 얼굴에 먹물로 죄명을 새기고(경면), 3범이 처음 도주하였으면 발꿈치 힘줄을 끊게(단근) 하소서. 둘째, 재범자가 두 번 도주하였으면 발꿈치 힘줄을 끊은 뒤에 장 1백대를 쳐서 안치되었던 섬으로 돌려보내게 하소서. 셋째, 3범이 두 번 도주하였거나 재범이 세 번 도주하였으면 절도3범을 처벌하는 법조항에 의거해 교수형에 처하게 하소서. 넷째, 감독을 소홀히 한 관원을 법에 따라 엄중히 처벌하게 하소서.

이날 신개가 대왕에게 올린 상서의 골자는, 진정으로 도둑을 막고자 하면 관형주의를 버리고 엄형주의를 따라야 한다는 것이었다. 여덟 가지 제안이 모두 도둑들에 대한 강경대응을 건의한 것인데, 그 중에서도 절반을 차지하는 네 가지는 '파격'이라고 이를 만하다.

첫째는, [제안 1]에서 훔친 증거가 명백하면(장증명백·贓證明白) 법정형 이상의 신장도 가할 수 있게 해주기를 청한 것이다. 그 말은 곧 3년 반 전에(재위 13년 12월 20일) 형정담당 관원들이 수사를 빌미로 신장을 남용하는 적폐를 없애기 위해 제정한 신장불과본죄법을 폐기하라는 것이었기 때문이다.

둘째는, [제안 2]에서 절도를 세 번 범한 자는 사면과 상관없이 교수형에 처하게 하기를 건의한 것이다. 그보다 앞서 이미 형조판서 김자지와 예조판서 신상이 같은 건의를 올린 적이 있었으나, 말이 너무 간략해 설득력이 약했다. 그런데 신개의 건의는 강·절도범죄의 실상과 탄탄한 논리에 입각한 것이어서 무게감이 달랐다.

셋째는, [제안 7]에서 훔친 장물과 증거가 명백한 경우는 사면 전에 저지른 범행도 추궁할 수 있게 해주기를 청한 것이다. 나라에 경사가 있거나 왕실의 환후 혹은 가뭄·홍수·벼락 같은 재앙이 닥쳤을 때 죄수들을 대거 용서하는 사면을, 단지 미결수들의 구금을 풀어주는 보방(보석)처럼 운영하자는 말로 비쳐지기 때문이다.

넷째는, [제안 8]에서 새로운 치도전략에 육형에 속하는 단근과 경면을 포함하기를 청한 대목이다. 경면 시행을 제안한 것도 시선을 모으지만, 단근 시행을 제안한 것이 특히 더 인상적이다.

단근은 본래 아득한 옛날에 중국에서 노예와 평민들을 억압하는 데 사용되다가, 한(漢)나라 문제 때 폐지된 형벌이었다.[9] 따라서 《대명률》은 물론이고 조선에서 편찬한 《경제육전》과 《속육전》에도 없는 초법적(법외)

---

9  장국화 엮음·임대희 외 옮김(2003), 『중국법률사상사』, 대우학술총서 아카넷, 256-262쪽.

형벌이었는데, 신개는 대왕이 권도를 써서 단근을 시행하기를 청했으니, 충격이라고 이를 만하다.

**〈표 13〉 안치된 섬을 이탈(도주)한 절도범 처벌기준(신개 제안)**

| 구분 | | 도주(섬 이탈) 횟수 | | |
|---|---|---|---|---|
| | | 1회 | 2회 | 3회 |
| 전과 | 2범 | 경면 | 단근+장 100대 | 교형 |
| | 3범 | 단근 | 교형 | - |

〈표 13〉은 파격으로 여길 만한 네 가지 가운데, 바다의 외딴섬에 안치한 절도재범자나 절도3범 이상자가 섬을 이탈하였으면 단근이나 경면을 하게 하자고 제안한 내용을 간추린 것이다.

신개는 위와 같이 건의하면서, '《육전》에 기재된 법조문을 벗어나는 것이어서 오래 쓰기는 곤란한 한계가 있으니, 도적의 기세가 꺾일 때까지만 한시적으로 써야 한다.'고 전제를 달았다.


## 4. 임금과 원로대신들의 지지

신개의 상소를 읽어본 대왕은 곧바로 상정소(詳定所)[10]에 검토를 지시하였다. 상정소란 법률제정, 법전편찬 혹은 새로운 정책이나 제도의 도입 같은 중요한 문제를 다루기 위해 원로학자와 고위관료들을 상정관으로 임명해 한시적으로 운용하였던 국가기구를 일컫던 말이다. 이를테면

......................

10 조선초기에는 육전상정소(六典詳定所)·예조상정소(禮曹詳定所)·공안상정소(貢案詳定所)·전제상정소(田制詳定所)·의례상정소(儀禮詳定所) 등이 설치되어 대왕의 국정을 지원하였다(한국고전용어사전, 세종대왕기념사업회).

오늘날 행정부·국회·법원 등의 각종 위원회 혹은 TF(Task Force) 같은 것이었다.

대왕이 신개가 올린 제안서를 상정소에 넘긴 것은 예사로운 일이 아니었다. 이유는 세 가지다.

첫째는, 대왕이 그 내용에 공감하였다는 뜻이기 때문이다. 만약 탐탁지 않게 여겼다면, 그렇지 않아도 할 일이 많았을 원로학자와 고위관료들에게 검토를 지시하지 않았을 것이다.

둘째는, 개국 이래 처음으로 치도 문제가 국가의 핵심의제로 설정되었음을 뜻하기 때문이다.

셋째는, 상정소에서 한두 가지라도 시행을 권하고 대왕이 그것을 받아들이면 절도와 강도를 막기 위한 국가정책이 살벌해질 것이 분명했기 때문이다.


그런데 웬일인지 바로 다음날 대왕이 신개를 지중추원사로 발령하였다(세종 17년 6월 15월). 중추원은 문무 당상관(정3품 이상)으로서 공식직책이 없는 관리들을 우대하기 위해 설치한 병조 소속의 관청이었다.

그러므로 대왕이 신개를 지중추원사로 발령한 것은 체력회복을 위해 휴식을 취하는 동안에도 고위관료로서의 대접과 특혜를 누리게 해주기 위함이었을 것으로 짐작된다.

그런데 가뭄이 오래도록 이어지자 대왕이 여러 계층의 백성에게 세 가지 귀한 복지선물을 안겨주었다. 첫 번째 선물은 관직에 있는 자의 부모로서 나이가 90세 이상이거나 일반백성으로서 100살이 넘은 남녀 전원에게 벼슬과 작(爵)을 내려준 것이었다.

승정원에서 전국의 노인을 조사하니 경상·전라·강원·함길·황해 등지에 90살 이상 남녀가 모두 6백14명이었다. 100살 3명(남자 2, 여자 1),

102살 5명(남자 1, 여자 4인), 104살 2명(여자 2)을 합한 통계였다. 경기·유후사(개성)·평안도·충청도는 통계가 없어서 예조로 하여금 자세히 파악하여 아뢰게 하였다(세종 17년 6월 21일).

두 번째 선물은 옥에 갇힌 죄수 가운데 죄가 가벼운 자들을 풀어준 것이었다(세종 17년 6월 21일). 대왕이 보위에 오르고 나서 17번째 보방이었다. 가뭄에 따른 보방만 따지면 7번째였고, 무더위와 맹추위에 따른 보방까지 합하면 12번째였다.[부록 4](460쪽 참조)

세 번째 선물은 길이나 집을 잃은 아동들을 전담하여 보호하고 돌봐주는 보호시설을 갖춘 것이었다. 국립의료기관으로 서민들의 질병치료를 관장하였던 제생원(濟生院) 옆에다 방 두 개와 주방을 갖춘 건물을 신축하여 부모를 찾을 때까지 미아들을 자식처럼 돌봐주게 하였다.

제생원의 남녀 노비 각각 한 명과 경제력을 갖춘 양민과 천인 중에서 희망자를 모집해 돌봄이 역할을 맡겼다. 그들의 옷과 급료는 송장을 파묻는 일을 하는 승려들에 준하여 주도록 하고, 아동들에게 필요한 방한덮개와 식료품과 먹거리 등을 모두 넉넉하게 공급하고, 제생원의 관리와 제조로 하여금 항시 검찰하게 하였다.

이전에도 도성 안 5부에서 유실된 아이가 발견되면 모두 제생원이 보호와 양육을 담당하였으나, 방이 없어서 단체로 돌봐주지 못하고 여자 노비들에게 나눠줘서 기르게 하였었다. 그런데 아이를 받은 여자 노비들이 친자식도 보호하기가 어려울 만큼 형편이 어려워, 아이들을 제대로 먹이질 못해서 몸의 살이 빠지고 기운을 잃는 일이 많았었다(세종 17년 6월 22일).

그 무렵 한성부에서 호구조사를 실시하였는데, 성(城) 안은 1만 9천 5백 52세대이고 성 밖 10리는 2천 3백 39세대였다(세종 17년 7월 10일). 호구조사 통계이니, 호적이 없었던 노비, 시위군인, 방문자까지 합하면 훨씬 더 많은 사람이 북적였다고 봐야할 것이다.

이후로 벼가 익을 계절인데 오래도록 비가 오지 아니하자, 사면과 보방을 동시에 단행하였다. 형벌이 적중하지 못해서 누적된 죄수들의 원통하고 억울한 심정이 하늘의 꾸지람을 불렀을 가능성을 헤아린 데서 비롯된 조치였다(세종 17년 7월 29일).

옥에 갇힌 죄수들 가운데 상사소불원죄에 속하지 않는 도죄(徒罪) 이하 죄수와 도죄를 범하여 군대에 충원되었거나 지방에 부처되어 노역에 배정된 자들을 모두 용서하여 석방하라. 아울러서 비가 흡족하게 올 때까지 죄가 가벼운 자는 모두 보방으로 풀어주고 조사하게 하라(세종 17년 7월 29일).

대왕이 보위에 올라서 18번째로 단행한 사면이었고, 보방도 18번째 시행이었으니, 재위 전반 17년 동안 무려 36차례나 죄수들을 한꺼번에 대거 석방한 셈이다. 36번 가운데 가뭄이 심해서 죄수들을 대거 사면 혹은 보방한 경우가 16번에 이르렀다.

대왕이 형조에 사면을 지시하니, 예조에서, 전에 가뭄이 들면 늘 했었던 대로, 지은 죄가 없는데도 옥에 갇힌 원통한 죄수가 없는지 심리하게 하기를 청했다. '가뭄이 길어지면, 흙이 패인 도랑과 골짜기를 수리하고, 도로를 깨끗이 치우고, 원억을 품은 죄수가 없는지 살펴보고, 곤궁한 사람들을 진휼하며, 방치된 해골을 묻어주라.'고 한 《문헌통고》와 《개원예》 등의 권고를 따른 것이었다.

대왕이 사면령을 선포하고 원억을 품은 죄수가 없는지 살펴보게 한 바로 그날 형조에서, 앞서 신개가 상소한 8가지 제안에 대해 폭넓게 의견을 수렴한 결과를 아뢰었다. 상정소로부터 회의결과를 넘겨받아 의정부와 육조의 여러 대신에게 일일이 의견을 물어서, 각자의 견해를 여과 없이 기록한 보고서를 대왕에게 올린 것이다(세종 17년 7월 29일).

**〈표 14〉 신개의 제안에 대한 고위관료들의 의견**

| 구분 | | 신개의 8가지 제안과 그 각각에 대한 고위관료들의 입장 |
|---|---|---|
| 제안1 | 신개 | 훔친 증거가 명백하면 법정형 이상의 신장(訊杖)도 가능하게 하소서 |
| | 상정소 | 그렇게 하면 여죄를 낱낱이 밝혀서 더 무겁게 처벌할 수 있을 것이다 |
| | 정부·육조 | 전원이 신개의 제안과 상정소의 의견을 적극 지지 |
| 제안2 | 신개 | 절도를 세 번 저지른 자는 사면과 상관없이 교수형에 처하게 하소서 |
| | 상정소 | 사면 후에 자자된 횟수만 합산하게 한 〈속전〉의 규정을 따라야 한다 |
| | 정부·육조 | 최윤덕: 상정소 의견 지지. 오승 등: 신개 제안 지지 |
| 제안3 | 신개 | 전국의 거동수상자를 낱낱이 파악하여 일시에 소탕하게 하소서 |
| | 상정소 | 〈속전〉의 규정과 차이가 있으니 다시 의논해서 결정하자 |
| | 정부·육조 | 최윤덕: 상정소 의견 지지. 성억: 신개 제안 지지 |
| 제안4 | 신개 | 자수자는 면죄해주고 일당을 밀고한 자는 포상하게 하소서 |
| | 상정소 | 9명 이상 고발하면 50필을, 10명 이상 고발하면 100필을 주게 하자 |
| | 정부·육조 | 하경복 등: 상정소 의견 지지. 최윤덕 등: 상정소 의견 반대 |
| 제안5 | 신개 | 도둑을 아는 자들에게 신고할 기회를 주고 신고하면 포상하소서 |
| | 상정소 | 그대로 시행하되, 포상금의 최고액을 면포 50필 이내로 제한하자 |
| | 정부·육조 | 전원이 신개의 제안과 상정소의 의견을 적극 지지 |
| 제안6 | 신개 | 수사에 협조하거나 일당을 털어놓으면 자수자로 간주하게 하소서 |
| | 상정소 | 고문이 두려워서 사실대로 진술한 것이니 죄를 면해주면 안 된다 |
| | 정부·육조 | 전원이 신개의 제안을 적극 지지 |
| 제안7 | 신개 | 훔친 증거가 명백하면 사면 전의 범행도 신문할 수 있게 하소서 |
| | 상정소 | 증거가 있어도 사면 이전의 범행을 신문하는 것은 옳지 않다 |
| | 정부·육조 | 노한: 신개 제안 지지. 최윤덕: 상정소 의견 지지 |
| 제안8 | 신개 | 안치된 섬을 탈출한 자는 경면(黥面) 혹은 단근(斷筋)하게 하소서. 유력자를 관령으로 임명해 섬에 안치된 자들을 규찰하게 하소서. |
| | 상정소 | 절도2범과 안치된 섬을 이탈한 자들은 모두 힘줄을 끊자 |
| | 정부·육조 | 심도원·최윤덕: 상정소 의견지지. 최사강: 〈대명률〉대로 절도3범 처형 제안 |

〈표 14〉는 한 달반쯤 전에 신개가 긴 분량으로 작성하여 대왕에게 올린 여덟 가지 건의에 대한 상정소, 의정부, 형조의 의견을 수렴한 결과를 간추린 것으로, 육백년 전 고위 관료들의 정서를 엿볼 수 있는 절호의 기회를 제공해준다. 당시의 형조판서는 이숙묘였다.

형조에서 여러 기관의 의견을 수렴해 대왕에게 올린 보고문건은 신개가 대왕에게 「도둑방지종합대책(안)」을 올린 이후 약 한 달 반 동안 조정 안팎에서 그 내용과 채택 여부를 둘러싸고 치열한 논쟁이 있었음을 짐작케 한다.

그 중에서도 특히 단근(斷筋)의 시행여부를 놓고 치열하게 논쟁을 벌였음을 뚜렷하게 알려준다. 그와 관련된 자세한 내용을 단원을 바꿔서 펼쳐보겠다.

# III. 여론취합과 엄형론 확산세

## 1. 상정소의 단근시행 권고

상정소의 논의가 얼마나 뜨겁고 진지하였으면, 세종실록을 편찬한 사관들은 신개가 대왕에게 제안한 '단근'과 '경면'에 대해 상정관들이 치열하게 격론을 벌인 내역을 상세하게 수록해놓았다. 이 기록에 의하면 상정관들은 치도(治盜)에 대한 상식이나 개인적 소신을 밝히는 데 그치지 않았다.

중국의 옛 왕조들이 시행한 도둑방지대책들을 정밀하게 검토한 끝에, 조선의 현실과 연계시켜 대왕에게 절도재범자에 대한 단근을시행할 것을 권하기로 합의를 보았다. 그 내용을 이해가 쉽도록 간추려서 소개해보면 다음과 같다.

중국의 옛날 법전과 역사서들을 분석해보면, 옛날 중국에서는 그때그때 상황에 따라서 형벌의 수위를 낮추기도 하고 높이기도 하였음을 알 수 있습니다. 우리 조선은 애초부터 대명률에 의거해 절도3범이면 사면과 상관없이 교형에 처해오다가, 1422년(세종 4) 12월에 당나라와 원나라의 법에 의거하여 사면 이후의 범행만 따지는 것으로 정책을 바꿨습니다.

그런데 1425년(세종 7) 이후 11년 동안 사면을 일곱 차례(실제는 11번)나 단행하여 절도범들이 모두 죄를 용서받아 처형된 자가 한 명도 없었습니다. 그런 까닭으로 전국에서 도적들이 무리를 지어 몽둥이와 칼을 소지하고 아무 거리낌 없이 활보하면서 사람을 죽이거나 상해를 입혀서, 신개(전 형조판서)가 지적한 그대로, 일반백성들이 불안에 떨고 있습니다. 이런 상황을 그대로 놓아두면 도적의 기세가 날로 더해져서 종당은 백성들의 삶이 매우 힘들어질 것입니다.

그러므로 저희들은, 오래 전에 폐지된 육형(肉刑)을 다시 부활시키는 데 따르는 심적 부담을 무릅쓰고, 주자(朱子)의 말이 오늘날의 형편에 꼭 들어맞는다고 여깁니다. 하오니 풍속이 바로잡힐 때까지 한시적으로, 남송(南宋) 때에 사면으로 인해 사형에 처할 수 없게 된 절도범은 발꿈치 힘줄을 끊었던 예에 의거해, 절도2범은 힘줄을 끊어서 다시는 도둑질을 할 수 없게 하기를 청하옵니다. 그렇게 하면 백성들의 삶이 안정되고, 도둑들도 사형에 처해지지 않고 타고난 수명을 살게 될 것입니다(세종 17년 7월 29일).

조정중신들의 중론을 담은 위의 문건은 당시의 치안상황과 대신들이 대왕에게 단근을 권하게 된 배경 등을 이해하는 데에 요긴한 참고가 된다.

첫째로, 도적들이 무리를 지어 몽둥이와 칼을 소지하고 아무 거리낌 없이 활보하면서 사람을 죽이거나 상해를 입히는 사례가 전국 각지에서 빈발하였음을 짐작케 한다.

둘째로, 주자의 권위에 기대서 대왕에게 단근을 권고하기로 결말을 지으면서, 오래 전에 폐지된 '신체의 일부를 절단하는 형벌'을 다시 쓰는 데 대한 심적 부담을 무겁게 느꼈음을 알려준다.

셋째로, 풍속이 바로잡힐 때까지만 한시적으로 절도범에 대한 단근을 쓰도록 권하였음을 알 수 있게 해준다.

넷째로, 남송(南宋, 1127~1279) 때에 사면으로 인해 사형에 처할 수 없게 된 절도3범은 발꿈치 힘줄을 끊었던 예를 본보기로 삼았음을 알려준다.

다섯째로, 가능하면 도둑들을 살려주려고 애쓰는 대왕의 호생지덕을 감안한 권고였음을 짐작케 한다.

대왕에게 절도재범자에 대한 단근을 권유하기로 최종의견을 정하기까지, '절도3범은 사면과 무관하게 사형에 처할 것인지, 아니면 발꿈치 힘줄을 끊을 것인지'를 두고 찬반대립이 팽팽했던 것 같다.

먼저 심도원이 상정소의 의견에 대해 지지를 표하자, 최윤덕 등이 거들고 나섰다. 남송 시대의 예를 따르되, 사면과 상관없이 절도3범은 발꿈치 힘줄을 끊자고 하자, 최사강 등이 과거로 회귀하자는 의견을 내놨다. 대명률에 그와 같은 형벌이 없는 상황에서 나라의 기운이 융성한 시대에 새로 육형을 채택하는 것은 옳지 않다는 것이었다.

> 《당률소의(唐律疏議)》[11]를 차용한 〈속전〉에는 사면 이후에 절도를 세 차례 저질렀을 때만 사형에 처하도록 되어 있습니다. 하지만 지금은 전국 각지에 도둑이 들끓어 백성의 원성이 높으니, 풍속이 다시 순해질 때까지 한시적으로 절도3범은 대명률에 따라 사형에 처하게 하십시다. 그렇게 하면 도적을 없애기 위해 별도로 새로운 법을 세우지 않아도 도적들이 사형에 처해질 것을 겁내서 스스로 도둑질을 그만두게 될 것입니다(세종 17년 7월 29일).

대왕에게 절도재범자에 대한 단근을 권유하기로 의견을 모으기까지 상정관들이 공부를 많이 했던 것으로 보인다. 특히 중국의 역대 왕조들이 사용한 《당률소의》, 《지정조격(至正條格)》, 《대명률(大明律)》, 《근사록(近思

---

11 《당률(唐律)》에 주석을 붙인 율서(律書)로, 30권 8책으로 되어 있다. 서기 652년 5월경, 재판에 있어서 법률해석의 통일을 기하고 명법과(明法科) 수험생을 위하여 태위 장손무기, 사공 이적 등 19명이 당나라 고종의 칙명을 받들어 편찬에 착수하여 이듬해 11월에 완성, 공포되었다. 세월이 한참 지나서, 주원장이 한족(漢族) 반란군을 지휘해, 북경에 있던 원(元)나라 황실을 북쪽으로 밀어내고, 당(唐)나라 시절에 편찬된 《당률》과 그 주석서인 《당률소의》를 토대로 《명률(明律)》을 갖추게 하여 국가통치에 이용하였다.

錄》,《상서대전(尚書大全)》 같은 법전과 고전들을 이 잡듯이 뒤졌던 것 같다. 이는 상정관들이 막중한 책임감을 느꼈다는 증거일 것이므로, 상정소가 대왕에게 단근을 권하면서 함께 보고한 내용을 옮겨보겠다.

《당률소의》에 이르기를, '절도죄로 처벌을 받은 적이 있는 자가 절도3범일 경우는, 도형(徒刑)에 처해야 할 상황이면 유형(流刑)에 처하고, 유형에 처해야 할 상황이면 교형(絞刑)에 처하되, 사면 이후의 범행만 따져서 죄를 가한다.'고 하였지만, 실제 처벌은 시대에 따라 차이가 있었습니다.

당(唐)나라 제12대 황제였던 덕종(德宗) 건중(建中)[12] 연간에는 장물을 돈으로 환산한 금액이 3필을 넘으면 사형에 처했고, 제15대 무종(武宗) 때는 장물을 돈으로 환산한 금액이 1관을 넘으면 사형에 처했고, 16대 선종(宣宗) 때는 다시 덕종 건중(建中) 연간의 제도를 그대로 따랐습니다.

당(唐)나라 다음 왕조인 송(宋)나라 때는 처벌기준이 또 바뀌었습니다. 태조 건륭 3년에는 장물을 돈으로 환산한 금액이 5관을 넘으면 사형에 처했고, 제2대 태종 때는 장물의 액수가 10관을 넘으면 황제의 재가를 받아 사형에 처했습니다. 장물이 7관 이상 10관 미만이면 장을 때린 뒤에 얼굴에 먹물로 죄명을 새기게(경면) 하였습니다.

························

12 중국 당나라 제12대 황제인 덕종(德宗) 이괄(李适, 재위 779~805) 때의 첫 번째 연호이다. 780년 음력 1월부터 783년까지 4년 동안 사용되었다. 덕종은 779년 (대력 14) 6월 10일(음력 5월 21일) 아버지 대종(代宗)이 죽자, 뒤를 이어 제위에 올랐다. 새 대왕이 즉위한 이듬에 새 연호를 사용하는 유년칭원법(踰年稱元法)에 따라 780년 음력 1월 연호를 '대력(大曆)'에서 '건중(建中)'으로 바꾸고, 그 해를 원년으로 하였다(두산백과).

원(元)나라 법전인 《지정조격》에는, 절도3범은 목덜미에다 먹물로 죄명을 새기되, 사면 이후의 범행만 따져서 형벌을 가하도록 되어 있습니다. 반면, 명(明)나라 형법인 《대명률》에는 사면 이전의 범행까지 합해서 절도3범이면 교수형에 처하도록 되어 있습니다.

《근사록(近思錄)》13에 따르면, 일찍이 장자가 말하기를, '사형 대신 사람을 불구로 만드는 형벌을 적용한다면 백성을 덜 죽일 수 있다.'고 하였습니다. 그리고 《상서대전(尙書大全)》14에 의하면, 일찍이 주자가 말하기를, '도형과 유형과 같은 형벌로는 도적질이나 음탕한 행동을 막을 수 없는 상황이면, 생식기나 다리를 끊는 형벌이 보다 더 적합할 것이다. 비록 몸은 불구가 되더라도 생명은 보전하게 될 뿐더러, 못된 짓의 근원이 제거되어 다시는 함부로 나대지 못하게 될 것이니, 위로는 선왕의 뜻에 합하고 아래로는 시대상황에 적합한 형벌이라고 할 것이다.'라고 하였습니다(세종 17년 7월 29일).

위의 실록기사를 통해, 육백 년 전의 원로학자들과 고위관료들이 대왕에게 절도재범자에 대한 단근을 건의한 것은 장자와 주자의 권고를 수용한 것이었음을 알 수 있다.

또, 주자는 '사형 대신 사람을 불구로 만드는 형벌을 적용한다면 백성을 덜 죽일 수 있다.'고 한 장자의 말을 《근사록》에 적었을 뿐더러, 스스

---

13 주자학 입문서다. 송(宋)나라 때 성리학의 종합자이자 완성자인 주희(朱熹·주자)가 친구인 여조겸(呂祖謙, 1137~1181)과 함께, 자신들의 선배인 '북송의 네 선생', 즉 주돈이(周敦頤, 1017~1073), 정호(程顥, 1032~1085)·정이(程頤, 1033~1107) 형제, 그리고 장재(張載, 1020~1077)의 '새로운 이야기들'을 주제별로 분류 편찬한 '선집(選集)'이다.

14 중국 최초의 역사서로 평가되는 《상서(尙書)》《서경[書經])에 주석과 본문을 추가한 유교경전을 말한다. 중국 전한(前漢)의 복생(伏生)이 찬하였으며, 모두 합해서 3권으로 되어 있다.

로 이르기를 '비록 몸은 불구가 되더라도 생명을 보전하면서 못된 짓의 근원이 제거되어 다시는 함부로 나대지 못하게 될 것'이라는 논리로 단근을 적극 권한 사실도 알 수 있다.

한편, 상정관들은 단근과 경면을 함께 검토하고서도 대왕에게 단근만 권하고 경면은 권하지 않았다. 위의 실록기사에서 확인되듯이, 송나라 태종 때에, 훔친 장물이 7관~10관 사이이면 장을 때린 뒤에 얼굴에 먹물로 죄명을 새기게 한 사례가 있었다. 게다가 송(宋)의 태종은 무(武)보다 문(文)을 중시하면서도 경면을 시행했던 것인데, 상정관들은 대왕에게 경면은 권하지 않았다.

하지만 이후로 도둑이 계속 가파르게 늘어나자 8년쯤 뒤인 세종 25년 2월에 단근을 정지하고 대신 경면을 시행하게 하였다.

## 2. 임금의 선택과 낙관적 기대

신개의 제안에 대해 상정소가 검토를 마친 뒤에 형조에서 그에 대한 의정부와 형조의 의견을 수렴한 결과를 대왕에게 보고함으로써 대신들끼리 서로 주고받던 공이 왕에게로 넘어갔다. 필시 왕은 깊은 고민에 빠졌을 것이고, 그 이유로는 네 가지를 생각해볼 수 있다.

첫째는, 신개가 올린 여덟 가지 제안의 대부분이 자신이 줄곧 강조해온 '신형(愼刑)원칙'에 반하는 것들이었다.

둘째는, 대신들을 한 달 반이나 고생을 시킨 마당이라 모두 거부하고 없었던 일로 돌리기가 어려웠을 것이다.

셋째는, 모두 다 채택하여도 도둑이 줄어든다는 보장이 없는 일이었다.

넷째는, 치밀한 사전준비 없이 섣불리 강경책을 썼다가 도리어 도둑이 늘어나게 될 수도 있는 일이었다. 게다가, 일단 한 번 시행에 들어가면 되돌리기가 대단히 어려울 정책들이었다.

역대 어느 임금 못지않게 영민했던 대왕이 위와 같은 측면을 헤아리지 못했을 리가 만무하다. 그래서 그랬는지, 결과는 선별적 수용이었다. 신개가 올린 여덟 가지 제안 가운데 절반에 해당하는 네 가지만 재가하였다. 대왕의 승낙이 떨어진 건의들은 곧바로 [어명]으로 변해서 국법으로서의 위상과 집행력을 가지게 되었다.

[어명 1] 훔친 증거가 명백하면 법정형 이상의 매질(신장)도 할 수 있게 하라.

[어명 2] 자수자는 면죄해주고 일당을 제보해 붙잡게 한 자는 포상하라.

[어명 3] 도둑을 아는 자들에게 신고할 기회를 제공하고 신고자를 후하게 포상하라.

[어명 4] 수사에 협조하거나 일당을 털어놓으면 자수한 것으로 간주하라.

대왕이 재가한 네 가지는 치도(治盜)의 효율성에 대한 기대를 높여주기에 충분한 것들이었다. 그 중에서도 특히 [어명 1]은 치도전략의 획기적 변화로 여길 만하다. 절도초범이 전과를 남기지 않기 위해 30대씩 두 차례 매질을 견뎌서 법정형 60대를 채우고 풀려나는 수법이 더 이상 통하지 않게 되었기 때문이다.

하지만 대왕의 입장에서는 아쉬움이 많았을 것이 분명하다. 4년 전에 형정담당 관원들이 용의자로부터 쉽게 자백을 받기 위해 함부로 신장을 가하는 폐단을 막으려고 1년을 뜸 들여 도입한 정책이 물거품이 되었기 때문이다. '장물증거가 명백한 경우'라는 조건이 달리기는 하였으나, 관원들이 가져다 붙이기 나름이라 안전판 역할을 기대할 수 없었다.

[어명 2]와 [어명 4]는 도둑들에게 마음을 고쳐먹고 회개할 기회와 유인을 제공한 것이다. [어명 3]은 피해자와 목격자들에게 도둑을 제보(신고)할 기회와 유인을 제공한 것이다.

다만, 자수자는 죄를 면해주게 한 것은[어명 2]《대명률직해》〈명률〉편 〈범죄자수〉 조항에 이미 들어있었다. 신고자를 포상하는 '파파라치(paparazzi)' 제도 역시 한참 전에 이미 채택한 정책이었다. 따라서 신개와 상정관들이 그런 사실을 몰랐을 가능성을 배제하면, 이미 벌써부터 시행하였으나 백성의 호응이 적었던 정책들에 대해 재차 시행을 독려한 것이라고 봐야 할 것이다.

대왕이 윤허하지 않은 네(다섯) 가지도 무효가 된 것이 아니었다. 극심한 가뭄의 악순환과 그에 따른 연속적 사면과 보방으로 도둑이 계속 늘어나자, 종당은 '사면 전 범행에 대한 신문 허용'만 제외하고 모두 채택되었다. 그러므로 대왕이 네(다섯) 가지를 거부하였다기보다 재가를 미뤘다고 말하는 것이 보다 더 사실에 가까운 표현일 것이다.

**신개의 제안 가운데 대왕이 재가를 보류한 네(다섯)가지**
[제안 2] 절도3범은 사면과 상관없이(물론사전·勿論赦前) 교수형에
　　　　 처하게 하소서.
[제안 3] 전국의 거동수상자를 낱낱이 파악하여 일시에 소탕하게
　　　　 하소서.
[제안 7] 훔친 증거가 분명하면 사면 이전의 범행도 신문할 수 있

게 하소서.
[제안 8] 안치된 섬을 이탈한 자에 대하여는 경면이나 단근을 하게
하소서.
유력자를 관령으로 임명해 섬에 안치된 자들을 규찰하게
하소서.

종합하자면, 비록 최종결과는 잔혹한 도둑사냥으로 귀결되었어도, 신개가 형조판서로 재직했던 기간에 나라의 치도전략이 획기적으로 바뀐 것만은 부인할 수가 없는 사실이다.

신개의 제안에 대한 여론수렴과 정책결정을 매듭지은 대왕은, 도적이 패거리 한두 명을 제보한 경우도 상으로 면포 50필을 줄 것인지 여부를 의논하여 아뢰게 하였다. 결과보고는 40일쯤 뒤에 신개가 형조판서로 돌아온 뒤에 이루어졌다(세종 17년 9월 10일). 자세한 내용은 뒤에서 소개하겠다.

신개의 파격적 파격 덕분에 도둑방지대책을 새롭게 갖춘 대왕은 곧바로 '가뭄과의 투쟁'에 돌입하였다. 가뭄 자체도 매우 버거운 난관이지만, 가뭄으로 흉년이 닥치면 도둑이 늘어나 치도가 힘들어지기 때문이었다.

그런 의미에서 '가뭄과의 투쟁'은 '도둑과의 전쟁'을 치르기에 앞서 벌이는 전초전 성격이 강했다. 또, 가뭄과의 투쟁에서 지면 뒤에 벌이게 될 도둑과의 전쟁이 한층 더 힘들어져, 반드시 이기지 않으면 안 되는 매우 절박한 한 판이었다.

우선 급한 대로 경상도 감사와 전라도 도절제사를 위한 송별연계획을 취소시키고, 회수하여 보관하던 36명의 직첩을 돌려주게 하였다. 매번 식사 때마다 보약삼아 마시던 술도 올리지 말게 하였다(세종 17년 7월 30일).

8월 초하루 아침조회를 정지하고, 친히 서대문 밖 들녘에 나가 농사를

살폈다. 궁궐과 도성을 방비하기 위해 전국 각지에서 올라오는 시위패를 올라오지 말게 하였다. 도교의식에 따라 해·달·별에 제사를 지내는 소격전(昭格殿)[15]에서 기우제를 행하게 하였다(세종 17년 8월 1일, 2일).

그럼에도 불구하고 비가 오지 아니하여 대왕이 시름에 잠겼는데, 신개가 수장으로 있는 형조에서 저돌적인 혁신안을 또 내놨다. 전라도 외딴섬에 안치한 절도재범자들을 변방지역 여러 고을의 관노로 귀속시켜, 노는 토지를 나눠주고 가족과 더불어 생업을 꾸려가게 하자고 건의를 올린 것이다.

암태도와 자은도에 가둔 인원에 비해 감시원이 턱없이 적어서, 도적들이 패거리를 만들어 주민들의 소와 말을 훔쳐다 잡아먹고, 때로는 감시원의 생명까지 위협한다고 하였다. 진도에 안치한 도적들도 그대로 방치하면 집단을 이루어 감시원을 살해하고 배를 빼앗아 장차 해적으로 변할 우려가 있다고 하였다(세종 17년 8월 2일).

대왕이 곧바로 특명을 내려서, 자은도·암태도·진도 등지에 가둬둔 절도범들을 함길도와 평안도 여러 고을의 관노비로 보내고 노는 토지를 나눠줘서 정착을 돕게 하였다. 그들이 건전한 삶을 살아갈 수 있도록, 가족과 함께 섬에 가뒀던 절도재범자들을 변방으로 옮겨서 국가가 그들의 자력갱생을 도와주게 한 것이다.


## 3. 신백정의 우마거래 제한

외딴섬에 가뒀던 절도재범자들을 변방으로 보내서 자력갱생을 돕기로

---

15 도교의 풍습에 따라 북두칠성을 비롯한 하늘의 별들에 제사를 지내던 궐내 사당의 이름이었다.

결정하던 무렵, 경기 감사가 대왕에게, 신백정들이 소유한 모든 말에 불도장을 찍어준 뒤에 낙인(烙印)이 없는 말의 사육을 금하고, 아울러서 일반 백성과 신백정 사이의 말 거래를 제한하기를 청했다.

전에 비하여 도적의 준동이 한층 더 심해진 것은 신백정들이 농사일은 하지 않고 말을 타고 다니며 강도를 일삼기 때문이라고 이유를 달았다. 건의내용은, 신백정이 평민에게 말을 파는 것은 놓아두고, 평민이 신백정에게 말을 파는 것만 엄격히 금하여, 그들이 저절로 평범한 농민이 되게 하자는 것이었다.

대왕이 보고 나서 상정소에 토론을 지시하니, 곧바로 결과보고가 올라왔다. 골자는 두 가지였다.

첫째는, 경기도 이외의 지역도 신백정의 도적질이 극심하며, 그 원인은 그들이 모두 말을 갖고 있기 때문이라는 것이었다. 둘째는, 신백정 가운데 시위패에 속한 자들의 말을 거둬다가 불도장을 찍어서 돌려주고, 시위패에 속하지 않은 신백정은 소유한 말들을 모두 강제로 팔게 해서, 애당초 도적이 될 마음을 먹지 못하게 하자는 것이었다.

대왕이 그 문건을 형조에 내려주고 의정부와 육조와 더불어 의논하여 결과를 아뢰라고 지시하니, 며칠 뒤에 두 가지 의견이 올라왔다.

하나는, 한 곳에 정착하여 성실하게 농사를 짓는 신백정도 많아서, 모두 다 강제로 말을 팔게 하면 안 된다는 것이었다. 다른 하나는, 도적질을 일삼거나 여럿이 몰려다니며 밥을 빌어먹는 무리(떼거지)들은, 예외 없이 소유한 말들을 모두 팔게 하자는 것이었다(세종 17년 8월 2일).

상정소·의정부·육조의 의견을 확인한 대왕은 그대로 승낙하고, 다음 날부터 기우제에 전력을 쏟았다. 때맞춰서 비가 내리지 않으면 국정 전반에 중대한 차질이 생기기 때문이었다.

가뭄으로 흉년이 들면, 헐벗고 굶주리다가 몸이 허약해져 죽음에 이르거나, 고향을 떠나서 도둑이 되는 백성이 늘어났다. 세금수입이 줄어들어 나라살림이 어려워지고 국가안보가 위기에 놓였다.

기우제를 열심히 지냈는데도 비가 오지 아니하자, 우승지 이건기를 종묘에 보내 기우제를 행하게 하고, 용을 그려서 기우제를 지내게 하였다. 같은 날 강도혐의로 검거된 신백정 3명을 참형에 처했다(세종 17년 8월 3일).

그다음 날은 비 오기를 비는 태일초제(太一醮祭)[16]를 지내게 하고, 범의 머리를 박연폭포(개성)에 가라앉히게 하였다(세종 17년 8월 4일). 그다음 날은 풍운뇌우단(風雲雷雨壇)의 제사에 쓸 향과 축문을 친히 전했다.

마침내 비가 내렸으나 그 양이 흡족하지 못했다(세종 17년 8월 5일). 하루 뒤에 종묘에서 기우제를 행하는 데 필요한 향과 축문을 친히 전하고, 동방청룡(東方靑龍)에게 기우제를 지내게 하였다. 아울러서 승려와 무속인들을 시켜서 석척기우제[17]를 행하게 하였다(세종 17년 8월 6일).

특별사면을 단행하여, 그때까지 회수하여 보관하던 13명의 직첩을 돌

..................

16 우리민족은 오래 전부터 천지인(天地人)을 각각 주재하는 천일신(天一神), 지일신(地一神), 태일신(太一神)을 받들어 섬기는 전통을 이어왔다(삼신사상). 천일신은 만물을 창조하는 조화신(造化神)이고, 지일신은 만물을 기르는 교화신(敎化神)이고, 태일신은 만물을 완성하여 다스리는 치화신(治化神)이다. 초제(醮祭)란 도교의 재초(齋醮)와 과의(科儀)에서 채용된 제천행사다. 재초는 도교의 제례 또는 기도의식을 말하며, 초재(醮齋)라고도 한다. 재(齋)는 심신을 청정히 하는 것을 가리키고, 초(醮)는 제단을 만들어 술과 음식을 바치고 신에게 제사지내는 것이다. 과의는 재앙을 쫓고 복을 기원하는 도교의식이다. 차주환(1984), 『한국의 도교사상』, 동화출판사.

17 비를 관장하는 용(龍)의 대용으로 도마뱀(석척·蜥蜴)을 쓰는 기우제. 도마뱀 10마리를 독 안에 넣고 나뭇잎으로 덮은 뒤에, 손발을 푸르게 염색하고 푸른 옷을 입은 동자 수십 명이 버들가지를 물에 적셔 독을 두드리면서 '비가 오게 하면 놓아주겠다.'고 외치면서 독 둘레를 돌았다. 조기형(2011), 『한자성어·고사명언구 대사전』, 이담북스.

려주고, 다음날 다시 또 68명의 직첩을 돌려주니 마침내 비가 왔다. 하지만 비가 오기는 두 차례 왔어도 내린 양이 여전히 부족하였다(세종 17년 8월 6일, 7일, 10일).

그런데 흉년으로 기근이 심해서 백성들이 살기가 몹시 고달팠던가보다. 추석이 하루 앞으로 다가왔는데 한성부에서 대왕에게, 집에서 기르던 아이를 밖으로 데리고 나와서 길에다 버리는 부모가 많다며, 아이를 버리는 자들을 붙잡아서 엄히 다스리기를 청했다.

아이를 버리는 것은 아이를 죽이는 것과 다름이 없는데도, 도성 안에서 부모들이 아이를 길거리에 버린다며, 한(漢)나라 때의 제도를 본받아 금지령을 내려서 그 죄를 엄히 다스리고, 아이를 버린 부모를 신고해 붙잡게 한 사람에게는 붙잡힌 부모의 재산에서 상을 주자고 하였다.

대왕이 상정소에 내려주고 여럿이서 토론해볼 것을 명하니, 며칠 뒤에 결과를 아뢰기를, 아이를 버린 자는 대명률의 '조부모 또는 부모가 고의로 자손을 죽인 죄'를 적용해 장 70대와 노역 1년에 처하고, 그런 자를 제보해 붙잡게 한 사람에게는 상으로 베 12필을 주기를 청했다.

대왕이 그대로 형조에 내려주고 여론을 수렴해보라고 명을 내리니, 상정소가 아뢴 대로 시행하기를 청했다. 그러자 대왕이 이르기를, 그다지 아름답지 못한 내용을 법으로 정하고 싶지 않다며, 형조에서 공문으로 내리게 하였다.

도성과 지방을 가릴 것 없이 사람들이 어린애를 길에 버리니, 설령 자기가 낳은 자녀가 아니더라도 잔인하기가 이를 데 없다. 도성은 한성부가, 지방은 수령이, 아이를 버린 자들을 끝까지 추적해 잡도록 하고, 아이를 버린 자를 고발하여 잡히게 한 자에게는 특별히 포상하겠다는 내용을 전국에 전파하여 두루 알 수 있게 하라(세종 17년 8월 14일).

다음 날 한가위 명절을 보내고, 하루 뒤에 제주에서 강도혐의로 검거된 3명과 살인범 1명을 참형에 처했다. 그다음 날 함길도 감사로부터, 현물로 받아들인 조세를 운반하는 배가 난파하여 승무원 42명이 익사하였다는 장계가 올라오자, 희생자들의 집에 부의를 보내고 부역을 면해주라고 명을 내렸다(세종 17년 8월 16일, 17일).

며칠 뒤에, 살곶이에서 금령을 범하고 물고기를 잡는 사람이 많다는 지적이 제기되어, 관원들을 더 배치해 밤낮으로 순찰을 돌게 하였다. 아울러서, 사복시 관원으로 하여금 부하관원과 함께 순찰과 단속을 행하게 하고, 병조에서 때때로 검찰을 행하게 하였다(세종 17년 8월 25일).

같은 날 옥에 갇힌 죄수들의 정상을 살펴보고 경범들을 석방하게 하였다(세종 17년 8월 25일). 이틀 뒤에는 병조에 명을 내려, 재인과 화척의 호칭을 백정으로 고치고 토지를 나눠줘서 평민과 똑같이 호적을 만들게 한 법을 거듭 밝혀서 엄격히 시행하고, 따르지 않는 자는 모두 색출해 전 가족을 평안도 여연 등지로 들여보내는 방안에 대해 의견수렴을 지시하였다(세종 17년 8월 27일).

하루 뒤에는 형조에 명을 내려, 한성부와 의금부가 함께 아이를 버린 자들을 찾아내게 하였다. 두 달쯤 전인 6월 22일에, 제생원에 아동보호소를 설치해 길에 버려진 아이들을 보살피게 한 뒤로도 여러 명의 아이가 죽었는데, 이때에 이르러 길에 버려진 아이의 숫자가 10여 명에 달하자, 대왕이 아이를 내다버린 자들을 색출하게 한 것이다.

그것이 다가 아니었다. 관령이 인보(隣保)를 샅샅이 조사해 아이를 버린 자들을 찾아내되, 아이를 버린 자를 알면서도 신고하지 않은 자는 중죄로 다스리고, 신고자에게는 상을 내리게 하였다(세종 17년 8월 28일).

인보란 마을의 세대를 5호, 10호 단위로 묶어서 서로 보호하게 하였던 공동체관리제도(방식)를 일컫던 말이다. 옛날의 중국 당나라 때 한 집과 이웃한 네 집(동·서·남·북)을 '인(鄰)'이라 하고, 그 집을 더한 다섯 집을 '보(保)'라고 하였던 데서 유래하였다고 한다.

# IV. 두 번째 법외 형벌-단근

## 1. 신개의 복귀와 치도전략 시행

계절이 가을의 한복판을 지날 때 중추원에서 휴식을 취하고 있던 신개가 마침내 형조판서 직책에 복귀하였다(세종 17년 9월 8일). 이틀이 지나자, 앞서 자신이 제안한 여덟 가지 대책 가운데 대왕의 윤허가 떨어진 네 가지 정책의 구체적 시행방안을 작성하여 대왕에게 올렸다.

첫째. 장물증거가 명백하면 법정형 이상의 매질도 가능하게 하겠습니다. 흉악범을 제외하고, 법정형이 태형이나 장형으로 정해져 있는 절도용의자를 신문할 때는, 법에 규정된 태 혹은 장의 횟수 이내에서 매질을 그치도록 법으로 정해져 있습니다. 하오나 대개의 도적들은 몹시 흉악하고 사나워서, 신문할 때 모질게 매질을 가해도, 악착같은 인내로 횟수를 세면서 끝까지 자백을 거부하다가, 매질이 법정형에 이르러 혐의가 벗어지면, 옥문을 나서기가 무섭게 다시 또 도적질을 합니다. 반면, 과거의 범행까지 모두 들춰서 끝까지 신문을 해보면 훔친 장물의 규모가 도형 또는 유형의 요건을 충족하는 경우가 매우 많습니다. 따라서 앞으로는 절도용의자를 신문할 때에 상당한 이유가 있으면 법정형과 상관없이 매질을 할 수 있게 하겠습니다.

둘째. 자수자는 죄를 면해주고, 패거리를 털어놓아 붙잡게 한 자는 포상하도록 하겠습니다. 도적 중에서 양심의 가책을 느끼고

행실을 고쳐볼 각오로 스스로 자수해오는 자에 대하여는 죄를 면해주고 패거리들을 실토하게 만들어, 1인에서 9인까지 말하면 면포 50필을 주고, 10인 이상을 말하면 면포 1백 필을 주도록 하겠습니다.

여러 해 동안 골치를 썩인 도적떼를 제보하여 모두 붙잡게 하였으면 체포한 인원과 상관없이 유리한 쪽으로 따져서 후하게 상을 주도록 하겠습니다. 전국 각처의 도적들을 낱낱이 일러줘 모조리 붙잡게 한 경우는, 그 사람이 양인이면 상으로 관직을 주고, 천인이면 부역을 면해주고 범인의 재산을 모두 가지게 하겠습니다. 공개적으로 제보하기를 원하지 않을 경우는 은밀히 털어놓게 하겠습니다.

셋째. 도둑을 아는 자들에게 신고할 기회를 제공하고 신고자를 포상하도록 하겠습니다. 누구든지 도적의 무리에 대해 자세히 아는 사람은, 그들의 거주지, 우두머리, 인원수, 인상착의 등을 은밀히 관청에 신고할 수 있게 기회를 제공하겠습니다. 도성은 형조·의금부·한성부가, 지방은 감사와 수령이 각각 신고를 접수하여, 신고자의 신분을 감춘 상태에서, 도적이 먼 곳에 있으면 말을 주어서 타고 가 잡아 오게 하고, 가까운 곳에 있으면 직접 출동해 잡아오게 하겠습니다. 검거하여 죄상을 밝힌 뒤에 신고자가 보상을 요구하면 포상을 하되, 검거한 인원이 10명을 넘으면 면포 50필을 주고, 9명 이하이면 면포 25필을 주도록 하겠습니다.

넷째. 《속형전》에, '마을 안에, 소유하게 된 경위가 미심쩍은 말이나 값비싼 의류 혹은 재물 등을 소지한 자나, 까닭 없이 운집하였다가 밤을 틈타서 들락거리는 사람들이 있으면 가까이 사는 사람들이 관청에 신고해야 한다.'고 하였으니, 이웃에 그런 사람이 사는데도 신고하지 않은 사람은 '실상을 알면서

도 신고하지 않은 죄'를 적용하되, 형벌을 한 등급 낮추도록 하겠습니다(세종 17년 9월 10일).

첫 번째부터 세 번째까지는 앞서 대왕의 재가절차를 거친 것들이지만, 네 번째는 신개가 대왕에게 올린 8가지 치도대책에 들어있지 않았던 것이다. 신개가 형조판서로 복귀해 새로 추가한 것인데, 상관없이 대왕의 마음을 만족케 하였던 모양이다.

내용을 확인하고 나서 형조에 이르기를, 네 가지 시행방안 모두 매우 사리에 합당하니, 그 내용을 도성과 지방의 구석구석까지 빠짐없이 전파하여, 두메산골에 사는 무지한 남녀까지 모르는 백성이 없게 하라고 특명을 내렸다. 또, 각 고을의 수령들로 하여금 월말마다 서면으로 성과를 아뢰게 하라고 지시하였다.

그해 가을이 끝나갈 무렵, 군관 및 군인과 보충군 등이 절도를 범한 경우도 일반백성과 똑같이 자자하게 하였다. 형조판서 신개가, 문신이 없으면 수십 번 범죄를 저질러도 전과를 알 길이 없을 뿐더러, 절도 전과자가 장차 벼슬이 높아져서 조정의 반열에 서는 상황을 막아야 한다며 대책으로 올린 것을 그대로 따른 것이었다(세종 17년 10월 25일).

또, 도축업자가 소나 말을 도살하였을 때에 가죽과 고기에 대해 세금을 내는 기한을 정하게 하였다. 소와 말을 함부로 도살하지 못하도록 가죽과 고기에 세금을 매기는 법을 세웠으나, 세금을 내야하는 기한이 없어서, 소나 말을 함부로 도살하여 판매하는 사례가 많았기 때문이었다. 가죽은 15일 이내에, 살코기는 10일(겨울) 혹은 5일(여름) 이내에 세금을 내게 하고, 어기면 엄벌에 처하게 하였다(세종 17년 12월 13일).

해가 바뀌어서 봄철로 접어들자, 도성 안팎의 여러 경수소 가운데 후미지거나 외딴곳에 위치한 13곳을 제외한 나머지를 모두 폐쇄하고, 남겨둘 경수소들의 근무방식을 전면 바꾸게 하였다.

경수소에 배속된 파수꾼의 수효는 적은데, 성문 밖은 도로가 사방으로 통하여 도적을 잡는 데 어려움이 많을 뿐더러, 성문이 닫히면 근무상태를 점검하기가 곤란한 취약점이 지적되었기 때문이었다(세종 18년 3월 2일).

경기도와 충청도의 대로변에 도둑이 일어나, 밤이면 관원들이 묵는 숙소에까지 침입해 재물을 강탈한다는 첩보가 접수되어, 진무 김보지 등으로 하여금 기운이 장사이면서 담력을 지닌 군사 30여 명을 거느리고 경기도와 충청도를 순회하며 도둑들을 잡아오게 하였다(세종 18년 4월 1일).

그해 여름이 시작될 무렵 대왕이 국정운영방식을 육조직계제에서 의정부서사제로 바꿨다. 18년 동안 과로가 누적되어 건강이 갈수록 나빠지자 최고위 관료인 정승들에게 국정처리에 관한 권한을 대폭 넘긴 것으로 보인다. 이틀 뒤에 형조판서가 신개에서 하연으로 바뀌었다(세종 18년 4월 12일, 14일).

두 달쯤 시간이 지나서, 전년 8월 2일 조정회의에서 정한 바에 따라서, 전라도의 자은도·암태도·진도에 가둬둔 절도전과자들을 함길도 경원 이남과 평안도 희천 이남 각 고을의 관청에 보내서 영구히 관노로 삼게 하였다(세종 18년 6월 15일).

## 2. 임금의 제주 우마도적 동정

그런데 건강이 나빠서 국정처리권한의 대부분을 정승들에게 넘겨준 뒤에도 대왕은 도둑들에 대해 측은지심을 버리지 않았다. 앞서 변방으로 들여보낸 도둑들 가운데 제주에서 잡아온 자들을 모두 다시 제주로 돌려보낼 뜻을 공개적으로 밝혔다. 이유는 낯선 타향에 억지로 끌려가서 힘겹게 사는 것이 가엾고 불쌍해서 차마 그대로 내버려둘 수가 없다는 것이었다.

조순생이 검거하여 육지로 옮겨온 인원이 8백 명이나 되어, 전라도로부터 평안도에 이르기까지 늙고 어린 것을 붙들고 업고서 길을 이어서 간다고 들었다. 그래서 도중에 굶거나 추위에 얼어서 죽는 자가 생길까봐, 조정의 관리들을 파견하여 감사와 수령들을 타일러 그들을 성심껏 구휼하고 보살피게 하였다. 마음 같아서는 그들을 육지로 내보내라고 한 명령을 거두고 싶었지만, 대신들의 반대가 거세서 그대로 놓아두고, 겨우 외아들 백여 명을 집으로 돌려보내 부모를 봉양하게 하였을 뿐이어서, 도망치거나 죽은 사람이 무수히 많았다.

그런데 다시 생각해보니까, 제주는 육지로부터 멀리 떨어진 섬이라서 주민들이 예의를 모를 뿐만 아니라, 아무런 생각 없이 몰래 산속에 터를 잡고 소나 말을 훔쳐다가 잡아먹는 것이 풍습처럼 되어 있으니, 예의를 아는 육지백성과 똑같이 취급해 법을 엄정하게 적용하는 것은 옳지 않은 것 같다.

그뿐만 아니라, 변방으로 보내진 자들이 고향으로부터 멀리 떨어져 어버이와 고향을 그리워하는 마음에서 원망하는 마음을 품으면 필시 천지간의 화기가 손상될 것이다. 그러니 도적들에게 의사를 물어봐서, 육지에서 살기를 원하면 육지에 놓아두고, 제주로 돌아가기를 원하면 돌려보내서 원한을 품지 않게 하면 어떻겠는가(세종 18년 6월 20일).

신하들의 반응이 냉담하였다. 모두가 한 목소리로, 변방에 안치하고 얼마 되지 않은 상황에서 곧바로 돌려보내면 악인들을 징계할 길이 없다고 하였다. 또, 제주는 땅이 비좁고 백성이 많아서, 이미 변방에 안치한 도적들을 다시 제주로 보내는 것은 바람직하지 않다며, 현재 있는 곳의 감사로 하여금 토지를 넉넉하게 주도록 명을 내리기를 청했다.

그래서 아무런 성과 없이 회의가 끝나자, 이틀 뒤에 대왕이 고위직인사를 단행하였다. 형조판서를 하연에서 정연[18]으로 교체하더니(세종 18년 6월 22일), 바로 다음날 회의 때 제주출신 우마도적 얘기를 다시 꺼냈다.

경들이 제주의 우마도적을 육지로 옮긴 지 얼마 되지 아니하여 즉시 제주로 돌려보내면 악을 징계할 수 없다고 하는 말은 지극히 옳다고 본다. 그러나 멀리 고향을 떠난 지 벌써 3년을 지냈으니, 족히 악을 징계한 것이다. 내가 그들이 멀리 쫓겨나서 부모를 생각하고 고향을 그리워하는 심정을 민망하게 여겨, 모두 고향으로 돌려보내 그 정을 펴게 하려고 하니, 다시 의논해서 아뢰도록 하라(세종 18년 6월 23일).

하지만 신하들의 반응은 여전히 차가웠다. 영의정 황희 등은 말하기를, 도둑의 처자들까지 함께 변방에 보낸 것은 오로지 지아비의 죄 때문이었으니, 옮긴 뒤에 죽은 도둑의 처자만 모두 다시 제주로 돌려보내자고 하였다.

참찬 조계생 등도 지지를 표하는 대신, 제주 사람들이 우마절도를 생업으로 삼는 것은 좁은 땅에 많은 사람이 살아서 농사지을 토지가 없기 때문이라며, 그대로 두는 편이 낫다고 하였다.

이미 육지로 옮겨와 관청에서 토지와 일거리를 줘서 생계를 잇게 하여 모두 살 수 있는 희망이 생겼는데, 굳이 제주로 다시 돌려보낼

18 정연은 대왕과 겹사돈이었다. 대왕의 3남인 안평대군의 장인이면서 동시에 대왕의 조카인 권담(셋째 누나 경안공주의 장남)의 장인이었다.

필요가 있겠습니까(세종 18년 6월 23일).


## 3. 간관의 단근 권유와 심사숙고

결국 제주에서 붙잡은 우마도둑들을 그대로 평안도에 두기로 하였는데, 사간원에서 절도범처벌에 관한 장문의 상소를 올리면서, 단근(斷筋)을 시행하기를 청했다. 잦은 사면으로 인해 '절도3범은 교수형에 처한다.'는 법조문이 사문화된 상황을 재차 거론하며, 주자의 권고대로 발꿈치 힘줄을 끊자고 한 것이다. 그것도 절도초범부터 끊자고 하였으니, 말 그대로 엄형중벌을 청했다고 할 것이다.

《서경》에 이르기를, '어느 백성을 막론하고 강도를 미워하지 않는 사람은 없다.'고 하였습니다. 옛날에 강도로 불렸던 자들은 오늘날의 도적을 일컫는 것입니다. 도적은 어리석거나 미련한 자들이 아니라 모두가 힘이 세고 기질이 사나운 자들입니다. 힘든 일을 싫어하는 불량배들로서, 탐욕에 눈이 멀어서 오직 도적질로 생업을 잇는 것입니다. 낮에는 몸을 숨겼다가 밤중에 남의 재물을 훔쳐서 좋은 옷과 기름진 음식을 풍족하게 누립니다. 도둑질을 하다가 강한 자에게 붙잡히면 두고두고 앙심을 품으며, 약한 자에게 붙잡히면 반드시 보복을 합니다. 이런 이유로 도둑을 보면 겁을 집어먹고 피해버리거나 신고를 기피하는 백성이 많습니다.

간혹 신고하여 체포가 되어도 가해지는 형벌이 고작 장을 치거나 몸에 자자하는 데 그치니, 잔인하고 포악한 도적들이 어찌 버릇을 고치겠습니까. 벌을 받고 풀려난 그날로 탐욕에 빠져서 다시 도둑질을 범하는 것을 보면 뉘우치는 마음이 조금도 없는 것이 분명합니다. 도적들은 남의 생명을 해치고 남의 물건을 강제로 빼앗기 때문에 백성들이 분통을 터뜨립니다. 화가 치밀어 그들의 살점이라도 씹고 싶어 하면서도 소원을 이루지 못하니, 도적들보다 더 윤리와 풍속을 짓밟고 화목한 분위기를 깨뜨려 재변(災變)을 부르는 무리가 어디 있겠습니까.

저희들이 자세히 살펴본 바로는, 절도를 세 번 범하면 교형에 처하도록 법이 세워져 있지만, 실제로는 사면 이후에 절도를 세 번 저지른 경우만 교형에 처하는 것으로 확인됩니다. 그런 상황에서 나라에 경사가 생기거나 혹은 홍수나 가뭄 등이 닥칠 때마다 사면으로 죄수들을 용서하여, 도적들이 뉘우치기는커녕, 풀려나기가 무섭게 다시 또 도적질을 합니다. 심지어는 두세 차례 정도가 아니라 열 번 이상 절도를 저지르고도 사형을 면한 자도 많습니다.

그뿐만 아니라 도둑들의 죄를 용서하는 사면이 도적들로 하여금 나쁜 버릇에 물들게 만들어, 구금에서 벗어나자마자 곧바로 다시 남의 재물을 훔칩니다. 이로 말미암아, 도성의 오부 내에서 도둑을 맞는 집이 없는 날이 없고, 골목마다 근심과 원성이 자자합니다. 급기야는 도둑들이 궁궐창고에 있던 금술잔과 봉상시(奉常寺)[19]의 은주전자까지 훔쳐가는 지경에 이르렀으니, 그 원인은 도둑을 다스리는 법이 엄하지 않은 까닭입니다. 도성에서조차 도적들이 국법을 아랑곳하지 않고 겁 없이 날뛰니 지방의 형편은 더 말할 필요가 없을 것입니다.

일찍이 주자(朱子)가 말하기를, '도형과 유형과 같은 형벌로는 도적질이나 음탕한 행동을 막을 수 없는 상황이면, 생식기나 다리를 끊는 형벌이 보다 더 적합할 것이다. 비록 몸은 불구가 되더라도 생명은 보전하게 될 뿐더러, 못된 짓의 근원이 제거되어 다시는 함부로 나대지 못하게 될 것이니, 위로는 선왕(先王)의 뜻에 합하고 아래로는 시대상황에 적합한 형벌이라 할 것이다.'라고 하였습니다.

하오니 앞으로는 주자의 권유를 따라서, 도적에 대해서는 비록 초범일지라도 발꿈치 힘줄을 끊어서, 용이하게 걷거나 달아날 수 없게 만들면, 아무리 도둑질을 하고 싶어도 할 수가 없게 되어, 설령 상을 준다 해도 다시는 도둑질을 안 할 것입니다. 또 발꿈치 힘줄을 끊는 형벌은 범법자에게 색깔이 눈에 띄는 옷을 입혔던 옛날 성인(聖人)들의 뜻에 어긋나지 않으면서, 생명을 살리기를 좋아하시는 전하의 덕에도 부합할 것입니다.

이 법이 시행되면 종신토록 불구자가 되는 사람이 생기기 때문에, 훌륭한 시대에 시행할 법은 아니라고 말할 수도 있을 것입니다. 하오나 권선징악은 제왕들이 반드시 따라야 할 기본원칙이며, 옛날의 성인(聖人)도 때에 따라 적절하게 임시방편을 썼습니다. 발꿈치 힘줄이 잘린 도적들의 입장에서도, 비록 불구는 되었어도 목숨을 부지하고 수명을 채울 수 있는 것을 큰 다행으로 여겨야 할 것입니다.

잘못한 것이 없는 백성이 포악한 자들에게 재물을 빼앗기고 목숨까지 잃는 것은 참으로 비통한 일입니다. 한 남자가 불구자로 되는 것과 무수한 사람이 피해를 면하는 것을 비교하면 어느 쪽을 택해야 하겠습니까. 발꿈치의 힘줄을 끊는 것이야말로 도적을 응징하고 세상을 바로잡는 데 매우 적합한 형벌이라고 할 것입니다.

주자로 말하자면, 그의 마음이 어질지 못했기 때문이 아니라 흉악한 자들을 제어하기가 어려워서 한시적 조치로 단근을 권했던 것이니, 해와 달처럼 밝으신 전하께서 용단을 내리시어 발꿈치의 힘줄을 끊는 형벌을 미도지방(弭盜之方)으로 삼으시기를 간절히 청합니다. 단근을 영구적으로 시행하기는 곤란하여도, 한시적으로 시행하는 데는 아무런 문제가 없을 것입니다(세종 18년 윤6월 14일).

대왕은 "장차 생각해보겠다,"는 대답으로 결정을 미뤘다. 아무리 천하의 주자가 권유한 형벌이라도, 즉위하면서 '어진 정치'를 다짐한 입장에서는, 중국에서 아득한 옛날에 쓰이다가 한(漢)나라 때 없어진 육형의 부활을 승낙하기가 쉽지 않았을 것이다.

대왕의 속내는 어떠하였든지 간에, 며칠이 지나도록 단근에 대해 아무런 언급이 없었다. 대신 한 달쯤 뒤에 수성금화도감에 특명을 내려서, 한성부 오부의 관원과 함께 순찰을 돌면서 규찰하여 우마도살을 금지한 법령을 엄하게 시행할 것을 지시하였다.

《경제육전》에 분명히 소와 말의 도축을 금지한 조항이 있는데도 도성안과 궁궐 옆에서 여러 차례에 걸쳐서 법을 위반한 자들이 적발되었기 때문이었다(세종 18년 7월 13일).


## 4. 의정부의 압박과 단근형 채택

가뭄이 상상을 초월할 정도로 극심한 상황이 풀릴 기미가 보이지 아니하자, 대궐의 비용을 줄이기 위해 궁궐의 사람을 줄였다. 궁녀 가운데 전찬(典贊)[20] 강씨 등 8인과 방자(房子)[21] 3인을 내보내게 하고, 나머지 사람

..................

20 궁관(宮官)의 하나로, 세종 때는 내명부 정7품이었다가 뒤에 정8품이 되었다. 맡았던 역할은 임금을 만나러 온 손님이 있거나 궁중연회를 개최할 때 참가자들을 안내하는 것이었다(한국고전용어사전, 세종대왕기념사업회).
21 궁중 상궁들의 살림집에서 붙박이로 일하던 가사도우미다. 대개 나인으로도 뽑히지 못하는 가난한 천민의 딸들이었다. 나인은 내인(內人)의 원말로, 궁중에서 임금·왕비·왕세자를 가까이 모시며 시중을 들었다(한국민족문화대백과, 한국학

들의 급료를 줄이게 하였다(세종 18년 7월 13일).

추석이 다가오는데 도성과 지방에서 도적이 급속도로 늘어나자, 대왕으로부터 국정권한을 위임받은[22] 의정부의 고관들이 총대를 메고 전면에 나섰다. 주자의 논리에다 호굉·나종언·장자·양간 등의 말을 차례로 얹은 다음, 단근의 효과를 입증한 중국의 옛날 사례들을 내세워, 대왕이 단근 시행을 거부할 수 없도록 간곡하게 상소를 올렸다.

요즘 도성과 지방에 도적의 기세가 날로 더해가니 그대로 방치하면 아니 될 것입니다. 게다가 흉년까지 들었으니 강도가 극심해질 가능성이 매우 높습니다. 하오니 절도를 세 번 저지른 자는 사면과 상관없이 교수형에 처하도록 한 〈육전〉의 규정을 그대로 따르는 것이 옳겠습니다. 저희들이 《성리대전》을 살펴보니, 일찍이 주자가 말하기를, '대체로 선대의 국왕들은 형벌에 의존하여 정치를 하지는 않았어도, 형벌로 백성을 교화하고 백성들의 나쁜 짓을 막았다. 그러니 노역과 귀양만으로는 남의 재물을 훔치는 도둑질과 음탕한 행위를 막기가 어려우면, 생식기나 발꿈치를 자르는 혹독한 형벌을 사용하라. 이와 같은 육형(肉刑)은 신체의 일부를 못 쓰게 만드는 폐단이 있어도 생명은 온전하게 보전될 뿐더러, 악행의 근원이 제거되어 다시는 나쁜 짓을 할 수 없게 되니, 위로는 선대 국왕들의 뜻에 부합하고 아래로는 시대상황에 알맞은 형벌인 것이다.'라고 하였습니다.

송(宋)나라 때 사람인 호굉(胡宏)은, '범죄자를 관대하게 처벌하면 재범을 저지를 확률이 올라가고 백성들이 부끄러움을 모르게 된다.'

····················

중앙연구원).

22 3개월 전에 국가경영방식이 완전히 새로운 형태로 바뀌어 있었다. 이전까지 육조의 판서들을 임금이 직접 통할하던 방식(육조직계제)을 폐지하고, 의정부가 육조를 통할하는 의정부서사제(議政府署事制)를 채택했기 때문이다(세종 18년 4월 12일자 실록기사 참조).

고 하였고, 같은 송(宋)나라 사람인 나종언은, '국법이 엄격하지 않으면 백성의 악행을 막을 수 없다.'고 하였습니다. 또, 《근사록》에 따르면, 일찍이 장자(張子)가 말하기를, '신체의 일부를 못 쓰게 만드는 육형(肉刑)은 사형을 피하기 위한 대안으로 고안된 형벌로, 마땅히 죽여야 할 범죄자를 너그럽게 살려주는 것이다.'라고 하였으며, 《활민서(活民書)》에 이런 이야기가 실려 있습니다.

송나라 광종 황제 때 낙평(樂平) 지방에 흉년이 들어 마을 백성이 돈을 가지고 장터로 쌀을 사러 가는데, 산길에서 도적떼가 나타나 그 백성을 결박하고 돈을 빼앗아 달아났답니다. 그 뒤에 범인들이 검거되자 고을을 다스리던 양간(楊簡)이, '이 무리는 몸에 자자하는 것으로 그치면 다시 도적질을 할 것이고, 귀양을 보내면 도망쳐 돌아와 다시 도둑질을 할 것이다.'라고 말하고, 모두 한쪽 다리의 힘줄을 끊은 뒤에 행인이 많은 거리에서 조리를 돌렸더니, 이후로 지역주민들이 정신을 차렸다는 것입니다.

저희들이 생각해본 바로는, 매우 신기하게도, 도적과 형벌에 대한 옛날 선비들의 언급도, 양간이 도적의 속성과 형벌에 대해 언급한 말도 오늘날의 상황과 너무도 흡사합니다. 요즘의 도적들은 7, 8번 정도가 아니라 열 번 이상 범행을 하고서도 그칠 줄을 모릅니다. 아마도 죽어야지 도둑질을 그만둘 모양이니, 발꿈치 힘줄을 끊어서라도 다시는 도적질을 못하게 만들어 타고난 수명을 채우게 하는 편이 더 낫지 않겠습니까.
게다가 발꿈치 힘줄을 자르는 형벌은 다리 전체를 끊는 것이 아니라 억세고 날랜 힘만 못 쓰게 만드는 것이라서, 그들이 목숨을 부지하고 일을 하는 데에 전혀 지장이 없습니다. 하오니, 풍속이 바로 설 때까지 (사면 전에 두 번 훔치고 사면 후에 한 번 훔쳤거나, 사면 전에 한 번 훔치고 사면 후에 두 번 훔친) 절도3범은 한쪽 다리의 힘줄을 끊어서 도적질의 근원을 제거하게 하소서(세종 18년 8월 8일).

대왕의 입에서 '단근을 시행하라.'는 명령이 떨어졌다. 신개가 휴가 중에 「도둑방지종합대책(안)」을 올리면서 안치된 섬을 이탈한 도둑들에 대한 단근을 건의한 것이 전년 6월 14일이었으니, 대왕이 1년 동안 고민에 고민을 반복하다가 마침내 마음을 굳힌 것이다.

대왕의 입장에서도 속으로는 의정부의 건의를 반갑게 여겼을 개연성을 점쳐볼 수도 있을 법하다. 실록을 편찬한 사관들이 외딴섬에 안치한 도둑들의 행태를 간추려놓은 실록기사가 있기 때문이다.

당초에는 절도3범이 사면을 만나서 운 좋게 죄를 용서받으면 도성 밖으로 내쫓았었다. 그런데 얼마 안가서 모두 도망쳐 종적을 감춰서, 처자와 함께 바다의 외딴섬으로 귀양을 보내서 제 힘으로 벌어먹다가 일생을 마치게 하였더니, 현지에서 소금을 굽던 집들을 침탈하였다. 시간이 흐를수록 도적들을 제압하기가 어려워져, 임시로 변방 각 고을의 관노로 분산시켜 보냈지만 소용이 없었다. 모두 곧바로 도망해 돌아와서 다시 전처럼 도적질을 해서, 한 사람도 허물을 고칠 마음이 없는 것으로 보고, (사간원과 의정부가 연달아) 발꿈치 힘줄을 끊는 단근법 제정을 간한 것이었다(세종 18년 8월 8일).

대왕의 윤허가 있은 뒤에, 절도3범에 대한 태형과 장형 시행이 정지되었다. 단근이 태형이나 장형보다 더 무거운 형벌이라, 절도3범에 대해 단근을 시행하면서 동시에 태형과 장형까지 시행할 수가 없었기 때문이다. 다만 훗날 절도전과를 확인할 때에 증거로 삼아야 할 필요성을 감안해 자자는 그대로 시행하게 하였다(세종 18년 10월 15일).

# V. 세 번째 법외 형벌-경면

## 1. 치도지술 보완과 적폐청산

단근이 어떤 식으로 집행되었는지에 관하여는 실록에 아무런 정보가 실려 있지 않다. 하지만 그 효과가 기대에 미치지 못한 것은 분명해 보인다.

가뭄에 따른 흉년으로 식량이 떨어져 외지를 떠도는 사람이 늘어나고, 시골의 작은 마을이나 관원들이 묵는 숙소를 터는 도둑이 매우 많다는 소문이 들리자, 대왕이 충청·전라·경상 감사에게 명을 내려 도적을 근절시킬 계책을 마련하여 올리게 하였다(세종 18년 10월 23일).

농촌의 가을걷이가 끝났을 무렵 강도 혐의로 검거된 이홍부·유성길·정원만·김수생·김산대 등 다섯 명을 율에 따라 모두 참형에 처했다(세종 18년 11월 2일). 반면, 범죄(주로 절도)를 저질러 처자와 함께 평안도와 함길도로 보내지는 자들에 대해서는 부모가 자식을 챙기듯이 신경을 썼다.

그들이 통과하는 지역의 수령들에게, 그들이 지나가는 관(館)과 역(驛)에서 식량과 의복을 주어서 굶거나 어는 자가 없게 할 것을 지시하고, 또 그들이 정착할 각 고을에서는 먹을 양식과 농토를 나눠줘서 편안히 살게 하라고 지시를 내렸다(세종 18년 11월 17일).

그해에 지독한 흉년이 겹치니 가난한 백성이 늘어나 도성과 지방을 따질 것 없이 도적이 급격히 늘어났다. 그 중에서도 하삼도(충청도·전라도·경상도)에 도둑이 더욱 심각한 가운데 밤에 횃불을 들고서 약탈을 벌이는 명화도적(화적)이 특히 많았다.

그런데 대왕이 느닷없이 거센 파문을 일으켰다. 건강이 좋지 않다며, 이조와 병조의 인사와 군대지휘를 비롯한 중요국정만 자신이 처결하고, 나머지는 세자에게 넘길 뜻을 밝힌 것이다. 승지들의 만류로 그만두기는 하였어도, 군신이 함께 심하게 내상을 입었다(세종 19년 1월 3일).

그런 와중에 (전년 10월 23일의 교지에 따라) 충청도와 경상도 감사로부터 주민자율방범대를 조직해 야간순찰과 위기대응 및 우범자색출 등을 맡기게 해달라는 요청이 올라오자, 대왕이 그대로 시행을 승낙하였다. 경상도 감사의 건의 중에는 유공자 포상과 비협조자 처벌에 대해 허락을 청하는 내용도 들어있었다(세종 19년 1월 3일, 6일).


그런데 단근을 시행하는 과정에 문제가 생겼다. 전년 8월에 대왕이 단근을 수락하고 1년쯤 지나서, 발꿈치 힘줄이 잘리고서도 도둑질을 저지르는 자들이 적발된 것이다. 형조에서 재단근을 시행하기를 청하니, 대왕이 윤허하지 않았다(세종 19년 7월 21일).

그러더니 20여 일 뒤에 형조에서, 절도를 세 번 저질러 발꿈치 힘줄이 잘리고도 다시 절도를 저지른 자들에 대한 재단근과 단근실명제를 동시에 건의하니 승낙이 떨어졌다(세종 19년 8월 12일).

그사이 《원육전》과 《속육전》에 실려 있는 금령과, 여러 차례 반복해서 금지를 공지한 교지를 거듭 밝혀서, 소나 말을 함부로 죽인 자를 제보하면 후하게 상을 내리게 하였다(세종 19년 7월 27일).

형조에서 대왕에게, 소와 말을 죽이는 것을 금지한 법이 매우 엄중한데도, 봉행하는 관리들이 나태하고 게을러서, 간사하고 교활한 무리들이 함부로 소와 말을 죽인다며 대책으로 올린 것을 그대로 따른 것이었다.

제보하여 범인을 붙잡게 한 자가 한성 5부의 관령이면 상으로 관직을 주고, 구실아치나 심부름꾼이면 출근일수를 1백일 더해주게 하였다.

각 도의 수령으로 하여금 관내의 신백정들을 모두 체포해 각 동리에 분산배치하고 농사지을 땅을 나눠준 뒤에, 주민 가운데 형편이 넉넉한 자를 후견자로 골라서 보증을 세우게 하였다(세종 19년 7월 28일).

그보다 앞서 의정부에서 대왕에게, 《원육전》과 《속육전》에 신백정을 별도로 관리하라는 법이 자세하게 적혀 있는데도 수령과 감사들이 성심껏 이행치 아니하여, 신백정 가운데 옛 버릇을 버리지 못하고 이리저리 떠돌아다니거나 무리를 지어서 도적떼가 되는 경우가 많다며, 대책으로 올린 것을 그대로 따른 것이었다.

또, 수령이 관내의 신백정들을 모두 체포해 위와 같이 조치를 마치면, 동리의 이름과 주민의 수 및 후견자를 기록해 두고 월례점검을 실시하여, 그 결과를 매년 연말에 감사를 거쳐서 호조에 올리게 하였다. 수령 가운데 신백정의 정착을 적극 지원하지 않는 자는 엄히 다스리게 하였다.

그런데 도적이 나라 안에만 있었던 것이 아니다. 북쪽의 압록강 건너 파저강 일대에 터를 잡고 있던 이만주 무리가 걸핏하면 서북면(평안도)의 국경을 넘어와 노략질을 반복하자, 대왕이 이번에는 이천으로 하여금 8천 명의 군사를 거느리고 압록강을 넘어가 오라산성(兀剌山城·지금의 오녀산성)과 오미부(吾彌部)의 야인들을 토벌하게 시켰다. 이후에 서북면 일대의 요충지에 차례로 4군을 설치하였다.[23]

그해 연말 무렵 절도3범에 대한 도성과 지방의 형벌이 다른 불합리를 해소하였다. 도성에서는 양인과 천인에게도 속죄를 허용하는데, 지방에서는 허용하지 않아서, 지방의 형벌을 도성과 같게 고친 것이다.

....................
23 세종 19년 7월 17일, 18일, 23일, 27일, 9월 22일, 10월 17일자 실록기사 참조.

절도3범은 자자는 하지 않고 발꿈치 힘줄만 자르고, 절도2범은 자자한 뒤에 임시로 관청의 노비로 붙이는 것은 차이가 없어서 그대로 두었다(세종 19년 12월 23일).

해가 바뀌어서 농사철이 되었는데도 오래도록 비가 오지 아니하자 도죄(徒罪) 이하 죄수들을 모두 보방으로 풀어주고 남은 사법절차를 진행하게 하였다(세종 20년 5월 20일). 또, 중대한 잘못을 저질러서 회수하였던 18명의 직첩을 돌려주었다(세종 20년 7월 9일).

100일쯤 지나서, 옥에 갇혀있던 죄수가 사망하면 감사가 수령의 복무성적을 매길 때 반영하게 하였다. 전옥서에 갇혀 있던 죄수 2명이 갑자기 사망하는 일이 발생하자 철저한 진상조사를 지시하면서 함께 내린 지시였다.[24]

아울러서, 이후로는 죄수가 죽는 일이 생기지 않도록 전국 감옥의 죄수수용환경을 획기적으로 개선하게 하였다.

중앙과 지방에서 옥에 갇혀있던 죄수가 잇따라 참혹하게 죽어서 옥관의 구료에 문제는 없는 것인지 신경이 쓰인다. 기회가 있을 때마다 중앙과 지방에서 옥을 관리하는 관원들에게 엄격히 고찰하라고 명을 내렸으나, 옥에서 죽는 죄수가 계속 늘어나고 줄어들지 않는다.

내가 생각하건대, 죄수가 옥에서 죽는 것은 단지 고문이 너무 심하기 때문만이 아니고, 옥이 너무 좁고 사방이 막혀서 혹한과 폭염과 장마의 고통을 참고 견디다가 병이 나서 죽는 자도 많으니 진실로 불쌍하다.

......................

24 세종 20년 10월 22일, 11월 28일, 12월 18일자 실록기사 참조.

그러나 혹시 원장(垣墻)²⁵이 낮고 규찰이 허술하면 넘어서 도망하는 자가 많이 생길 것이니, 원장을 높이 쌓고 방옥(房屋)²⁶을 수축하고 수목(樹木)을 심어서, 모진 추위와 심한 무더위를 무사히 넘기게 하라.

또 바깥쪽에 가시 수풀을 조성하고 중문(重門)을 굳게 지켜서 죄수들이 넘어가지 못하게 하라. 이 같은 조건들을 자세하게 모두 빠짐없이 의논하여 아뢰도록 하라.

이 같은 교지가 내려진 날짜는 확실하지 않다. 그런데 세종 20년 12월 중순에 (11월 28일에 죄수사망방지대책을 올려서 윤허를 받은 뒤에) 의정부에서 임금의 교지를 받들어 자세하게 연구해본 결과를 보고한 문건의 서문에, 앞서 대왕이 그와 같이 교지를 내렸다고 적혀 있다. 의정부에서는 대왕의 지시에 따라 다음과 같이 보고를 올렸다.

신 등이 반복하여 자세하게 연구하였사오나 더 보탤 말이 하나도 없사옵니다. 엎드려 바라옵건대, 일체 교지에 의하여 시행하시되, 모두 농한기에 폐단 없이 축조하게 하시옵소서.

다만, 지방 각 고을의 옥졸을 사람들이 천하게 여겨서 집이 가난한 무리에게 그 일을 시키는 까닭에, 닥치는 대로 죄수들에게 금품을 요구해, 죄수들이 굶고 떨다가 죽는 일이 허다한데도, 아전들이 보통 일로 여기고 보고를 지체하는 경우가 많습니다.

......................

25 풀이나 나무 따위를 얽거나 엮어서 담 대신에 경계를 지어 막는 물건(표준국어대사전). 울타리.
26 큰 방 안에 따로 규모가 작게 만든 아랫방. 겨울에 외풍을 적게 하려고 방 안에 장지를 들여 만든다(표준국어대사전).

하오니, 앞으로는 각 고을을 대표하는 호장(戶長)과 기관(記官)에게 옥을 관장하는 임무를 맡겨서, 죄수 가운데 죽을 이유가 없는 사람이 죽거나 담장을 넘어서 도망하는 사람이 있으면 그들을 먼저 논죄하시고, 수시로 사헌부에서 사람을 보내 옥을 규찰하게 하시옵소서(세종 20년 12월 18일).

대왕이 보고서 그대로 윤허하였고, 의정부에서 형조에 명을 내려 대왕의 궁리에 맞춰서 옥의 설계도를 작성하게 하였던 모양이다. 한 달 반쯤 뒤에 의정부에서 형조로부터 새로 지을 옥의 설계도를 받아서 대왕에게 올리니, 그대로 윤허가 떨어졌다(세종 21년 2월 2일). [424-428쪽 참조]

그런데 옥의 열악한 환경과 상관없이, 형정 일선에서 범죄용의자를 무리하게 고문하다 죽게 하는 일이 끊임없이 생겼던 모양이다.

같은 날 의정부에서 대왕에게, 중앙에서는 옥에 갇힌 죄수가 죽는 경우가 드문데, 지방에서는 간혹 죄수가 배꼽 아래가 부어오르거나 가슴과 배가 답답한 증상을 호소하다가 죽는 경우가 생긴다며, 그 원인이 남형 때문일 가능성을 제기하고 대책까지 함께 아뢰었다.

틀림없이 급하게 자백을 얻고자 하였거나, 법으로 금지된 형벌을 가하는 등으로 참혹하게 고문한 까닭

곤장(棍杖)
작가: 김윤보, 사법제도연혁도보,
서울대학교중앙도서관 소장

에 그 독(毒)이 오장육부로 퍼져서 배가 부었다가 죽는 것이 분명하다며, 고문의 수위와 한계에 관한 옛날의 법조문들을 앞세워, 과도한 고문을 일체 금지시키기를 청한 것이다.

내용이 다소 길지만, 당시 임금이 그것 때문에 트라우마나 노이로제를 앓았을 법한 남형의 고질이 잘 담겨 있어 전문을 옮기겠다.

전한(前漢) 때 편찬된 《형법지(刑法志)》에 이르기를, '태형을 집행할 때는 볼기를 치되, 도중에 치는 사람을 바꾸면 안 된다.' 하였고, 《당률소의》에는, '태형은 볼기와 허벅지를 번갈아 때리고, 장형은 등짝·허벅지·볼기를 번갈아가며 때린다. 고문을 할 때도 똑같이 하고, 태형에 처해진 자가 등짝이나 허벅지에 나누어 맞기를 원하면 허락한다.' 하였습니다.

또, 《대명률》에 실린 옥구도(獄具圖)에, '신장(訊杖)의 규격은, 머리부분의 직경을 4분 5리로, 길이를 2척 5촌으로 하고 가시나무로 만든다.' 하였고, '중죄를 범한 장물과 증거가 명백한데도 승복하지 않는 자는 문안을 분명히 세우고 법에 따라 고문하되, 볼기와 허벅지를 번갈아 때린다.' 하였사온데, 우리나라의 형정담당 관리들은 용의자를 고문할 때에 무릎 아래 정강이나 장딴지 같은 곳을 때립니다.

그리고 《당률(唐律)》에는 등짝도 때릴 수 있게 되어 있으나, 당나라 태종(이세민)이 《명당침구도(明堂針灸圖)》를 보고 사람의 오장이 모두 등짝과 가까이 붙었으니 죄인의 등짝을 때리지 말라고 하였고, 비록 《대명률》에는 그런 조항이 없으나, 우리나라 《등록형전(謄錄刑典)》에 '대소인원은 등을 칠 수 없다.'고 하였습니다. 그렇다면 옛날부터 등짝은 치지 못하게 금한 것이 분명하고, 정강이나 장딴지를 때리는 것도 근거가 없을 뿐더러, 이전에는 시행하지 않던 고문방법입니다.

그뿐만이 아닙니다. 의금부에서는 오래 전부터 고문할 때에 묶어서 옆으로 눕히고 허벅지와 정강이를 옆으로 때리다가, 상처가 너무 커지면 돌아서 눕게 하여 매질을 해왔습니다. 하오니 매질하는 방법을 그림으로 그려서 중앙과 지방의 각급 관아에 배포해 그대로 시행하게 하시옵소서. 아울러서 《속형전》의 규정대로, '중앙이든 지방이든 관원이 법을 어기고 형벌을 남용하였으면, 죄인의 친척이 그 관원을 고발할 수 있게 하옵소서.

또, 《등록형전》에, '중앙이나 지방에서 죄수를 신문할 때에, 하급관리들로 하여금 좌우로 갈라서서 큰소리로 죄인을 꾸짖으며 서로 번갈아 가며 장(杖)을 치게 하면 안 된다.' 하였고, 1435년(세종 17) 10월에 명하시기를, '죄수의 머리를 꺼두르고 종횡으로 끌어서 회초리나 장을 맞는 것보다 갑절이나 고통이 심하고, 이따금씩 부상을 입고 죽는 자도 생기니, 앞으로는 모두 금하라.' 하셨습니다.

그런데도 형벌을 맡은 관리가 법전과 어명을 장식물로 여기고, 죄수의 양쪽 귀를 손으로 세게 잡아당겨 부상을 입히거나, 혹은 양쪽 귀 아래쪽을 벌어진 나무 틈에 집어넣고 머리를 잡아당겨 살갗이 부어오르거나 눈이나 귀가 찢어지거나, 신장 30대는 충분치 않다며 방망이 끝으로 상처부위를 찌르는 등으로 고통을 가하는 자들이 있사오니, 일체 모두 금지시키소서(세종 21년 2월 2일).

**밧줄로 주리틀기**
작가: 김윤보, 사법제도연혁도보,
서울대학교중앙도서관 소장

대왕이 즉석에서 시행을 윤허하자, 의정부에서 또 다른 문제를 제기하였다. 중앙에 있는 형조에서 지방으로 내려 보내는 판결문의 송달이 지체되거나 분실되어서, 태죄나 장죄를 지은 죄수가 판결문을 기다리다 옥에서 죽는 일도 생긴다며 개선책을 아뢰니, 역시 그대로 윤허가 떨어졌다(세종 21년 2월 3일). [388-389쪽 참조]

형정을 담당하는 관원들의 무지로 인해 주부 절도범들이 부당하게 취급되는 것을 막기 위해, 형조의 청을 받아들여, 기혼여성이 절도를 세 번 저지른 경우는 훔친 장물을 모구 합해서 죄를 부과하게 하는 법을 제정하였다.

부인은 비록 절도3범이라도 남자와 구분해서 다루도록 되어 있는데, 관리가 법률의 뜻을 알지 못하고 결혼한 여성도 절도3범이면 사죄로 여기고 형조에 이첩하여 장기간 옥살이를 하게 하는 폐단을 없앤 것이다(세종 21년 2월 12일).

또, 화척과 재인들의 정착생활을 유도하기 위한 정책의 고삐를 조여서, 매 10년마다 한 차례씩 신백정들이 한 곳에 정착하여 농사를 생업으로 삼고 있는지 여부를 점검하여, 그 결과를 수령의 복무성적에 반영하게 하였다.

이조판서 박신이 대왕에게, 신백정들이 농사를 고통으로 여기고 오로지 소와 말을 잡는 일에만 종사해 국가에도 이익이 없고 백성에게 해독이 심하다며 대책으로 올린 것을 그대로 따른 것이었다(세종 21년 2월 16일).

그뿐만 아니라, 충청도 청양현 사람인 부사정 위충량이 사람들과 더불어 강도를 잡은 것을 계기로, 강도를 잡은 사람에 대한 포상기준을 마련하였다(세종 21년 윤2월 18일).

군인을 포상하는 예를 적용해, 관직이 없는 자는 관직으로 상을 주고, 관직을 가졌던 자는 품계를 올려서 서용하게 하였다. 만약 관직을 감당할 수 없는 자가 강도를 잡았으면 범인의 가산을 처분해 면포 50필을 주도록 하였다.

강도 한 명을 검거함으로 인하여 같은 도당을 많이 잡았으면 매 5명마다 한 계급씩 올려서 관직을 주고, 관직을 주기가 곤란하여 면포를 내려줄 때는 기준보다 10필을 얹어주게 하였다.

신록의 계절로 접어들어 풀과 나무가 무성해지자, 대왕이 도성 안팎의 강도들을 소탕하라고 특명을 내렸다. 번화가와 주거지역은 의금부와 한성부가, 으슥하고 후미진 산속은 삼군진무와 군사들을 보내서 강도들을 남김없이 체포하게 하였다.

그보다 앞서 대왕이, 무뢰배들이 숲이 우거진 산의 동굴에 몸을 숨기고 거지 무리로 위장해 절과 신당(神堂) 등을 습격하여 강도짓을 한다는 소문을 듣고서, 그와 같이 일제단속을 지시한 것이었다(세종 21년 5월 27일).


## 2. 군신의 시각차와 힘겨루기

가을이 깊어져 추수가 거의 끝나갈 무렵, 법대로 따르면 마땅히 교수형에 처해야 할 절도범을 죽일 것인지 살려줄 것인지를 놓고 군신 사이에 언쟁이 벌어졌다. 경기도 교하의 관노인 김선삼이 사면 후에 절도를 세 번 저질러 당연히 교형에 처해져야 하는데, 대왕이 특명으로 형을 감하여 목숨을 살려줬기 때문이다(세종 21년 10월 23일).

먼저 형조참판 유계문이 나서서, 절도를 저지르고도 중형을 면하게 되면 닥치는 대로 도적질을 하다가 종당은 강도짓을 하게 될 것이라며, 법대로 따르기를 청했다. 하지만 대왕이 따르지 않았다.

극심한 기근이 연달아 죽은 백성이 매우 많은 판국에 또 형벌을 써서 백성을 죽이면 되겠느냐며 점잖게 타이르자, 계문이 반론의 수위를 높였다.

백성을 지극히 사랑하는 대왕의 마음에 대해 정중하게 공감을 표하고 나서, 범법자는 반드시 중형으로 처벌해야지 백성들이 법을 겁내서 죄를 짓지 않을 것이라고 재차 아뢰었지만, 대왕은 꿈쩍도 안했다.

대신, 그런 사람은 죄를 면한 것만 다행으로 여기고 뉘우칠 줄을 모르기 때문에, 목숨을 살려줘도 언젠가는 반드시 죽임을 당할 것이라며, 가벼운 법을 좇는 것이 옳을 것이라고 일러주었다.

그런데 단근 시행에 다시 또 문제가 생겼다. 병조에서 아뢰기를, 세종 19년 8월 12일의 결정에 따라 발꿈치 양쪽의 힘줄을 모두 끊긴 자가 다시 도적질을 한 사례들이 적발되자, 병조에서 왼쪽발의 앞쪽 힘줄을 자르기를 청했다.

다시는 도적질을 못하게 만들 목적으로 발꿈치 양쪽의 힘줄을 모두 끊게 한 것인데, 힘줄이 잘리고 두어 달 만에 또 도적질을 저지른다며, 발의 뒤쪽이 아닌 앞쪽의 힘줄을 끊어보자고 제의한 것이다.

《대명률》의 〈도적〉편 절도조는, '절도3범은 교수형에 처한다.'고 되어 있고, 《속육전》의 〈도적〉편 절도조는, '절도3범은 사면 이후에 자자된 횟수를 따져서 죄를 준다.'고 되어 있습니다. 이처럼 《속육전》의 도적처벌조항이 《대명률》에 비해 관대하게(가볍게) 되어 있어서, 도적의 기세가 점차 드세져서 제어하기가 어려운 형편이 되었습니다. 그래서 1435년(세종 17)에 교지하시기를, '사면을 전후해 세 번 절도하였으면 발꿈치 힘줄을 끊으라.'고 하셨고, 또 1437년(세종 19)에 교지하시기를, '힘줄을 끊은 뒤에도 정상으로 걷고 달리는 자는 「자자조항(보자례·補字例)」에 의거해 다시 힘줄을 끊으라.'고 하셨는데, 발꿈치 힘줄을 두 차례 끊긴 뒤에도 도적질을 하는 자가 퍽 많습니다. 단근형은 힘줄을 끊어서 다시는 도적질을 못하게 하려고 도입한 것인데, 도적들이 버릇을 고치기는커녕, 힘줄을 끊긴 지 두어 달 만에 또 남의 재물을 훔칩니다. 이름만 육형이지 도적을 막는 효과가 거의 없으니, 왼쪽발의 앞쪽 힘줄을 끊어서 그 효과를 시험해 보게 하시옵소서(세종 21년 12월 5일).

그대로 대왕의 윤허가 떨어지니 절도3범에 대한 형벌이 한층 더 가혹해졌다. 하지만 도둑들에게 가해지는 고통이 수위가 높아질수록 도둑들에 대한 대왕의 측은지심이 애절해졌던 모양이다.

형조에서 1434년(세종 16) 이후로 판결이 지체된 미결 사형수 1백 90명의 명단을 아뢰니, 대왕이 처형인원을 대폭 줄일 의향을 내비쳤다. 극심한 기근 탓으로 사형수가 크게 증가한 것이라며, 죄가 의심스러운 자들을 가려내서 특별히 너그럽게 용서하고 싶다는 마음을 공개적으로 밝힌 것이다.

세 가지 경우를 거론하면서, 법의 취지를 훼손하지 않으면서 사형수를 줄일 수 있는 방안을 찾아보라고 특명을 내렸는데, 그 가운데 절도범에 대한 형벌을 완화할 방도를 찾아보라는 지시가 들어있었다.

쌍방이 서로 싸우다가 실수로 상대방을 죽음에 이르게 한 자를 살려줄 방도를 찾아보라는 지시도 들어있었으나, 절도범과 관련된 부분만 소개하겠다(세종 21년 12월 15일).

첫째로, 체포에 항거한 절도범은 사형에 처하도록 되어 있는데, 재물의 주인이 붙잡으려고 쫓아와서, 사람을 해칠 마음이 없으면서, 단지 체포를 면탈하려고 뿌리치다가 상대방에게 가벼운 상해를 입힌 경우는 정상을 참작할 만하다.

둘째로, 관청의 돈이나 곡식을 훔친 자들도 역시 사형에 처하도록 되어 있는데, 이 경우도 사람을 해친 행위가 아니니 정상을 참작할 만하다. 더구나 절도가 많은 것은 근년의 기근에 기인한 것이라서 불쌍하고 가엾기 짝이 없다. 그래서 이들의 형을 감하여 죄수들을 신중히 다루는 뜻을 보이고 싶으나, 뒷날 전례가 되어서 아무도 법조문을 따르지 않게 될까봐 신경이 쓰인다.

셋째로, 감형은 임시방편이라 부적합한 측면이 있으니, 절도범을 한 명이라도 덜 죽일 수 있는 방안을 모색하여 아뢰도록 하라.

하지만 아무런 개선도 이뤄지지 않았다. 영의정 황희, 우의정 신개, 찬성 이맹균·성억, 참찬 하연 등이 합세하여 제동을 걸었기 때문이다. 대왕은 불합리한 형률을 고칠 생각으로 동의를 구했던 것인데, 대신들이 강력하게 반대를 표해서 대왕이 혁신을 포기하는 상황이 된 것이다.

의정부의 고관들은 단순히 대왕의 뜻에 반대를 표하는 것으로 그치지 않았다. 마치 절호의 기회를 잡기라도 한 것처럼, 도둑들을 자비로 대하면 안 되는 이유를 장황하게 늘어놓았다. 치안상황은 날로 나빠지는데 임금은 도둑들에 대한 연민을 버리지 못하자, 있는 힘을 다해서 임금의 마음을 바꿔놓기로 작심한 사람들 같았다.

옛날의 제왕들은 벌을 줘야 할 사람은 냉정하게 벌을 주고 죽여야 할 사람은 기탄없이 죽였습니다. 사람들이 형벌을 겁내서 악행을 단념하게 만들기 위함이었으니, 말하자면 백성들을 정직하게 만들어 모든 백성이 올바른 성품을 타고난 것처럼 보이게 하려고 한 것입니다. 형벌을 가볍게 쓰면 간악한 도적들은 이익을 보고 착한 사람들은 피해를 입어서, 나라를 다스리는 데에 도움이 되지 않습니다. 일찍이 주자는 말하기를, '당장의 편리만 생각하는 못난 선비나 이해관계만 따지는 속물 관리들은 하나같이 형벌을 가볍게 쓰는 데에 익숙해 있지만, 가벼운 형벌은 불순한 악행을 하고 싶게 만들어 사법수요를 가중시킨다.'고 하였으니, 탄복할 만하지 않습니까.

지극히 어진 천성으로 생명 살리기를 좋아하시는 전하께서는 형벌을 정하실 때마다 특별히 죄수를 신중히 돌보며 정상을 참작할 여지와 형벌의 경중을 여러 모로 따져서 살려줄 방도를 백방으로 찾으십니다. 그래서 만약 털끝만큼이라도 애매한 구석이 보이면 즉시 가벼운 죄를 적용하시어, 죽어 마땅할 것 같은 죄수가 용서를 받고 목숨을 건지는 경우가 매우 많습니다. 그런 마당에 이제 다시 또 죄수를 살릴 방도를 찾아서 형벌을 낮추게 되면, 범죄를 가볍게 여기는 사람이 많아져, 날이 갈수록 악행을 저지르는 사람이 늘어날 것이 분명합니다.

또 《대명률》과 《당률》의 어디에도 전하께서 말씀하신 세 가지 죄를 용서할 수 있는 근거조항이 없으니, 형벌을 낮출 방안을 찾는다는 것은 말이 안 되는 것입니다. 설령 전하의 지시대로 기근이 들어서 행하는 절도는 보통 때의 도적질과 구분하여 죄와 벌의 경중을 다르게 따지더라도, 절도를 세 번 저지른 자들까지 똑같이 가볍게 다루면 되겠습니까.

옛날에 정(鄭)나라의 자산이 후임자 태숙에게, '불은 맹렬해 보여서 사람들이 겁을 내서 타죽는 사람이 적고, 물은 유연하고 나약해 보여서 사람들이 얕잡아 봐서 빠져죽는 사람이 많다.'고 했는데도 태숙이 형벌을 가볍게 쓰다가, 결국은 군대를 동원해 겨우 도적을 제압하였다는 이야기가 전해지듯이, 가벼운 형벌의 폐해는 그 뿌리가 매우 깊습니다.
대체로 절도를 행한 자 가운데 당국에 붙잡혀 형벌을 받는 자는 열에 한둘도 안 되고, 한 사람이 여러 차례 훔쳐도 발각되지 않는 경우가 더 많습니다. 범행이 발각되어 여러 차례 처벌을 받은 자들도 손버릇을 고치지 못하고, 서너 번에서 네댓 차례까지 도둑질을 합니다.

그러므로 만약 죽음을 면하는 도둑이 많아지면, 그 피해자들이 말하기를, '어째서 도적들을 살려줘서, 나로 하여금 가산을 모두 빼앗기고 끼니를 굶고 추위에 떨게 만들었는가. 원통하기가 이를 데 없다.'고 할 것입니다. 더 나아가, 많은 사람이 원한을 품으면 반드시 하늘이 싫어할 것이고, 하늘이 싫어하게 되면 반드시 재변이 닥칠 것입니다.

또, 죽을죄를 범하는 자들은 거의가 탐욕이 지나치고 기질이 난폭한 불량배들이며, 선량한 사람이 죽을죄를 짓는 경우는 어쩌다가도 생기지 않습니다. 현재 사형수가 거의 백 명에 이르는 것은 매우 놀랍고 걱정스러운 일이나, 금년에 투옥된 자는 단지 25명뿐이고, 1434년(세종 16) 이래로 전국 각지에서 처리가 지연된 사건들이 쌓여서 인원이 많아진 것입니다. 그리고 사형수가 많다고 하여 그들의 일부를 살려주는 것은, 악한 짓을 한 사람에게는 부끄럽고 안타까워 차마 독하게 하지 못하면서, 아무런 죄도 없이 도적을 맞은 사람은 서슴없이 독하게 대하는 격이 될 것입니다(세종 21년 12월 15일).

대왕이 어떤 반응을 보였는지에 대하여는 실록에 아무런 정보가 없다. 하지만, 그 안에 담긴 내용은 대왕에게 상당한 부담이 되었을 것이 분명하다.

도둑에 대한 형벌의 수위를 낮추면 도둑이 더욱 늘어날 것이라거나, 무수히 도둑질을 저지르고도 무사한 도둑들이 많아서 백성의 원성이 높다거나, 많은 백성이 원한을 품으면 반드시 재변이 닥칠 것이라는 등의 이야기는 모두 대왕에게 압박이 되었을 것이기 때문이다.

새해로 접어드니 정월부터 대왕과 신하들 사이에 민망한 힘겨루기가 벌어져 무려 3주 동안이나 국정이 거의 정지되었다. 대왕이 폐세자되어 20여 년을 이천에서 살아온 맏형 양녕대군에게 과거에 태조의 초상을 모셨던 문소전 옛터에 살 집을 짓게 하자, 사간원과 사헌부가 극구 막고자 했기 때문이다.

1월 28일에 사간원의 우헌납 최경신이 반대상소를 올린 것을 시작으로 2월 18일까지 20여 일에 걸쳐서, 사헌부 단독, 사간원·사헌부 합동, 의정부·육조 합동, 의정부·육조·사헌부·사간원 합동 등의 형식으로 무려 12차례에 걸쳐서 집요하게 상소를 올렸다.

대왕도 혹여 밀릴세라, 상소들을 읽기는커녕 펼쳐보지도 않고 승지들과 환관들에게 사헌부나 사간원에서 아뢰는 말을 일체 전하지 말라고 엄명을 내렸다. 그래서 우헌납 최경신이 대궐문 밖에 엎드려 아침부터 저녁까지 양녕의 죄상을 극진하게 진술하였어도 대왕에게 전혀 보고되지 않았다(세종 22년 2월 2일).

심지어는 사헌부의 수장인 대사헌과 사간원의 지사간원사가 동시에 대궐문에서 간곡하게 간언을 올려도 대왕의 귀에 닿지 않았다(세종 22년 2월 8일).

그렇게 한바탕 소동을 치르고 40일 가까이 지나서, 충청도 청양현에서 강도살인을 저지른 5명이 참형에 처해졌다(세종 22년 3월 25일). 이후로 오래도록 비가 오지 아니하자, 의정부와 사헌부의 건의를 받아들여 금주령을 내리게 하고, 형조에 명을 내려 죄수들을 보방하게 하였다. 즉위하고 나서 24번 째 보방이었다.

농사철인데도 비가 내리지 않으니 옥사가 체류되어 죄수들과 그 가족들의 근심과 원망을 부른 것 같아서 신경이 쓰인다. 비가 흡족하게 올 때까지, 사면으로 용서할 수 없는 죄수(상사소불원조 해당자)들을 제외하고, 도죄 이하 죄수들을 모두 보방하고 추국을 진행하라(세종 22년 4월 18일).

아울러서 예조의 건의를 받아들여, 옛날의 제도를 따라서, 흙이 패인 도랑과 골짜기를 수리하고, 도로를 깨끗이 치우고, 원통한 옥사를 심리하고, 굶주린 사람들을 진휼하고, 방치된 해골과 시체를 묻어주게 하였다(세종 22년 4월 18일). 가뭄이 들 때마다 늘 하였던 대로 따른 것이었다.

## 3. 단근효과 부진과 의욕저하

극심한 가뭄으로 매일 가마솥 무더위가 이어지는데, 충청도 보령에서 강도를 저지른 3명을 참형에 처했다(세종 22년 4월 22일). 사흘 뒤에 사면령을 선포하니, 즉위하고 22번째 대규모 죄수 석방이었다. 처음에 농사철인데도 오래도록 비가 오지 아니하자 영의정 황희가 사인(舍人·연락관) 이의흡을 대왕에게 보내 사면령을 내리기를 청했다.

전하께서 가뭄을 근심하시어, 산천에 기도하게 하시고, 죄수를 보방하시고, 수랏상의 음식을 줄이시는 등으로 하늘의 경고에 응답하셨는데도 비가 내리지 않습니다. 신이 생각하건대 사면은 소인의 다행이고 군자의 불행이라고 하지만, 화기가 상해서 재앙이 닥치는 것은 형벌과 옥이 중도를 잃어서 원통하고 억울한 마음을 품은 죄수가 많은 데서 비롯되는 것입니다. 또 한 가족이 옥에 갇히면 온 집이 생업에 타격을 입는데, 지금 농사철을 당하여 폐단이 더욱 심하니, 도죄 이하 죄수들을 용서하여 화기를 부르고 천변을 그치게 하소서(세종 22년 4월 25일).

대왕의 반응이 심드렁하였다. 사면령을 내린다고 비가 오는 것이 아니라며 마땅치 않은 듯이 말문을 열었다. 보위에 오른 뒤로 22년 동안 가뭄의 재앙이 없었던 해가 없었는데, 천재를 없애볼 생각으로, 매번 사면을 단행하고, 노인에게 작(爵)을 주기도 하고, 심지어는 퇴직한 아전에게 벼슬을 줘보기까지 하였으나, 한 번도 하늘의 응험이 없었다며, 사면의 효과에 대해 회의를 나타냈다.

사면이라는 것이 재앙을 구제하는 데에 효험이 없는 것 같다. 듣자하니, 요행에 기대서 형벌과 법을 피해볼 생각을 품은 죄수들은 하늘이 가뭄을 내리지 않는 것을 원망한다고 한다. 사면은 재앙을 벗어나기 위해 하는 것인데, 도리어 죄수들로 하여금 가뭄을 빌게 만드니, 재앙을 그치게 하는 방도에 어긋남이 있다(세종 22년 4월 25일).

그런데 본심이 아니었던지 곧바로 말을 뒤집었다. 사면을 미뤘다가 뒷날 원망을 들을 것이 염려되었던지, "사면은 사람마다 기뻐하는 것이니 부득이하다면 '장형(杖刑) 이하' 죄수들을 용서하는 것이 좋겠다." 하고, 의흡으로 하여금 정부의 의견을 수렴하여 아뢰게 하였다. 여러 사람이 한목소리로 지지를 표하니, 곧바로 형조로 하여금 사면령을 내리게 하였다.

농사철인데도 비가 내리질 아니하니 형벌이 중도를 얻지 못하여 원통하고 억울함을 펴지 못하는 죄수들이 있는 것 같다. 오늘 이전에 장죄 이하에 해당하는 혐의로 구금된 자는, 사법절차 진행상황을 따지지 말고 모두 사면하고, 일찍이 도형(노역)에 처해진 자도 모두 풀어주도록 하라(세종 22년 4월 25일).

사면을 단행하고 바로 다음날, 절도재범자는 양인이든지 천인이든지 예외 없이 도형 이상의 형벌로 다스리게 하였다. 형조에서 아뢰기를, 일찍이 절도를 두 번 범한 자는 임시직 관노로 삼도록 법을 정해놓고서도 형을 장형 이하로 정하여 장만 때리고 풀어주는 것은 옳지 않다며 함께 올린 개선안을 그대로 따른 것이었다(세종 22년 4월 26일).

5월로 접어들자마자 정인지가 형조참판에 임명된 지 한 달 만에 형조판서로 승진하였다(세종 22년 4월 2일, 5월 3일) 그다음 달 하순에, 바야흐로 농사가 한창인데, 전라도 흥덕현에서 강도를 저지른 6명이 참형에 처해졌다(세종 22년 6월 22일).

7월로 접어들어 날마다 찌는 듯한 폭염이 계속되자 대왕이 형조·의금부·사헌부에 명을 내려 경범은 모두 보방하여 불구속 상태에서 사법절차를 진행하게 하였다(세종 22년 7월 9일). 대왕이 즉위하고 25번째 보방이었다.


그 무렵 평안도와 함길도에 농사용 소(牛)와 군사용 말(馬)이 많이 부족했던 모양이다. 병조에서, 나라의 급무는 식량을 넉넉히 갖추고 군사를 늘리는 것이라며, 군마를 양산하는 방안을 올렸다.

백성의 식량이 부족하면 군대를 강하게 유지할 수 없고, 백성의 양식이 넉넉하여도 전마(戰馬)가 모자라면 공격능력을 키울 수가 없다며, 평안도와 함길도의 소와 말을 늘리기를 청한 것이다(세종 22년 8월 4일).

대왕이 흡족한 기색을 드러내더니, 함길도에서 1년 동안 상납하는 포(布)의 일부를 떼어서 길주 이남의 각 고을에서 소를 사다가 회령 주민들에게 나눠주게 하였다. 또, 평안도와 함길도의 목장에 있는 말 가운데 나라의 용도에 충당할 수효를 제외한 나머지 말들을 모두 군사들에게 나눠주게 하였다.

아울러서, 제주·전라·경상·충청·황해도와 경기도 목장의 말 가운데 몸집이 작거나 흠이 있는 말들은 모두 나라의 용도에 쓰게 하고, 나머지 쓸 만한 말들은 모두 평안도와 함길도에 들여보내, 도절제사가 적절히 판단하여 나눠주게 하였다. 그곳 백성들이 농사를 보다 더 충실하게 지을 수 있게 도와줘서, 변방의 고을들을 충실하게 만들기 위함이었다.

추석도 지나서 가을추수가 한창 진행 중일 때, 형조판서 정인지가 사면 전후를 합쳐서 절도3범이면 무릎의 힘줄을 끊기를 청했다. 절도범의 발꿈치 힘줄을 끊는 것은 악행을 응징하기 위함인데, 왼쪽 발 앞쪽의 힘줄을 끊어도 상처가 아물기 바쁘게 다시 남의 재물을 훔쳐서 도둑이 점점 더 들끓는 것이라며, 강력한 대응을 건의한 것이다.

절도3범은 사면과 상관없이 사형에 처하거나 무릎의 힘줄을 끊어서 도둑이 날뛰지 못하게 하옵소서(세종 22년 8월 29일).

그러자 대왕이, 정인지의 발상이 너무 과격하다고 생각하였던지, '장차 의정부의 의견을 들어보겠다.'며 즉답을 피했다. 같은 날 승정원에서 옥에 갇힌 죄수가 사망한 사실을 아뢰니, 대왕이 낙담한 어조로, 필시 형벌이 잘못 쓰여서 생긴 불상사일 것이라며, 죄수의 죽음을 애도하였다.

형벌이 적당하지 못했는가, 보방이 너무 늦어서 죽은 것인가. 죽은 죄수가 매우 불쌍하고 측은하다(세종 22년 8월 29일).

계절이 겨울로 접어들었는데 형조판서 정인지가 지중추원사로 발령이 나고 후임으로 남지가 임명되었다. 절도3범은 무릎의 힘줄을 끊자는 제안을 받아들이는 대신 형조판서를 바꾼 것으로 추정된다.

그런데 (실록에는 아무런 정보가 없으나) 그사이 어떤 사정이 있었던 모양이다. 형조판서로 앉힌 지 20일 밖에 되지 않은 남지를 중추원사로 보내고, 후임으로 김종서를 앉혔다(세종 22년 11월 12일, 12월 3일). 당시 김종서는 함길도에서 7년을 머물며 6진을 개척하고 막 도성에 돌아와서 미처 치도의 난맥상을 파악할 겨를이 없었을 상황이었다.

날마다 폭염이 심했을 7월에, 제주의 관노비, 사노비 혹은 평민으로서 절도를 두 번 저지른 자들을 평안도 접경지역의 각 고을에 안치하게 하였다. 제주안무사가, 도내의 공노비·사노비·평민 가운데 절도를 두 번 저지른 자들을 임시직 관노로 붙여놓았더니, 잘못을 뉘우치기는커녕 무리를 지어서 도적질을 한다며 대책으로 올린 것을 그대로 따른 것이었다(세종 23년 7월 11일).

그런데 아뿔싸! 가마솥더위가 날마다 천지를 달구었을 즈음, 하루 사이에 대왕이 천국과 지옥을 오가는 액운이 닥쳤다. 대왕은 45살이고 세자는 28살에 학수고대하던 원손(元孫)이 태어나 대왕이 크게 기뻐하며 사면령을 내렸는데, 어처구니가 없게도 다음 날 산모가 숨을 거뒀다(세종 23년 7월 23일, 24일).

첫 번째 세자빈(김씨)과 두 번째 세자빈(봉씨)을 차례로 쫓아내고 신중에 신중을 더하여 맞아들인 세 번째 세자빈이 귀한 손자(훗날의 단종)를 낳자마자 불귀의 객이 되고 말았으니, 며느리의 허망한 죽음을 속수무책으로 지켜보았을 대왕의 심정이 어떠했을지는 불문가지다.

비통한 마음을 억지로 참으며 며느리를 안산의 와리산에 장사지낸 대왕은 형조판서를 유계문으로 바꿨다(세종 23년 11월 14일). 그런데 건강이 나빴던 데다 맏며느리를 잃은 충격이 겹쳐서 통치의욕을 잃었던지, 6개월쯤 지나서 도승지(조서강)에게 눈병치료의 어려움을 내세워, 다시 또 국정일선에서 물러날 뜻을 밝혔다.

중국의 전례를 따라서 첨사원(詹事院)을 설치해 경미한 국정은 세자에게 맡길 뜻을 밝힌 것인데. 영의정 황희 등이 극류 만류하였지만 소용이 없었다(세종 24년 5월 3일). 첨사원 설치만 고집한 것이 아니다.

나이가 아직 46살인데 신하들에게 자신의 죽음을 준비하게 시켰다. 헌릉(태종)·건원릉(태조)·제릉(신의왕후)의 보수를 지시하면서, 부왕과 모후의 능침인 광주 대모산의 헌릉 인근에 자신이 죽어서 묻힐 곳(수릉·壽陵)을 정하고 자신이 들어갈 관(수기·壽器)도 미리 짜놓게 시켰다.27 그런 뒤에 대리청정을 위한 수순을 밟았다.

다음 달 중순에 승정원의 승지들을 모두 부르더니, 자신의 병세를 소상히 밝히고는, 모든 국사를 세자에게 넘길 뜻을 결연히 밝혔다. 먼저 고통이 너무 심해서 좀 쉬려는 것인데도 대신들이 야박하게 모든 국정을 친히 처리하라 한다고 언짢은 속내를 드러내더니, 첨사원을 세우기로 한 결심을 결코 바꾸지 않겠다고 못을 박았다(세종 24년 6월 16일).

40여 일쯤 뒤에 승정원을 압박하여 세자궁에 첨사원을 두는 방안을 올리게 만들어 원안대로 확정지었다(세종 24년 7월 28일). 사헌부·사간원·의정부가 번갈아가며 한 달 이상을 거의 날마다 철회를 애원하였지만, 결국은 첨사원이 생겼다(세종 24년 9월 3일, 18일). 1년에 두 번 봄가을에 실시하는 강무도 세자에게 맡겼다.28


## 4. 경면시행과 세자 대리청정

첨사원이 출범하고 얼마 안 되어서, 아비와 아들을 절도혐의로 체포하여 매질로 죽게 한 함길도 홍원현감 김긍과, 그 사건에 대한 고발을 잘못

....................

27 세종 24년 5월 16일, 21일, 25일자 실록기사 참조.
28 세종 24년 9월 6일, 8일, 12일, 13일, 19일, 10월 10일자 실록기사 참조.

처리한 함길도 도사와 감사 등이 동시에 문책을 당했다.

처음에 백정 이난수와 그 아들 이우동이 남의 소를 훔친 혐의로 매질을 당한 뒤에 부자가 함께 죽었다. 난수의 아내 의주가 이웃사람인 전 사직 안영록에게 부탁해 고소장을 써서 감사 한확에게 냈다. 그런데 고소장을 대필해준 안영록이 김긍에게 묵은 감정이 있어서, 의주의 고소장에다 김긍의 다른 과실까지 아울러 적었다.

함길도 감사 한확이 그 사실을 알고 도사 이영문과 합세해 의주를 가두고 안영록을 신문하였는데, 규정을 어기고 안영록에게 고신(拷訊)을 90대나 가한 사실이 드러나, 한확이 파직되고 김긍·이영문·안영록도 동시에 더불어서 벌을 받았다(세종 24년 10월 23일).

겨울이 코앞에 다가왔는데 대왕의 건강상태가 극도로 나빴던 모양이다. 하루는 승지들을 부르더니, 몸을 움직이고 말을 하면 찌르는 것처럼 통증이 심하다며, 2, 3일 동안 입을 닫고 조리를 하겠다고 하였다(세종 24년 11월 12일).

10여 일 뒤에 승지들을 불러서는, 병이 모두 나았으니 의정부·육조·중추원에서 문안을 오지 말게 하라고 명을 내리더니, 하루 뒤에 온양으로 온천욕을 다녀올 채비를 갖추게 하였다(세종 24년 11월 23일, 24일, 27일).

다음날부터 준비를 갖추느라 여러 관서가 분주해졌는데, 연말연시를 며칠 앞두고 대형 악재가 터졌다. 도성의 왕십리역에서 3인조 강도가 행인을 쳐서 상해를 입히고 재물을 털어서 달아난 사건이 보고된 것이다.

그 외에도 시위군이 근무를 교대할 때에 경계가 허술한 틈을 노려서, 도적들이 호위군의 말을 훔쳐가는 경우가 빈발하여, 대왕이 의금부·형조·한성부에 강도범체포를 명하고, 형조에 대책마련을 지시하였다(세종 24년 12월 19일).

해가 바뀌자마자 대왕이 승지들을 부르더니, 온양으로 온천욕을 가려던 계획을 접겠다고 하였다. 전에 두 차례 온천욕을 해봤지만 효과도 못보고 공연히 백성들만 괴롭혀서, 다시 또 온천욕을 하러 가기가 민망하다는 것이었다. 도승지 조서강이 목욕을 좀 더 오래하면 효험이 있을 것이라고 설득하여도 마음을 돌리지 않았다(세종 25년 1월 3일).

대신 내각개편을 단행해 안숭선을 형조판서로 앉히니, 한 달이 채 안되어 도둑방지를 위한 특별대책을 올렸다(세종 25년 1월 11일, 2월 5일). 변방에 들여보낸 절도범들의 자립을 지원하는 정책의 문제점을 지적하며, 발의 힘줄을 끊는 단근 대신 얼굴에 먹물로 죄명을 새기는 경면(黥面)을 시행하기를 청한 것이다.

형벌을 가중하지 않으면서, 도적을 잡고 도적질을 방지하는 데는 경면만한 것이 없다고 대왕을 설득하였다. 얼굴에 죄명을 새기면 도망을 치더라도 숨을 곳이 없을 뿐만 아니라, 사람들의 시선이 두려워 못된 버릇을 버리는 자들이 있을 것이라고 하였다.

근래에 도적이 기승을 부리니 서둘러 특단의 대책을 세워야 하겠습니다. 전하께서 일찍이 교지하시기를, '절도재범자는 양민이건 천민이건 처자와 함께 접경지역 고을의 임시직 관노로 보내서 노는 땅을 나눠주어 생계를 꾸려가게 하되, 외지 출타를 금하고 수령이 동향을 철저히 감시하게 하여 스스로 뉘우치고 다시는 도적질을 하지 않게 하라.'고 하셨습니다. 그래서 가능한 수단과 방법을 모두 동원해 도둑들의 자립을 도와주려 하여도, 도적들이 정신을 차리지 아니하고 지정된 고을로 가는 도중이나 현지에 도착한 뒤에 도망쳐 달아나 전국 각지에서 도적질을 합니다. 그래서 도적을 붙잡고 보면 거의가 재범자인데 증거가 없어서 체포하기가 어렵습니다.

나라에서 두 번씩이나 도적질을 한 사람들의 목숨을 살려주는 것은 스스로 반성하고 뉘우치기를 바라기 때문이니, 죽이지 않기로 한 이상은 마땅히 사람대접을 해주는 것이 옳을 것입니다. 더구나 그들은 제 고장을 떠나 객지를 떠돌아다니는 처지라서 신경 써서 돌봐줘야 할 것인데, 수령들이 교지를 헌신짝처럼 여기고 지시를 이행치 아니하고, 마을사람들도 도둑놈이라며 깔보고 업신여깁니다. 사정이 이렇다보니, 관노로 보내진 자들이 잘못을 반성할 길이 없어서 생업에 안착하지 못하고 도망쳐 달아나 다시 도적질을 하여서 날이 갈수록 도둑이 늘어나는 것이오니, 서둘러 대책을 강구하지 않으면 백성의 피해가 끝이 없을 것입니다.

옛날의 제도를 살펴보면, 삼대(하·은·주) 이전 시기는 풍속이 순후했는데도 육형(肉刑)을 썼습니다. 송(宋)나라 때 주자가 말하기를, '노역이나 유배만으로는 도적을 막을 수 없으면 생식기나 뒤꿈치 힘줄을 자르는 형벌을 쓰라.'고 하였으니, 두 경우 모두 사형 대신 육형을 택했다는 점에서 생각이 깊었다고 하겠습니다.

반면, 경면(黥面)은, 팔뚝에 자자하던 것을 위치만 얼굴로 옮기는 것이니 형을 가중하는 것이 아닙니다. 또, 얼굴에 먹물로 죄명을 새기면 도망을 가더라도 표시가 분명해 몸 둘 곳이 없어져, 부끄럽게 여기고 허물을 고치게 될 수도 있으니, 도적을 잡고 도적을 없애는 데는 이보다 나은 대책이 없습니다.

하오니 이제부터, 절도초범은 법대로 장을 때린 뒤에 팔뚝에 먹물로 죄명을 새기고, 절도2범은 법대로 장을 때린 뒤에 팔뚝에 먹물로 죄명을 새겨서 관청의 임시직 노비로 배속시키고, 절도3범은 대명률에 따라 사형에 처하게 하시되, 사면을 전후해 세 번 절도를 범한 자는, 법대로 장을 때린 뒤에 양쪽 볼에다 '절도(竊盜)' 두 글자를 나누어 새겨서 관청의 노비로 배속시키게 하시옵소서.

그런 뒤에 수령들로 하여금 그들이 생업에 안착할 때까지 부역을 시키지 말고 극진히 돌보게 하시고, 각 도의 감사로 하여금 수시로 상황을 점검하게 하시옵소서.

만약 도망자가 생기면 그 마을의 책임자와 수령을 법에 따라 문책하고, 역참·관문·나루·사찰 등의 관원들이 도망자를 붙잡아 관청에 넘길 경우에 적용할 죄와 벌을 다시 정하게 하시옵소서. 도망자를 숨겨주었거나 체포하고서도 보고하지 않은 사람이 발각되면 '실정을 알고도 신고하지 않은 죄'로 다스리게 하시고, 자기 고을에 도망자가 있었는데도 체포하여 관청에 넘기지 않은 관령(管領)·이정(里正)·이장(里長)·감고(監考)는 그들의 이웃까지 함께 문책하게 하시옵소서(세종 25년 2월 5일).

대왕의 승낙이 떨어지니, 사면을 전후해 절도를 세 번 저지른 자들에 대한 형벌이 단근에서 경면으로 바뀌었다. 경면의 시행과 더불어서 단근의 시행이 정지된 것이니, 1435년(세종 17년) 7월에 대왕이 권도를 써서 시한부로 시행에 들어간 지 8년 반 만이다.

단근 대신 경면을 시행하기로 정책을 바꾸고 2주일쯤 지나서, 전라도 대정(大靜)에서 강도혐의로 검거된 2명이 참형에 처해졌다(세종 25년 2월 18일).

오뉴월 뙤약볕이 뜨거운 계절에 형조에서 의정부를 통해, 사면 전후의 범행을 합해서 절도를 세 번 이상 저질렀을 경우에 자자할 위치에 대한 의견을 정리하여 아뢰었다. 《속형전》에 '절도범이 사면으로 죄를 용서받고 나서 다시 또 절도를 저지르면 옛 제도에 의해 왼쪽팔뚝의 뒤쪽과 목덜미 위에 먹물로 죄명을 새긴다.'고 되어 있다며, 절도전과의 누적에 따라 죄명을 새길 위치를 〈표 16〉과 같이 정하기를 청했다.

<표 16> 사면을 전후해 절도를 3회 이상 범한 자의 자자 위치(안)

| 전과 | 자자 위치 | 전과 | 자자 위치 |
|---|---|---|---|
| 3범 | 얼굴 양쪽 | 6범 | 오른쪽 목덜미 위쪽 |
| 4범 | 오른쪽 팔뚝 | 7범 | 왼쪽 목덜미 위쪽 |
| 5범 | 왼쪽 팔뚝 | 8범 이상 | 처벌 후 즉시 배속지로 송환<br>(더 이상 자자할 곳이 없으므로) |

사면을 전후한 절도전과가 8범 이상이면 글자를 새길 곳이 없으니 장만 때리고 배속지로 돌려보내되, 그 사유와 범행일자를 적어서 형조를 비롯한 전국의 관청이 서로 공유하게 하자고 하였다.

그들이 도성과 지방을 지나면서 도둑질을 저지를 경우에, 아무 기록도 없으면 전과확인이 곤란할 것을 예상하여, 훗날 절도범수사에 참고할 수 있도록 중앙의 형조와 전국의 관청에 절도전과자대장(명부)을 비치하게 하자고 제의한 것이다.

아울러서, 사면을 전후해 4번 이상 절도를 저질렀으나 모두 경면이 시행되기 전의 범행이어서 얼굴에 자자를 하지 않은 자들도 모두 잡아다가 '竊盜(절도)' 두 글자를 양쪽 볼에 한 글자씩 나눠서 새기게 하기를 청했다.

그리고 나서도 다시 또 절도를 저지르면,《속형전》의 규정에 따라 위에 정한 순서에 따라 지정된 곳에 자자하게 하기를 청했다(세종 25년 6월 8일). 대왕의 승낙이 떨어지니, 절도3범은 경면을 하기로 정해졌다.

그사이 대왕이 경복궁 동쪽의 건춘문 근처에 세자가 대신들의 조회를 받을 건물을 짓게 하고 이름을 계조당(繼照堂)이라고 지어주었다(세종 25년 5월 12일).

시간이 흘러서 추석이 열흘 앞으로 다가오자 대왕이 병조에 명을 내려, 삼각산 등지의 깊은 골짜기에 숨어 지내면서 도둑질을 일삼는 무뢰배들을 모두 잡아오게 하였다(세종 25년 8월 5일). 한 달쯤 지나서 예문관

대제학이던 조말생이 도적방지대책을 올렸다(세종 25년 9월 3일). 비록 대왕이 따르지는 않았어도, 도둑이 매우 많았다는 반증일 것이다.

그런데 매우 놀랍게도, 그 사이 대왕이 언문을 창제하였다. 한자가 어려워서 여러 가지 불편과 원통하고 억울한 일을 겪는 백성을 가엾게 여기고 누구나 쉽게 배워서 편하게 쓸 수 있는 새 문자를 만든 것이다.

세종실록에는 그 과정에 대한 정보는 한 마디도 없이 최종결과만 간략하게 적혀있으나, 건강이 극도로 나빠진 상태에서 살신성인의 투혼을 발휘해 큰 위업을 이루었다고 이를 만하다.

> 이달에 대왕이 친히 언문(諺文) 28자(字)를 지었는데, 그 글자가 옛 전자(篆字)를 모방하고, 초성·중성·종성으로 나누어 합한 연후에야 글자를 이루었다. 문자에 관한 것과 이어(俚語)에 관한 것을 모두 쓸 수 있고, 글자는 비록 간단하고 가냘프게 보여도 전환하는 것이 무궁하니, 그 이름을 훈민정음(訓民正音)이라고 불렀다(세종 25년 12월 30일).

재위 25년 섣달에 훈민정음을 창제한 대왕은 해가 바뀌자마자 정월 하순부터 세자로 하여금 계조당에 나아가 백관의 상참(새벽조회)을 받게 하였다. 세자의 대리청정이 공식적으로 시작된 것이다(세종 26년 1월 21일).

그런데 애석하게도 오래 전에 당뇨 합병증으로 발생한 대왕의 눈병이 훈민정음을 창제하느라 더욱 악화된 모양이었다. 어떤 사람으로부터, 청주에 그 맛이 호초(胡椒) 맛과 같으면서 만병에 효과가 있는 초수(椒水)라는 물이 있다는 말을 듣고는, 장차 가서 눈병을 치료할 생각으로, 그곳에 행궁을 짓게 하였다. 또 전직 관리 중에 눈병이 있는 세 명을 초수에 보내서 물의 효과를 시험해보게 하였다(세종 26년 1월 27일, 2월 5일).

세 사람이 초수리를 다녀와서 '눈병이 조금 나았다.'고 아뢰니, 이후 10개월 사이에 두 차례나 눈병치료를 위해 초수에 다녀왔다. 첫 번째는

2월 하순에 왕비와 세자를 대동하고 갔다가 두 달 만에 돌아왔고, 두 번째는 윤7월 중순에 왕비와 함께 가서 10월 하순까지 세 달 이상 머물렀으니, 그해의 절반을 초수에서 보낸 셈이다. 중간에 초수의 물을 대궐에서 받아 눈병치료에 쓰기도 하였다(세종 26년 7월 4일).

하지만 국정의 상당부분을 세자에게 맡겼어도 한가로이 눈병치료에만 몰두한 것이 아니었다. 처음으로 초수에 거둥하기 전에, 초수를 다녀와서, 그리고 두 번째로 초수에 거둥해서 있는 동안 세 종류의 막강한 강적과 치열하게 싸웠다. 자신의 질병까지 치면 적이 넷이었지만, 계산에 넣지 않겠다.

우선 먼저, 새로 사용한 언문의 사용을 막으려는 신하들이 있어서 1 대 7로 싸움을 하듯이 핏대를 올려가며 입씨름을 벌였다. 승부는 대왕의 일방적 승리로 끝이 났지만, 대왕도 상소를 올린 신하들도 마음에 지우기 어려운 상처를 입었다.

2월 중순에 대왕이 초수로 출발하기에 앞서, 집현전 교리 최항·부교리 박팽년, 부수찬 신숙주·이선로·이개, 돈녕부 주부 강희안 등으로 하여금 의사청에 나아가 언문으로 《운회(韻會)》를 번역하게 하고, 세자를 포함한 세 아들에게 책임을 맡기니, 부제학 최만리를 비롯한 집현전학사 일곱 명이 연명으로 반대상소를 올렸다(세종 26년 2월 16일, 2월 20일).

여섯 가지 이유를 내세워 언문의 창제와 사용의 부당성을 거침없이 지적한 것인데, 대왕이 상소에 동참한 일곱 명을 어전으로 불러서 조목조목 반박하며 알아듣게 타일렀다. 그럼에도 불구하고 학사들이 굽히기는커녕 도리어 대왕을 설득하려고 하자, 대왕이 격노하여 최만리를 비롯한 전원을 하루 동안 옥에 가뒀다가 풀어주었다.

일곱 명 가운데 김문은 앞서 대왕에게 잘못한 일이 있어서 오래도록 가둬두었다. 옥에서 풀려난 최만리는 당일로 24년간 맡고 있던 집현전 부제학 직책을 미련 없이 내던지고 고향인 경기도 진위현 도일동 여자울(谷)로 내려가 좋아하는 술을 벗 삼아 지내다 2년 뒤에 48세로 숨을 거뒀다.[29]

두 번째로는, 서로 각자이면서도 한 몸처럼 붙어 다니는 '가뭄'과 '흉년'이라는 복병과 사투를 벌였다. 흉년이 들면 반드시 도둑이 늘어났던 것을 떠올리면, 가뭄과 흉년과의 투쟁은 뒤에 벌어질 '도둑과의 전쟁'에서 고생을 덜 하기 위한 전초전 성격이 짙었다. 그래서 '보릿고개'[30]가 닥치기 전부터 눈에 띄고 귀에 들리는 대로 구휼대책을 강구해 지체 없이 시행하게 하였다.

극심한 기근으로 인해 거리에 버려진 아이들을 성심껏 구호하게 하였다. 양식이 떨어져 끼니를 굶거나 흙을 먹는 인구를 면밀히 파악하여 신속히 식량을 나눠주게 하였다. 굶주린 백성을 성심껏 구호하지 않는 수령은 엄벌로 다스리게 하였다. 식량의 낭비를 막기 위해 금주령을 내렸다(세종 26년 2월 19일, 24일, 27일).

나라에서 백성에게 곡식을 꾸어줄 때는 빈곤한 사람들에게 먼저 넉넉한 양을 내주게 하였다. 수령들 가운데, 꾸어준 곡식을 제때에 환수하지 못하면 문책당할 것을 염려해 형편이 괜찮은 백성에게만 곡식을 꿔주는 자들이 있었기 때문이었다.

굶주린 백성들의 전염병을 막기 위해 동·서 활인원과 각 진제장에서 진휼을 분담하게 하고 한성부에도 의료지원을 지시하였다(세종 26년 3월 16일). 봄부터 초여름에 이르는 시간 동안 나라의 역량을 총동원하다시피

---

29 최영선(2009), 『한글창제 반대상소의 진실』, 신정.
30 전년 가을에 수확한 양식이 떨어졌는데 보리가 미처 여물지 않아 끼니를 굶는 백성(주로 농민)이 많았던 4~5월(양력 5~6월)을 일컫던 말이다. 춘궁기 혹은 맥령기(麥嶺期)라고도 하였다.

하여 흉년과 정면대결을 벌였다.

그런데 하늘은 대왕의 편이 아니었던 모양이다. 보릿고개까지만 버티면 백성의 식량사정이 풀릴 줄 알았더니, 착각이고 오산이었다. 설상가상으로 그때까지도 비가 오지 아니하여, 어쩔 수 없이 지독한 가뭄과도 전투를 치러야 하였다.

조기에 비가 내리기를 기대하며, 물자절약, 기우제 속행, 도살(屠殺) 금지, 의전 간소화, 관원 특진, 노인 예우(벼슬 제수) 등을 비롯하여 해갈에 도움이 될 만한 일을 모조리 시행케 하였다.

형벌을 잘못 써서 내려진 천벌일 가능성을 헤아려, 옥사(獄事) 점검, 죄수 방면, 귀휴 허가, 직첩 환급 등도 병행케 하였다. 하지만 야속하게도 기다리는 비는 한 방울도 내리지 않았다.

7월 9일이 되니 마침내 비가 넉넉히 왔다. 그런데 천둥소리가 요란하더니 궁녀 1명을 비롯한 백성 여러 명이 벼락을 맞아서 죽었다. 대왕이 불길한 조짐으로 여기고, 대신들의 의견을 수렴해 사면령을 선포하였다(세종 26년 7월 10일, 11일).

이후로 전라도에서 세 사람이 또 벼락을 맞고, 한 달 이상 극심한 가뭄이 더 계속되자, 진상 정지, 부역 면제, 축성 중지, 과실 묵인, 퇴직관원 재임용, 사면령 선포, 궁녀·기녀·광대·어마 감축, 채금 중단, 병사 특진, 국가시험(생원시) 연기, 강무 정지, 세금 감면 같은 조치들을 연달아 취했다. 빈민구제도 멈추지 않았다.

그러는 사이 온갖 헛소문에 흉흉해진 민심을 추스를 필요를 느꼈던지, 바로 이어진 윤7월 하순에 대왕이 장문의 '권농교서(勸農敎書)'를 반포하여 모두 함께 농사에 힘써서 태평시대의 즐거움을 누리자고 호소하였다(세종 26년 윤7월 25일).

세 번째로는, 교활하고 간악한 '도둑'들과 기약 없는 싸움을 벌였다.

흉년과의 전쟁을 거의 매년 치렀으니, '도둑과의 전쟁'도 연례행사처럼 반복되었다. 전국 각지로부터 떼도둑이 날뛴다는 보고가 잇따라, 경기·충청·황해도와 개성부에 진무들을 파견하였더니, 3백여 명이나 붙잡는 성과를 올렸다(세종 26년 2월 24일).

# 제3부
## 극약처방과 학살참극

코에 잿물 붓기
작가: 김윤보, 사법제도연혁도보,
서울대학교중앙도서관 소장

# I. 군신대립과 강경파 약진

## 1. 임금의 요지부동과 충돌사태

대왕이 처음으로 초수에서 머물고 있을 때, 사복시(司僕寺)에서 병조를 통해 말의 개체수를 늘릴 방책을 마련해서 올렸다. 전국 각지의 국영목장에서 태어난 새끼 말들을 중앙과 지방의 백성에게 희망에 따라 1인당 2필씩 나눠줘서 기르게 하자는 것이었다. 다 자라면 1필은 나라에 바치고, 1필은 기른 자가 갖게 하자는 것이었는데, 그대로 승낙이 떨어졌다(세종 26년 3월 15일).

대왕이 아직 청주의 초수에 있으면서, 평안도 가산(嘉山)에서 강도혐의로 검거된 탁원부라는 자를 참형에 처했다(세종 26년 4월 11일). 비슷한 무렵 절도범이 범행 현장에서 자기를 체포하려는 주인에게 붙잡히지 않으려고 항거한 경우에 대한 처벌규정이 정비되었다. 세종 21년(1439) 12월 15일에 대왕이 개정하려고 하였다가 영의정 황희 등의 반대로 미뤄두었던 숙원을 5년 만에 이룬 것이다.

저항하다가 훔친 재물을 놓고 도망간 경우는《대명강해율(大明講解律)》[1] 〈절도임시거포조(竊盜臨時拒捕條)〉 각주에 의거해 모두 불득재(不得財·재물을 얻지 못함)로 간주해 태 50대에 처하게 하였다. 훔친 재물을 버리지 않은 채로 항거한 경우는 각각 절도죄에 2등을 더하여 장 70대에

---

1 《대명률》 해설서다. 이전의 서적들이 대명률에 대한 단순한 번역이었던 것과 다르게, 각 항목마다 설명과 해설이 달려 있다.

**태형(笞刑)**
작가: 김윤보, 사법제도연혁도보,
서울대학교중앙도서관 소장

처하게 하였다. 이전에는 절도범이 범행현장에서 자기를 잡으려는 주인에게 저항하였으면, 훔친 재물을 두고 갔어도 참형에 처했었다(세종 26년 4월 15일).

사람들이 보릿고개를 만나서 한창 고생하고 있을 때 대왕이 충청도와 황해도 감사에게 도둑들의 처결을 독려하였다. 2월 하순에 삼군진무가 체포한 3백여 명의 도둑 가운데 신문이 끝난 자들은 빨리 판결해서 보내고, 죄가 없는데 갇힌 자들은 속히 풀어주라고 하였다(세종 26년 4월 29일).

5월 7일에 대왕이 초수에서 도성의 대궐로 돌아오더니, 얼마 안 되어서, 평안도 영유에서 강도짓을 벌이다 붙잡힌 2명을 참형에 처했다(세종 26년 6월 1일). 이즈음 대왕이, 형조에서 죄수들을 가두던 전옥서를 어학연수소인 사역원(통역연수원)으로 옮기고, 사역원을 승문원으로 옮기려고 마음을 먹었다가, 관계자들이 말려서 그만두었다(세종 26년 6월 2일).

대신 치도(治盜)와 관련된 두 가지 정책을 채택하였다.

하나는, 제주에서 우마도둑과 이웃해 살면서 그 도둑을 관에 알리지 않은 자는 〈형전(刑典)〉의 '지정불수죄(知情不首罪)'로 처벌하게 하였다. 이전까지는 그런 경우도 우마도둑과 똑같이 가족 전원과 함께 육지로 데려다가 평안도 오지로 보내서, 형벌의 균형이 맞지 않는 문제를 해소한 것이다(세종 26년 7월 17일).

또 하나는, 도형(徒刑)을 선고받고 노역장으로 보내지는 강도나 절도범들이 지나는 역참 책임자들의 복무성적에 죄수를 놓친 횟수를 반영하게 하였다.

도망자가 생기면 역졸에게 기한을 정해 주어서 추적해 붙잡게 하고, 기한 내에 잡아오지 못하면 처벌하게 한 법이 있는데도 도망자가 적지 않았을 뿐더러, 때때로 역졸이 뇌물을 받고 차꼬와 수갑을 채운 사람까지 도망치게 하는 사례도 생겼기 때문이었다(세종 26년 7월 23일).

햇볕이 쨍쨍 내리쬐는 윤7월 15일에 대왕이 두 번째로 초수를 향해 떠났는데, 출발하기에 앞서 강도 14명을 참형에 처했다. 11명은 평안도 숙천에서 검거된 자들이었고, 3명은 황해도 연안에서 체포된 자들이었다(세종 26년 윤7월 6일, 12일). 초수에 머무는 동안에도 도성과 음성에서 강도혐의로 검거된 5명을 참형에 처했다(세종 26년 9월 12일).

두 달이 넘도록 초수에 머물다 9월 22일 현지를 출발해 9월 26일에 도성의 대궐에 닿은 대왕은 재위 24년 5월에 이어서, 다시 또 자신의 죽음을 대비하는 듯한 조치를 취했다. 며칠이 지나서 좌승지 강석덕에게 풍수학 제조와 더불어 헌릉 인근에 자신이 죽어서 묻힐 자리로 보아둔 곳을 보고 오게 한 것이다(세종 26년 9월 26일, 10월 3일).

그런데 하늘을 원망할 수밖에 없는 상황이 또 생겼다. 애석하게도 전라도에서 미곡을 실은 30여 척의 배가 바다에서 파도에 휩쓸려 침몰되었다는 비보가 접수되어, 대왕이 선공감 정 안질을 현지에 급파해 당장 시급한 조치들을 취하게 하였다(세종 26년 10월 8일).

그보다 앞서 어떤 자리에서 어느 대신(들)이 오랜만에 대왕에게 '사후위좌(赦後爲坐)' 원칙을 거두기를 청했던가보다. 다음 날 대왕이 정사를 보다가, "저번에 경들이 도적을 줄이려면(미도지방·弭盜之方), 사면 전의 범행까지 쳐서 절도3범이면 사형에 처해야 한다고 한 의견은 내가 따를 수가 없다."고 하였다(3차 거부). 그러면서 네 가지 이유를 내세워 이해를 구했다.

첫째로, 옛날 중국의 수(隨)나라 때에 참외를 훔친 두 명을 사형에 처한 기록이 있으니 도적은 엄히 다스려야 옳을 것이다. 하지만 도둑이 늘어난 것은 임금인 내가 백성의 살림살이를 제대로 마련해 주지 못해서 생긴 결과라서 매우 부끄럽다.

둘째로,《대명률》과《당률소의》에 '범행이 사면보다 먼저이거나 나중이거나 상관하지 말라.'는 문구가 없다.

셋째로, 그동안 많은 죄수들을 사형에 처해서 단 한 사람도 더 죽이고 싶은 생각이 없다. 하물며 법을 고쳐서 더 많은 사람이 죽게 만드는 일에 동조할 수 없다.

넷째로, 정연이 형조판서였을 적에, 사면과 상관없이 처형한다면 많은 죄수를 죽여야 할 것이라고 하여서, 내가 깊이 공감을 느끼고, 당시 형조담당 승지였던 허후와 더불어서 많은 죄수를 살려주었다(세종 26년 10월 9일).

대왕의 위와 같은 입장표명은 도둑들에 대한 온정주의 형벌정책을 포기할 뜻이 없음을 세 번째로 밝힌 것이었다. 첫 번째는 1430년(세종 12) 12월 16일에 형조판서 김자지의 같은 건의를 야멸차게 뿌리친 것이었고, 두 번째는 1433년(세종 15) 10월 23일에 예조판서 신상의 똑같은 건의를 가차 없이 물리친 것이었다.

그런데 대왕이 대신들의 '사후위좌 철회 요구'를 거부하면서 이유로 내세운 내용들을 비교해보면 매우 흥미로운 차이점이 포착된다. 1차 거부

때와 2차 거부 때 내세운 '이유'는 아주 공식적이고 이성적인 인상이 강한 데 비해, 3차 거부 때 내세운 '이유'는 매우 인간적이고 감성적인 느낌이 강하다.

그 이유는, 30대 중반(34살, 37살)에서 40대 후반(48살)에 이르도록 산전수전과 천신만고를 겪으면서 정치에 노련미가 더해졌기 때문이었을 것으로 짐작된다. 그런데 대왕의 발언이 끝나자마자 대왕이 미처 예상하지 못했을 것 같은 상황이 벌어졌다. 신하들이 벌떼처럼 들고일어나 대왕을 다그치듯 몰아붙이는, 민망하기 짝이 없는 진풍경이 연출된 것이다.

참을 만큼 참아서 더 이상은 참을 수가 없다는 듯이, 대왕에게 거칠게 십자포화를 퍼부었다. 마치 대왕에게 '덤비는' 것처럼 매우 불손하고 무례해 보이는 말들도 거침없이 쏟아냈다. 아무리 너그럽게 봐줘도 '불복종'을 넘어서는 '항명'이 틀림없어 보인다.

짐작하건대, 전국 각지에서 도둑이 날뛰어서 백성의 원성이 용광로처럼 들끓는데도, 임금은 한가로이 자신의 무능을 자책하며 도둑들에 대한 연민을 표출하자, 누가 먼저랄 것도 없이 '이번에는 기필코 결판을 내자.'는 다짐을 이심전심으로 공유했던 것 같다. 그렇지 않고서는 여러 명의 대신이 순식간에 투사로 돌변해 임금을 거칠게 몰아세운 상황을 설명할 수가 없다.

그런데, 대신들의 심정을 십분 이해하더라도, 치도(治盜) 문제로 군신이 정면으로 격돌한 것은 예사로운 사건이 아니었다. 대왕과 신하가 장시간 동안 격하게 다퉈서가 아니다. 군신사이에 치열한 논쟁이 있고 나서 오랜 힘겨루기가 판가름이 나기 때문이다. 종당은 대왕이 초심을 버리고 대신들의 요구를 수용한 것이니, 시종 불꽃을 튀겼을 격론의 순간을 복원해보겠다.

## 2. 신하들의 총공세와 중과부적

대왕이 말을 마치자 좌참찬 권제[2]가 작심한 듯이 먼저 포문을 열었다. 과감하게 도화선 역할을 한 것이다. 피해사례를 내세워 소도둑의 실상을 아는 대로 아뢴 뒤에, 도둑피해를 직접 당해본 경험을 밝히며, 재인과 화척들을 유력한 용의자로 지목하였다. 그들의 기질과 습성을 바꾸기 위해 나라에서 오랫동안 공들인 동화정책이 별 성과가 없었음을 에둘러서 성토한 것이다.

또, 개국 이래로 사면령이 잦아서, 사면이 있을 것을 예측하고 도둑질을 저지르는 자들이 많은 실정을 아뢰고 대책의 시급성을 강조하였다. 경기도 광주목 금천현의 스무 집 정도가 사는 마을에 자신의 농장이 있는데, 소문에 따르면, 도둑들이 소들을 야금야금 훔쳐가서 2, 3년 동안에 거의 농우의 씨가 말랐다고 하였다.

그뿐만 아니라 충청도 충주에서 단둘이 사는 어떤 부부는 밤중에 도둑이 집의 소를 훔쳐가는 것을 알면서도, 피해를 당할까 봐 무섭기도 하고 뒷날의 후환도 염려되어, 소리도 지르지 못하고, 관에 신고하지도 못했다는 소문이 파다하다며, 도둑들의 행태를 설명하였다.

고려 때 하삼도에 도둑이 극성을 부려 군대를 동원해서 소탕한 적이 있었다고 하고, 노인들로부터 관악노군이라는 도둑떼 이야기도 들었습니다. 요즘은 재인과 화척 따위나 도둑질을 하는 줄 알았더니, 천민이나 장사치들까지 도둑이 되어서, 저기서 훔쳐다 여기에 팔고, 여기서 훔쳐서 저기에 팔아, 그 패거리가 전국 각지에 퍼져 있습니다.

......................

2 원래 이름은 '도(蹈)'였는데, 발음이 대왕의 이름인 '도(祹)'와 같다는 이유로 '제(踶)'로 바꿨다(세종 19년 8월 17일). 조선 초기에 문장으로 이름을 날렸던 양촌 권근의 차남이다.

국초 이래로 여러 번 사면령을 내리신 관계로, 도둑들이 사면이 있을 것을 예측하고 거리낌 없이 도둑질을 저지르니, 조속히 대책을 마련해 시행하게 하시옵소서(세종 26년 10월 9일).

대왕이 듣고 나서, "뒷날의 일을 미리 예상하여 경솔하게 무거운 형벌을 쓸 수는 없다." 하고 물리치니, 예조판서 김종서가 기폭제가 되었다. 황해도 토산군에 사는 죽은 경성부사 김후의 미망인이 밤에 도적떼에게 봉변을 당한 이야기를 꺼내서 권제의 말을 거든 것이다.

갑자기 말을 탄 40여 명의 도둑떼가 들이닥치더니 칼과 몽둥이를 휘두르며 김후의 처첩과 노비들을 협박하여 재산을 다 빼앗고 여자종을 때려죽이고 달아났다고 합니다. 그뿐만 아니라, 그와 유사한 피해 사례가 매우 많사오니, 절도3범은 예전처럼 사면 전후를 따지지 말고 사형에 처하게 하시옵소서.

대왕이 잠자코 듣고 나더니, 3개월 전에 사면을 단행하면서(동년 7월 11일의 사면령을 말함) 절도범은 제외한 것을 후회하였다. 의정부에서 사면령에 「절도는 제외한다.」는 문구를 넣기를 청해서 별 생각 없이 승낙하고 나서, 다시 빼려고 했다가 천변이 두려워 빼지 못한 것이 한이 된다며, 이후로는 절도범들을 전처럼 사면해줄 뜻을 내비쳤다.

사면은 임금으로서 지난날의 죄악을 탕감해 씻어주어서 새 사람이 되게 해주자는 것이니, 사소한 물건을 훔친 자들까지 용서하지 않는다면 옳다고 할 수 있겠는가(세종 26년 10월 9일).

권제가 또 나서서, '사면령에 「절도는 제외한다.」고 하였으니 틀림없이 도적이 점차 줄어들 것'이라고 위로를 표하니, 우부승지 박이창이 지원사격을 해줬다. 앞서 조정에서 절도3범은 사면과 상관없이 모두 처형하기로 하였다는 이야기가 퍼져서 도둑들이 겁을 집어먹고 한동안 잠잠하다가, 근래에 다시 날뛰기 시작하였다는 말이 떠 돈다고 하였다.

대왕이 있다가, 도둑들이 설령 그 말을 들었다 하여도 그 효과가 그렇게 빨리 퍼졌을 리가 없다고 응수하니, 형조참판 황치신(황희의 장남)이 기름을 부었다. 옥에 갇힌 도둑 중에는 한 달 동안 말 3필과 소 2마리를 훔쳐서 죽인 자도 있다며, 민간의 말과 소가 장차 거의 없어질 가능성을 지적하였다.

게다가 도적들은 발꿈치를 힘줄을 끊기고도 다시 또 도둑질을 할 뿐만 아니라, 아침에 사면을 받고도 저녁이면 또 훔치러 나간다고 개탄하자, 대왕이 '추방'에 대한 생각을 떠봤다.

도둑질을 하면 발꿈치 힘줄을 자르는데도 여전히 절도를 저지르는 자들이 있다면, 백성들이 단근을 두려워하지 않든지, 그런 법이 시행된다는 것을 모르는 것이 아닌가. 옛날부터 「죄가 무거운 자는 먼 지방으로 쫓아낸다.」는 말이 있었으니, 남의 물건을 훔친 자들도 도둑질한 장물의 많고 적음에 따라 죄의 경중을 가려서, 장 1백대를 때리고 3천리 밖으로 내쫓으면 어떻겠는가(세종 26년 10월 9일).

권제가 말을 받더니 아주 차갑게 회의론을 펼쳤다. 3천리 밖으로 내쫓아도 얼마 안 가서 또 도망쳐 돌아와서 전처럼 도둑질을 할 것이라고 말하자, 대왕이 다시, 비록 도망해 돌아온다 해도 왕래하는 동안 고생과 고난을 겪지 않느냐고 반문하였다.

권제가 있다가 추방할 곳이 마땅치 않다고 하였다. 도성에서 가장 먼 곳은 함경도와 평안도의 국경지역인데, 오랑캐 지역과 연접되어 있을 뿐만 아니라, 오랑캐들은 다 불량한 무리라서 함경도와 평안도는 도둑들을 보내기에 적합하지 않다고 말하자, 호조판서 정분이 권제를 거들었다.

오랑캐들의 땅과 강 하나 사이어서, 만약 도둑들이 강을 건너가 오랑캐에게 붙으면 작은 일이 아니라고 우려를 표하자, 대왕이 잠자코 있다가, 사방이 바다에 둘러싸여서 어디로 갈 데가 없는 제주로 귀양을 보내는 방안에 대해 생각을 물었다.

정분이 반론을 내놨다. 좋은 말들이 많이 사육되는 제주로 도둑들을 보내면, 소와 말을 훔쳐다가 도축할 우려가 있다고 말하자, 대사헌 이견기가 우마도둑이 늘어난 원인을 들췄다.

옛날에는 가죽신을 신는 자를 보기가 쉽지 않더니, 요즘은 사람들이 너나 할 것 없이 가죽신을 신어서, 가죽 값이 비싸져 소와 말을 훔치는 자들이 많아졌다고 말하자, 대왕이 대답을 얼버무리더니, 뜬금없이 전년 2월부터 시행해온 경면을 정지할 의향을 밝혔다.

도둑의 얼굴에 글자 문신을 새기게 한 법을 폐지할까 하는데, 그대들의 생각은 어떠한가. 내가 생각해보니까, 가난한 백성이 어쩌다 한 번 절도를 하였다가 얼굴에 자자를 당하면, 사람들과 어울리기가 어려워져 시간이 흐를수록 점점 더 가난하고 궁핍하게 될 것 같아서, 안타까운 마음을 금할 수가 없다(세종 26년 10월 9일).

권제와 정분이 다시 또 연달아 받아치기로 응수하였다. 먼저 권제가, 도둑이라고 해서 가난한 자들이 아니고, 모두 호화롭고 부유하고 억세고 용맹한 자들이니 조금도 안타까울 것이 없다고 하였다.

정분이 그 말을 받아서, 근래에 형조에서 자기 집 앞에 있는 부잣집의 가산을 몰수하였는데, 온 집의 하인들이 가보고 와서는, '도둑질할 때에 쓰는 기구와 장비가 많더라.'고 말했다고 하였다. 그러자 대왕이 토론을 중지하고 두 사람에게 숙제를 내줬다.

나도 도둑을 근절할 방안을 다시 생각해볼 터이니, 경들도 의정부와 육조와 더불어 충분히 의논하여 결과를 아뢰도록 하라(세종 26년 10월 9일).

이상과 같은 군신간의 논쟁은 전국 각지에서 도적떼가 날뛰는데도 대왕은 어떻게 해서든지 도둑을 한 명이라도 덜 죽이려고 애를 썼음을 짐작케 한다. 하지만 국법은 더 없이 지엄한 것인지라, 신하들과 장시간 공방을 벌인 대왕은, 평안도 선천과 경상도 거창에서 강도짓을 한 두 도적을 참형에 처했다(세종 26년 10월 9일).

## 3. 임금의 후퇴와 분위기 반전

이틀 뒤에 의정부와 육조의 고위관료들이 모두 나서서 대왕이 권제와 정분에게 내준 숙제를 보고하였다. 먼저 영의정 황희, 우의정 신개, 좌찬성 하연, 공조판서 최부, 병조판서 한확, 좌참찬 권제, 이조판서 박안신, 예조판서 김종서, 호조판서 정분, 형조참판 황치신, 예조참판 윤형, 공조참판 안지, 호조참판 이계린 등이 강경일변도의 대응책을 아뢰었다.

도둑이 많이 퍼져서 양민에게 피해를 입히니 마땅히 중형을 써야하겠습니다. 이후로는 혼자서 1관 이상의 장물을 훔쳤거나 혹은 다른 사람(들)과 작당하여 소나 말을 훔친 경우는, 초범이면 법률에 의해 장(60대)을 때린 뒤에 얼굴에 죄명을 새기게(자면·刺面) 하시옵소서. 재범은 법률에 의해 장(80대)을 때린 뒤에 발꿈치 힘줄을 끊게 하고, 3범은 법에 따라 사형에 처하게 하시옵소서. 작당을 하지 않고 혼자서 1관 미만을 훔친 경우는 법정형만 선고하고 자면이나 단근은 부가

하지 말게 하시옵소서. 앞으로는 사면령을 내리실 때 절도범은 제외되게 해주시옵소서(세종 26년 10월 11일).

**〈표 17〉 황희 등이 대왕에게 올린 도둑방지대책**

| 구분 | 장물 | 초범 | 재범 | 3범 |
|------|------|------|------|------|
| 단독범행 | 1관 미만 | 장 60대 | 장 80대 | 장 100대 |
| | 1관 이상 | 장 60대+자면 | 장 80대+단근 | 사형 |
| 공동범행 | 소 또는 말 | | | |
| 특례: 사면령을 내릴 때에 절도범은 대상에서 제외한다. | | | | |

우참찬 이숙치는, 새 대책을 애써 찾으려고 하지 말고 기존의 대책을 보다 충실히 시행할 것을 권하는 내용의 글을 적어서 별도로 올렸다. 강도를 범한 자는, 사면 전후, 작당 유무, 장물의 과다, 조직 내에서의 지위 등을 따지지 않고 모두 참형에 처했어도 강도가 줄었다는 말을 들어보지 못했다며, 공연히 헛수고하지 말 것을 정중히 간한 것이다.

절도범들을 모조리 법조문에 없는 중한 형벌에 처한다 할지라도, 모두가 굶주림과 추위가 몸에 절박한 자들인데 어떻게 마음을 고치겠습니까. 형벌을 함부로 쓴다는 비난만 무성하고 효과는 따르지 않을 것입니다. 이미 성립된 법으로도 족히 자세하고 정밀하게 다스릴 수 있으니, 중앙과 지방의 관리들에게 철저한 단속과 적발을 지시하는 편이 더 나을 것으로 생각됩니다. 다만, 소나 말을 훔쳐서 죽인 자는 죄가 본디 가볍지 아니하니, 우선은 재범을 기다릴 것 없이 초범부터 관노로 붙이게 함이 어떨까 합니다(세종 26년 10월 11일).

내용이 서로 다른 두 글을 모두 읽어본 대왕은, 황희 등의 의견을 따르는 것으로 가닥을 잡았다. 사면령을 내릴 때에 절도범은 대상에서 빼자고 한 마지막 제안도 그대로 받아들이고, 자자할 대상과 자자할 위치를 정하게 하였다.

첫째는, 혼자서 1관 이상의 재물을 한 번 훔쳤거나 혹은 다른 사람(들)과 작당하여 소나 말을 한 번 훔친 자의 얼굴에 죄명을 새길 때, 그 위치는 오른쪽으로 하고 글자는 '竊盜(절도)'로 정했다.

둘째는, 혼자서 1관 이상을 두 차례 훔쳤거나 혹은 다른 사람(들)과 작당하여 소나 말을 훔친 경우는 (초범 때 얼굴에 죄명을 새겼으니) 자자는 하지 말고 장만 때리게 하였다.

〈표 18〉 대왕이 재가한 도둑방지대책

| 구분 | 장물 | 초범 | 재범 | 3범 |
|------|------|------|------|------|
| 단독범행 | 1관 미만 | 장 60대 | 장 80대 | 장 100대 |
| | 1관 이상 | 장 60대 | 장 80대 | 사형 |
| 공동범행 | 소 또는 말 | +자면(오른뺨) | | |
| 특례: 사면령 선포 시 절도범은 대상에서 제외 | | | | |

이날의 결정을 계기로 나라의 치도전략이 과거로 회귀하였다. 무엇보다도 사면을 할 때에 절도범은 빼기로 함으로써, 대왕이 22년 동안 굳건히 지켜온 '사후위좌' 원칙이 효력을 잃었다. 절도범의 사면특혜가 박탈됨으로써 이전처럼 사면 이전의 범행까지 따질 것인지 말 것인지를 고민할 필요가 없어졌기 때문이다.

비록 법적으로는 사후위좌 원칙이 살아있어도 실무에 필요한 영향력을 잃었다. '절도범도 사면해주고 경면을 중단하자'고 한 대왕의 제안도 반영되지 않았다. 절도3범은 단근하지 말고 장 1백대를 때린 뒤에 3천리 밖으로 내쫓자고 하였다가 권제에게 막힌 것까지 합치면, 대왕이 제안한 세 가지 모두가 신하들에 의해 거부된 셈이다.

대왕이 사후위좌 원칙을 계속 고집할 상황도 아니었던 것 같다. 절도범은 사면혜택을 박탈하기로 결정한 당일 병조에서, '경기·황해·강원도에 도적떼가 날뛴다.'고 아뢰어, 대왕이 삼군진무와 갑사와 별시위를 급파

하였다(세종 26년 10월 11일).

실록에 후속기사가 없어서 이후의 상황은 알 수가 없으나, 전국의 여러 곳에 도둑이 창궐했던 것은 분명해 보인다.


## 4. 임금의 폭탄선언과 원상회복

1444년(세종 26) 10월 11일에 임금이 사실상 백기(白旗)를 든 이후로 사후위좌 원칙을 놓고 군신의 힘겨루기가 없어졌다. 대신 대왕의 집안에 지독하게 모진 시련이 연거푸 닥쳤다. 불과 두 달도 안 되는 기간에, 불쌍한 장모와, 각각 20살과 19살로 재기발랄하던 두 아들(5남 광평대군, 7남 평원대군)이 연달아 세상을 뜨는 날벼락이 떨어진 것이다.

그로 인해 상심이 컸기 때문인지, 대왕이 느닷없이 '선위'를 공표하였다. 전국 8도의 감사들에게 옥사와 송사를 공정하게 처리하라고 특명을 내리더니, 왕위를 세자에게 넘기겠다고 나온 것이다. 우의정 신개와 좌찬성 하연 등이 밤중까지 만류하여 간신히 말리긴 하였으나, 모두가 진땀을 쏟았다(세종 27년 1월 18일).

한 달이 채 되지 않아 형조판서가 다시 남지로 바뀌었는데(세종 27년 2월 11일), 내시별감 이종인의 집에 도둑이 들었다. 그 도둑이 혼란한 틈에 재물을 훔치려고 집에 불을 질러서 어린애 둘이 불에 타죽고 종인은 가까스로 목숨을 건졌다.

대왕에게 보고가 올라가니, 종인에게 새 집을 지을 재목과 환상곡을 주게 하고, 승정원으로 하여금 예조판서 김종서 등과 더불어 도둑을 검거할 방도를 의논하여 아뢰게 하였다.

종서 등이 의논을 거쳐서 두 가지 대책을 올렸다. 고의로 행궁과 인접한 인가에 불을 지른 사건이라 사람들의 마음이 증오심으로 가득 차 있다며 신속한 승낙을 청했다.

첫째는, 도둑을 잡는 사람에게 상으로 내리는 관직의 품계를 높이고 면포의 양도 늘리자고 하였다. 둘째는, 입직한 도진무에게 군사를 주어서 근처의 인가를 수색하여 범인들을 붙잡게 하자고 하였다(세종 28년 2월 28일).

곧바로 윤허가 떨어지니, 그다음 날 도진무 이사검 등이 군사 1백 50명을 거느리고 행궁 근방을 뒤져서 스무 명이 넘는 도둑을 붙잡아 의금부에 가뒀다(세종 27년 2월 29일).

경상도 현풍에서 강도혐의로 체포된 승려 1명과 양민 두 명 가운데 계주장이라는 아이는 나이가 열한 살이라는 보고를 접하고, 소년은 죄를 용서하고 성인 두 명만 참형에 처했다(세종 27년 3월 11일).

같은 날 의금부에 구금된 강도가 탈옥하였다는 소식이 전해지자 조정이 발칵 뒤집혔다. 대왕에게 보고가 올라가니, 의금부제조이던 최부·강석덕·이계린 등을 모두 경질하고, 의금부로 하여금 세 사람을 국문하게 하였다(세종 27년 3월 11일).

열흘쯤 지나서, 절도를 저지르다가 자신을 붙잡으려는 주인을 살해한 경상도 영천의 한 사노를 참형에 처했다(세종 27년 3월 23일).

비슷한 무렵 함길도 변방 5진(鎭)의 인민들이 야인의 소나 말을 훔치지 못하게 하는 법을 제정하였다. 앞서 예조에서, 5진의 인민들이 야인의 마소를 자주 훔치는데, 관에 신고하여도 성의껏 처리하지 않아서 야인들의 원성이 높다며 대책으로 올린 것을 그대로 따른 것이었다(세종 27년 4월 3일).

같은 날 형조에서 절도혐의가 있는 군자감의 종들에 대한 고문을 허용해주기를 청하니, 대왕이 가만히 듣고 나서 승낙하지 않았다. 이유인즉슨, 이미 사건을 판결하여 보냈을 뿐더러, 사실관계도 명확하지가 않다는 것이었다(세종 27년 4월 3일).

계절이 초여름으로 접어들자 대왕이 군사들을 풀어서 성 안에서 도둑의 은신처로 의심되는 장소들을 남김없이 수색하여 숨어 있는 도둑들을 모두 붙잡게 하였다. 성 안의 빈 집과 한적하고 외진 곳에 홀로 살거나 혹은 마을주민들과 섞여 살면서 도둑질로 생계를 꾸려가는 자들을 소탕하게 한 것이다(세종 27년 4월 23일).

그런데 대왕이 다시 또 왕위를 세자에게 넘기겠다고 하여서 재차 소동이 일었다. 백일쯤 전에 양위를 하려다가 신하들의 만류로 뜻을 접었던 일을 의식하였는지, 이번에는 호소에 가까운 어조로 결심을 밝혔다. 좌의정 신개·우의정 하연·예조판서 김종서·좌참찬 이숙치가 와서 문안하니, 마치 애원하듯이 본인의 힘든 처지를 깊이 헤아려주기를 청했다.

나의 묵은 병이 날마다 더해서, 진즉부터 조회를 열지 못하고 이웃나라의 손님도 만나보지 못하면서 깊은 궁중에 들어앉아 환관을 시켜서 크고 작은 일들을 처리하려니까 차질이 생길 때가 많다. 또, 여러 가지 일을 무리하게 직접 처리하다가 다른 병이 날까 봐 겁도 나서, 왕위를 세자에게 넘기고 나는 좀 요양을 하면서 군대운용과 같은 중요한 국정만 처리하려고 한다(세종 27년 4월 28일).

우의정 신개 등이 다시 또 눈물을 쏟으며 설득을 하여도 소용이 없었다. 환관이 미덥지 않으면 세자와 대군(수양대군을 가리킨 것으로 보임)을 통해 어명을 전하고 신하들의 의견을 아뢰게 할 것을 권해도 막무가내였다. 그럼에도 불구하고 신개 등이 다시 또 간곡하게 말을 거두기를 청하니, 대왕이 마지못해서 따랐다.

그런데 앞서 성 안의 도둑들을 잡으러 나간 군사들이 도둑체포는 뒷전이고 포상에만 눈독을 들였던가보다. 두 달쯤 뒤에 군사들을 단속하라는 특명과 더불어서, 도적검거에 따른 포상과 특진 등을 남발하지 말라는 어명이 내려졌다.

대신 반드시 포상을 해야 할 사람은 관직을 주든지 물품을 하사하여 공로를 치하하게 하였다(세종 27년 6월 16일). 그런데 10월 11일의 입법에도 불구하고 효과가 신통치 않았던지, 20일쯤 뒤에 형조에서 의정부를 통해, 대왕에게 결단을 간하는 상소를 올렸다.

23년 전에 사면 후에 절도를 세 번 저지른 경우만 사형에 처하게 해놔서, 절도10범도 사형에 처할 수가 없는 상황이라며, 사실상 유명무실해진 '사후위좌' 원칙의 공식적 폐기를 요청한 것이다.

본래 절도3범은 사면 전후를 따지지 말고 사형에 처하게 되어 있습니다. 그런데 1422년(세종 4) 12월 20일에 의정부에서, '사면 후에 절도를 세 번 범한 경우만 사형에 처하라.'고 교지를 내린 이후로, 죄를 용서하는 사면이 빈번하여, 절도10범조차도 반성하지 않고 도둑질을 계속해 도둑이 날로 늘고 있사옵니다. 《대명률》에 '절도3범은 교형에 처하라.'는 문구와, '전에 자자된 횟수를 합산하여 형을 정하라.'라는 문구만 있고, 사면 이후의 범행만 따지라는 말은 없습니다. 그런데 자자에 관한 조항을 보면, '초범은 오른쪽팔뚝 위에 자자하고, 재범은 왼쪽팔뚝 위에 자자한다.'고만 하고, 3범은 자자할 곳을 지정하지 않았으니, 이는 곧 절도3범은 사면 전후를 따지지 말고 사형에 처하라는 뜻이 아니겠습니까. 하오니 앞으로는 사면 전의 범행까지 합하여 절도3범이면 사형에 처하도록 승낙해 주시옵소서(세종 27년 7월 5일).

곧바로 대왕의 윤허가 뒤따랐다. 9개월 전에 이미 '사후위좌' 원칙을 포기했기 때문인지, 즉석에서 형조의 청을 받아들이더니, 곧바로 이어서 시행일을 지역별로 다르게 정하라고 하였다. 변경된 정책을 전국에 전파하려면 도성으로부터 떨어진 거리에 따라서 걸리는 날짜가 다를 것을 감안한 지시였다.

전국의 옥에 갇혀 미결로 있는 자와 새 법을 알지 못하여 죄를 범한 자들까지 극형에 처해지는 일이 생기면 아니 될 것이다. 도성은 이달 20일부터, 도성에서 가까운 도는 8월 초10일부터, 도성에서 먼 도는 8월 그믐날부터 새 법을 시행하도록, 신속히 전국에 알리도록 하라(세종 27년 7월 5일).

이로써 도둑들에 대한 형벌정책이 '사전물론(赦前勿論)'에서 '물론사전(勿論赦前)'으로 바뀌니 전국의 상습절도범들이 당장 위기를 맞았다. 그동안 반복해서 절도를 저지르고도 빈번한 사면 덕택에 극형을 면한 도둑들이 막다른 골목에 갇히는 처지가 된 것이다.

23년 전에 대왕에게 사후위좌를 청했던 의정부 원로들의 모습은 온데간 데 없었다. 당시 영의정이었던 유정현, 좌의정이었던 이원, 우의정이었던 정탁, 찬성이었던 맹사성은 이미 고인이 되어서 세상에 없었고, 오직 참찬이었던 황희 한 명만 83살의 노구(老軀)로 영의정 자리에 앉아 있었다. 하지만 대왕이 대신들의 압박에 맞서 힘들게 고군분투를 거듭할 때, 국정의 한 축이었던 황희는 언제나 강경파의 선봉에 있었다.

## Ⅱ. 위기상황과 정면승부 선택

### 1. 내우외환과 치안불안 가중

사후위좌 원칙이 폐지되고 5개월쯤 지나서 국가에 액운이 닥쳤다. 1년 전쯤 불과 두 달 사이에 친정어머니와 두 아들을 연달아 잃은 충격으로 무기력하게 나날을 보내던 왕비가 깊은 환후가 깊어진 것이다.

대왕이 급하게 사형수까지 대상에 들어가는 '일죄 이하' 사면을 단행하였는데, 2년 전 10월에 '절도범은 제외하기로' 한 조건은 달지 않았다 (세종 28년 3월 13일).

어느 신하도 절도범은 사면대상에서 빼기로 한 결정을 따르기를 청하지 못했다. 여러 신하가 절도범들을 풀어주면 안 된다고 여기면서도, 대왕이 지극정성으로 왕비의 회복을 비는 것을 보고 누구도 차마 말을 꺼내지 못한 것이다(문종 2년 3월 8일).

하지만 대왕의 간절한 소망에도 불구하고 왕비가 52살로 숨을 거뒀다. 국상기간 동안 사형집행이 정지되었으니, 나라와 왕실의 불행이 도둑들에게는 큰 축복이 되었다고 할 것이다(세종 28년 3월 24일).

그런데 왕비가 죽어서 국정이 느슨해진 틈을 노렸던 것인지, 평안도 무창군에 야인 50여 명이 쳐들어와 아군 다섯 명을 죽이고 주민 열일곱 명과 말 네 필과 소 여덟 두를 나포해갔다. 군사(郡事) 배찬이 보고를 접하고 곧바로 병사들을 지휘해 강을 건너 뒤를 쫓았으나 포로를 탈환하지 못하고 돌아왔다(세종 28년 4월 20일).

대왕과 신하들이 머리를 맞대고 대응책을 논의하는데,3 전국 각지에서 도둑들이 살판을 만난 듯이 날뛰었다. 국상이 난 뒤로 나라에서 사형수 처형을 정지하자, 공포에서 해방된 도둑들이 각지에서 겁 없이 도둑질을 벌여, 대왕이 다급하게 전국의 감사들에게 엄히 단속하라고 특명을 내렸다.

들자하니 도적이 늘어나서 도로와 관용숙소에서 도둑을 맞는 사람이 많다고 한다. 활과 화살을 가지고 무리를 지어 몰려다니며 남의 재물을 겁탈하는 자들도 있다고 하니, 기존의 법규에 의거해 즉시 체포하게 하라. 혹시 도적을 잡는 방법과 계책에 미진한 것이 있으면 사연을 갖추어 아뢰도록 하라(세종 28년 5월 6일).

그런데 대왕의 건강문제가 다시 또 걸림돌로 불거졌다. 감사들에게 특명을 내리고 이틀 있다가 돌연 승정원의 승지들을 모두 불러서, 중요한 국정만 자신이 직접 처리하고 일상적인 나라일은 세자에게 넘기겠다고 선언하였다.

내게 묵은 병이 있어서 모든 국정을 다 직접 처리하기가 어려워, 큰일을 제외하고 일상적인 업무는 모두 세자로 하여금 처리하게 하였었다. 그러다가 국상(왕비 승하)으로 세자가 상주 노릇을 해야 해서 크고 작은 일들을 다시 내가 처리하였는데, 근래에 전부터 앓던 병이 점점 심해져 매사를 직접 다스리기가 매우 어려우니, 사대와 교린, 영토방위, 고위관료(문무 4품 이상) 인사, 형벌결정, 군사작전, 사형집행, 그리고 새로 제정한 법령 가운데 따로 의논할 것이 있는 경우 등만 내가 친히 재결하고, 나머지 사무는 다시 세자에게 맡기려고 한다(세종 28년 5월 8일).

...................

3 그 결과 통사(通事·외교관) 최윤을 요동도사(遼東都司)에 보내 무창군에서 잡혀간 백성과 우마가 송환되도록 도와주기를 청하게 하였다(세종 28년 5월 11일).

이번에는 말을 꺼내기 전에 미리 단단히 결심을 하였던지, 도승지와 승지들을 향하여, "국가의 일상적 업무를 다시 세자로 하여금 재결하게 하였으니, 도승지를 제외한 나머지 다섯 승지는 각각 맡은 일을 세자에게 보고하고 지시를 받아서 처리하라."고 단호히 말했다. 또, 아침마다 세자가 대왕을 찾아뵙는 문안인사도 닷새에 한 번씩만 하게 하였다(세종 28년 5월 12일).

이때에 황해도에 가뭄이 심해서 굶어죽는 백성이 많았는데, 황해도 감사 조혜가 어미가 병이 들어 도성에 와서는 대왕을 속였다. 황해도에 수년간 연달아 흉년이 들어서, 굶다가 지친 백성들이 서로 베고 죽어서 송장 썩는 냄새가 길에 가득한데도, 대왕에게 모두 전염병으로 죽은 것이라고 허위보고를 한 것이다(세종 28년 6월 8일).

엎친 데 덮친 격으로 집현전에서 대왕의 숙원사업에 제동을 걸려고 나섰다. 대왕이 전국투표까지 실시하며 무려 17년 동안 도입을 추진해온 공법(貢法)의 시행에 반대하는 상소를 올린 것이다.

공법이 본래 좋은 법이 아닐 뿐더러, 나라의 논밭 사정을 감안하면 백성을 병들게 만들 것이 분명하다며, 기껏 힘들여 연구하고 시험해온 공법의 시행을 유보하기를 청했다.

상소를 읽어본 대왕은 집현전의 책임자인 부제학 이계전·응교 어효첨·예조판서 정인지·도승지 황수신(황희의 삼남)을 내전으로 불렀다. 모두가 도착하자, 자신이 오래 병을 앓느라 소통이 끊겨서 집현전이 자신의 의중을 모르고 상소를 올린 것 같다며, 공법을 도입하려는 취지를 알려주겠다고 말문을 열더니, 아무도 예상치 못한 '양심고백'을 쏟아냈다.

내가 즉위한 이래 입법한 것이 많았다. 그러나 식견이 밝지 못한 까닭에, 그 끝에 반드시 부작용이 생길 것을 예상하지 못했다. 동전,

호패, 수차, 아악 등에 관한 입법 등이 대표적 본보기이다. 공법의 경우도 그 끝을 미리 헤아려서 신중하게 처리했더라면 그대들이 이런 상소를 올리지 않았을 것이다. 옛적의 임금들 가운데 스무 살을 겨우 넘기고부터 매사를 밝게 판단하여 놀라운 업적을 남긴 이들은 어떻게 그럴 수 있었는지 모르겠다. 나는 능력이 모자란다(세종 28년 6월 18일).

짐작컨대, 두 아들과 왕비가 연달아 죽어서 가뜩이나 통치의욕이 감퇴한 상황에서, 몸은 아파서 죽겠는데, 북쪽의 야인들이 국경을 유린하고, 전염병으로 많은 백성이 목숨을 잃고, 공법을 도입하려던 계획마저 저지당하자 깊은 좌절감을 느꼈던 것 같다.

하지만 그런 심리상태는 오래 가지 않았다. 7월 19일에 왕비를 대모산의 영릉에 장사지내고 3개월 있다가 평안도 감사에게 밀명을 내려서, 도적들을 소탕할 방법을 궁리하여 은밀히 아뢰게 하였다(세종 28년 10월 17일).

평양 인근의 대성산에서 도적의 무리가 갑옷을 갖춰 입고 병기를 소지한 상태로 공공연히 돌아다니며 강도짓을 자행한다는 보고가 있었기 때문이었다. 게다가 관청에서 체포대를 보내면 감영의 아전과 구실아치들이 곧바로 알려줘서 재빨리 숨는다는 첩보까지 있어서, 도적떼들이 연합을 이루기 전에 신속히 제압할 방도를 마련하여 사람들이 모르게 비밀리에 아뢰게 한 것이다.

대성산의 도둑들로 인해 대왕이 골치를 앓는데, 이방인 강도가 붙잡히자 장 80대를 때리게 하였다. 귀화한 여진족인 동산이라는 자가 노상에서 득춘이라는 백성을 활로 위협하여 재물과 말을 빼앗고서는, 발각될 것을 두려워해 제 발로 관청을 찾아가 '주인 없는 말을 주웠다.'며 그 말을 바쳤는데, 관행을 쫓아서 특별히 형을 감해준 것이었다. 의금부는 동산이 강도짓을 하였다고 하고, 의정부는 그럴 리가 없다고 하여서, 대왕이 의정부

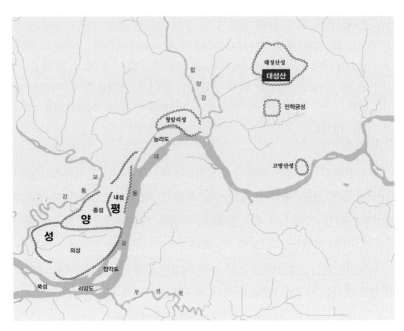

도적떼의 소굴이었던 평양성 인근의 대성산

의 손을 들어줬다고 하여도 무방할 것이다(세종 28년 11월 20일).

계절이 겨울로 접어들었는데 전라도 김제에서 강도혐의로 체포된 세 명을 법에 따라 참형에 처했다(세종 28년 11월 28일). 그런데 이후로 절도와 강도사건의 범인을 추적하는 과정에서 용의자들을 무리하게 다루는 고질적 병폐가 다시 또 불거졌던 모양이다.

그다음 해 2월 하순경 대왕이 명을 내려, 도둑들의 와주(窩主·우두머리)로 지목된 자라도 먼저 사실 여부를 확인한 연후에 죄를 다스리게 하였다(세종 29년 2월 23일).

또, 주인이 없는 장물과, 법으로 유통이 금지되어 있어서 압수한 물건도 반드시 호조에 공문을 보내 회신을 받아서 처리하게 하고, 위반자는 사헌부가 죄를 다스리게 하였다.

검거된 도둑이 거짓으로 자신과 원수지간인 사람이나 돈이 많은 부자를 두목으로 지목하면, 관청에서 사령(使令)을 보내 강제로 재물을 빼앗아 오는 폐단이 지적된 데 따른 조치였다.

졸지에 피해를 당한 집에서는 도둑의 보복이 두려워 감히 억울함을 호소하지 못하고, 관청에서도 사실 여부를 확인하지 않고 으레 주인이 없는 장물로 간주해 거리낌 없이 사용하는 예까지 있었다고 실록에 적혀있다(세종 29년 2월 23일).

계절이 봄철로 접어들자 전국 각지에서 도둑들이 법 무서운 줄 모르고 기고만장하는 상황이 벌어졌던 모양이다. 도둑이 얼마나 극성을 부렸으면, 왕비(소헌왕후)가 묻힌 영릉 재실의 유기그릇과 구리그릇이 모조리 사라져, 형조·의금부·한성부로 하여금 광주·과천·용인 등지를 순행하며 범인을 붙잡게 하였다(세종 29년 3월 6일).

평안도 대성산의 도적들은 기세가 꺾일 줄을 몰랐다. 그해 한번만 일시적으로 세력이 커진 것이 아니었다. 해마다 흉년이 들자 각지의 좀도둑들이 대성산으로 숨어들어, 인원을 나누어 대오를 지어서, 갑옷을 입고 칼을 차고 활과 화살을 가지고서 백성의 가옥을 불사르고 사람을 살해하고 재물을 빼앗았다.

관아의 아전과 노비들과 결탁하여, 관청에서 잡으려고 하면 은밀히 연락을 통해서, 대왕이 두 번이나 체포를 독려한 뒤에야 40여 명을 검거하였다. 개성부의 청석동에도 도둑의 무리가 은거해 있으면서 때때로 인근에 출몰해 약탈을 저질렀다(세종 29년 3월 19일).

일이 꼬이려니까 가까스로 붙잡아서 가둬둔 도둑들이 탈옥을 하였다. 전년에 대성산에서 체포하여 여러 고을에 나눠둔 40여 명의 도적 가운데 평양에 갇혀 있던 20여 명이 대낮에 옥졸들을 때려눕히고 탈옥을 감행해 9명이 담을 넘어 달아났다(세종 29년 3월 19일).

그런 상황에서, 도성의 턱밑에서도 도적들이 재물을 강탈하고 우마를 훔쳐서 국방과 농사에 필요한 우마가 절대로 부족한데도 관리들이 도둑 검거에 힘을 쏟지 아니하자, 대왕이 도적들의 배후를 겨냥하였다.

의정부의 건의를 받아들여, 도성과 지방에 거주하는 장물아비(와주·窩主)들도 형률에 의거하여 논죄한 후에 전 가족을 함길도와 평안도의 변방에 들여보내고, 가옥은 관청에서 몰수하여 도적질의 근원을 끊게 한 것이다(세종 29년 3월 21일).

전국의 감사들에게도 똑같이 어명을 내리고, 불시에 군사를 풀어서 도성으로부터 10리 안쪽의 마을들을 모조리 수색하게 하였다. 그곳에 몸을 숨기고, 남의 소와 말을 훔쳐서 도살하거나, 야밤에 행인들을 상대로 강도 짓을 하거나, 혹은 고의로 남의 집에 불을 지르고 재물을 훔치는 자들이 많았기 때문이었다(세종 29년 3월 24일).

한 달쯤 뒤에 도망간 강도(미륵)를 잡는 데 기여한 백정 박두란에게 국가에서 정한 포상기준보다 품계를 올려서 관직을 주었다(세종 29년 4월 29일). 그로부터 20여 일 뒤에, 많은 백성이 보릿고개를 힘겹게 견디는데, 황해도 해주와 평안도 영변에서 각각 강도혐의로 검거된 두 도적이 참형에 처해졌다(세종 29년 윤4월 23일).

도성의 치안상태도 마음을 놓을 수가 없을 만큼 불안했던 것 같다. 대왕이 승지들에게 명하여, 흥천사 사리탑에 넣어둔 각종 보물과 태조의 유품들을 안전하게 지킬 대책을 마련하여 아뢰게 하였다(세종 29년 5월 3일).


## 2. 소년강도범 특별감형 소동

평안도 대성산에서 체포한 강도들에 대한 수사가 끝나자 대왕이, 범행을 자백한 13명과, 그들로부터 뇌물을 받고 그들의 귀와 눈이 되어준 평양부의 형방주사 손효숭을 참형에 처했다. 10명은 탈옥하여 도망치고 14명은 신장을 맞고 사망하였다.

대왕이 형들을 따라서 강도가 된 소년 세 명을 감형하여 살려주자 대신들이 들고 일어나서 조그만 소동이 있었다. 대신들이 아이들도 죽일 것을 요구해 며칠 동안 논란이 벌어진 것인데, 그 내막은 대왕의 온정주의와 신하들의 엄벌주의가 충돌한 것이었다.

처음에 대왕이 나이가 13살인 이영산과 18살인 김춘과 은산은 특별히 용서할 것을 지시하자, 조정대신들이 세 차례나 반복하여 법대로 참형에 처하라고 항변하였다.

대왕이 영산은 용서하고 김춘과 은산은 참형 대신 장을 때리고 3천리 밖으로 내쫓으라고 명하니, 형조에서, '強盜(강도)' 두 글자를 얼굴 양쪽에 나누어 새겨서 거제현의 관노로 보내기를 청했다. 일종의 절충안이어서 대왕이 그대로 승낙하니, 영의정 황희 등이 펄쩍 뛰었다.

이 도적들은 다른 도적과 비교할 바가 아닙니다. 대성산을 점거해 그곳에 집까지 지어서 병장기를 소지하고 도적질을 벌이며 처자와 더불어 편안히 살아온 자들이니, 나이가 어리다고 형을 감해줄 일이 아닙니다. 또 형률에 강도는 주범이든 종범이든 모두 목을 베게 되어 있는데도 사형 대신 얼굴의 양쪽 볼에 '強盜(강도)'라고 문신만 새기게 한다면 법을 어기는 것이 되지 않겠습니까(세종 29년 5월 12일).

대왕이 있다가, "강도는 얼굴에 먹물로 죄명을 새기면 안 되는 이유라도 있다는 것이냐?"고 반문하더니, 세 소년만 용서하자는 것이라고 하였다.

하지만 황희와 그를 지지하는 신하들은 주장을 거두지 않았다. 극악무도한 도적들을 어리다고 죽이지 않으면, 다른 강도들도 붙잡히면 나이를 줄여서 사형을 피하면서 방자한 행동을 반복할 것이라며 완강하게 버텼다.

순간 우참찬 정갑손이 가세하고 나섰다. 형조판서를 51개월(세종 13년~17년)이나 역임한 정흠지의 장남이었다.

당(唐)나라 장수였던 이적이 고백하기를, '나는 열세 살 때 간악한 도적이 되어서 사람을 만나면 죽였고, 열대여섯 살 무렵에는 누구도 당할 수 없는 도적이 되어, 비위에 거슬리는 자가 있으면 무조건 죽였다.'고 하였듯이, 반드시 성인만이 악행을 하는 것이 아니오니, 소년들을 살려주면 아니 되옵니다(세종 29년 5월 12일).

대왕이 돌연 태도를 바꿨다. 갑손의 말이 옳다고 느꼈던지, 그대로 따를 뜻을 밝힌 것이다. 그런데 잠시잠깐의 반전일뿐이었다. 조금 있다가 대왕이 방금 전에 자신이 한 말을 뒤집었다.

다시 곰곰이 생각해보니까 소년들을 살려주는 것이 옳을 것 같다며, 평안도 감사에게 '소년들의 사형을 감하여 살려주라.'고 공문을 내리게 한 것이다.

의정부에서 여러 날에 걸쳐서 김춘 등을 반드시 죽여야한다고 끈질기게 졸라도 통하지 않았다. 대왕이 끝까지 마음을 바꾸지 아니하자 의정부에서 은근슬쩍 '꼼수'를 제안했다.

절도범의 얼굴에 먹물로 죄명을 새기는 일은 있어도, 강도에게 그렇게 한다는 말은 들어보지 못했사옵니다. 하오니 평안도 감사에게 (면피용) 공문을 한 장 내리시면 어떻겠습니까. '내 생각에 김춘과 은산은 어린 나이에 멋모르고 범행에 가담한 것이라 특별히 살려주려고 마음을 먹었었다. 그런데 대신들이 극구 반대해 법을 따르기로 하였으니, 만약 앞서 내린 공문대로 이미 사형을 감했으면 그대로 놓아두고, 혹시 아직 감하지 않았거든 법대로 따르라.'고 명을 내리시면, 필시 감사가 이미 감형을 결정한 후에 공문이 도달하여, 백성들은 전하의 호생지덕에 감화되고, 법은 법대로 지킨 것이 되지 않겠습니까(세종 29년 5월 12일).

대왕의 반응이 냉랭하였다. "임금이 되어가지고 아랫사람들을 교묘하게 속일 수는 없다." 하고, 추가 공문을 보내지 말게 하였고, 평안도 감사는 앞의 공문에 따라 형을 낮춰서 소년들을 살려주었다(세종 29년 5월 12일). 성인 강도들은 도리 없이 목이 베이었다.

닷새가 더 지나고 나서, 경상도 안음에서 강도짓을 저지른 지대라는 도적이 형률에 따라 참형에 처해졌다(세종 29년 5월 17일).


## 3. 치명적 자연재해 동시다발

지금까지 반복해 언급하였듯이, 대왕은 보위에 있었던 32년 동안 거의 매년 '가뭄'과 '흉년'이라는 강적과 사투를 벌였다. 양식이 없어서 굶어죽는 백성을 그대로 두고 볼 수가 없었을 뿐더러, 그대로 방치하면 도둑이 늘어서 백성의 피해가 가중되고 치안이 붕괴될 가능성이 컸기 때문이다.

그런데 사실은 가뭄과 흉년 못지않게 대왕을 힘들게 한 자연재해가 여럿 더 있었다. 그것도 하나같이 백성의 농사나 생명에 치명상을 입혀서 도둑이 늘어나게 만드는 최악의 재해들이었다.

바로 해충, 역질, 홍수 같은 것들이다. 특히 세종 29년(1947)은 윤4월 말경부터 7월 하순까지 약 두 달 반 동안 네 종류의 악성 자연재해가 겹치기로 닥쳤다.

먼저 해충에 관한 기록을 보면, 처음에 도성의 동쪽과 서쪽 10리 안에 벌레가 조의 싹을 갉아먹었다. 생김이 꼭 어린누에를 닮았고, 색깔은 흰 것도 있고 검은 것도 있어서, 근방 백성에게 명하여 잡도록 하였다(세종 29년 윤4월 28일).

2주일쯤 뒤에, 평안도와 충청도의 감사로부터, 조그만 벌레가 곡식의 포기를 많이 갉아먹었다는 보고가 올라왔다(세종 29년 5월 10일). 일주일이 지나가자 충청도 감사로부터, 청주·문의·홍주·공주·서산·직산·목천 등 일곱 고을에서 벌레가 논에 심은 벼를 갉아먹는다는 장계가 올라왔다(세종 29년 5월 18일).

닷새 뒤에 개성부로부터 황충(蝗蟲)⁴이 논의 벼를 해치운다는 보고가 올라왔다. 같은 날 황해도와 평안도 감사로부터 다시 또 벌레가 논의 벼를 갉아먹는다는 장계가 올라왔다(세종 29년 5월 23일).

나흘 뒤에는 함길도 감사로부터, 덕원·용진·문천·영흥·예원·정평·홍원·북청 등 여덟 고을에서 벌레가 벼를 갉아먹는다는 장계가 올라왔다. 같은 날 전라도 감사도 비슷한 장계를 올려 보냈다. 정읍·무진·나주 등 세 고을에서 벌레가 벼를 갉아먹는데, 생김이 누에와 비슷하다고 하였다(세종 29년 5월 27일).

같은 시기 도성 안팎 사방의 산과 제릉(齊陵)의 솔잎을 갉아먹는 벌레가 발견되어, 장정들을 풀어서 모두 잡아 땅에 파묻게 하였다(세종 29년 5월 29일). 제릉은 태조의 첫째부인이었던 신의왕후 한씨의 무덤으로, 개

--------------------

4 메뚜기과 곤충인 풀무치라는 벌레다. 메뚜기 떼의 출몰에 따른 피해가 얼마나 심각하면, '황충이 간 데는 가을도 봄'이라는 속담이 있을 정도다. 풀무치 떼가 한 번 지나가면 가을 추수 때가 되어도 거둘 것이 없어서, 으레 양식이 떨어지는 춘궁기에 비유를 한 것이다.

성보다도 북쪽에 있었으니, 광범위한 지역이 송충이 피해를 입었음을 알 수 있다. 송충이가 곡식까지 갉아먹지는 않았어도, 농사가 한창 바쁠 시기에 장정들이 대거 동원되었으니 농사에 차질이 따랐을 것이 분명하다.

**〈표 19〉 약 한 달 동안 해충피해 발생지역**

| 장계 접수일 | 보고지역 | 피해발생지역 |
|---|---|---|
| 윤4월 28일 | 도성 | 동쪽과 서쪽 성 밖 10리 안쪽 |
| 5월 10일 | 평안, 충청 | (미상) |
| 5월 18일 | 충청 | 청주·문의·홍주·공주·서산·직산·목천 등 |
| 5월 23일 | 개성, 황해, 평안 | (미상) |
| 5월 27일 | 함길 | 덕원·용진·문천·영흥·예원·정평·홍원·북청 등 |
| 5월 29일 | 도성, 경기 | 도성 안팎 사방의 산과 경기 북부의 제릉(齊陵) |
| 6월 02일 | 강원 | 영동군의 여러 마을 |
| 6월 03일 | 경기, 황해 | (미상) |

나흘 뒤에는 강원도 감사로부터, 영동군의 여러 고을에 황충이 퍼졌다는 장계가 올라왔다(세종 29년 6월 2일). 하루 뒤에는 경기도와 함길도의 감사로부터 벌레가 벼를 갉아먹는다는 장계가 올라왔다(세종 29년 6월 3일). 모두 모아보면, 불과 한 달 남짓한 사이에 경상도 한 곳을 제외한 전국의 모든 지역이 해충피해를 입은 것이니, 그 해 농사가 풍작이었을 리가 없다.

두 번째로, 역질(돌림병, 전염병)[5]에 관한 기록을 보면, 처음에 도성에 돌림병이 크게 유행하여 사람이 많이 죽었다. 대왕이 한성부에 명하여 피해상황을 알아보니 사망한 인원이 4백 57명에 달했다.

........................

5 조선왕조실록에는 '역질(疫疾)'처럼 전염병 혹은 돌림병을 뜻하는 용어들이 다양하게 사용되었다. 여역(癘疫), 질역(疾疫), 역려(疫癘), 온역(溫疫) 등이 그것이다.

다시 병조에 명하기를, 호군(정4품) 다섯 명을 성문에 배치해 통과하는 시체의 수를 헤아려서 아뢰게 하였다. 좌찬성 황보인이 고려 숙종 때의 전례에 따라 돌림병 귀신에게 제사지내 예방하기를 청하니, 그대로 행하게 하였다(세종 29년 5월 1일).

그런데 대왕이 도성에서 역질로 5백 명 가까운 인원이 죽었다는 보고에 충격을 받았던지, 8일 뒤에 전국 8도와 개성부에 공문을 내리게 하였다. 그해 봄과 여름에 도성에서 돌림병으로 죽은 자가 옛날보다 갑절이나 되는 사실을 알리고, 관내에 역질 환자가 있는지 여부를 파악하여 아뢰되, 환자가 있으면 성심껏 치료하라고 지시하게 하였다(세종 29년 5월 9일).

하루 뒤에는 의금부와 전옥서에 명을 내려, 갇혀 있는 죄수 가운데 역질을 앓는 자는 밖으로 꺼내서 느슨하게 묶어두게 하였다(세종 29년 5월 10일). 그런데 도성에서 일어난 역질이 전국으로 퍼져서 무수한 희생자가 생겼던 모양이다. 40여일 뒤에 대왕이 전국 8도의 감사와 개성부 유수에게 공문을 내려서 관원들의 직무유기와 직무태만을 질책하였다.

근년에 돌림병이 광범위하게 번져서 1년 동안 사망한 인원과 구제된 인원을 비교해 봤더니 도성과 지방의 차이가 두드러졌다. 도성의 활인원에서는 환자 10명 중 8,9명꼴로 살아났는데, 지방에서는 한 도에서만 4천 명 가까이 죽었으니, 어째서 이 같은 차이가 생겼겠는가. 그 까닭을 따져보면, 활인원에서는 마음을 다하여 약이나 음식을 알맞게 주었기 때문에 많은 환자가 소생한 것이고, 지방에서는 제대로 구휼하지 못해서 어린아이들을 포함해 많은 인원이 죽은 것이니, 생각만 하여도 가슴이 아프다. 돌림병을 구휼하는 방법이 《원육전》과 《속육전》에 자세하게 갖춰져 있는데도 각 도의 관리들이 제대로 살리지를 못하는 것이니, 경들은 나의 간절하고 측은한 뜻을 헤아려서, 이미 세워놓은 법에 따라 성심으로 환자들을 구휼하여 모든 백성이 장수하는 나라가 되게 하라(세종 29년 6월 24일).

공문에 적힌 대로 한 도에서만 4천 명 가까이 죽었다면, 전국통계는 그 보다 몇 배에 달했을 것이다. 그뿐만 아니라 대왕이 전국 8도의 감사와 개성유수에게 공문을 내린 뒤에도 역질로 죽는 자들이 속출하였던가보다. 열흘이 안 되어서 대왕이 다시 도성과 지방에 돌림병을 치료하는 방법을 널리 알리게 하였다(세종 29년 7월 3일).

역질의 확산은 농사에 막대한 지장을 주었을 것이 분명하다. 한창 농번기에 수많은 농부들이 역질과 싸우느라 농사를 망쳤을 가능성이 높기 때문이다. 설령 농사에 보탬이 적은 노인과 아이들이 주로 희생되었다고 하여도, 집안에 역질 환자가 생긴 상태에서 농사를 정상으로 짓기는 어려웠을 것이다. 감염을 우려해 가족 전원이 다른 곳으로 피신한 경우는 말할 필요도 없을 것이다.

세 번째로, 가뭄에 관한 기록도 안타깝기 이를 데 없다. 6월이라서 벼가 한창 자랄 때인데 오랜 장마 뒤에 여러 날 비가 오지 않아 의정부에서 대왕에게 기우제를 거행하기를 청하니, 대왕이 향과 축문을 각도에 내려주었다(세종 29년 6월 11일). 이틀 뒤에는 형조와 사헌부와 의금부에 명을 내려, 처리가 지체된 옥사들을 속히 처리하게 하였다.

근래에 수해와 가뭄으로 인해 백성이 가난과 고생을 겪다가 금년에는 오랜만에 풍년이 드는가 하였더니, 지난달에 오랜 장마 끝에 바람이 세차고 하늘이 맑으니 장차 가뭄이들 조짐인 것 같다. 백성의 억울한 마음을 풀어주어 하늘의 경고에 응답해야 할 것이니 경범들을 석방하고 지체된 옥사를 신속히 처리하게 하라(세종 29년 6월 13일).

아울러서, 매일 올리던 술을 올리지 말게 시키고, 각도에서 반찬거리를 올리는 것도 정지시키니, 형조판서 윤형이 자신의 직책을 거두어 하늘의 꾸지람을 늦이라며 사직서를 제출했다.

예로부터 가뭄의 재앙은 형벌이 공정하지 못해서 닥치는 것인데, 용렬하고 우매한 자신이 외람되게 추관(秋官)[6]의 수장으로 있어서 소송이 번다하고 옥이 빌 날이 없어서 임금의 정치에 누에 되고 하늘의 재앙을 부른 것이라며, 책임을 지고 물러날 뜻을 표한 것이다(세종 29년 6월 15일, 16일).

대왕이 읽어보고 즉석에서 반려하였는데, 이틀 뒤에 비가 왔다. 의정부와 육조에서 대왕에게, 금천·과천·수원 등지에 약간의 비가 내리고 있는데, 전날 밤에 이미 넉넉히 와서 벼가 살아나게 되었다며, 걱정을 잊기를 청했다. 아울러서 몸을 생각해서 술을 드시기를 권하며 약주 10병을 올리니 흔쾌하게 받아들였다.

근년에 수재와 한재가 연달아 백성들이 곤궁하고 굶주려서 내가 심히 염려하였다. 그런데 금년에는 다행히 곡식이 꽤 잘 자라더니, 한창 내뻗어야 할 시기에 연일 비가 오지 않아서 걱정이 깊었는데, 이제 이렇게 비가 내리니 마음이 매우 기쁘다. 각 궁(宮)과 각 전(殿)에도 그전처럼 똑같이 술을 올리도록 하라(세종 29년 6월 18일).

네 번째로, 홍수에 관한 기록도 처참하기 짝이 없다. 도성과 경기도 일원에 비가 와서 대왕이 가뭄으로 마시기를 중단했던 술을 다시 마시기 시작하기 3일 전에, 평안도 감사로부터, 여러 달 계속 비가 와서 평양을 비롯한 13개 고을의 들녘을 뒤덮어 논 2천 3백 56결이 모래에 파묻혔다는 장계가 올라왔다(세종 29년 6월 15일).

논 1결을 3천 평으로 치면 7백만 평 이상이 홍수피해를 입었다는 이야

6 육조의 앞에 천지춘하추동(天地春夏秋冬)을 차례로 붙여서 불렀다. 이조는 천관(天官), 호조는 지관(地官), 예조는 춘관(春官), 병조는 하관(夏官) 형조는 추관(秋官), 공조는 동관(冬官)이었다(세종 즉위년 12월 5일).

기다. '불 지나간 자리는 있어도, 물 지나간 자리는 없다.'는 속담을 떠올리면, 그 뒤끝이 얼마나 참혹하였을는지 쉽게 짐작이 간다.


## 4. 우마절도범처벌 특례 제정

대왕을 비롯한 조정 전체가, 도적떼, 해충, 역질, 가뭄, 홍수 등과 동시에 사투를 벌일 때, 형조에서 대왕에게 거의 극약수준의 치도대책을 올렸다. 우마도둑들의 준동이 이전보다 한층 더 심각한 상황으로 치닫고 있다며, 특단의 대책을 궁리해서 아뢴 것이다.

이번에도 대왕이 쉽게 윤허하지 않을 것을 예상하였던지, 10년 전에 신개가 대왕에게 도둑방지종합대책(안)을 올리면서 인용한 '자산과 태숙' 고사와 공자의 가르침을 다시 끄집어내서 조속한 결단을 압박하였다.

아울러서, 송(宋)나라 때 법령인 《형통(刑統)》의 각주를 인용하고는, 우마도둑이 잠잠해질 때까지 임금의 권도로 중한 법을 쓰기를 청하며, 구체적 대안을 함께 올렸다. 내용이 다소 길지만, 이후로 도둑들에 대한 형벌정책이 초강경으로 치닫는 분수령이 된 상소여서 그 전문을 옮겨보겠다.


농사에 있어서의 소와 군사에 있어서의 말은 관계되는 바가 대단히 중대합니다. 농가에서 하루아침에 소를 도둑맞으면 삶의 근본이 무너져서 이루 말할 수 없는 고통을 겪게 되고, 군대에서 말을 잃어버려도 장병들이 똑같은 고생을 하게 됩니다. 게다가 전에는 도둑들이 훔쳐간 말을 도축하지 않고 이리저리 팔아넘겨서 그 말이 그대로 민간에 있었는데, 가죽과 고기의 가격이 비싸진 뒤로 훔친 말을 죽여서 고기·가죽·내장·뼈 등을 팔아 이익을 취하는 자가 많아졌습니다.

경기도만 하더라도 소를 부려서 논밭을 가는 자가 열에 한둘도 못 되어, 땅을 깊게 갈 수가 없어서 농사를 망치는 집이 많고, 군사들을 점검할 때도 열에 아홉이 적병을 만나서야 말을 개비합니다. 심지어 는 나라에서 경영하는 목장의 말까지 훔쳐다 거리낌 없이 죽여서 군 사용 말이 날로 줄어드는 실정입니다. 이대로 수년이 지나면 소와 말 의 씨가 말라버려 영영 폐단을 극복하기가 어려워질 전망이니, 여간 큰 일이 아닙니다.

옛날에 정(鄭)나라의 자산이 후임자 태숙에게 이르기를, '정치는 혹 독하게 하는 것이 제일이다. 불은 맹렬해서 사람들이 두려워해 불에 타죽는 자가 적고, 물은 부드러워 사람들이 얕보기 때문에 익사하는 자가 많은 것이다.'라고 하였는데, 태숙이 차마 혹독한 정치를 펼치지 못하다가, 숲이 우거진 곳마다 도둑의 소굴로 변하자, 뒤늦게 자산의 말을 흘려들은 것을 후회하며, 군대를 동원해 간신히 도둑들을 제압 했다고 합니다.

일찍이 공자는 말하기를, '정치가 관대하면 백성이 게으름에 빠지 니, 백성이 게을러지면 맹렬하게(억세고 사납게) 다스려야 하느니라. 하지만 정치가 맹렬하면 백성이 쇠잔해지니, 백성이 쇠잔해지면 관용 을 베풀어야 하느니라. 관용으로 맹렬을 구제하고 맹렬로 관용을 구 제하면 정치가 제대로 펼쳐질 것이다.'라고 하였습니다.

또, 《형통(刑統)》의 각주에 이르기를, '두 명 이상이 소나 말을 훔쳐 서 죽였으면 주범은 사형에 처하고 종범은 1등을 감한다.'고 하였습 니다. 요즘 마소를 도둑질하는 자는 다른 도둑과 비교할 바가 아니니, 풍속이 바로잡힐 때까지 권도로 가혹한 형벌을 쓰도록 하시옵소서(세 종 29년 5월 26일).

그대로 윤허가 떨어지니, 그때까지 없었던 '공포(恐怖)의 법'이 시행에 들어갔다. 이전까지는 《대명률》 〈도적〉편의 규정에 따라 절도를 세 번 저질렀어야 사형에 처할 수 있었던 것을, 우마절도범은 2범도 사형에 처할 수 있는 무서운 세상이 닥친 것이다.

새로 제정된 특례의 골자는 세 가지였다(세종 29년 5월 26일).

첫째. 처음으로 소나 말을 훔쳤으나 죽이지는 않았으면 장 1백대를 때린 뒤에 오른팔 아래쪽에 '도마(盜馬)' 또는 '도우(盜牛)'라고 문신을 새기고, 재범자는 장 1백대를 때린 뒤에 왼팔 아래쪽에 '도마' 혹은 '도우'라고 새긴 뒤에 가족과 함께 거제·남해·진도 등지로 보낸다.

둘째. 풍속이 바로잡힐 때까지, 권도로 중한 법을 써서, 처음으로 소나 말을 훔쳐서 죽였으면 장 1백대를 때리고 오른팔 아랫마디에 '도살우(盜殺牛)' 혹은 '도살마(盜殺馬)'라고 문신을 새긴 뒤에 가족과 함께 거제·남해·진도 등지로 보내고, 재범은 사형에 처한다.

셋째. 위의 두 대책을 시행함에 있어서, 소나 말을 훔쳐다가 죽였든지 죽이지 않았든지 상관없이, 검거된 범인이 주범인지 종범인지, 훔친 시기가 사면 전인지 후인지를 따지지 않는다.

〈표 20〉 우마절도범처벌 특례(안)

| 구분 | 초범 | 2범 |
|------|------|-----|
| 우마절도 | · 장 1백대<br>· 오른쪽 손목에 '盜馬(牛)' 문신 | · 장 1백대<br>· 왼쪽손목에 '盜馬(牛)' 문신<br>· 처자 동반 외딴섬 안치 |
| 우마절도<br>+도살 | · 장 1백대<br>· 오른쪽 손목에 '盜殺馬(牛)' 문신<br>· 처자 동반 외딴섬 안치 | · 사형(교수) |

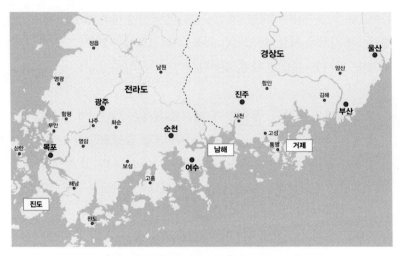

우마절도범들을 안치하기로 결정한 세 곳(3섬)

　그대로 윤허가 떨어져 법으로 정해지니, 사법당국의 칼끝이 소나 말을 훔친 자들을 정조준하였다. 공권력의 위력은 무서웠다.

　첫째로, 초범이라도 붙잡히면 장 1백대를 때리고 오른쪽 손목에 먹물로 '도마(盜馬)'혹은 '盜牛(도우)'라고 새겼다.

　둘째로, 소나 말을 두 차례 훔친 자는 장 1백대를 때리고 왼쪽 손목에 먹물로 '도마(盜馬)'혹은 '盜牛(도우)'라고 새겨서, 처자와 함께 거제·남해·진도 등지로 보냈다.

　셋째로, 소나 말을 훔쳐서 몰래 도살(盜殺)한 자들은 한층 더 무겁게 처벌되었다. 범행 횟수가 1회인 자는 소나 말을 두 차례 훔치기만 하고 도살은 하지 않은 자(우마절도 2범)에 대한 형과 동일한 형에 처해졌다.

　넷째로, 두 차례에 걸쳐서 소나 말을 훔쳐서 도살한 자는 극형인 사형에 처해졌다.

# III. 도둑사냥과 2차 군신격돌

## 1. 강·절도 일망타진과 무더기처형

돌이켜 보면, 세종 4년 12월 20일에, 사면 이후에 절도를 세 번 저지른 경우만 사형에 처하도록 정책을 바꾼 이후로, 세 차례에 걸친 정책변경이 있었다. 날짜순으로는 세종 26년(1444) 10월 11일, 27년(1445) 7월 5일, 29년(1447) 5월 26일의 일이었고, 매번 처벌 수위가 높아졌다.

2년 반도 안 되는 짧은 기간에 절도범을 사형에 처할 수 있게 한 법이 세 종류나 생긴 것이니, 도둑이 걷잡을 수 없을 만큼 들끓었다는 반증일 것이다.

추측이 틀리지 않을 것이, 우마절도범처벌 특례가 제정되고 40여일 뒤에 각각 충청도 홍주와 평안도 영유에서 강도혐의로 검거된 도적 두 명이 참형에 처해졌다(세종 29년 7월 11일). 살벌한 '도둑사냥'의 시작이었다.

충청도 문의에서 강도짓을 행한 귀생이라는 자와, 황해도 황주에서 강도혐의로 검거된 도적 2명도 참형에 처해졌다(세종 29년 7월 13일, 20일).

하루 동안 모두 합해서 강도 17명이 참형에 처해진 적도 있었다. 전라도 정주에서 함께 강도행각을 벌인 도적 7명, 평안도 은산에서 함께 강도짓을 한 4명, 경상도 순흥에서 함께 강도를 저지른 도적 6명 등이 같은 날 사형선고를 받은 것이다.

기간을 따져보면, 불과 열흘 사이에 전국 각지에서 검거된 강도 22명이 극형에 처해졌고, 이후 2년 4개월 동안 도둑들의 '떼죽음 행렬'이 계속되었다(세종 29년 7월 21일).

교형(絞刑)
작가: 김윤보, 사법제도연혁도보,
서울대학교중앙도서관 소장

당시 사형에 처해진 도둑들은 그 행태가 요즘의 조직폭력배와 유사하였다. 그런 도적들이, 어진 대왕이 도둑들을 불쌍히 여긴 덕으로 운 좋게 사형을 피하면서 오랫동안 목숨을 부지하다가 결국은 '독안의 쥐' 신세가 된 것이다. 도둑질을 하다 붙잡혔을 때마다 몸에 먹물로 새겨진 자자 흔적이 있어서 전과를 숨길 수도 없었을 것이다.

도적의 잔당들이 대성산에 다시 운집해 소산(所山)과 대불산(大佛山)을 오가며 기회를 틈타 도둑질을 한다는 보고가 올라오자, 대왕이 평안도 감사에게 마음을 다 쏟아서 도둑들을 남김없이 체포하라고 특명을 내렸다(세종 29년 8월 8일).

추석이 사흘 남았는데 강도 19명이 참형에 처해졌다(세종 29년 8월 11일). 수확기라서 들판에 곡식이 있었을 때에도 강도 29명과 절도범 1명이 참형에 처해졌다(세종 29년 10월 10일). 궁중에서 사용하는 쌀 등의 곡물과 자리·종이 등의 출납을 관장하는 풍저창에 침입해 면포를 훔친 다섯 명이, 모두 초범인데도 사형에 처해졌다(세종 29년 10월 17일).

해가 바뀐 뒤에도 무자비한 도둑사냥이 쉴 새 없이 계속되었다. 강도는 붙잡히는 족족 망나니의 칼에 목이 베이었고, 상습절도범과 우마절도범은 붙잡히는 대로 거의가 교수대 위에서 목이 졸렸다.

관원들은 잔혹한 고문으로 도적들의 자백을 받아냈을 것이고, 도둑들은 살기 위해 숨느라고 진땀을 쏟았을 것이다. 출세에 눈이 먼 관원들은 염치를 잊고서 숙달된 고문기술을 유감없이 발휘해 열심히 실적을 쌓았을 것이다. 말 그대로 '천국 속의 지옥'이 생긴 것이다.

자백을 받기 위한 가혹행위는 불법이 아니었으니, 신장·난장·압슬·주리 등을 비롯한 갖가지 고문이 전국 각지에서 난무했을 것이다. 훔친 장물이나 목격자가 있는 경우는 말할 것도 없고, 과거에 강도나 절도를 저지른 경력이 있으면 무조건 붙잡아다가 범행을 실토할 때까지 고문을 행하여, 비명과 곡소리가 방방곡곡에 진동했을 것이다.

강도는 말할 것도 없고, 절도범도 법적 요건에 해당하면 지체 없이 목숨을 거뒀을 것이다. 추분(秋分)[7]이 들어있는 9월 하순 이후는 '때를 기다리라(대시·待時)는' 부가명령도 필요하지 않았을 것이다. 운 좋게 가까스로 사형을 면한 자들은 볼기가 헤지도록 매질을 당하고 가족과 함께 북쪽의 변방이나 거제·진도·남해 등지로 쫓겨났을 것이다.


## 2. 고관출신 조뇌의 도둑대책 상서

대왕이 52살 되던 해 4월에 원손 홍위(8살)를 왕세손으로 책봉하면서 '유죄 이하'를 석방상한으로 하는 사면령을 내렸다. 어미 없이 유모 손에 자란 홍위가 측은하기도 하고, 의젓한 모습이 대견하여서 특별히 의미를 더한 것으로 보인다. 27년 전에 원자 향을 세자로 책봉할 때는 사면은 없이 세자로 책봉한 사실만 만방에 알리는 데 그쳤었다.

그런데, 대왕은 어떤 생각에서 사면령을 내렸든지 간에, 세손책봉에 즈음한 사면은, 전년 7월에 도둑사냥을 시작하고 불과 8개월 만에 다시

---

7 하지(夏至, 6월 22일) 이후로 낮은 점차 짧아지고 밤은 점차 길어지다가, 마침내 낮과 밤의 길이가 같아지는 날이다. 양력 9월 22일 무렵이다.

또 죄수들을 대거 용서하여 풀어준 것이었다. '절도범은 대상에서 제외한다.'는 조건을 달지 않았으니, 절도 1범, 2범, 3범들이 대거 풀려났을 것이 분명하다(세종 30년 4월 3일).

그래서 그랬는지, 살벌하고 무자비한 도둑사냥에도 불구하고 백성들이 느끼는 체감치안 수위는 높지가 않았던 모양이다. 도둑사냥이 절정에 이르렀을 무렵 지돈녕부사(종2품)로 은퇴하여 양주에서 노후를 보내던 조뇌가 대왕에게 올린 도둑방지대책 안에 여전히 도둑이 날뛴 정황이 적나라하게 적혀 있었다.

고위직을 두루 거친 백전노장의 글인지라, 전반적으로 짜임새가 촘촘하고 설득력도 있어 보인다. 먼저 자신이 알고 있는 도적들의 천인공노할 만행과 피해사례들을 낱낱이 적은 다음에, 재인과 화척들을 유력한 용의자로 지목하고, 나름 대책을 착안하여 자세하게 적었다. 분량이 다소 길지만, 당시의 치안상황이 소상히 담겨 있어 전문을 소개하겠다.

근년에 도적이 방방곡곡으로 퍼져서 평화로운 시골마을까지 약탈을 당합니다. 사방으로 귀와 눈이 미치는 곳마다, 도둑들에 의해 집이 불타고, 부모처자가 칼이나 몽둥이에 맞아 목숨을 잃거나 피를 흘리니, 보는 사람마다 눈시울을 붉히며 통탄해마지 않습니다. 제가 사는 동네만 사정이 그런 것이 아닙니다. 전국 8도가 모두 똑같아서, 시골의 무지한 백성 가운데 살림도구를 통째로 망실하고 거리로 나앉는 사람이 헤아릴 수 없이 많으니, 나라에서도 걱정이 크리라 생각됩니다.

지금까지 강도와 절도를 막을 방책을 열심히 강구하였어도 강도와 절도가 계속 늘어나는 데에는 원인이 있다고 봅니다. 제가 오랫동안 백성들과 섞여서 사는 동안 많은 것을 보고 들으며 근본원인을 깨달았습니다. 대개 은신처를 갖고 있거나 무리를 지어서 사납고 거칠게 날뛰는 자들은 거의가 도둑놈들입니다. 현재 제가 사는 마을만 하더라도, 금년 정월·2월 사이에 가옥 네 채가 방화로 불타고, 주민 세 명이 노상에서 강도를 만나 부상을 입었습니다. 우마와 가산을 도둑맞은 사례가 일일이 열거할 수 없을 정도로 많은데, 모두 누구의 짓인지 알 수가 없습니다.

지금까지 확인된 것이라고는, 전 군지사이던 윤신발이 검거한 말도둑은 재인 출신 백정이고, 또 동네의 어느 집에 침입해 부부에게 해를 입히고서 마을주민들에게 붙잡힌 강도는 화척 출신 백정이라는 사실뿐입니다. 저희 집도 최근 두어 달 동안 소와 말을 네 차례나 잃어버렸으나, 범인을 알 수가 없습니다. 도둑의 발자국을 추적하여 재인 출신 백정들이 모여 사는 마을까지 이르렀으나, 범행을 목격한 것이 아니라 따지고 들 수가 없었습니다. 하지만 그 일로 인하여, 극성스러운 강도와 절도는 모두 이 무리들의 짓이라는 것을 알았습니다.

대개 이 무리들은 본래 논밭도 없고 집도 없어서, 한 곳에 정착해 농사나 양잠에 힘쓰지 않고 이곳저곳을 떠돌며 떼거지 노릇으로 생활을 유지합니다. 그래서 굶주림과 추위를 면하기 위해, 작게는 밤중에 남의 집에 침입해 먹거리나 옷가지를 훔치기도 하고, 크게는 살인이나 방화를 통해서 남의 재물을 빼앗는 짓을 서슴지 않습니다. 1424년(세종 6)에 호칭을 백정으로 고쳐서 논밭을 나눠주고 군적(軍籍)에 올려서 평민과 결혼시켜 정착해서 살게 하라는 교지가 있었으나, 이후로 평민이 백정과 혼인하고, 백정이 평민에게 시집가서 밭일을 하며 농사에 힘쓴다는 말을 들어본 적이 없습니다. 대다수 평민은 자신들과 혈통이 다르다는 이유로 백정과 혼인하기를 꺼려하고, 수령들은 신경을 쓰지 않고 논밭과 주택도 주지 않으니, 저들이 도둑질을 멈출 도리가 없지 않겠습니까. 그러니 전국의 강도와 절도 가운데 절반이 이 무리일 수밖에 없는 것입니다(세종 30년 4월 9일).

조뇌의 상서에는, '신백정들에게 논밭을 나눠주고 군적에 올린 뒤에 평민과 결혼시켜 정착해서 살게 하라.'고 한 교지의 철저한 이행을 독려하라는 권고도 들어있었다. 따라서 이전 같았으면 당연히 의정부와 육조의 대신들을 불러서 토론에 붙였을 터인데, 어찌된 일인지 대왕의 반응에 관한 기사가 실록에 없다. 그런데 가만히 헤아려보면 짚이는 것이 있다.

## 3. 내불당 건립을 둘러싼 군신갈등

큰 숙제를 해결해서 그랬는지, 왕세손 책봉을 마친 대왕은 마치 통치의욕을 상실한 것처럼 노골적으로 불교와 친했다. 3년쯤 전에 장성한 두 아들을 한 달 사이에 연달아 잃고, 그 충격으로 1년 뒤에 왕비마저 죽은데다 본인의 건강까지 악화되자, 국정의 대부분을 세자에게 맡기고 자신은 궐내에 불당을 세워서 부처를 섬기는 일에 몰두하였다.

둘째 아들인 수양대군을 시켜서 석가모니의 일대기를 쓰게 하였다. 대군이 명을 받들어 《석보상절》(보물 제523호)을 지어서 올리니, 대왕이 그 내용에 감동하여 석가의 공덕을 칭송하는 찬불 가사 오백수를 지어서 남겼다. 그것을 책으로 엮은 것이 국보 제320호로 지정된 《월인천강지곡》이다.[8]

30년째 해 7월에는 승정원에 글을 내려, 대궐 인근에다 불당을 지으라고 지시하였다(세종 30년 7월 17일). 15년 전인 1433년(세종 15) 정월에, 그곳에 보관되었던 불상과 잡물을 모두 흥천사로 옮기게 하고 건물을 없애게 하였던 문소전의 불당을 다시 세우게 한 것이다(세종 15년 1월 30일).

불당건립을 막으려는 신하들의 반대상소가 빗발치는 가운데 경복궁 소격전의 종인 원생의 집에 도둑이 들었다. 원생이 보고서 붙잡으려하자

--------------------

8 뒤에 수양대군이 임금(세조)이 되어서 두 책을 합쳐서 《월인석보》를 발간하였다. 보물 제745호로 지정되어 있다.

도둑이 칼로 원생의 옆구리를 찌르고 달아났다.

대왕에게 보고가 올라가니, 형조와 한성부 및 의금부에 신속한 체포를 명하고, 진무로 하여금 군사를 거느리고 도성 바깥 10리 안쪽 지역을 수색하게 하였다(세종 30년 8월 26일).

같은 날 절도를 저지르고 체포에 항거한 도적 2명과 절도를 세 번 저지른 2명이 율에 따라 사형에 처해졌다(세종 30년 8월 26일).

그로부터 3개월쯤 뒤에, 대왕이 전국 각 고을의 수령들에게 명을 내려, 절도를 저지르고 도망쳐 숨었다가 나타나서 돈으로 죄를 대신 값은 자들을 모조리 색출해, 범행이 사면보다 먼저인지 나중인지 따지지 말고 몸에다 먹물로 죄명을 새기게 하였다.

《속육전》에, '가벼운 죄를 저지르고 도망한 자는 속전을 내게 한다.'고만 되어 있고, 몸에 먹물로 죄명을 새기라는 문구가 없어서, 절도를 세 번 이상 저지르고도 전과 표시가 하나도 없이 목숨이 살아서 도둑질을 반복하는 자들이 있었기 때문이었다(세종 30년 11월 9일).

그러는 동안에도 불당건립을 철회하라는 상소가 빗발쳤지만, 대왕은 끝까지 고집을 거두지 않았다. 약 4개월 만인 같은 해 11월 말경에 궁성의 북쪽에 26칸 규모의 호화로운 불당이 완공되자, 왕자들인 수양대군과 안평대군을 시켜서 일찍이 태조가 주조를 시작한 금불상을 완성해 그곳에 봉안하게 하였다.

그러는 사이사이 불당건립에 반대하는 신하들의 상소가 파상적으로 올라왔지만, 대왕은 끄떡도 하지 않고 눈 하나 깜짝하지 않았다. 그뿐만이 아니었다.

동요는커녕, 불당건물이 완공되자 음식을 준비하고 승도들을 모아서 두 차례에 걸쳐서 성대하게 경찬행사를 열게 하였다(세종 30년 12월 5일, 31년 1월 18일). 각각 닷새와 나흘에 걸친 경찬회가 성황리에 지나가자

승지들을 불러서 불당에 대한 철저한 경비를 지시하였다.

예전의 불당은 궁궐 안에 있어서, 금으로 만든 인왕불·미타삼존불·옥불(玉佛)과 부처의 치아와 뼈와 같은 법보들이 있어도 안전하였는데, 새로 지은 불당은 궁궐 바깥에 있어서 도둑이 금부처를 훔쳐갈 수 있다는 것이었다.

명령에 덧붙여서, 원(元)나라 때에 금으로 만든 신주를 도난당한 사례를 들려주더니, 형조를 불러서, 도성에 사는 노비들 가운데 재산이 많고 신체가 튼튼한 여덟 명을 특별히 차출해 문소전 불당의 조라치(대궐 뜰을 소제하는 자)로 배치하여, 주야간 경비를 전담하게 하라고 특명을 내렸다(세종 30년 12월 9일).

# 4. 강도검거유공자 포상비리 파문

4개월쯤 뒤에 강계도(평안도) 도절제사 이양으로부터 우마도둑들을 더 이상 들여보내지 말기를 청하는 장계가 올라왔다. 변방의 인구를 늘리기 위한 국가정책[9]을 재고해주기를 요청한 것인데, 이유는 두 가지였다(세종 31년 4월 2일).

첫째는, 그들이 들어온 이후로 압록강 일대에 도둑이 부쩍 늘어났다는 것이었다. 둘째는, 성질이 사나운 무리들을 야인의 땅과 인접한 곳에 두는 것은 매우 위험하다는 것이었다.

....................

9 평안도와 함길도에 각각 4군과 6진을 설치해 압록강과 두만강 유역에 대한 통치권을 회복한 시점을 전후해, 함경도 남부와 삼남지방(충청도, 전라도, 경상도)의 백성들을 그 지역에 강제로(범법자) 혹은 특혜를 약속하고 희망자를 받아 들여보낸 일을 말하며, 사민정책(徙民政策)이라고 한다.

대신들의 호응이 없어서 허락하지 않았지만, 상습절도범들을 접경지역의 오지로 보내는 정책도 순탄치 않았음을 말해주는 것이다.

그해도 농사철로 접어들자 어김없이 반갑지 않은 단골이 닥쳤다. 4월이 목마르게 지나가고 5월 하순에 이르도록 비가 오지 아니하자 대왕이 '도죄 이하' 죄수들을 보방하게 하였다.

그보다 앞서 사헌부에서, 경기도의 죄수 4백96명을 비롯하여 전국의 여러 도에 갇힌 죄수들 가운데 반드시 원통하고 억울한 자들이 있을 것이라며, 급히 형조와 감사들에게 명하여, 경범은 풀어주게 하기를 청하여 그대로 따른 것이었다(세종 31년 5월 20일).

그럼에도 불구하고 일주일이 지나도록 비가 오지 아니하자, 대왕이 신하들에게 가뭄을 극복할 방법을 아는 대로 성실하게 진달하기를 명하더니, 곧바로 '도죄 이하' 죄수들을 사면하게 하였다(세종 31년 5월 26일). 6일 사이에 보방과 사면이 연달아 있은 것이니, 많은 수의 도둑이 일시에 풀려났을 것이 분명하다.

하지만 야속하게도 이후로도 두 달 반이나 비가 오지 아니하다 7월 10일이 되어서야 비로소 단비가 내렸다. 그 사이 도성의 중부 장통방에 화재가 나서 가옥 30여 호가 불에 타고 사람도 타죽었다(세종 31년 6월 1일).

그래도 기우제를 수도 없이 지내고, 특별사면을 단행해 이순지 등 26인의 직첩을 돌려주었다. 영의정 황희, 좌의정 하연, 좌찬성 박종우 등은 자신들을 파면하여 하늘의 꾸지람에 응답하라며 사의를 표했다.

그런 어려움 속에서도, 소나 말을 여러 차례에 걸쳐서 훔치거나, 혹은 훔쳐다가 도살한 범죄가 동시에 발각된 경우는 훔친 수효가 더 많은 쪽의 죄명을 몸에 새기게 하였다(세종 31년 6월 27일).

그런데 고약하게도 권문세족의 친인척이 연루된 강도검거유공자 조작사건이 터졌다. 현직 고위관료의 사위 등이 강도검거와 아무 관련도 없으면서 강도검거유공자 명단에 이름이 없혀서 상으로 관직을 받은 의혹이 불거진 것이다.

당초에 충순위(忠順衛)[10] 이종경과 송학이 강도를 붙잡아 형조에 넘기고 상으로 관직을 주기를 청했다. 그런데 포도장(捕盜狀·도적체포보고서)에 강도검거와 무관한 윤계홍·이영신·김여려 등 세 명의 이름이 들어가 있었다.

계홍은 형조판서 이승손의 사위였고, 영신은 그 조카였으며, 여려는 동부승지 김흔지의 사위였다. 형조정랑(정5품)으로 있던 김종서의 아들 김승규가 보고 자기 동서인 윤영의 이름을 추가해 네 명이 관직을 받았다.

사간원에서 첩보를 입수하고 비리의 전모를 파악하여 사실대로 아뢰니, 대왕이 의금부에 추국을 명하였다. 당시 승규는 도체찰사 황보인을 따라 함길도에 가 있어서, 의금부관리를 보내 잡아오게 하였다.

그런데 승규가 도착하기 전에, 명나라 군대가 달단의 군대에 밀리고 있다는 소식이 전해지자, 대왕이 의정부 찬성이던 김종서를 평안도로 보내면서, 특별사면으로 승규를 용서하여 아버지를 따라가게 하였다.

윤계홍·이영신·김여려 등 세 명은 지방에 부처되고, 이종경과 송학은 그 일 뒤에 사면이 끼어서 처벌을 면했다. 반면, 의금부에서 신문을 맡았던 좌랑 박공순이 파직되었다. 연루자들을 너무 가혹하게 다룬 의혹이 불거졌기 때문이었다(세종 31년 8월 4일).

그런데 상황이 끝난 것이 아니었다. 20일 뒤에 사헌부에서, 형조판서 이승손과 동부승지 김흔지가 측근들이 인사비리에 관련된 사실을 알고서도 침묵한 죄를 캐야겠다며 대왕에게 승낙을 청했다.

......................

10 조선시대 중앙군으로서 오위(五衛)의 충무위(忠武衛)에 소속되었던 병종(兵種)을 일컫던 말이다. 1445년(세종 27) 3품 이상 고위관리들의 자손 600인을 시험을 통해 선발하여 번갈아가면서 입직을 하게 한 뒤에, 일정기간 복무를 마치면 다른 관직을 주어서 벼슬길을 열어줄 목적으로 설치된 것이었다(한국민족문화대백과, 한국학중앙연구원).

이승손도 김흔지도 사위가 강도검거에 관여하지도 않고 뻔뻔하게 유공자 명단에 이름을 올려서 상으로 관직을 받은 사실을 몰랐을 리가 없다는 것이었으나, 대왕이 따르지 않아서 두 사람 다 무사하였다(세종 31년 8월 24일).

하지만 당사자들이 민망해서 직책에 그대로 있을 수가 없었던지, 다음 날 이승손이 대왕에게 직책에서 물러날 뜻을 표했다. 사위와 조카가 함께 양심을 속이고 거짓을 꾸민 죄를 범하여 물의를 일으킨 데 대해 책임을 지겠다는 것이었는데, 대왕이 윤허하지 않아서 그대로 형조판서 자리를 지켰다(세종 31년 8월 25일).

사흘 뒤에 사헌부가 승규와 형조 당상(정3품 이상)에 대한 처벌을 청했다. 형조판서(정2품)를 비롯하여 참판(종2품)과 참의(정3품)까지 모두 사법절차에 넘기라고 대왕을 압박한 것이다.

승규에 대하여는 대왕이 그의 죄를 사면해준 사실을 알지 못했던 것처럼 법대로 처벌할 것을 청하고, 형조의 당상관에 대하여는 두 가지 죄목을 갖다 붙였다.

이종경 등이 제출한 포도장(도적체포보고서)의 앞에는 16명이 강도를 잡았다고 되어 있는데 뒤에는 20명이 서명을 한 것을 자세히 살피지 않고 문건을 넘긴 죄(직무태만)를 물어야합니다. 아울러서, 자신의 아들과 사위가 비리를 저질렀는데도 모른 척하고 피혐하지 않은 죄도 물어야 합니다(세종 31년 8월 28일).

상소문을 읽어본 대왕은 사헌부의 청을 따르지 않고 사헌부 집의 박중손[11]을 불러서 상소의 부당성을 조목조목 지적하였다.

........................

11 수양대군이 정란을 일으켜 스스로 왕이 된 것을 그르게 여기고 집현전출신 동료들과 단종복위를 도모하다 애석하게 희생된 박팽년의 아버지다.

우선 먼저, 이미 특별사면으로 용서해준 승규의 죄를 다시 들추는 이유를 따지더니, 아비에게 나라의 큰일을 맡기고서 그 아들을 벌줄 수가 없어서 내린 결정이라 되돌릴 수가 없다고 못을 박았다.

그뿐만 아니라, 설령 자신이 승규를 다시 벌주려고 하더라도 사헌부는 '대왕으로서 신의를 지키라.'고 간하는 것이 직분에 맞을 것이라고 중손을 힐책하더니, '형벌이 대부(大夫)에 오르지 않는다.'는 옛말을 들추며, 형조의 당상관들을 문책할 마음이 없음을 분명히 하였다.

중국은 3품 이상을 '귀한 신하'라 칭하고 조선도 당상관 이상을 귀한 신하로 대접할 뿐더러, 율문에 귀한 신하는 형벌을 면해주는 조항도 있으니, 대수롭지 않은 일로 대신을 벌주면 되겠는가. 아들과 사위의 잘못을 가장에게까지 연좌할 일도 아니다. 아비로서 아들과 사위의 잘못을 말하지 않았어도 죄가 되지 않는다. 그리고 내가 환관이나 후궁을 특별히 용서했거나 왕자의 부탁을 따른 것이면 마땅히 사헌부가 나서야하겠지만, 이번 일은 그런 경우가 아니니 동료들에게 내 뜻을 분명히 전하도록 하라(세종 31년 8월 28일).

중손은 승복 대신 논박을 택했다. 대왕이 말을 마치자, 중손이 아뢰기를, 승규를 파직하여도 그의 죄를 용서한 교지에 반하지 않을 뿐더러 신의를 잃지도 않을 것이라며, 도리어 대왕을 설득하였다.

또, 형조판서와 동부승지가 사위와 조카의 비리를 알았으면서도 솔직하게 밝히지 않은 것은 대신의 체통을 잃은 것이라며 두 사람을 좌천시키기를 청하니, 대왕이 중손의 급급함을 꾸짖었다.

중손이 할 말이 없었던지, 더 이상 반론을 내놓지 않았다. 그런데 대왕이 아무래도 뒷맛이 개운치 않았던지, 한 달쯤 뒤에 형조판서를 조극관으로 바꾸고 이승손을 대사헌으로 삼았다(세종 31년 10월 5일).

# Ⅳ. 허망한 퇴장과 치도성적표

## 1. 병마의 훼방과 치도공포 종식

세종 31년 10월 5일과 6일 이틀에 걸쳐서, 절도를 세 번 저질렀거나, 절도를 저지르고 체포에 항거한 여섯 명이 사형에 처해졌다. 3일 뒤인 10월 9일에도 역시 절도를 세 번 저지른 전주 백성 여덟 명이 사형에 처해졌다.

그런데 오래지 않아서 뜻밖의 반전이 생겼다. 2년이 넘게 나라 안에 피 냄새를 진동시킨 무지막지한 도둑사냥이 하루아침에 갑자기 멎은 것이다. 이유는 '세자의 환후' 때문이었을 개연성이 매우 높게 점쳐진다.

세자의 몸에 '종기(腫氣)'[12]가 생겨 생명이 위독해지자 대왕이 '도죄 이하' 죄수들을 사면해주었다(세종 31년 11월 1일). 만약 이 사면이 형벌이 중도를 잃어서 세자에게 병마가 닥쳤다고 믿고서 죄수들을 용서한 것이면, 치안당국이 도둑사냥을 계속할 수 없었을 것이다.

처음에 세자에게 등창이 생기니, 대왕이 여러 신하를 경기 지역의 명산·대천·사당·사찰에 나눠보내 빠른 쾌유를 빌게 하였다(세종 31년 10월 25일).

그다음 날은 우참찬 정갑손·예조판서 허후·숭덕대부 이정녕을 종묘·사직·소격전에 나눠보내 세자의 쾌차를 빌게 하고, 넷째 왕자 임영대군과 도승지 이사철을 흥천사에 보내 관음정근을 베풀게 하였다(세종 31년 10

---

12 당시는 종기가 치명적 질병이어서, 왕과 왕실가족을 포함한 상류층에서도 많은 사람이 종기로 죽었다. 방성혜(2012), 『조선 종기와 사투를 벌이다』, 시대의 창.

월 26일).

그럼에도 불구하고 세자의 환후가 낫지 아니하자, 형조에 사면령 선포를 지시하였다. '절도범은 제외하라.'는 말은 덧붙이지 않았다.

> 세자의 질환이 여러 날이 되도록 낫지 않아 심히 염려가 되니, 오늘 이전에 강도를 저지른 자들을 제외하고, '도죄 이하' 죄수 전원을, 죄의 발각 여부나 사법절차의 진행상황과 상관없이 모두 용서하여 석방하라(세종 31년 11월 1일).

같은 날 둘째 왕자인 수양대군과 도승지 이사철에게 명하여 내불당에서 약사재를 행하게 하고, 셋째 왕자인 안평대군을 대자암에 보내서 수륙재를 행하게 하였다. 그다음 날은 특별사면을 단행해, 사죄(死罪)를 범하고 지방에 부처된 전 도승지 안숭선 등과 노역 혹은 유배에 처했던 열일곱 명을 용서하였다(세종 31년 11월 2일).

그래도 세자의 병이 낫지 아니하자, 대왕이 친히 세자를 위해 기도를 하려다가, 다음 날 여러 신하를 전국 각지의 명산·대천·사당·사찰 등에 나눠보내 기도하게 하였다(세종 31년 11월 4일, 5일). 겨울이 닥쳤는데도 세자가 병을 떨치지 못하자, 세자에게 위임했던 국가의 일반사무를 대왕이 친히 처리하였다(세종 31년 11월 14일).

천만다행으로 세자의 몸에 생겼던 종기의 뿌리가 빠져나와 병환이 회복세로 돌아서자, 조정 안팎이 축제분위기로 바뀌었다. 실록에 세자의 종기에 관한 기사가 처음 보인 것이 10월 25일이었으니 최소 20일 동안 왕실을 비롯하여 나라 전체가 깊은 염려와 불안에 빠졌던 셈이다.[13]

세자가 건강을 되찾자 대왕이 기쁜 마음에서 종친과 재상들에게 연회

....................

13 세종 31년 11월 15일, 18일, 19일, 25일, 27일자 실록기사 참조.

를 내리고 많은 관원에게 특진의 은전을 베풀었다(세종 31년 11월 18일, 29일, 30일, 12월 3일). 그런데 축제분위기가 가라앉기도 전에 세자의 몸에 다시 또 종기가 났다.

대왕이 다시 또 신하들을 경기도의 사당과 절간에 보내서 세자의 쾌차를 빌게 하였다(세종 32년 1월 18일). 그런데 일이 틀어지려고 그랬는지, 세자가 아직 회복을 못했는데 대왕의 묵은 병이 도졌다.

대왕이 홍인문 밖에 있던 효령대군 집으로 거처를 옮기더니, 좌참찬 정분과 좌부승지 이계전을 내불당에 보내 공작재(孔雀齋)[14]를 베풀게 하였다. 또, 도승지 이사철로 하여금 홍천사에서 관음정근을 베풀게 하고, 여러 신하를 경기도의 명산·대천·사당·사찰에 나눠보내 기도하게 하였다 (세종 32년 1월 22일).

세자가 아직 온전히 회복을 못하고 대왕도 미처 기운을 차리지 못했는데 명나라에서 사신이 와서 둘째 왕자인 수양대군에게 영접을 맡겼다(세종 32년 윤1월 1일).

사신들은 명나라 황제(정통제)가 친히 달단과 싸우다 포로로 잡히자 (토목의 변) 태황태후가 새 황제로 앉힌 경태제의 등극조서를 가져온 것이어서, 하루 뒤에 축하의 뜻으로 사면령을 내렸다. 이번에도 '절도범은 제외하라.'는 문구가 들어가지 않았다.

이후로 대왕의 건강이 갈수록 쇠약해지다가 2월 보름에 이르러 몸의 상태가 심상치 않은 조짐을 보이자, 세자가 다급하게 도승지 이사철을 시켜서 사면령을 내리게 하였다.

사면령이 적힌 문서에는, 대왕의 병세가 이미 깊어서 가망이 없다고 느끼면서도, 기적을 바라고 죄수들을 용서한다는 간절함이 확연하게 반영

---

14 불교의 밀교에서 공작명왕(孔雀明王)을 본존으로 삼아 기원하는 재(齋). 명왕에게 재앙을 없애고 병마를 덜어 오래 살게 해주기를 빌었다.

돼 있었다(세종 32년 2월 15일). 즉위하고 34번째이자 대왕 생전의 마지막이 된 이날의 사면에도 '절도범은 제외한다.'는 조건이 붙지 않았다.

이틀 뒤에 애석하게도 대왕이 54세로 숨을 거뒀다. 늦둥이로 얻은 막내라고 끔찍이도 사랑을 쏟았던 여덟 째 아들 영응대군의 집 동별궁에서, 차남 수양대군과 삼남 안평대군에게 세자인 맏형을 잘 도우라는 유언을 남기고 홀연히 눈을 감았다.

대왕의 직접적 사인은 오랜 질병과 과로누적이었을 개연성이 높게 점쳐진다. 사망 이전 10년 동안의 삶을 떠올리면 극심한 스트레스의 영향이 컸을 것이 분명하다.

세자빈 폐출(2회) 세자빈 요절(23년 7월), 두 왕자 연사(26년 12월, 27년 1월), 왕비 타계(28년 3월), 강·절도범 무더기 처형(29년~31년) 같은 일들로 심신에 크게 타격을 입었을 것이기 때문이다.

그 원인이 무엇이었든지 간에, 나라에 국상이 났으니 사형집행이 자동으로 정지되고[15] 도둑사냥도 흐지부지되었다. 만약 세자의 몸에 종기가 나지 않았고 대왕의 건강도 좋았더라면 더 많은 강도와 절도범이 치안당국에 붙잡혀 사형에 처해졌을 것이 분명하다.

하지만 불행인지 다행인지 왕세자와 대왕이 번갈아서 환후를 앓는 바람에 끔찍한 도둑사냥이 한 순간에 멎었고, 덕분에 수많은 강도와 절도범이 목숨을 건지는 행운을 얻었다.

---

15 세종 4년 5월 10일 부왕 태종이 죽고 나서 9개월 반쯤 지났을 무렵 대왕이 명하기를, "사형은 3년 상 이후에 집행하라." 하였다(세종 5년 1월 24일).

## 2. 32년 동안 도둑 885명 단죄

그렇다면 대왕의 치도성적은 어땠을까? 〈표 21〉과 〈그림 3〉은 대왕이 보위에 있었던 동안 사형에 처해진 도둑의 수를 연도별로 집계한 것으로, 32년 동안 모두 합해서 8백 85명이 강도죄 혹은 절도죄로 극형에 처해졌음을 알려준다.

같은 기간 동안 모두 합해서 1천 5백 명 안팎의 죄수가 사형에 처해졌으니, 전체의 60퍼센트 정도가 도둑들이었던 셈이다.[16]

연도별 인원분포는 들쭉날쭉하다. 먼저 즉위년부터 재위 31년까지의 현황을 보면, 1년 동안 사형에 처해진 죄수가 한 명도 없었던 해가 즉위년을 빼고도 다섯 해(2년, 3년, 4년, 5년, 16년)나 된다.

32년째 해의 통계는 집계에 넣지 않았다. 그해 2월에 대왕이 숨을 거뒀기 때문이고, 연말까지 강도죄 혹은 절도죄로 사형에 처해진 죄수도 없었다.

그 외에 두드러진 특징이 세 가지 더 잡힌다.

첫째로, 대왕이 보위에 오르고 나서 한동안은 강도죄나 절도죄로 극형에 처해진 죄수가 희귀할 정도로 드물었다. 즉위년부터 재위 5년까지 5년 반 동안 강도 1명과 절도범 4명이 사형에 처해진 것이 전부다.

이유로는 5년 동안 국상이 이어졌기 때문이었을 가능성을 점쳐볼 수 있을 법하다. 대왕이 즉위한 다음해 9월에 정종이 죽어서 3년 상에 들어갔는데, 그다음 해 7월에 대왕의 모후(원경왕후)가 죽어서, 다시 새로운 3년 상이 시작되었다. 그런데 모후의 3년 상이 끝나기 두 달 전에 부왕

........................

16 조병인(2016), "세종의 민본주의 형사정책 연구", 『고궁문화』 제9호, 국립고궁박물관, 166쪽; 조병인(2019), "세종의 사법개혁: 오결(誤決)과 체옥(滯獄)을 없애라", 『검찰동우』 제45호, 검찰동우회, 60쪽.

태종이 죽었다.

〈표 21〉 대왕치세 동안 연도별 도둑(강·절도) 처형인원

| 구분 | 0년 | 1년 | 2년 | 3년 | 4년 | 5년 | 6년 | 7년 | 8년 | 9년 | 10년 | 계 |
|---|---|---|---|---|---|---|---|---|---|---|---|---|
| 강도 | - | 1 | - | - | - | - | 23 | 10 | 13 | 5 | 18 | 70 |
| 절도 | - | 4 | - | - | - | - | - | 2 | 1 | - | - | 7 |
| 계 | - | 5 | - | - | - | - | 23 | 12 | 14 | 5 | 18 | 77 |

| 구분 | 11년 | 12년 | 13년 | 14년 | 15년 | 16년 | 17년 | 18년 | 19년 | 20년 | 21년 | 계 |
|---|---|---|---|---|---|---|---|---|---|---|---|---|
| 강도 | - | 11 | 2 | 4 | 21 | - | 5 | 12 | 24 | 8 | 12 | 99 |
| 절도 | 2 | 5 | 4 | 4 | 1 | - | - | 3 | 14 | 3 | 4 | 40 |
| 계 | 2 | 16 | 6 | 8 | 22 | - | 5 | 15 | 38 | 11 | 16 | 139 |

| 구분 | 22년 | 23년 | 24년 | 25년 | 26년 | 27년 | 28년 | 29년 | 30년 | 31년 | 소계 | 합계 |
|---|---|---|---|---|---|---|---|---|---|---|---|---|
| 강도 | 24 | 7 | 11 | 6 | 21 | 52 | 5 | 141 | 185 | 122 | 574 | 743 |
| 절도 | 10 | 1 | 3 | 1 | - | 3 | 1 | 22 | 30 | 24 | 95 | 142 |
| 계 | 34 | 8 | 14 | 7 | 21 | 55 | 6 | 163 | 215 | 146 | 669 | 885 |

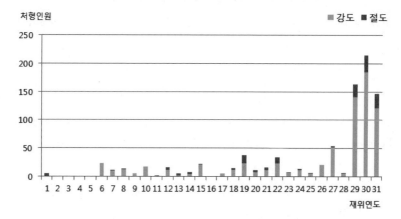

<그림 3> 대왕치세 동안 도둑(강도·절도) 처형 추이

따라서 생각하기에 따라서는 대왕이 4~5년을 연달아 상주 노릇을 하
느라 사죄(死罪)사건들을 제 때에 처결하지 못해서 사형에 처해진 강도와

절도범이 적었다고 여길 수도 있겠으나, 설득력이 약하다. 같은 기간 동안 살인범 35명이 사형에 처해졌기 때문이다.[17]

둘째로, 절도죄로 극형에 처해진 인원보다 강도죄로 극형에 처해진 인원이 압도적으로 많다. 대왕치세 32년 동안 도둑질을 한 혐의로 극형에 처해진 8백 85명의 죄명분포를 보면, 강도가 7백 43명(84 퍼센트)이고 절도가 1백 42명(16 퍼센트)으로 나타난다.

절도죄보다 강도죄로 극형에 처해진 인원이 압도적으로 많다고 해서, 강도는 많았고 절도는 적었던 것은 아니다. 이 말의 의미를 이해하려면, 육백 년 전에는 강도와 절도의 경계가 뚜렷하지 않았던 사실을 유념할 필요가 있다.

1435년(세종 17) 6월 14일에 신개가 대왕에게 「도둑방지종합대책(안)」을 올리면서 명확히 적었듯이, 도둑들은 칼과 몽둥이를 소지하고 다니다가, 재물의 많고 적음과 형세의 강약을 살펴서, 절도가 편리하겠으면 절도를 하고, 강도가 편리하겠으면 강도를 하는 것이지, 미리 강도를 할 것인지 절도를 할 것인지를 정하고 범행을 한 것이 아니었다.

그런데 《대명률직해》〈명례율〉편 '이죄구발이중론(二罪俱發以重論)' 조항에, 「2건의 범죄가 동시에 발각되었으면 죄가 더 무거운 쪽의 형벌을 부과한다.」고 되어 있어서, 강도와 절도를 닥치는 대로 저지른 자들이 모두 법정형이 더 무거운 강도죄로 사형선고를 받았을 것이 거의 확실하다.

바꿔 말하면, 강도죄로 사형에 처해진 7백 43명 가운데 상당수는 틀림없이 절도전과를 함께 가지고 있었을 것이다. 따라서 만약 피해자조사를 해볼 수 있다면, 강도보다 절도를 당한 사람이 훨씬 더 많게 집계될 개연

---

17 살인죄로 극형에 처해진 인원은 즉위년 11명, 재위 1년 13명, 재위 4년 2명, 재위 5년 9명 등으로 집계되었다.

성이 매우 높다.

절도를 통해서도 목적달성이 가능한 상황에서 굳이 형이 무거운 강도를 선택할 바보는 없을 것이기 때문이다. 반면, 절도죄로 처형된 1백 42명 중에는 강도전과도 가졌던 자가 한 명도 없었을 것이다. 강도전과가 1회라도 있으면 강도로 분류되었을 것이기 때문이다.

셋째로, 재위 29년부터 재위 31년까지 3년 사이 강도죄와 절도죄로 처형된 인원이 폭발적으로 늘어났다. 그 원인은 두 가지 사실과 관련이 깊을 것이 분명하다.

첫째는, 재위 27년 7월 5일에 '사면과 상관없이 절도3범은 사형에 처하기로' 정책을 되돌린 결정의 영향이 컸을 개연성이 높다.

둘째는, 재위 29년(1447) 5월에 「우마절도범처벌 특례」를 제정해, '소나 말을 훔쳐서 도살한 경우는 2범부터 사형에 처하게' 한 조치가 결정적 요인으로 작용했을 개연성이 매우 높다.

한편, 524명의 도둑이 무더기로 사형에 처해진 참극을 '대학살'로 규정하려면, 극형에 처해진 인원과 실제로 사형이 집행된 인원이 같았다는 사실을 의심할 여지없이 명확하게 입증할 필요가 있을 것인데, 다행히 그다지 어려운 일이 아니다.

우선, 32년 동안 강도죄로 극형에 처해진 743명은 전원이 실제로 처형되었다고 봐도 무방할 것이다. 강도는 《대명률》 〈도적〉 편의 상사소불원죄에 해당되어, 한 번 붙잡혀서 사형에 처해지면 살아날 길이 없었기 때문이다. 병사자, 자살자, 탈옥수 등이 있었을 가능성은 별개의 문제다.

반면, 절도죄로 사형에 처해진 142명 가운데는 사면 덕분에 처형을 면한 사람도 많았을 것이 분명하다. 앞의 제1부에서 자세하게 밝혔듯이, 대왕이 보위에 있었던 32년 동안 《대명률》〈도적〉편의 상사소불원조와 무관한 사형수까지 석방대상에 포함한 대사면(일반사면)이 16차례 있었기 때문이다. [459쪽 참조]

그런데 강도와 절도범이 단기간에 무더기로 처형된 재위 막바지 28개월 동안은, 절도죄로 사형에 처해졌다가 사면으로 살아난 자가 있었을 가능성이 희박하다. 재위 29년부터 31년까지 세 차례 사면이 있었지만 사형수까지 포함한(일죄 이하) 사면은 없었기 때문이다.

바로 다음 해 1월부터 대왕이 승하한 2월까지 2개월(윤1월 포함) 동안, 대왕 환후, 사신 내방, 대왕 위독 등의 사유로 사형수까지 포함하는 대사면이 세 차례 있었다. 하지만 전년 10월 9일에 마지막으로 절도3범 여덟 명을 사형에 처하고 4개월이 흐른 뒤여서, 설령 사면으로 살아난 자들이 있더라도, 극소수에 불과했을 것이다.


## 3. 막판 28개월 사이 524명[18] 처형

〈표 22〉는 대왕재위 막바지에 강도죄 혹은 절도죄로 처형된 인원을 연도별로 집계한 것으로, 3년 동안 5백 24명이 처형되었다는 결론이 가능하다.

이러한 통계는 그 이전 28년 동안 강도죄 혹은 절도죄로 사형에 처해진 인원을 모두 합한 수(3백 61명)보다도 1백 63명이 더 많은 수치이니,

....................

18  2019년 12월에 한국형사정책연구원 학술지 『형사정책연구』제30권 제4호(통권 제120호)에 "세종시대 '도둑과의 전쟁'에 과한 연구"라는 논문을 발표할 때는 재위 막판 28개월 동안 4백 68명이 처형된 것으로 기재하였다. 그런데 이 책을 쓰면서 다시 검산해보고 56명이 누락된 사실을 확인하였다.

대왕 재위 막판의 도둑사냥이 얼마나 끔찍하고 살벌하였는지 단번에 짐작할 수 있다.

세종 29년에는 1년 동안 강도 1백 41명과 절도범 22명을 합해서 1백 63명이 법에 따라 사형에 처해졌다. 세종 30년에는 1년 동안 강도 1백 85명과 절도범 30명을 합하여 2백 15명이 법에 따라 사형에 처해졌다.

대왕이 눈을 감기 1년 전인 세종 31년에는 1년 동안 강도 1백 22명과 절도범 24명을 합해서 1백 46명이 법에 따라 사형에 처해졌다. 3년 동안 사형에 처해진 5백 24명의 죄목을 보면 강도가 4백 48명(85%)이고 절도는 76명(15%)에 불과하다.

〈표 22〉 대왕치세 막바지 3년 동안 도둑(강·절도) 처형내역　　　　　　　　　단위: 명

| 구분 | 계 | 강도 | 절도 | | | | |
|---|---|---|---|---|---|---|---|
| | | | 소계 | 초범 | 3범 | 4범 | 5범 |
| 세종 29년 | 163 | 141 | 22 | 5 | 8 | 7 | 2 |
| 세종 30년 | 215 | 185 | 30 | 5 | 25 | - | - |
| 세종 31년 | 146 | 122 | 24 | 4 | 20 | - | - |
| 합계 | 524 | 448 | 76 | 14 | 53 | 7 | 2 |

절도초범인데도 사형에 처해진 14명은 나라창고인 풍저창에 침입해 면포를 훔친 다섯 명과, 남의 재물을 훔치다가 주인이 자신(들)을 붙잡으려고 하자 체포를 면탈할 목적으로 항거하다가 붙잡혀 사법절차에 넘겨진 아홉 명을 합한 수치다.

〈표 23〉과 〈그림 4〉는 대왕 재위 막판 28개월 동안 강도와 절도범이 사형에 처해진 내역을 월별로 나타낸 것으로, 세종 29년 7월부터 세종 31년 10월까지 피바람을 동반한 도둑사냥이 폭풍처럼 계속되다가 한 순간에 그친 특이점이 확인된다. 이후로 다음해 2월에 대왕이 승하할 때까지 사형에 처해진 도둑이 단 한 명도 없었다는 뜻이다.

| 구분 | 계 | 1월 | 2월 | 3월 | 4월 | 윤4월 | 5월 | 6월 | 7월 | 8월 | 9월 | 10월 | 11월 | 12월 |
|---|---|---|---|---|---|---|---|---|---|---|---|---|---|---|
| 세종 29년 | 163명 | - | - | - | 3 | 2 | 1 | - | 24 | 21 | 14 | 55 | 14 | 29 |
| 세종 30년 | 215명 | 6 | 44 | 45 | 4 | - | 20 | 32 | 8 | 13 | 10 | 23 | 5 | 5 |
| 세종 31년 | 146명 | 26 | 8 | 5 | 5 | - | - | - | - | 45 | 37 | 20 | - | - |
| 계 | 524명 | 32 | 52 | 50 | 12 | 2 | 21 | 32 | 32 | 79 | 61 | 98 | 19 | 34 |

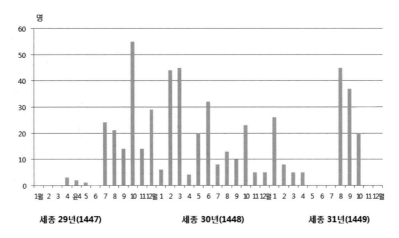

〈그림 4〉 대왕치세 막바지 28개월 동안 도둑(강도·절도) 처형추이

　　도둑사냥 첫 해인 세종 29년 10월에는 한 달 동안 무려 55명의 도둑이 극형에 처해졌다. 하루 평균 도둑 2명이 사형수로 되었다는 뜻이다. 세종 30년에는 2월과 3월 두 달 동안 무려 89명이 사형에 처해져, 도둑사냥이 최고조에 달했음을 짐작할 수 있다.

　　재위 31년 5월부터 7월까지 3개월 동안 사형에 처해진 인원이 한 명도 없었던 것은 극심한 가뭄 때문이었을 개연성이 우선적으로 점쳐진다. 기우제를 수없이 지내도 비가 오지 아니하자, 남형·체옥·오결 등으로 누적된 죄수들의 원통하고 억울한 마음이 재앙을 불렀을 가능성을 헤아려 도둑사냥을 한시적으로 정지했을 개연성이 매우 높다.

그해 2월에는 비가 많이 내렸는데, 3월, 4월에는 비가 적었다. 5월에는 단오에 비가 왔으나 땅속까지 적실 정도가 못 되었다. 6월 7일에 소낙비가 왔으나 마른 흙을 적시지 못하여, 하늘의 노여움에 답하는 뜻으로 도죄 이하 죄수들을 보방하였다. 죄를 지은 관리들로부터 회수한 직첩도 돌려주었다.[19]

이후로도 가뭄이 계속되다가 7월 10일이 되어서야 비가 넉넉히 왔다. 하지만 풍년을 기대하기에는 너무 늦은 해갈이었다. 기근이 심해지니 도둑이 기승을 부려서, 8월 한 달 동안에만 강도 44명과 절도3범 1명이 극형에 처해졌다.[20]

9월 달에도 한 달 동안에 강도 34명과 절도3범 3명이 극형에 처해졌다.[21] 아비를 따라 도적질을 하고 다닌 김산이라는 소년(16살)은 사형을 면하는 대신 장 1백를 맞고 3천리 밖으로 쫓겨났다(세종 31년 9월 6일). 10월 들어서는 절도3범 16명이 교형에 처해지고, 절도를 저지르고 체포에 항거한 4명이 참형에 처해졌다.[22]

그것이 대왕의 마지막으로 재가한 사형이었다. 그로부터 4개월 뒤인 다음 해 2월 17일에 대왕이 54살로 숨을 거둘 때까지 약 4개월(윤1월 포함) 동안 강도죄나 절도죄로 사형에 처해진 인원이 한 명도 없었다. 같은 기간 동안 살인죄로 사형에 처해진 죄수도 없었다.

....................

19  세종 31년 31년 5월 20일, 24일, 25일, 26일, 6월 18일자 실록기사 참조.
20  세종 31년 8월 5일, 20일, 23일, 24일, 29일자 실록기사 참조.
21  세종 31년 9월 2일, 6일, 13일, 18일자 실록기사 참조.
22  세종 31년 10월 2일, 5일, 6일, 9일자 실록기사 참조.

## 4. 국가안보 위기와 말무역 소동

극심한 가뭄이 지나가서 잠시 멈췄던 도둑사냥이 재개되었던 세종 31
년 8월에 조정이 크게 술렁거렸다. 명나라 군대가 달단(몽골족)의 장수인
야선토간(也先土干)의 대군에게 대패하였다는 소식이 전해졌기 때문이다
(세종 31년 8월 1일).

내용인즉슨, 그해 7월 20일 밤에 야선의 군대가 만리장성을 넘어 명나
라 영역에 들어갔는데, 광녕총병관이 상황을 전혀 모르고 교장에 나가 군
사들에게 봉급을 나눠주다가 적의 포로가 되었다는 것이었다.

야선의 군사가 바로 들어오자, 명나라 장수가 군사를 거느리고 성안으
로 피신해 문을 닫고 지키다가, 성을 세 겹으로 포위한 야선의 군사에게
군졸 1천 명과 말 8천 필이 사로잡히고, 광녕에서 요동까지 역참을 잇는
길이 쑥대밭이 되었다고 하였다.

그날 밤 10시경 대왕에게 보고가 올라가니 곧바로 긴급국가안보회의
가 열렸다. 의정부·병조·도진무를 불러 함길도와 평안도를 방비하는 문
제를 토론에 부쳐서, 김종서를 평안도 도절제사로 삼고, 박종우를 함길도
도체찰사로 임명하였다. 동시에 경상도 양산에 머물던 전 지중추원사 이
징석과 전 도절제사 이징옥 형제를 역마로 불렀다.

부모의 삼년상을 치르던 박이령과 하한도 기복(起復·부모의 상중에 관
직에 나아감)시켰다. 아울러서 병조에 명하여 여러 도의 군인 수효를 늘
리게 한 뒤에, 공조참의 남우량을 함길도 도진무로 임명하고 문신 원효연
과 이영서를 배속시켰다. 또, 이조참의 박강을 평안도 도진무로 임명하고
문신 이전수와 구치관을 배속시켰다(세종 31년 8월 2일).

도성을 지키던 군사 중에서 특출하게 날래고 용맹스런 60명을 선발하
여, 함길도와 평안도에 각각 20명과 40명을 보내게 하고, 경기도의 각색

군(各色軍) 등을 최대한 동원하여 변란에 대비하게 하였다. 각색군이란 여러 종류의 군사를 뜻했던 말이니, 병력자원을 최대한 끌어 모았다는 의미일 것이다.

그다음 날 김종서와 박종우가 각각 평안도와 함길도로 떠났는데, 다행히도 곧바로 낭보가 전해졌다. 북경에 들어갔던 통사 김자안이 돌아와, "달단군사가 광녕을 3일 동안 포위했다가, 함락이 여의치 아니하자 포위를 풀고 10리쯤 물러나 주둔하고 있다."고 아뢴 것이다(세종 31년 8월 12일).

이틀 뒤에 사신을 따라 북경에 들어갔던 통사 강문보가 돌아와, "7월 17일에 황제가 군사 8만을 거느리고 친히 달단을 정벌하러 거용관(居庸關)²³을 출발하였다."고 아뢰었다.

대왕이 황제의 출정을 축하하는 사절단을 보내기로 하고 통사 김신과 이종연을 요동에 들여보내 북쪽의 전황을 자세히 알아오게 하였다(세종 31년 8월 18일, 19일).

그런데 보름쯤 뒤에 김신으로부터, '요동지휘 왕무가 황제(정통제)의 칙서를 가지고 떠났다.'는 소식과 함께, '황제가 7월 17일에 친히 군사들을 거느리고 대동성에 이르러 달단을 물리치고 8월 18일에 북경으로 돌아갔다.'는 보고가 이르렀다(세종 31년 9월 2일).

비록 칙서의 내용은 알지 못했어도 명나라가 달단을 이겼다는 소식에 대왕과 조정이 겨우 한숨을 돌렸는데, 잠시잠깐뿐이었다. 일주일 뒤에 왕무가 황제의 칙서를 가지고 도착하였는데, 그 칙서 안에, 조선도 전쟁에 휘말릴지 모른다는 겁박과 더불어, 조선군대의 출병을 요구하는 내용이 적혀있었다.

......................

23 북경에서 몽골로 이어지는 길목에 위치하고 있다. 주변의 산세가 매우 험준하여 옛날부터 전략적 요충지로 널리 알려진 곳이다.

원나라 잔당의 추장인 탈탈불화 등이 우리 국경을 재차 침범할 것이라고 떠벌일 뿐만 아니라, 장차 조선의 국경에 쳐들어가 노략질을 저지르고 여진부족과 가축을 약탈할 것이라는 첩보가 있다. 그러니 왕은 대장군으로 하여금 정예군 10만 명을 거느리고 요동의 명나라 장수들과 협공을 펼쳐서 적을 격퇴하는 데 앞장서게 하라. 요동의 적이 망해서 사라지게 되면 위로는 천도에 부합되고 아래로는 인심에 부합할 것이며, 조선에도 큰 이익이 될 것이다(세종 31년 9월 9일).

칙서를 읽어본 대왕은 곧바로 북경에 사람을 들여보내 정통제에게 군대파견을 면제해주기를 청하게 하였다. 나라의 3면이 바다인데다 일본의 섬들인 왜산, 대마도, 일기도, 화가 등지에 기거하는 도적들이 수시로 국경을 침범해 파병이 곤란하다고 적어서 보냈다. 만약 북방 오랑캐가 조선을 침범한다면 힘을 다해 무찌르겠다는 다짐도 적었다(세종 31년 9월 19일).

그런데 열흘 뒤에 명나라 황제(정통제)가 다시 또 친히 군사를 거느리고 달단과 싸우다가 적의 포로가 되어서(토목의 변) 태황태후가 서자 견심을 새 황제(경태제)로 앉혔다는 소식이 전해져, 대왕이 빈틈없는 국경 방비를 지시하였다(세종 31년 9월 29일, 30일).

일주일 뒤에 새 황제의 등극을 알리는 명나라 태황태후의 칙서가 도착하더니, 한 달 반쯤 뒤에 명나라가 전열을 정비하여 달단을 물리치고 백성에게 승리를 알렸다는 희소식이 전해졌다(세종 31년 10월 7일, 12월 3일). 그래서 나라가 겨우 안정을 되찾는 듯싶더니, 20일이 못되어서 충격적인 악재가 닥쳤다.

명나라의 새 황제가, 파병을 면제해줄 터이니 달단의 잔당을 쳐부수는 데 필요한 말 2~3만 필을 교역하자고 칙서를 보냈다는 소식이 당도한 것이다. 그렇지 않아도 말이 많이 부족했던 터라 신하들이 대왕에게 5천 필만 보내기를 청하자 대왕이 신하들을 타일렀다. 말을 적게 보내면 명나라가 다른 생각을 품을 수 있다고 하였다.

　만약 우리가 말의 수효를 줄여서 보낸다면, 명나라가 틀림없이, 우리나라가 명나라의 쇠퇴와 달단의 흥성을 보고 장차 두 마음을 가지려 한다고 의심을 품을 것이다(세종 31년 12월 22일).

말을 몇 마리를 보내든지 간에, 제반 상황으로 미루어 국가에 안보위기가 닥치고 있는 것이 분명했다. 대왕도 북방의 상황이 심상치 않음을 단번에 간파하고, 승정원에 명을 내려, 요동에 들어가 국가안보와 관련되는 중요한 정보를 알아오는 자에게는 그 가치에 상응하는 상을 내리게 하였다.

　무직자에게는 관직을 주고, 유직자에게는 품계를 올려주는 파격을 지시하였다. 얼마나 걱정이 되고 마음이 불안하였으면, 수집해온 첩보의 가치가 떨어져도 말과 의복으로 섭섭지 않게 포상하게 하는 등으로 북방의 정세변화에 촉각을 곤두세웠다(세종 31년 12월 27일).

　곧바로 해가 바뀌자 좌의정 황보인과 사인(舍人·연락관) 정식 등을 변방에 보내 성터를 점검하게 하였다(세종 32년 1월 4일). (실록에는 관련기사가 보이지 않으나) 그 사이 대왕이 신하들의 중론을 받아들여 명나라에 보낼 말의 수효를 5천 필로 정했던가보다.

　하루 뒤에 황제의 칙서가 도착하니, 엿새 뒤에 관마색을 설치하여 각 품으로부터 말 5천 필을 차등 있게 거두게 하였다. 우선 1차로 5백 필을 보낼 준비를 갖추게 하고, 먼저 공조판서 남우량을 북경에 들여보내 5천 필밖에 보낼 수가 없는 사정을 황제에게 미리 전하게 하였다.[24]

　그런데 회신이 오기 전에 대왕이 세상을 떴다. 왕실과 조정이 국장 채비에 몰두하고 있는데 명나라로부터 '말을 더 이상 보내지 말라'는 칙서

---

24 세종 32년 1월 5일, 11일, 13일, 14일, 15일, 16일, 17일, 21일자 실록기사 참조.

가 왔다(문종 즉위년 3월 25일).

(실록에는 관련기사가 보이지 않으나) 그사이 초운마 5백 필이 도성을 떠났던 모양이다. 의정부에서, 이미 의주에 도달한 5백 필의 말을 모두 평안도의 군사 가운데 말(馬)이 없는 자들에게 나눠줄 것을 청하니, 새 임금(문종)이 그대로 따랐다.

이로써 백성들로부터 말을 거둘 필요는 사라졌지만, 우마도둑이 날뛰는 상황은 여전히 진행형이었다. 대다수 백성의 절대적 빈곤, 연달은 가뭄과 그에 따른 연속적 사면, 그리고 재인과 화척의 고약한 우마절도 버릇 가운데 달라진 것이 하나도 없었다.

# V. 성군시대 마감과 치도전선

## 1. 문종즉위와 월족(刖足)[25] 논의

1450년 2월 17일 대왕이 숨을 거두고 닷새 있다가 세자가 간략하게 즉위예식을 행하고 보위에 올랐다(문종 즉위년 2월 22일). 8살 때 세자로 책봉되어 29년 동안 제왕수업을 받았으니 잘 준비된 임금이었다. 비록 왕비는 없었어도 장남이 늠름하게 잘 자라서 10살이 되어 있었다.

즉위와 동시에 통치책임과 함께 치도책임도 짊어졌다. 6월 6일 앞서 왕비가 묻힌 대모산의 영릉을 향해 대왕의 재궁(梓宮·대왕의 관)이 발인하니, 임금이 문무백관과 함께 뒤를 따랐다.[26] 각 관청의 각급 관원들도 두 명씩만 남기고 모두 따라나서 도성이 텅 비게 되었다.

임금이 대왕의 재궁을 모시고 대모산의 영릉에 머물고 있는데, 승정원에서 도성 안에서 도둑이 날뛸 가능성을 우려해, 순찰과 경계근무를 강화하는 방안을 마련해 올리니, 그대로 윤허가 떨어졌다(문종 즉위년 6월 7일).

발인하여 대궐을 떠난 지 엿새만인 6월 12일에 대왕을 왕비 곁에 합장하였는데, 국상으로 사형집행이 정지되었기 때문인지, 이후로 전국 각처

---

25 앞의 제2부에서 빈번하게 등장한 '단근(斷筋)'과 비슷하면서 차이가 있었던 형벌이다. 단근은 발꿈치 부분의 힘줄을 끊는 것이고, 월족은 발꿈치(발의 뒤쪽 발바닥과 발목 사이의 불룩한 부분)의 살덩이를 베어내는 것이다. 월각(刖脚) 또는 월형(刖刑)이라고도 한다.

26 발인하던 바로 그날, 그때까지 빈전(殯殿·임금의 관을 두었던 건물)에 머물렀던 대왕의 후궁(들)이 준수방의 자수궁(慈壽宮)으로 거처를 옮겼다(문종 즉위년 6월 6일).

에 도둑이 들끓었던 모양이다.

6개월쯤 지났을 즈음, 형조판서 조혜가 도적이 날뛰고 있다며 대책의 필요성을 제기하니, 새 임금이 지시하기를, 일찍이 갖춰둔 대책들을 상세히 살펴보고 아뢰게 하였다(문종 즉위년 12월 4일).

다섯 달 뒤에 예조판서이던 허후27가 형조판서로 자리를 옮겼는데, 하루 뒤에 경기도와 충청도 경차관이, 삼군진무가 체포해 각 고을에 구금한 도둑의 수가 꽤 많다며 대왕에게 건의를 올렸다.

그 골자는, 부득이하게 용의자들을 한곳에서 신문해야 할 사건이 아니면 차사원을 보내거나 관할 고을에 처결을 맡기고, 고문이 필요하지 않은 증인신문이나 장물조사는 아무 때나 할 수 있게 하자는 것이었다(문종 1년 5월 4일, 5월 5일).

한 달이 지나간 뒤에 형조판서 허후가 대왕에게, 각처에 도둑이 날뛰고 있다며 도성의 군사로 도둑체포대(포도패·捕盜牌)를 조직해 도둑들을 소탕하는 방안을 올렸다(문종 1년 6월 4일).

임금이 의정부에 의견수렴을 지시하니 찬반이 갈렸다. 영의정 하연·좌의정 황보인·우의정 남지 등은 지지를 표한 반면, 좌찬성 김종서와 우찬성 정분은 포도패를 두면 득보다 실이 많을 것이라며, 반대와 함께 대안을 내놨다.

근래 경기 각 고을에 군졸을 보내서 도둑을 잡게 하였더니, 용의자들을 마구잡이로 잡아들여 무리하게 고문을 하여서 억울함을 호소하는 자가 나옵니다. 또, 형조·한성부·의금부는 모두 도둑을 막는 관청일뿐더러, 도둑체포에 관한 규정이 자세히 갖춰져 있는데도 관리들이 게으름을 피우고 제대로 따르지 않습니다.

......................

27 허후는 태종과 세종의 신임이 각별하였던 허조의 장남이다.

그리고 도둑체포대를 따로 설치해도, 거기에 배속될 군졸들의 역량이 형조·한성부·의금부의 관리들을 따를 수가 없을 뿐더러, 체포전략을 세우거나 범죄정보를 수집하는 능력도 현저하게 떨어져, 도적들을 효과적으로 제압하지 못할 것이 거의 확실합니다. 그저 밤낮으로 순찰을 한답시고 동네방네 다니며 소란만 일으키고는, 출근일수를 더해 달라거나 특진을 시켜주기를 요구할 것이니, 차라리 매년 내려 보낸 도둑검거지시들을 충실히 이행하게 하는 편이 훨씬 나을 것입니다.

다만, 오부의 관령들이 훗날의 보복을 두려워해, 도둑을 알면서도 신고를 기피한다는 이야기가 들리니, 비밀리에 신고를 접수하여 불시에 덮쳐서 붙잡아 죄를 다스리면 도둑들이 더 이상 날뛰지 못할 것입니다(문종 1년 6월 4일).

우참찬 안숭선이 허후를 거들었다. 《지정조격》과 《대명률》의 포도관(捕盜官)과 포도졸(捕盜卒) 규정 등을 거론하며, 원(元)·명(明)·우(虞)·주(周)나라 공히 도둑을 엄혹하게 다스렸던 역사를 열거하며, 허후의 제의를 시험해보자고 하였다.

임금이 듣고 나더니, 우선은 김종서와 정분의 말대로 몇 해 시행해보고 효과가 없으면 안숭선의 의견을 따르는 것으로 결말을 지었다.

2주일쯤 지나서, 날씨가 날로 더워지는데 승정원 우부승지 강맹경이 임금에게 형조참판 안완경의 상소를 아뢰었다. 그 골자는, 재인과 화척들이 본디 생업이 없어 서로 모여서 도둑이 되더니, 지방의 단속이 강화되자 모두 도성에 들어와 무뢰배들과 어울리며 도둑질을 한다며, 모조리 색출해 전에 살던 곳으로 돌려보내기를 청하는 내용이었다. 임금이 읽어보더니 난색을 표하며 승낙을 거부했다.

지방의 백성이 도성에 들어오는 것을 막는 법을 세우지 않고 그들만 차별하면, 원한을 쌓아서 난을 일으키는 빌미가 될 수도 있다. 더구나 그들이 평민과 혼인하는 것을 허락한 마당에 그들의 도성체류를 불허할 수는 없는 일이 아닌가? 의정부와 의논해보고 결과를 아뢰도록 하라(문종 1년 6월 17일).

**사각 말(斗)에 무릎 꿇리기**
작가: 김윤보, 사법제도연혁도보,
서울대학교중앙도서관 소장

그래도 나라재산은 지켜야 하였기에 송현(松峴·현재의 종로구 송현동)의 좌우 행랑 경비를 강화하게 하였다. 호조의 건의를 수용해, 그곳에 쌓아놓은 군자감의 미곡이 도둑맞지 않도록, 밤마다 창고지기가 순찰을 돌고 나서 나무로 된 증표를 순찰관원에게 전달해 병조에 바치게 하고, 풍저창·광흥창도 똑같이 따르게 하였다(문종 1년 7월 20일).

밤중에 달이 없는 8월 초순인데 임금이 은밀하게 승지들을 부르더니, 밤이 캄캄한 그믐이나 초승에 절도가 더욱 심하다고 들었다며, 평상시 통상적으로 행하는 순찰과 별도로 군사를 동원하여 불시에 도성 안팎의 도적들을 붙잡게 하는 방안에 대해 의견을 물었다.

승지들이 한목소리로 지지를 표하며, 무시로 군졸을 풀어서 도둑을 잡게 하면 설령 잡지 못하더라도 도둑이 줄어들 것이라고 말하자, 곧바로 법제를 갖추어 시행하게 하였다(문종 1년 8월 2일).

그런데 군사들을 동원해 기습작전을 펼쳐도 도둑이 계속 늘어났던가 보다. 추석이 지나고 가을로 접어들자 형조참판 안완경이, 도적이 부쩍 늘어났다며, 임금에게 발꿈치를 자르는 월족을 시험해보기를 청했다.

임금이 따르지 아니하고 거부의사를 밝혔다. 도둑이 늘어난 것은 사면이 잦았기 때문일뿐더러, 갑자기 잔혹한 형벌을 쓰기도 곤란하다며, 2, 3년 동안 두고 보자고 하였다(문종 1년 8월 27일).

가을걷이가 한창이었을 무렵 의정부의 좌참찬 안숭선이 임금에게 새로운 도둑대책을 올렸다. 도성에 도둑이 날로 늘어나 밤마다 강도와 절도가 기승을 부린다며, 의금부의 낭청 한두 명을 도적전담관으로 임명해 도둑질을 근절하게 하자고 청한 것인데, 함께 있던 안완경이 다시 또 월족 시행을 건의하였다.

각 도의 죄수 가운데 강도와 살인 용의자가 3백80여 명에 이르는데, 그 절반이 재인과 화척입니다. 그들이 사는 곳을 수색하여 체포한들 형벌이 엄하지 않으면 어떻게 그들을 제재할 수 있겠습니까? 3대(三代)[28] 때에도 육형(肉刑)[29]을 썼으니, 도둑의 발꿈치를 베어내는 월족을 시행하게 하시옵소서(문종 1년 10월 17일).

이번에도 임금이 따르지 않았다. 육형은 함부로 쓰는 것이 아니라며 완경의 제안을 다시 또 물리친 것이다.

....................

28 전설 속의 왕조들인 고대 중국의 하(夏)·은(殷)·주(周)를 일컬은 것이다.
29 몸의 어느 곳에 먹물로 죄명을 새기는 묵형(墨刑), 코를 베는 의형(劓刑), 발꿈치를 베는 비형(剕刑), 생식기를 자르는 궁형(宮刑), 목을 베는 대벽(大辟) 등이 있었다.

도성의 도둑을 쉽게 제재할 수 있는데도 육형을 경솔하게 쓸 수는 없다. 도적을 잡는 법을 다시 엄하게 시행하여도 제압이 안 되면 그때 가서 월형을 써야 할지를 검토해보자(문종 1년 10월 17일).

열흘 뒤에 임금이 민신이 맡고 있던 병조판서 직책을 좌참찬 안숭선이 겸하게 하였다(문종 1년 10월 27일). 며칠이 지나서 임금이 집현전 부제학 신석조를 윤대하는데 석조가 거지도둑 이야기를 꺼냈다. 공사(公私) 노비를 비롯한 무뢰배들이 부역을 피해 도망쳐서 도봉산과 삼각산에 은신해 동냥과 도적질로 먹고 산다는 소문이 파다하다며, 그 실상을 소상히 아뢰었다.

그들 가운데 심한 자는, 아내를 얻어 자식을 낳아서 키우고 어린 거지를 여러 명 부리면서 영웅처럼 군림하며 지낸다고 하오니, 산속에서 세력을 계속 키우게 놓아두면 필시 훗날에 도적떼가 될 것입니다. 얼마 전에 있었던 대성산 떼도적 사건을 교훈으로 삼으시어, 때때로 군사들을 보내서 철저히 찾아내 모두 연고지로 돌려보내 다시는 도둑질을 못하게 하소서(문종 1년 11월 11일).

다음날 임금이 승지들을 부르더니, 병조로 하여금 두 산에 은신한 자들을 붙잡게 하라고 명을 내렸다. 대왕시절이던 1448년(세종 30)에도 굶주린 무뢰배들이 삼각산과 도봉산의 절간에 모이하거나 떼거지로 바위굴에 숨어서 도둑질을 일삼아, 수백 명을 검거해 주인들에게 돌려보낸 적이 있다며, 두 산의 거지들을 모조리 붙잡아 모두 각자의 주인에게 돌려보내라고 명을 내렸다(문종 1년 11월 12일).

병조에서 곧바로 두 가지 대책을 올렸다. 먼저 도성 안팎에 도둑들이 심하게 날뛰어 백성들의 근심과 피해가 적지 않다며, 도둑들을 소탕할 방법을 적었다. 그다음에, 주야간 순찰의 문제점과 개선방안을 적었다.

첫째로, 형조에서 도둑의 무리가 있는 곳을 알려주거나 혹은 다른 누가 아무도 모르게 알려주면, 저희 병조에서 은밀히 전하께 아뢰고, 갑사·별시위·총통위의 군사들을 차출해 부대장인 호군과 삼군진무의 지휘 하에 여러 방향으로 진격해 도적들을 체포하면 어떨까 합니다. 또, 《육전》의 규정과 전하께서 내리신 지시들을 다시 밝혀서, 통금시간 이후의 순찰을 보다 더 충실히 이행하게 하면 어떨까 합니다.

둘째로, 말을 탄 병사들이 순찰을 전담하고 걸어 다니는 보병은 한 명도 없어서, 도둑들이 말발굽소리를 듣고 미리 피할 뿐만 아니라, 폭이 좁은 골목길은 기마병들이 통과하기가 곤란해 도둑을 한 명도 잡기가 어려우니, 순찰방식을 다음과 같이 고치면 어떨까 합니다(문종 1년 11월 12일).

첫째. 각 사(司)의 총통위가 다른 군사들의 예에 의하여 일정시간 동안 순찰을 책임지게 한다.
둘째. 총통위가 순찰을 돌 때는 평상시에 순찰을 행하지 않는 좁은 길에도 기마병과 보병을 보내 도적들을 붙잡게 한다.
셋째. 매일 순찰임무를 분담할 때에 기마병과 보병으로 특별순찰대를 편성하여 대기시켰다가, 출동이 필요하면 전하의 재가를 받아 즉시 출동하게 한다.
넷째. 순찰관이 순찰원들의 근무상황을 점검한다.

그대로 윤허가 떨어지니 병조가 기민하게 움직였다. 연말을 바쁘게 넘기고 2월 17일에 대왕의 3년 상을 막 마쳤는데, 호조판서 윤형이, 나라에서 토목공사를 벌여도 창고지기들은 그대로 남아서 쌀과 곡식을 지키게 해주기를 청했다.

도둑들이 창고를 호시탐탐 노리는데도 곳곳의 창고지기들을 부역에 동원하는 것은 부당하다고 이유를 밝히니, 임금이 명을 내려, 나라의 창고를 지키는 사람들을 토목공사에 동원하지 말게 하였다(문종 2년 2월 21일).

대왕의 3년 상이 끝나서 임금이 우참찬 허후와 더불어 대왕의 위패(신주)를 종묘에 모시는 부묘의식에 대해 대화를 나누던 도중에, 임금이 도적이 날뛰는 현실을 염려하며 적극적인 치도의지를 드러냈다.

부묘 후에 사면령을 내릴 때 절도범을 대상에서 뺄 의향을 밝히며 의견수렴을 지시한 것인데, 허후가 적극 지지하는 반응을 보이자, 대신들의 여론을 수렴해 아뢰라고 숙제를 내줬다.

허후가 의정부의 지지의사를 확인하고 대왕에게 결과를 그대로 보고하면서, 대왕 시절에 이미 그런 결정이 있었음을 아뢰었다.

세종 때도 도적이 많아서 사면령을 내리는 문서에 「강도와 절도는 제외한다.」는 문구를 넣기로 의견이 모아졌습니다. 그런데 왕비의 병환으로 사면령을 내리면서 절도범들도 용서하여서 신하들이 마음속으로 불편하게 여겼으나, 성상께서 지극정성으로 기도하시어 차마 아무도 말씀을 올리지 못했습니다. 지금 도성과 지방에서 도적이 들끓고 옥에 구금된 자도 많은데, 공자는 일찍이 말하기를, '정치가 관대하면 백성이 게으름에 빠지니, 백성이 게을러지면 맹렬하게(억세고 사납게) 다스려야 하느니라. 하지만 정치가 맹렬하면 백성이 쇠잔해지니, 백성이 쇠잔해지면 관용을 베풀어야 하느니라. 관용으로 맹렬을 구제하고 맹렬로 관용을 구제하면 정치가 비로소 제대로 펼쳐질 것이다.'라고 하였습니다. 이것이 곧 세상을 어루만져 백성과 사물을 복종시키는 방법이오니, 절도범을 사면대상에서 제외하는 것도 시대의 흐름에 맞춰서 방편을 사용하는 것이라고 생각되옵니다(문종 2년 3월 8일).

그런데 반전이 뒤따랐다. 임금이 허후로부터 고무적인 보고를 듣고 나서 발언을 뒤집은 것이다. 큰일을 경축하는 사면을 하면서 절도범을 빼려니까 마음이 편치 않다며, 방금 전에 자신이 한 말을 취소하더니, 과천현에서 체포된 도적 전원을 진도·거제도·남해 등지로 보내게 하였다(문종 2년 3월 9일).

4월 3일에 대왕의 담제(禫祭)를 마친 임금은 일주일 뒤에 대왕 내외의 신주를 종묘에 봉안하는 부묘의식을 거행하고, 상사소불원죄와 무관한 사형수까지 포함하는(일죄 이하) 사면령을 선포하였다.

'절도범은 제외한다.'는 문구를 넣지 않았으니, 전국 각지의 옥에 갇혀 있던 절도범들도 한꺼번에 죄를 용서받고 모두 석방되었을 것이다(문종 2년 4월 10일).

10여 일쯤 지나서 형조판서 조극관이, 부묘 후의 사면으로 절도범들은 모두 풀어주고서 장물아비들은 모두 북쪽의 변방으로 들어가게 하여서 죄의 경중이 바뀌었다고 아뢰니, 의정부와 상의해 관련법규를 고치게 하였다(문종 2년 4월 22일). 그것이 문종의 마지막 치도였다.

그때를 전후해 임금의 몸에 종기가 생기더니 애석하게도 3개월쯤 뒤인 5월 14일에 39살로 숨을 거뒀다.[30] 문종이 보위에 있었던 2년 3개월 동안 사형수까지 포함하는 사면을 네 차례 단행한 기사만 보이고, 죄수를 사형에 처한 기사는 단 한 건도 보이지 않는다. 강도나 절도3범을 극형에 처한 기사도 없다.

2년이 넘는 기간 동안 사형에 해당하는 강도나 절도를 저지른 자가 한 명도 없었다고 보기는 어려울 것이다. 그렇다면 남는 것은 실록을 편찬한

......................

30 문종 1년 12월 1일부터 문종 2년 1월까지 30일까지 두 달 동안은 실록기사 전체가 통째로 누락되어 내용을 확인할 수 없다. 하지만 그 기간에도 사형수를 처형하지 않았을 것으로 추정된다.

사관들이 의도적으로 범법자들을 사법처리한 기록을 모두 제외했을 가능성뿐인데, 사실 여부도, (사실일 경우에) 그 이유도 알 길이 없다.

## 2. 단종즉위와 도둑천국시대

문종이 승하하고 나흘 뒤에 10살이던 왕세자[31]가 보위에 올라서 사면령을 선포하였다(단종 즉위년 5월 18일).《대명률》〈명례율〉편의 '상사소불원조'에 규정된, 사면이 불가능한 죄수들만 빼게 하고, '절도범은 제외하라.'는 말은 없었다.

그다음 날 의정부에서, 부왕이 죽기 직전에 내린 어명을 받들어, 절도범이 사면혜택을 받으면 그 장물아비도 죄를 묻지 말게 하기를 청하니, 그대로 윤허가 떨어졌다(단종 즉위년 5월 19일).

이틀 뒤에 지중추원사 김세민과 경창부 윤 유수강을 명나라에 들여보내 황제에게 부음을 알리고 죽은 임금의 시호를 청하게 하였다. 아울러서 황제를 만나러 가는 김에 새 임금의 국왕 자격을 인준하는 고명도 함께 청해서 받아오게 하였다(단종 즉위년 5월 21일).

9월 1일에 부왕을 장사지냈는데, 한 달반쯤 뒤에 명나라 황제가 새 임금의 즉위를 인준한 고명이 도착해, 경축하는 뜻으로 사면령을 내렸다(단종 즉위년 윤9월 17일).

그런데 이전의 사면과 달리 절도범을 대상에서 뺐다. 세종 26년(1444) 10월 11일에 결정한 '절도범 사면혜택 박탈' 원칙이 8년 만에 비로소 시행된 것인데[32], 그 경위는 분명치 않으나 도둑이 많았다는 반증일 것이다.

....................

31  8살 때인 세종 30년 4월 3일 왕세손으로 책봉되었다가 10살 때인 문종 즉위년
    7월 20일 왕세자로 격상되었다.

가을이 깊어갈 즈음 이원충이라는 청년이 경상도 감사의 지시로 임금에게 흰색 강철을 진상하러 도성을 오다가 충주 주유리에서 밤중에 도적의 습격을 받고 다리가 부러졌다. 용안역의 역리가 충주관아에 알렸으나, 목사가 사건을 청리(聽理)하지 않았다. 조정에 소식이 전해지니, 대왕이 진무 유지신으로 하여금 군사를 이끌고 가서 도둑을 체포하고 목사를 추국하게 하였다(단종 즉위년 10월 24일).

겨울이 지나고 여름으로 접어들었는데, 도성의 서강나루에서 강도떼가 세금을 운반하던 선박을 습격해 약탈한 사건이 발생하였다. 임금이 용의자들을 현상수배하기를 지시하면서, 범인들을 체포하거나 신고한 자가 있으면 포상을 하되, 그 사람이 양인이면 관직을 상으로 주고, 천인이면 면포 50필을 상으로 주도록 하였다.

또, 용의자 중에서 자진해서 관청에 범행을 신고하는 자는 자수자로 간주하고, 마땅히 신고해야 할 의무가 있는 사람이 용의자들을 알면서도 신고하지 않으면 불고죄로 다스린 뒤에 가족 전원을 변방으로 보내게 하였다(단종 1년 5월 7일).

가을수확이 한창일 무렵 수양대군이 임금인 조카에게 시급한 국정현안을 올렸는데, 네 번째 순서로 도둑문제의 심각성을 염려하며 강도와 절도범들에 대한 중형엄벌을 강력히 청했다.

《서경》에 이르기를, '허물을 끝까지 뉘우치지 않고 죄를 저지른 자는 사형시킨다.' 하였고, 또 '고의로 지은 죄는 형벌이 크다.'고 하였습니다. 혹시 가난과 곤궁으로 인하여 도둑이 된 자라면 용서할 수도

----

32 이후로도 재위 3년 윤6월에 수양대군에게 왕위를 넘길 때까지 세 차례 더 사면령을 내렸는데, 매번 '절도범은 제외한다.'는 문구가 들어갔다(단종 1년 10월 11일, 2년 1월 25일, 3년 4월 22일).

있겠지만, 지금은 날마다 도둑떼가 날뛰니, 반드시 중한 법을 써야 할 것입니다. 예전에는 돈 1전이나 참외 한 개를 훔쳤어도 목을 베었습니다. 느낌상으로는 지나치게 가혹한 것 같아도, '끝까지 뉘우치지 않고 죄를 저지른 자는 사형하고, 고의로 지은 죄는 형벌이 크다.'고 한 성인의 말씀과 그리 멀지 않습니다. 중산층이라면 10관의 재산을 잃어도 살아가는 데 문제가 없겠지만, 빈곤층이 그만한 재산을 잃으면 먹지 못하고 입지 못해서 굶고 떨다가 죽을 염려가 있으니, 도적이 칼을 쓰지 아니하고 사람을 죽이는 것이라고 할 것입니다.

또 말은 군정에 크게 소요되고, 소 역시 농사에 크게 쓰이는데, 한 마을에 농우를 가진 자가 한두 집에 지나지 않아서, 한 집의 소로 마을 전체의 농사를 짓는 곳이 절반을 넘습니다. 그래서 소 한 마리를 잃으면 마을사람 모두가 농사 때를 놓치게 되어, 소 한 마리가 있고 없음에 따라 한 마을의 빈부가 좌우되니 소의 쓰임이 진실로 큽니다. 또, 군인들이 타고 다니는 기마(騎馬)는 값이 가장 싼 것도 1, 20관이 넘고, 비싼 것은 4, 50관도 합니다. 그래서 말 한 필을 도둑맞으면, 땅과 살림을 모두 팔아야 겨우 물어낼 수가 있으니, 어찌 말이나 소를 훔친 죄를 가볍게 논할 수 있겠습니까?

앞으로 2,3년 동안만, 훔친 장물이 10관을 넘거나 훔친 우마의 값이 16관을 넘으면 범인을 즉시 참형에 처하고, 재범자는 훔친 장물이 10관 미만이라도 사면과 상관없이 참형에 처하면 도적이 거의 사라질 것입니다. 모든 사람이 도적이라면 다 죽일 수가 없을 테지만, 백 명 가운데 한 명 정도가 도적이고, 천만 명 가운데 수십 명이 도적일 따름이니, 포악한 수십 명의 목숨을 아껴서 무고한 천만 명을 괴롭게 하는 것이 과연 옳겠습니까? 지은 죄가 매우 커서 세상이 미워하는 자는 호생지덕으로 대하면서, 양민과 착한 대중은 인색하게 대하는 것이 아니겠습니까. 모든 도둑을 참형에 처하는 것은 적절하지 않다고 하더라도, '형벌로써 형벌을 그치게 하라.'고 한 성인의 뜻과, 때를 헤아려서 정치를 펼쳐야 하는 방책에 거의 합당할 것입니다. 만약 한두 명이라도 포악한 자를 죽이지 않고 살려준다면, 도둑을 맞아 파산한 백성 모두가 가난을 견디지 못하고 도둑이 될 것입니다. 예로부터 이로 말미암아 패망하지 않은 나라가 없었기에, 어리석음을 무릅쓰고 삼가 아뢰오니, 부디 채택해 주시옵소서(단종 1년 9월 25일).

임금이 상소를 승정원에 주어서 의정부와 의논하여 아뢰게 하였는데, 보름 뒤에 세상이 뒤집혔다. 그보다 앞서 임금의 숙부들(대왕의 차남과 삼남)인 수양대군과 안평대군의 사이가 점차 벌어지더니, 수양대군이 선수를 써서 안평대군과 친하던 김종서·황보인·이양·조극관 등을 모두 죽이고(계유정난) 권력을 거머쥔 것이다(단종 1년 10월 10일).

하루 뒤에 임금이 사면령을 내렸다. 수양대군이 영의정과 병조판서를 함께 맡았다(단종 1년 10월 11일). 3개월쯤 뒤에 임금이 혼례를 치르고 다시 또 사면을 하였다(단종 2년 1월 25일). 그런데 두 번의 사면 모두 '절도(竊盜)'가 빠졌다. 수양대군이 세상의 변화를 알린 측면도 있겠으나, 도둑의 준동이 심했다는 증거일 것이다.

짐작이 틀리지 않을 것이, 정권과 병권을 거머쥔 수양대군이 보름 전에 자신이 임금에게 올렸던 건의를 곧바로 실행에 옮겼다. 거사(擧事)에 대한 백성의 지지를 얻기 위해 민생치안과 사법개혁에 가속을 붙인 것으로 보이며, 그 골자는 대략 일곱 가지였다.

첫째는, 절도사건의 수사에 반드시 수반되는 장물확인절차를 개선하였다. 절도용의자의 범행을 확인할 때에, 관에서 발급한 인증서가 없는 장물은 미리 주인에게 그 물건의 명칭과 모양을 물어본 연후에 실물을 보여주게 한 것이다.

그와 같이 고친 이유는, 형정담당 관원들이 피해자들에게 잃어버린 물건의 이름과 형태를 묻지 않고 장물을 보여줘서, 사법처리가 잘못되는 경우가 종종 생겼기 때문이었다(단종 2년 3월 15일).

둘째는, 소나 말을 훔치는 행위에 대한 처벌수위를 대폭 높였다. 우마도적이 검거되면, 전과가 없어도 훔친 소를 잡아서 팔아먹었는지 여부와 상관없이, 주범은 사형에 처하게 하였다. 종범은 팔뚝에 먹물로 죄명을 새겨서 거제도·진도·남해 중 한곳에 가두게 하였다. 우마절도 재범자는 사면 여부와 상관없이 사형에 처하게 하였다(단종 2년 5월 16일).

우마절도 전과가 없어도, 훔친 장물이 10관 이상이면서 주범이면 사형에 처하고, 종범 및 10관 이하인 경우는 팔뚝에 먹물로 죄명을 새기게 하였다. 그리고 나서도 다시 또 우마절도를 저지르면 사면과 상관없이 사형에 처하게 하였다. 의정부에서 임금에게 올린 상서는 추상같았다.

> 도적을 다스리는 법은 《육전》에 기재된 바와 해마다 내리신 교지가 지극히 엄밀합니다. 그런데도 중앙과 지방에 도적이 날로 늘어나고 달로 성하여 양민이 해를 받아서 옥송(獄訟)이 번잡하고 장차 떼도둑이 일어날 조짐이 있어서, 매우 걱정이 됩니다.

> 《당률》을 살펴보니, '50필을 절도한 자는 가역류(加役流)한다.' 하였고, 《당률소의》에 말하기를, '가역류란 예전의 사형을 말한다.'고 하였습니다. 이는 장물의 수량을 따져서 절도범을 사형에 처하는 법이 예전에도 있었음을 의미합니다.

> 또 경서(經書)에 이르기를, '백성이 게으르면 규찰을 엄하게 하여야 한다.'고 하였으니,[33] 법을 무시하는 무리는 마땅히 무겁게 다스려야

33 '정치가 관대하면 백성이 게으름에 빠지니, 백성이 게을러지면 맹렬하게(억세고

할 것입니다(단종 2년 5월 16일).

셋째는, 좀처럼 그 뿌리가 뽑히지 않는 고질적 수사적폐를 없애게 하였다. 도둑이 자신과 한 패로 지목하였어도 혐의가 분명치 않으면 잡아다 추국하지 못하게 하였다. 자백을 쉽게 얻을 생각으로 용의자를 무리하게 고문하는 것을 금지시켰다. 도둑이 장물아비로 지목한 자의 집에서 장물을 찾을 수 없더라도 그 사람을 가두고 추국하지 말게 하였다(단종 2년 10월 18일).

넷째는, 도둑을 검거한 자들에 대한 포상기준을 고쳤다. 포상대상자의 범위를 넓히고 포상방법도 획기적으로 바꿨다. 강도 한두 명을 붙잡았어도 약속한 대로 상을 내리게 하였다.

강도를 붙잡은 자가 관직이 없는 자이면 상으로 관직을 주고, 관직이 있는 자이면 품계를 올려주게 하였다. 관직을 감당할 역량이 안 되는 자이면 범인의 가산을 처분하여 면포 50필을 주고, 강도를 붙잡는 데 따라다닌 자들도 각각 면포 10필씩을 주게 하였다.

절도범을 검거한 경우는, 붙잡아서 관청에 인계한 인원이 10인 이상이면 면포 50필을 주고, 9인 이하면 25필을 주게 하였다. 다른 마을의 주민이 도둑을 붙잡았어도 똑같이 포상하게 하였다. 집단을 이루어 여러 해동안 도둑질을 반복한 무리를 신고하여 붙잡게 하였으면, 검거한 인원수와 상관없이, 국가에서 정한 포상기준보다 3단계 높여서 관직을 주게 하였다.

절도범을 검거한 자가 천인(賤人)이면 부역을 면해주고, 사천(私賤)이면 형조의 도관이나 나라의 제사에 쓸 곡식을 관장하던 전농시로 소속을 옮

사납게) 다스려야 한다.'고 한 공자의 말을 인용한 것이다.

기고 범인의 재산을 나눠주게 하였다(단종 3년 1월 19일).

다섯째는, 강도나 절도를 저지른 자를 알면서도 관에 알리지 않은 자에 대한 처벌수위를 높였다. 정식으로 품계를 가진 관원과 공신자손들의 집을 제외한 나머지 세대들을 대상으로 매 5호를 1통으로 편성해, 그 통 안에서 강도나 절도범을 숨겨준 자가 적발되면 그 통의 5호 모두를 가족과 함께 변방으로 보내게 하였다.

도성 안의 관령, 지방의 이장과 정장·방의 별감·감고 등이 정상을 알고도 신고하지 않았거나, 품계를 가진 관원과 공신의 자손이 정상을 알고도 강도나 절도범을 숨겨준 경우도 전 가족을 변방으로 들여보내고 영원히 서용하지 말게 하였다(단종 3년 1월 19일).

여섯째는, 사법절차와 자자를 마친 도둑은 때를 가리지 말고 즉시 변방으로 옮기고, 도둑들의 배후(장물아비)를 알거나 혹은 자기의 통(統)에 도둑이 사는 것을 알면서도 신고하지 않은 세대들은 가을이 되면 들여보내게 하였다(단종 3년 3월 9일).

이 결정은, 변방으로 들여보낼 자들을 보방으로 풀어주면 도망자가 생길 수 있고, 오래 가둬두면 옥살이가 길어질 것을 고려한 합리적인 선택이었으나, 세종대왕이 생전에 내린 교지를 고친 것이었다.

대왕은 생전에 병조에 지시하기를, '죄를 저질러 변방으로 보내는 자는 정월 10일부터 15일 사이에 길을 떠나서 2월 15일까지 지정된 고을에 도착하게 하라.'고 하였다.[34]

.......................

34 단종 3년 3월 9일의 다섯 번째 실록기사에, "1447년(세종 29, 정통 12) 6월에 병조에서 수교한 해당 절목에, '죄를 범하여 변방으로 옮기는 자는 반드시 정월 10일 이후에서 15일 이전까지 사이에 출발해서 2월 15일 안에 지정된 고을에 당도하여야 한다.' 고 되어 있다."고 적혀 있다. 그런데 세종 29년 6월의 실록에 그런 내용이 보이지 않는다.

일곱째는, 절도범을 체포하여 관아에 넘긴 자를 포상하는 방법을 바꿨다. 전에는 절도범을 붙잡아서 데려오면 도둑이 훔친 장물의 다소를 따지지 않고 정해진 기준대로 상을 주던 것을, 우마도둑과 잡아온 도둑이 훔친 장물이 15관 이상인 경우만 즉시 포상하였다.

붙잡아서 관에 데려온 도둑이 훔친 장물이 15관 미만일 때는, 잡혀온 도둑은 처벌하고 장물을 기록해두었다가, 그 도둑을 붙잡은 사람이 추가로 더 잡아온 도둑이 훔친 장물과 합산하여 15관이 넘으면 포상하게 하였다(단종 3년 4월 10일).

명나라 황제가 왕비책봉을 인준한 고명과 관복이 도착하자, 당일로 사면령을 내리면서, 절도범은 대상에서 제외하였다(단종 3년 4월 22일). 그로부터 두 달이 채 안 된 윤6월 11일 수양대군이 조선의 일곱 번째 임금으로 즉위하였다.[35] 정난을 일으킨 계유년(단종 1년) 10월 10일부터 계산하면 약 2년 반이 지난 시점이었다.

단종이 보위에 있었던 동안에도 절도죄나 강도죄로 사형에 처해진 자가 한 명도 없었다. 합천·영산·남원·김제 등지에서 각각 불륜남과 짜고 남편을 살해한 네 여인이 능지처사된 것이 전부다(단종 2년 6월 8일, 12월 7일, 3년 2월 19일). 모르긴 해도, 그 이유 역시 문종실록에 범법자들을 사법처리한 기록이 없는 이유와 같을 것이다.

....................

35 단종은 상왕으로 추대되었다가, 1456년에 자신의 복위를 도모하던 신하들(사육신)이 모두 처형된 것을 계기로 1457년 상왕에서 노산군으로 강봉(降封)되어 강원도 영월(청령포)에 유배되었다. 그 뒤에 경상도 순흥으로 귀양을 가 있던 여섯째 숙부 금성대군이 현지에서 단종복위를 도모하다 발각되어 사사(賜死)된 것을 계기로 노산군에서 서인(庶人)으로 강등되었다가, 1457년(세조 3) 10월 영월에서 애석하게 생을 마쳤다.

## 3. 수양대군 즉위와 치도난항

단종으로부터 강제로 왕위를 빼앗은 세조는 3주일 있다가 정권교체를 자축하는 의미로 '일죄 이하' 죄수들을 용서하는 사면령을 내렸다. 《대명률》〈명례율〉편의 상사소불원조에 해당하는 죄수들을 제외한 모든 죄수를 용서한 것인데, 상사소불원조에 없는 절도범도 대상에서 뺐다(세조 1년 7월 4일).

그런데 세조가 즉위한 뒤로도 치도전선의 심히 혼란하고 불안했던 것 같다. 그해 섣달 초하룻날 임금이 전국의 감사들에게, 자신이 영의정이었던 단종 2년 10월 18일에 교지로 지시한 사항들이 전혀 이행되지 않고 있다며, 철저한 준수를 촉구하였다(세조 1년 12월 1일).

나라의 치도에 대한 백성의 불만수위도 높았던 것 같다. 전라도 진도 백성인 오원식 등이 우마도둑들을 더 이상 보내지 말기를 청하는 상소를 올렸다.

전국 각지로부터 가족 단위로 진도에 보내진 우마도적 세대가 1백 가구를 넘어서, 예의와 염치를 모르는 자들이 밤에는 모이고 낮에는 흩어져서 오직 도둑질에만 몰두해 백성의 피해가 막심하다는 것이었다(세조 2년 2월 22일).

임금이 상소를 받아들여 우마도둑도 일반절도범처럼 가족과 함께 평안도 박천 이북의 여러 읍으로 들여보내게 하였는데, 영의정 정인지가 도둑을 없애기 위한 세 가지 대책을 올렸다.

첫째로, 절도피해자들로 하여금 도난당한 물품의 명칭과 형태를 미리 신고하게 하기를 청했다. 둘째로, 도성의 의금부·한성부·형조와 지방의 관아에다, 집어넣을 수만 있고 꺼낼 수는 없는 신고함을 설치하고 익명투서를 허용하기를 청했다. 셋째로, 사죄(死罪)에 해당하는 강도나 절도 사

여자죄수 태형 집행
작가: 김윤보, 사법제도연혁도보,
서울대학교중앙도서관 소장

건은 삼복법(三覆法)[36]과 대시법(待時法)[37]을 무시하고, 붙잡는 대로 즉시 능지처사하기를 청했다.

임금이 읽어보고 거부의사를 표했다. 익명투서를 받아주면 거짓말을 꾸며서 자신과 원한이 있는 사람을 음해하는 사례가 생길 수 있고, 삼복법과 대시법은 조상이 도입한 아름다운 법인데다가, 자신이 예법을 사랑하기 때문이라고 이유를 달았다(세조 2년 3월 9일).

1년쯤 지나서, 도적의 아내들이 자기들의 남편을 체포한 관원의 집에 돌을 던지고 욕설을 퍼부으며 보복을 기도하다가 발각되어, 모두 붙잡아 모조리 거제·남해·진도의 관노비로 영구히 붙이고, 이후로 도적의 아내는 모두 섬으로 보내게 하였다.

도적의 아내들이, 남편이 훔쳐오는 장물로 풍족한 삶을 누리다가, 남편이 붙잡혀서 처형되면 다른 도적과 재혼하여 함께 도둑질을 하여도 부녀자라는 이유로 형벌을 면해주다가, 이때에 비로소 엄벌에 처하는 법을

36 혹시라도 억울하게 누명을 쓰고 죽거나 판결이 잘못될 가능성을 없애기 위해, 법정형이 사형인 사건은 반드시 세 차례 심의 거쳐서 형을 확정하게 하였던 것을 말한다.
37 봄과 여름철에 사형을 집행하면, 천지간의 화기(和氣)가 떨어지고 괴기(乖氣)가 충만하여 만물이 생장(生長)하는 데 지장이 생길 것을 우려해, 춘분부터 추분 사이는 사형집행을 멈추게 했던 것을 말한다.

갖춘 것이다(세조 3년 2월 21일).

도적의 배우자들을 외딴섬에 가두게 한 다음날, 임금이 의정부를 시켜서, 도적들을 보다 더 혹독하게 다루도록 전국에 교지를 내리게 하였다. 옛날에 원(元)나라의 명신 야율초재가 말하기를, '당(唐)나라는 귀신처럼 법을 써서 누구도 이의를 달지 못했으니, 법은 이와 같이 써야 한다.'고 하였다며, 도적을 막을 수 있는 대책을 아주 치밀하게 수립하여 귀신처럼 도둑들을 잡으라고 지시를 내리게 하였다(세조 3년 2월 22일).

그렇게 해서 전국의 형정담당 관원들에게 내려진 교지에는, 훔친 장물이 1관을 넘으면 초범이라도 먹물로 얼굴에 죄명을 새기라는 내용과 더불어서, 범인검거 유공자에 대한 포상기준이 자세하게 적혀 있었다. 도적을 붙잡아서 관청에 넘겨주거나, 혹은 검거된 도적이 같은 패거리들을 제보할 경우는 상으로 관직을 주거나 혹은 베를 후하게 주는 것으로 되어 있었다.

그런데 1년쯤 뒤에 임금이 충청도 영동현에서 불륜남과 짜고 남편을 살해한 월명이라는 사노비를 능지처사에 처하더니, 돌연 이전부터 사용해 온 법외의(초법적) 형벌을 모두 없애고 법전대로 따르라고 형조에 명을 내렸다.

갑자기 문득 대왕의 휼형정신이 떠올랐던지, 도적의 준동을 막는다는 구실로 법전에 없는 가혹한 형벌들을 쓰려니까 마음이 편치 않다며, 이후로는 법에 없는 형벌은 쓰지 말도록 지시를 한 것이다(세조 4년 3월 28일).

임금이 명령을 번복하자 형조에서, 절도3범은 범행시점이 사면 전인지 후인지 가리지 말고 모두 《대명률》에 의거해 교형에 처하되, 율문대로 대시(待時) 조건을 붙여서, 집행은 추분 후로 미루게 하기를 청했다(세조 4년 4월 19일).

곧바로 윤허가 뒤따랐는데 불과 열흘 만에 없었던 일이 되었다. 임금의 이복동생인 밀성군 이침[38]의 집에 도둑이 침입하려다가 달아난 사실이 알려지자, 임금이 감히 왕자의 집을 넘본 것에 격분해 분통을 터뜨리며 지중추원사 양정과 홍윤성에게 의금부·형조·한성부의 낭관(정랑)들과 군사들을 지휘해 범인을 붙잡게 하였다.

그래서 양정과 홍윤성이 거의 2백 명에 이르는 인원을 용의자로 검거해 범인 다섯 명을 가려내는 사이 한 달 전에 임금이 내세운 휼형정신이 간 데 없이 증발했다(세조 4년 4월 28일, 29일).

그뿐만 아니라, 같은 시기에 지방의 수령들이 임금의 지시를 외면하고 범인이 아닌 엉뚱한 사람을 무리하게 고문하다 치사케 한 사실이 발각되어 후폭풍이 거세게 일었다. 사건의 전모는 이러하였다.

처음에 경상도 단성에서 백인경이라는 백성이 길생이라는 백성의 집에 침입해 강도짓을 저질렀다. 그런데 단성 현감을 비롯한 수령 다섯 명이 엉뚱하게도 박귀생이라는 자에게 혐의를 씌운 외에, 무고한 백성 5, 6인을 무리하게 고문하다 치사케 한 사실이 들통 나서, 한동안 조정이 발칵 뒤집혔다(세조 5년 3월 8일, 10일, 4월 12일).

엎친 데 덮친 격으로 도둑체포 유공자에게 도(到·출근일수)를 더 쳐주는 제도의 허점이 드러났다. 도적을 잡은 사람에게 뇌물을 주고 자신의 이름을 유공자명단에 넣게 하는 사람들이 많았을 뿐만 아니라, 함께 잡은 인원이 달라도 똑같이 도를 주는 불합리가 곪아서 터진 것이었다.

병조에서 올린 개선안을 수용하여, 강도나 절도범 체포에 동원된 군사들에게 도를 더 쳐주는 기준을 〈표 24〉와 같이 정하였다. 도둑떼를 추적

......................

38 대왕의 열두 번째(막내) 아들이니 세조의 이복동생이다. 어머니는 신빈 김씨다. 1430년(세종 12)에 태어났는데 매우 총명해서 대왕의 사랑이 두터워 7살 때 밀성군에 봉해졌다(국역 국조인물고, 세종대왕기념사업회).

하여 우두머리를 알아낸 사람에게는 추가로 30일을 더 얹어주게 하였다
(세조 5년 6월 15일).

〈표 24〉 절도범 혹은 강도범 검거에 따른 도(到) 부가기준

| 절도범 검거 | | 강도 검거 | |
|---|---|---|---|
| 동원인원 | 부가 일수 | 동원인원 | 부가 일수 |
| 10명 이하 | 30일 | 20명 이하 | 100일 |
| 11명 이상 | 20일 | 30명 이하 | 90일 |
| 21명 이상 | 10일 | - | - |

아직 겨울이 끝나지 않았는데 경기도 일원에 강도떼가 들끓자 임금이
군사들을 시켜서 잡아오게 하였다(세조 6년 2월 26일). 한 달쯤 뒤에 임금
이 승지들을 부르더니, 우마도적은 그 죄가 크지만 인정상 차마 사형에
처할 수가 없다며, 세종 때 8년 동안 시행하다 폐지한 단근(발꿈치 힘줄
절단)을 부활시키는 방안을 토론에 붙였다.

그 전에 의정부에서 소나 말을 도둑맞아 생업을 잃는 백성이 많다며,
우마도둑이 잡히면 사형에 처할 것을 청하여, 사형 대신 훔친 장물이 10
관을 넘으면 단근을 시행할 생각으로 승지들의 반응을 떠본 것인데, 여섯
명 모두 즉석에서 한목소리로 지지를 표했다.

그래서 그대로 정해지는가 싶더니, 보름쯤 뒤에 이조판서 구치관이 제
동을 걸었다. 강도를 모두 사형에 처하여도 강도가 잇달아 발생할 뿐더러,
흉년이 연달아 강도가 된 백성이 많아서 규제하기가 어려운 것이라며 반
대를 표하자, 임금이 논의를 중단시켰다(세조 6년 3월 28일, 4월 13일).

그런데 이후로도 도둑들의 기세가 꺾이지 아니하자 임금이 고강도 치
도지술(治盜之術)을 단계적으로 시행하였다.

첫 번째로, 강도초범과 절도재범을 엄형중벌로 다스리게 하였다. 사면

전의 범행도 전과계산에 포함하고, 주범과 종범을 구분하지 말고, 훔치거나 강제로 빼앗은 장물의 액수도 따지지 말고 모두 사형에 처하게 하였다(세조 7년 2월 14일).

두 번째로, 강도와 절도의 배후(와주, 장물아비)이면서 범행의 실정을 알고 있는 자들을 법에 따라 죄를 다스린 뒤에 가족과 함께 강원도로 보내게 하였다. 우마도적, 강도, 절도범 등을 엄하게 다스리면서 도둑질의 근원을 함께 제거한 것이다(세조 7년 5월 8일).

세 번째로, 절도3범뿐만 아니라 사죄를 저지른 절도재범자도 삼복(三覆)이 끝나면 때를 기다리지 말고 곧바로 사형을 집행하게 하였다. 대시(待時) 조건으로 사형을 선고해서, 추분이 될 때를 기다리는 기간에 죄수가 탈옥하여 도망치는 일이 잦았기 때문이었다(세조 7년 5월 19일).

그해 가을에 도둑체포유공자를 포상하는 제도의 허점이 드러났다. 처음에는 강도나 절도범을 한두 명이 합세해 붙잡은 경우가 많더니, 시간이 흐를수록 다수의 인원이 합세해 범인을 붙잡은 경우가 늘어서 그 원인을 알아보니, 어처구니가 없는 농단이 개입되어 있었다.

조사를 통해서, 간사한 무리들이 뇌물을 받고 여러 사람의 이름을 함께 올려서 모두 상을 받게 해준 사례가 여러 건 드러났다. 심지어는 수령이 청탁에 의하거나 혹은 술책에 빠져서 몰래 친척의 자제를 체포자명단에 넣어서 상을 받게 한 경우도 있어서, 임금이 확실한 제도개선을 지시하였다(세조 7년 9월 17일).

첫째로, 도둑을 붙잡아 관에 고하는 자가 있으면, 먼저 몇 명이서 잡았는지 물어본 뒤에 도둑과 대질시켜 사실여부를 확인한 뒤에 체포보고서를 올리게 하였다.

만약 허위기재가 드러나면 도둑을 잡은 당사자뿐만 아니라 함께 이름을 올린 사람 전원을 가장 무거운 형으로 다스리고, 허위사실이 기재된 사실을 알고서도 묵인한 수령은 파직하게 하였다.

둘째로, 도적을 붙잡아 관아에 넘긴 자는 그 도둑에 대한 사법처리를 마친 날로부터 1년 안에 임금의 재가를 받아 관직을 주게 하고, 직첩(고신, 임명장)에 도적을 잡은 공적을 써넣게 하였다.

도둑을 잡은 자에게 상으로 관직을 제수하자, 이따금씩 혼자서 도둑을 잡고서도 연명으로 공적을 기재해 올리거나, 7, 8년, 혹은 10여 년이 지난 뒤에 허위로 공적을 올려서 뻔뻔하게 관직을 받는 사람들이 있었기 때문이었다(세조 8년 3월 22일).

많은 백성이 보릿고개를 힘겹게 견디고 있었을 즈음, 임금이 한성부에 명을 내려, 신백정(재인과 화척) 가운데 연고지를 이탈해 도성에 올라와 살면서 도적질을 벌이는 자들을 모두 체포해 연고지로 돌려보내게 하였다(세조 9년 5월 8일).

비슷한 무렵 평안도 함종현에서 강도를 저지른 오막송과 박지생을 참형에 처하고, 그들의 일당 6명을 강원도로 들여보냈다(세조 9년 5월 18일).

여름철로 접어들면서 경기도의 여러 읍에서 강도가 기승을 부렸다. 고양의 정수암에 20여 명의 도적떼가 침입해 승려들의 의복 등을 강제로 빼앗고 건물에 불을 지른 것을 비롯해, 양주·광주·양근·지평·천녕(여주)과 강원도 원주·횡성·홍천·풍덕·장단·파주 등지에 도적떼가 출몰하여, 임금이 군사들을 시켜서 잡아오게 하였다(세조 9년 6월 12일, 14일).

그다음 해 봄에는 전라도에도 도적떼가 출몰해 경차관을 파견하니 강도와 절도범 1백 75명을 붙잡았다(세조 10년 3월 12일).

추석이 다가오자 임금이 형조에 명을 내려, 도성 안에서 우마도살을
업으로 삼고 있는 '거골장(去骨匠)'[39]들에 대해 무시로 일제단속을 벌이게
하였다. 아울러서 도적들에 대해서도 똑같이 무시로 집중단속을 벌여서
모조리 체포하게 하였다(세조 10년 8월 4일).

그런 상황에서 태평관(명나라 사신 전용숙소) 부근의 민가를 도적떼가
덮쳐서 임금이 궁궐수비대를 출동시켰으나 범인을 한 명밖에 잡지 못했
다. 그 직후 경기도 광주와 과천 등지에도 도적떼가 출몰하자, 임금이 궐
문 밖에다 신고함을 놓아두고 백성들의 도적신고를 유도하게 하였다.

8년 전에 영의정 정인지가 제안을 내놨을 때는 음해수단으로 악용될
가능성을 이유로 거부하였다가(세조 2년 3월 9일), 도성과 지방 할 것 없
이 도적떼가 기승을 부리자, 시행하는 쪽으로 마음을 바꾼 것이다.

신고함 전면에 도적을 신고하는 방법과 신고자에 대한 포상약속을 적
어놓고, 의금부의 당직 낭청으로 하여금 저녁마다 신고서들을 가져다가
승정원을 통해 임금에게 아뢰고 필요한 지침을 받게 하였다(세조 11년 2
월 4일).

도성뿐만 아니라 전국 팔도에 공문을 내려 보내, 고을마다 관청의 출
입문 바깥에 신고함을 놓아두었다가 도적신고서가 투입되면 지목된 자를
찾아내서 기습적으로 붙잡게 하였다.

그런데 6년 전에 임금이 법외의(초법적) 형벌을 모두 없애게(세조 4년
3월 28일) 한 이후로 형정담당 관원들이 강도와 절도사건 수사에 애로를

---

39 짐승의 뼈를 발라내는 일을 업(業)으로 삼았던 사람들의 호칭이었다. 의미의 차
이를 엄밀하게 구분할 필요가 없을 때는 백정과 동의어로 이해해도 무방할 것
이다.

겪었던 모양이다.

실록을 편찬한 사관들이 신고함 설치에 관한 기사 말미에다, "당시 도적이 들끓는데도 남형금지령 때문에 용의자에게 매질을 가할 수가 없어서 갖가지 다른 책략으로 도둑을 막아보려 하였으나 뚜렷한 효과를 거두지 못했다."고 적어놓았다.

원각사에 사리(舍利)·서기(瑞氣)·우화(雨花) 등 여러 가지 상서가 겹치자, 임금이 강상죄에 속하는 살인과 강도를 제외한 나머지 죄수들을 모두 용서하는 사면령을 내리게 하였다.

그 사면령을 받들고 길을 가던 음죽현감 이시보 일행이 강도 7, 8명에게 활과 몽둥이로 공격을 당하고 말을 빼앗긴 사실이 알려지자, 임금이 팔도의 감사에게 최선을 다해 범인들을 체포하라고 특명을 내렸다(세조 11년 5월 6일, 12일, 13일, 24일, 25일)

그런데 별 성과가 없었던 모양이다. 날짜가 6월로 접어들자 충청도·전라도·경상도·강원도 감사에게, 군사들을 동원하여 '노루와 사슴을 사냥하듯이' 도둑을 소탕하라고 특명을 내렸다.

여덟 가지 검거전략을 내려주었는데, 그 첫 번째에, 관내의 수령들에게 은밀히 지시하여, 7월 초2일에 진법연습을 하는 것처럼 군사를 움직여 관내의 도적을 잡되, 하루 종일 불을 사르듯이 몰아쳐서 최대한 많이 붙잡으라고 적었다(세조 11년 6월 8일).

하루 뒤에 전 부사정 이소생이 도적을 막을 방도에 대해 상소를 올리니, 임금이 소생에게 벼슬을 주어서 관직에 등용하게 하였다(세조 11년 6월 9일).

한 달이 채 안 되어서 광주목사 김수가, 도적을 잡는 방법이 지극히 정교한데도 도둑들이 들끓는 것은 처벌이 관대하기 때문이라며, 월족 시행을 청하는 상소를 올리니, 임금이 육조에 토론을 지시하였다(세조 11년 7월 4일). 하지만 시행에 이르지 못했다.

열흘 뒤에 승정원 좌승지 윤필상이, 전국 각 도에서 검거한 도적의 숫자가 많아서 사법처리가 지연되고 있다며, 경차관을 파견해 처결하게 하기를 청하니, 임금이 조정 대신 15명에게 7가지 처리지침을 내려주고 팔도의 감영에 나눠가서 처리가 밀려있는 옥사들을 신속히 처리하게 하였다(세조 11년 7월 14일).

그해 가을에 임금이 사정전에서 상참에 참여한 대신들과 함께 가진 술자리에서, 지나간 7월에 광주목사 김수가 상소를 올려서 단근 시행을 청한 이야기를 꺼내더니, 좌우에 찬반 여부를 물었다.

아무도 반대하지 않고 모두 찬성을 표하니 즉석에서 정책으로 채택하였다. 세종대왕 시절에 8년 정도 시행되다가 효과부진으로 폐지된 단근법이 22년 만에 부활한 것이다(세조 11년 10월 24일). 하지만 다행인지 불행인지, 강도떼의 준동이 계속되는데도 단근이 형벌로 쓰이지 않았다.

그해 연말 무렵에 10여 명의 강도가 서방색(書房色)[40] 안철정의 어미 집을 약탈하였다는 보고가 올라오자, 임금이 현상금으로 면포 50필을 종루에 매달아놓고 범인들을 붙잡게 하였다(세조 11년 12월 5일).

이후에 강도짓을 일삼던 사람이라도 자수하여 일당들을 고발하면 죄를 면해주고, 그 일당의 재산을 상으로 주게 하니, 이로 말미암아 자수하는 사람이 많아졌다(세조 12년 9월 8일).

반면, 강도나 절도범을 관에 신고하여 붙잡게 하면 후하게 상을 내리게 한 법이 있는데도 신고하는 사람이 매우 드물어, 포상수준을 한층 더 높이고 그 내용을 널리 알려서 도둑에 대한 제보를 부추기게 하였다(세조

---

40 임금이 글씨를 쓰는 데 필요한 종이, 붓, 벼루, 먹(지필연묵·紙筆硯墨)을 올리는 일을 맡아보던 관아, 또는 그 관아의 관원을 일컫던 말이다.

12년 9월 18일).


## 4. 엄형중벌정책 점입가경


연말이 지나서 해가 바뀌고 설날을 막 지났는데, 대사헌 양성지가, 농사에 반드시 필요한 소를 사람들이 함부로 잡아서 팔아먹는다며, 임금에게 권도를 쓰기를 권했다.

풍습이 바로 설 때까지 시한부로, 소를 도살한 사람은 도둑질하여 잡았든지 돈을 주고 사서 잡았든지 간에 주범과 종범을 가리지 말고 모두 곧바로 사형에 처하고 그 가족 전원을 변방으로 보내자는 것이었다(세조 13년 1월 4일). 그런데 임금이 상정소에 토론을 지시한 기사 말고는 후속 기사가 없으니, 시행되지 않았다는 뜻일 것이다.

본격적인 겨울이 시작되기 직전 무렵, 밤중에 도성 한복판에 떼강도가 출몰해 거리낌 없이 약탈을 저지르니 임금이 명하기를, 용의자현상수배를 알리는 대자보를 작성해 동행인이 많은 곳에 붙이게 하였다.


> 도둑을 신고하여 붙잡게 하면 면포 1백 50필을 주겠다. 신고자가 양인이면 국가가 정한 포상기준보다 품계를 높여서 관직을 줄 것이고, 천인이면 신분을 양민으로 바꿔주겠다(세조 13년 11월 25일).


새해 2월 중순경 충청도 면천군수를 비롯한 수령 다섯 명이 홍성에 사는 15살 먹은 신철산이라는 왜소한 소년에게 억지로 강도혐의를 씌운 사실이 임금의 귀에 들어가서, 의금부의 추국을 거쳐서 연루자 전원이 응징을 받았다.[41]

이어서 다가온 봄철에는 밤중에 수십 명의 도적떼가 광대인 최을송의 집에 침입해 재물을 강탈한 사건이 발생하여, 임금이 도성의 4문을 닫아걸고 백방으로 수색해 붙잡게 하였다. 이틀이 지나도록 범인들이 검거되지 아니하자 임금이 신고함 설치를 지시하였다(세조 14년 3월 25일, 27일).

3년 전(세조 11년 2월 4일)에도 시행하다가 성과가 없어서 흐지부지된 신고함을 익명투고를 허용하는 조건으로 다시 설치하게 한 것인데, 용의자 네 명이 자수를 하여서 나머지 전원을 쉽게 붙잡았다.

자수를 주도한 자는 왕세자의 경호원이던 우위수(右衛率)42 이영유의 노비이던 망달이라는 자였는데, 당초에 약속한 대로, 신분을 양민으로 바꿔주었다(세조 14년 3월 29일).

이틀 뒤에 임금이 비현합(丕顯閤)43에 나아가 대신들과 더불어 을송의 집을 약탈한 범인들을 추국하는 문제를 의논하다가, 붙잡힌 도둑이 일당을 실토하면 죄를 면해주고 상을 주는 제도는 적을 이용하여 적을 잡는 것과 같다고 하였다. 그리고 나서는 함께 도둑질을 하고서 자수를 주도해 공범들을 고발한 자에 대해 연민을 드러냈다.

이영유의 종인 망달이란 자에게 같은 일당을 고발하게 시켜 도적을 붙잡고서 천민 신분을 면해준 것은 오랑캐를 시켜 오랑캐를 공격하게 한 것과 다를 것이 없다. 망달은 앞으로 다시는 도적의 무리와 어울리지 못할 것이니 그에게는 참으로 불행한 일이다(세조 14년 4

................

41 세조 14년 2월 20일, 22일, 26일, 3월 7일, 16일자 실록기사 참조.
42 세자를 보좌하고 보호하는 세자익위사(世子翊衛司)에 소속되어 왕세자의 시위를 담당했던 종6품 무관 벼슬을 일컫던 말이다.
43 경복궁의 사정전(思政殿) 동쪽 모퉁이의 내상고(內廂庫) 2간(間)에 창문을 그대로 두고서 임금이 거주하는 곳으로 삼고, 이름을 비현합(丕顯閤)이라 하였다. 《서경(書經)》에 나오는 매상비현(昧爽丕顯)이라는 말에서 따온 것이다.

월 1일).

　구치관이 있다가 나라에서 도둑을 제보한 자들에게 내려주는 포상증
서의 문제점을 제기하였다. 그 증서에 '수상자와 한 패였던 강도 아무개
와 아무개를 고발하여 붙잡게 한 공로로 상을 내린다.'고 적혀있어, 그대
로 자손에게 전해지면, 영구히 강도라는 오명을 벗지 못할 것이라고 말하
자, 임금이 말하기를, 망달은 당장 천민 신분을 면하고 상까지 받은 것만
기뻐하고 앞날을 헤아리지는 못할 것이라고 하였다.

　동석했던 신숙주가, 남의 재물을 몰래 훔치는 도둑질이 난무한다며,
도적들을 붙잡는 일이 매우 시급하다고 아뢰니, 임금이 그 원인을 수색이
부실한 탓으로 돌리며 신고함의 효과를 확신하는 듯한 반응을 보였다.

　전국에 방문을 붙였으니 앞으로는 신고가 쇄도할 것이라며, 굳이 수고
롭게 수색하여 붙잡지 않아도 도적이 스스로 그칠 것이라고 여유를 보이
며 낙관론을 펼친 것이다.

　그해 가을에 임금이 몸이 편치 않아 세자(훗날의 예종)와 대신들이 둘
러앉아, 대역죄(이징옥의 난, 이시애의 난 등)에 연좌된 자들과, 잘못을 저
지르고 붙잡힌 죄수 가운데 석방해도 좋을 만한 자들의 명단을 작성하는
데, 세자가 도둑은 제외하는 방안을 제의하였다.

　　도적은 비록 대역죄에 비할 바는 아니지만, 풀어주면 다시 도둑질
　　을 저질러 백성들에게 피해를 입힐 것이니 그대로 가둬두면 어떻겠소
　　(세조 14년 9월 2일).

　부왕이 병환으로 사경을 헤매어 황급하게 세자가 보위를 받았는데, 하
루 뒤에 부왕이 숨을 거뒀다(세조 14년 9월 7일, 8일).

　그런데 세조실록 역시도 도둑을 사형에 처한 기록이 거의 보이지 않는

다. 임금이었던 약 14년 동안 사면령을 37번(절도 제외 20번) 내린 것만 확인되고, 강도나 절도범을 처형한 기록은 평안도 함종현에서 강도를 저지른 도적 두 명을 참형에 처한 한 건이 전부다(세조 9년 5월 18일).

그런데 선왕들인 문종과 단종의 실록에도 강도와 절도범을 비롯한 각종 흉악범들을 사형에 처한 기록이 하나도 없었음을 상기하면, 사관들 사이에 범법자들을 사법처리한 내용은 실록에 넣지 않기로 합의가 있었을 개연성에 한층 더 무게가 실린다.

대왕 이후 임금들의 실록에 사법처리기록이 없는 이유는 여하튼지 간에, 새 임금(예종)이 즉위한 뒤에 도성 안팎에 강도떼가 출몰해 거리낌 없이 사람을 살해하자, 임금이 형조를 시켜서, 전국의 감사와 수령들에게, 도적들에게 무관용 원칙을 적용하라는 특명을 내리게 하였다.

도적이 사람을 살해하면 그 아내와 아들까지 함께 죽이고, 우마도적단의 두목도 그 아내를 아울러서 죽이게 하였다. 사형이 선고된 도둑은, 전국이 잠잠해질 때까지, 가을 전이라도 즉시 형을 집행하게 하였다(예종 1년 윤2월 27일, 3월 1일).

애석하게도 예종이 재위 1년 3개월 만에 요절해 성종이 왕위를 이어받더니, 도둑들에 대한 처벌수위를 파격적으로 높였다. 그보다 앞서 전라도 무안 출신인 장영기라는 자가 폭력배 1백여 명을 거느리고 경상도와 전라도를 휩쓸고 다니며 닥치는 대로 도둑질과 살상을 저질러, 군인들을 풀어서 어렵사리 제압한 일이 있었다.[44]

장영기 무리의 위세가 얼마나 대단하였으면, 그들을 소탕하고 나서 국가의 치도전략이 바뀌었다. 세 사람 이상이 무리를 지어 남의 재물을 훔쳤으면, 초범이라도 장물의 규모와 상관없이, 주범은 사형에 처하고, 종범

---

44 예종 1년 10월 23일, 11월 10일, 성종 즉위년 12월 16일, 21일, 1년 2월 1일, 9일, 3월 24일, 5월 26일, 27일, 6월 2일, 7일자 실록기사 참조.

은 단근과 경면을 동시에 행하게 하였다.

두 명이 한 패가 되어서 2관 이상의 장물을 훔친 경우와, 강도죄를 저질렀거나 도적의 우두머리인데 법정형이 사형에 이르지 않는 경우도 단근과 경면을 동시에 선고하게 하였다(성종 2년 6월 11일).

후속 조치로 절도범에게 단근을 시행하는 기준을 정했다. 40일쯤 전에 '절도초범도 단근하라.'고만 하고, 힘줄을 얼마나 자를 것인지를 정하지 않은데다 전례도 없어서 실무에 혼란이 빚어졌기 때문이었다.

형조의 건의를 수용해, 절도를 범한 자는 주척을 사용하여 왼쪽 다리의 복사뼈 힘줄을 1치 5푼 정도 길이로 자르게 하였는데(성종 2년 7월 22일), 추운 겨울에 첫 번째 사례가 생겼다.

둘이 함께 군자감의 쌀을 훔쳐서 나눠가진 뒤에, 재미를 붙이고 다시 또 함께 절도죄를 저지른 양인 장선과 종 독동의 발꿈치 힘줄을 끊는(단근) 동시에 얼굴에 먹물로 죄명을 새기게(경면) 하였다(성종 3년 1월 21일).

무관용 원칙이 효과가 있었던지, 이후 3년 동안 도적이 줄어드는 추세가 이어지자, 임금이 도적떼에 대한 처벌수위를 낮췄다. 세 사람 이상이 무리를 지어 도둑질을 하였으면 주모자를 사형에 처하던 것을, 장물의 규모와 상관없이 단근과 경면을 함께 행하게 하였다. 종범의 경우는 훔친 장물이 2관을 넘을 때만 주범과 똑같이 단근과 경면을 동시에 행하게 하였다(성종 6년 6월 2일).

이후로 임금이 치도에 자신감이 생겼던지, 4년 뒤에 도둑에 대한 형벌수위를 조절하여, 절도재범이면서 훔친 장물이 2관을 넘을 경우만 단근과 경면을 동시에 행하게 하였다(성종 10년 12월 18일).

성종이 죽고 연산군이 즉위한 뒤에도 단근과 경면을 계속 썼다. 그 뒤에 중종이 즉위하고 5년째 되던 해 단근을 중단하자는 제안이 나왔다.

경연을 하던 도중에 특진관45 이우가 임금에게, 절도를 다스리는 법이 잘 갖춰져 있으니 단근을 멈추기를 청한 것인데, 임금이 즉답을 미뤘다 (중종 5년 7월 7일).

이후에 이우의 제안에 힘이 실려 단근과 경면이 사실상 정지되었는데, 12년쯤 뒤에 도성 근처에 도둑이 들끓자, 임금이 법을 엄하게 하지 않을 수 없다며 단근과 경면의 부활을 시도하였다.

성종 때처럼, 절도초범이라도 단근과 경면을 동시에 행하고, 절도재범은 외딴섬에 유배하여 종을 만들고, 절도3범은 사형에 처하게 하려고 한 것인데, 삼정승의 반대로 관철하지 못했다(중종 19년 12월 25일).

하지만 새해가 시작되고 불과 보름 만에 단근과 경면을 동시에 시행하는 법이 다시 살아났다. 신하들이 필사적으로 저지하였으나 임금의 뜻을 꺾지 못했다.

처음에 영중추부사 정광필·판중추부사 고형산·예조판서 장순손·우찬성 홍숙·호조판서 안윤덕·병조판서 유담년·우참찬 김극핍·형조판서 조계상·공조판서 임유겸·한성부 판윤 한형윤 등 열 명이 연명으로 단근을 없애기를 청했다.

> 강도를 참형에 처해도 범하는 자가 있는데, 절도범에게 단근과 경면을 함께 시행한다고 절도가 그치겠습니까? 절도범에게 단근과 경면을 함께 시행하게 한 법을 폐지하소서(중종 20년 1월 14일).

그런데 임금을 편드는 신하들이 있었다. 좌참찬 이항과 이조판서 윤은보가 한목소리로 임금의 말에 힘을 얹어줬다. 법을 엄하게 세운다고 도둑

---

45 성종 2년(1471) 이후로 3품 이상 문관에게 제수했던 경연관 벼슬이다.

이 없어지지는 않겠지만, 도둑이 전보다 심해져서 법대로 형벌을 가해도 죽은 뒤에야 그만두니 단근이 필요하다고 하였다.

또, 한번 단근을 당하면 불구가 되어서, 서로 모여서 도둑질을 하고 싶어도 할 수가 없을 것이라며, 도둑이 없어질 때까지 시한부로 단근을 시행하기를 청하니, 임금이 그대로 교지를 내리게 하였다.

한 달반쯤 지나서 포도장(捕盜將·도둑체포대 대장)으로부터 도성에 도둑이 퍼지고 있다는 보고가 올라오자, 임금이 승지를 시켜서, 형조가 단근경면법을 적극 시행하고 있는지 여부를 확인하게 하였다.

승지가 알아보니 그때까지 장물을 많이 훔친 자가 없어서 단근과 경면을 동시에 당한 자가 한 명도 없었다(중종 20년 2월 27일, 30일). 그대로 아뢰니 그냥저냥 넘어갔는데, 50일쯤 후에 임금이 다시 또 단근경면법의 시행실적에 관심을 나타냈다.

가뜩이나 죄수가 매우 많은 판국에 도둑질을 하다 갇히는 자들이 갈수록 늘어나니 즉시즉시 신문하여 처결해야 할 것이다. 도둑들에게 단근과 경면을 동시에 행하게 한 법의 시행 여부를 확인해서 아뢰도록 하라(중종 20년 4월 22일).

형조가 신속하게 나서서 '이미 시행하고 있다.'고 아뢰니 더 이상 자세히 묻지 않다가, 6개월쯤 뒤에 다시 형조에 명을 내려, 그 사이 도둑에게 단근과 경면을 동시에 행한 내역을 아뢰게 하였다.

형조에서 '두 명뿐'이라고 보고를 올리니, 인가가 드문 곳과 조밀한 곳을 구분하지 말고 군사들을 잠복시켜 도적들을 모조리 붙잡게 하라는 지시가 떨어졌다(중종 20년 10월 10일).

연말연시가 가까워지면서 도성 안에 도둑이 늘어나자, 임금이 다시 또 단근과 경면을 동시에 행한 실적을 챙겼다. 하지만 이번에는 이유가 달랐다.

승정원을 시켜서, 포도장이 도둑을 잡아서 형조에 넘기면 단근과 경면을 동시에 행하게 한 법이 혹시라도 마구잡이로 시행될 가능성을 염려해, 실무자들을 주의시키게 한 것이다.

도성 안에 도둑이 횡행하고 있는데, 포도장이 잡아서 형조에 넘기면 단근과 경면을 동시에 하도록 한 법이 제대로 시행되는지 모르겠다. 체포한 도둑 중에서 널리 악명을 떨친 자에 대해서만 단근과 경면을 함께 행해야 하고, 허위신고로 붙잡힌 자 등이 단근과 경면을 당하는 일이 있어서는 아니 될 것이니, 이런 뜻을 형조에 다시 알리도록 하라(중종 20년 12월 30일).

# 에필로그

## 대왕을 위한 변론

작가: 운보 김기창, 세종대왕어진

# 목차

# 역지사지 형사사법의 신기원을 열었다

비록 앞에서 대왕의 치도(治盜) 실패를 여과 없이 파헤쳤어도, 대왕의 역량을 추호도 의심해본 적이 없다. 도리어 오늘날의 형사학도와 형사사법당국에 훌륭한 타산지적이 될 사례들을 남겨준 것을 고맙게 여긴다. 형정을 망치게 하는 암초를 비추는 등대를 물려준 것이기 때문이다.

대왕이 이룩한 찬란한 업적들이 한류를 탄생시킨 블루칩이면, 대왕이 참담할 정도로 치도에 실패한 경험은 한류의 품격을 한 단계 더 높여줄 유망주(기대주)라고 생각한다.

절도3범 사후위좌 정책, 신장불과본죄법, 사죄삼복법 등을 비롯하여, 대왕치세에 시행된 일체의 형사정책은 공권력 앞에서 무기력할 수밖에 없는 죄수들의 가련한 처지를 내 일처럼 생각한 따뜻한 애민정신의 산물이었다.

그럼에도 불구하고 의도와 결과가 상충한 것을 감안하면, 형사정책은 '운칠기삼(運七技三)'인 것 같은 생각도 든다. 게다가 대왕이 형사정책과 사법행정을 펼친 행적을 추적해보면, 성공한 흔적은 드물고 처음부터 끝까지 가시밭길의 연속이다.

번번이 실망과 좌절을 겪으면서도, 사법절차가 백성의 삶에 미치는 영향을 역지사지로 헤아리며, 공평무사하고 공명정대한 형사사법의 신기원을 세워보려고 홀로 외롭게 사투를 벌인 궤적은 눈물샘을 젖게 한다.

이제부터 그 자국들을 열한 꼭지로 묶어서 펼쳐보겠다.

## 첫째. 정권인수와 날벼락

서기 1418년 8월 10일. 추석을 닷새 앞두고 조선의 국왕이 바뀌었다. 앞에 임금이던 태종이, "18년 동안 호랑이등을 탄 것으로 족하다." 하고 느닷없이 왕세자 이도(22살)의 등을 떠밀어 즉위식을 치르게 한 것이다.

그런데 왕의 자리만 넘기고 왕의 권한은 넘기지 않았다. 부왕이 상왕으로 물러앉으면서, '주상이 장년(壯年)이 될 때까지 군사에 관한 일과 중요한 국정은 친히 챙기겠다.'고 선언한 것이다.

말만 그렇게 하고 만 것이 아니고, 오랫동안 자신에게 충성을 받쳐온 인물들을 요직에 앉혔다. 병조판서(정2품)이던 박신을 의정부 찬성(종1품)으로, 형조판서(정2품)이던 박습을 병조판서(정2품)로, 이조참판(종2품)이던 조말생을 형조판서(정2품)로 삼았다.

하지만 대왕에게 왕권을 전혀 안 준 것은 아니어서, 즉위하자마자 국정을 운영하는 데 꼭 필요한 사항들을 꼼꼼하게 갖췄다.

가장 먼저 두 선왕(정종, 태종)의 안전을 챙기고 자신을 호위할 경호부대를 출범시켰다. 왕세자의 장인과 장모에서 임금의 장인과 장모가 된 심온 부부의 지위를 각각 청천부원군과 삼한국대부인으로 높였다(태종 18년 8월 10일).

상왕을 태상왕으로 높이고 대언(승지) 세 명이 번갈아가며 받들어 모시면서 안팎의 일을 살펴드리게 하려다가 철회하였다. 상왕이 따르지 아니하고, 형님 상왕(정종, 공정왕)을 태상왕으로 높이라고 하였기 때문이다 (태종 18년 8월 11일).[1]

즉위교서가 반포되었는데, 골자는 두 가지였다. 하나는, 선대의 임금들이 이룩한 법도를 하나도 고치지 않고 그대로 따르겠다는 것이었다. 또 하나는, '어짊을 베푸는 정치를 펼치겠다(시인발정·施仁發政).'는 것이었다.

예조에서 마련한 절차에 따라 면복을 갖춰 입고 가마에 올라, 백관과 함께, 사흘 전에 연화방의 옛 세자궁으로 거처를 옮긴[2] 상왕을 방문해 양위에 감사하는 글을 올렸다. 그런 다음 악차로 나와서 면복을 벗고 상왕에게 나아가 뵈오니, "창덕궁 공사가 끝날 때까지 장의동의 본궁(사저)에 있으라." 하였다.

본궁에 도착하자마자, 전날까지 스승이었던 열두 명 가운데 좌의정 박은·우의정 이원·예조판서 변계량·예문관대제학 유관·예조참판 탁신·호조참판 이지강·판승문원사 윤회·판군자감사 정초 등 여덟 명을 경연관으로 높였다. 사헌부 집의였던 정초는 직책을 판군자감사(군자감 판사)로 바꾸어 경연시강관으로 삼았다.

상왕의 뜻을 받들어, 지신사이던 이명덕과 왕자시절 스승이었던 이수를 각각 이조참판과 동부대언으로 임명하였다. 상왕이 일주일 전에 경상도 수군 도절제사로 내정한 박광연을 그대로 발령하였다. 그 외에 자신의 경호와 의전을 위한 인사와, 두 선왕(정종, 태종)과 중궁을 모시는 공안부·인수부·경창부 책임자를 발령하였다.

그다음 날 종묘에 가서 조상님들께 즉위를 고한 뒤에, 좌의정 박은과 우의정 이원, 그리고 이조와 병조 당상관들과 의논을 거쳐 사정기관인 사헌부의 대관(臺官)과 언론기관인 사간원의 간관(諫官)을 모두 바꿨다(세종

---

1 닷새 뒤에 두 선왕의 존호 문제가 정리되어서, 부왕(태종)은 상왕이 되고, 그때까지 상왕이던 정종(공정왕)은 노상왕이 되었다(세종 즉위년 8월 16일).
2 세자에게 왕위를 넘기기 이틀 전인 8월 8일에 지신사 이명덕·좌부대언 원숙·우부대언 성엄 등을 경회루 아래로 불러서 왕위를 넘길 뜻을 밝힌 뒤에 세자에게 국보(國寶)를 주고 연화방의 옛 세자궁으로 거처를 옮겼다.

즉위년 8월 12일, 15일).

사헌부는 오늘날의 대검찰청이니 그 수장인 대사헌은 검찰총장에 해당하는 직책이었다. 대사헌에는, 직전까지 오늘날의 서울시장 격인 한성부 윤으로 도성 안팎의 행정을 주관하던 허지를 앉혔다.

허지는 태조 재위 말년에 언관인 우보궐로 재직하다, 상왕 연간에 사간원 헌납·사헌부 장령·형조참의·우부대언·충청감사, 경기감사, 도읍지 총책임자 등을 섭렵한 '엘리트 관료'였다.

사헌부의 2인자인 집의에는 상왕에 의해 영구히 퇴출되었던 박관을 전격 발탁하였다. 박관은 10년 전에(태종 8년) 이조정랑으로 있으면서 이성계의 이복동생 이원계의 아들인 완평군 이조의 시호를 잘못 지어 올렸다가 영구히 파면된 풍운아였다(태종 8년 4월 29일).

사간원의 간부진도 파격적으로 바꿨다. 최고책임자인 좌사간 자리에 순금사(巡禁司) 대호군(정3품)으로 있던 최관(문관)을 발탁해 앉히고, 우사간 자리에는 10년 가까이 야인으로 살아온 정수홍을 앉혔다.

정수홍은 태종이 처족인 민씨들과 대립할 때에 사헌부 집의로서 태종의 복심들인 하윤과 박은을 민씨들과 한 패라고 탄핵하였다가 지방으로 쫓겨났던 인물이었다. 뒤에 상왕이 용서하여 복권은 되었으나 관직을 다시 받지는 못했다.

사간원의 사무총장 격인 지사간원사 자리에는 16년을 야인으로 지내온 김치를 앉혔다. 상왕 재위 초반에 형조좌랑으로 있으면서 형조전서(판서) 민계생과 함께, 사헌부가 임의로 쇄장(鎖匠·옥사쟁이)을 불러서 무고사범을 거리에 세워두어 망신을 주는 것을 막았다가 사헌부의 탄핵으로 파직된 인물이었다(태종 2년 9월 19일).

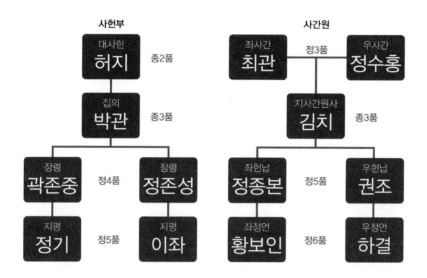

사헌부

| 대사헌 **허지** | 종2품 |

| 집의 **박관** | 종3품 |

| 장령 **곽존중** | 정4품 | 장령 **정존성** |

| 지평 **정기** | 정5품 | 지평 **이좌** |

사간원

| 좌사간 **최관** | 정3품 | 우사간 **정수홍** |

| 지사간원사 **김치** | 종3품 |

| 좌헌납 **정종본** | 정5품 | 우헌납 **권조** |

| 좌정언 **황보인** | 정6품 | 우정언 **하결** |

　나흘 뒤인 8월 17일 아침 일찍 장의동 사저를 나서 경복궁 사정전에 도착하니, 정1품인 영의정 한상경·좌의정 박은·우의정 이원·종1품인 의정부 찬성 박신, 정2품인 의정부 참찬 김점·이조판서 정역·호조판서 최이·예조판서 변계량·병조판서 박습·형조판서 조말생·공조판서 맹사성·예문관 대제학 유관·대사헌(종2품) 허지 등이 밝은 얼굴로 맞아주었다.

　부처별 업무보고를 겸한 상견례를 가지고 나서, 2품 이상 고위관료와 대간(臺諫)과 함께 점심을 들었다. 대간은 관료들에 대한 감찰과 탄핵을 담당하던 사헌부의 대관(臺官)과, 대왕의 잘못을 지적하고 재고를 건의하던 사간원의 간관(諫官)을 통칭하던 용어다. 오늘날의 대검찰청과 청와대 민정수석비서관실의 간부진을 합친 관료집합체 정도로 이해하면 무난할 것이다.

　사헌부의 정원은 대사헌(종2품) 1명, 집의(종3품) 1명, 장령(정 4품) 2명, 지평(정5품) 2명, 감찰(정6품) 13명, 서리 39 명을 합쳐서 58명이었다. 사간원은 좌·우사간(정3품) 각 1명, 지사간원사(종3품) 1명, 좌·우헌납(정

5품) 각 1명, 좌·우정언(정6품) 각 1명이었다. 따라서 품계만 따지면 사헌부가 사간원보다 서열이 한 단계 높았다.

닷새 뒤인 8월 22일에는 통치권을 넘겨받은 후 처음으로 사형(死刑)을 재가하였다. 거짓말을 꾸며내 부평 부사(종3품) 이사관과 총제(摠制·정2품) 문효종이 반역을 모의했다고 무고한 대정(隊正·종9품 무관) 한언을 극형에 처한 것이다(세종 즉위년 8월 22일).

그런데 아뿔싸! 사흘 뒤에 꿈에도 생각지 못한 청천벽력이 닥쳤다. 병조지휘부의 보고 생략에 따른 상왕의 격분으로 새 내각이 출범한 지 불과 보름 만에 상왕의 복심들이 삽시간에 풍비박산한 것이다.

상왕이 군통수권(병권)은 제외하고 왕위를 넘길 때부터 예감이 좋지 않았어도, 그렇게 빨리 균열이 생길 줄은 아무도 몰랐다. 화근은 상왕이 세자에게 왕위를 넘기면서 국가통치권을 둘로 쪼갠 데서 비롯되었다.

대왕이 세자수업을 제대로 받지 못한데다 나이도 아직 젊은 상황이라, 염려가 컸을 법도 하다. 그래서 나라의 장래를 생각해서, 새 임금이 장년이 될 때까지 국정을 직접 챙기면서 정치를 가르칠 계산을 하였을 것도 이해가 된다.

하지만 신하들로서는 한정된 시간과 인원으로 동시에 세 임금을 모시기가 힘들어 군사에 관한 일을 대왕에게만 보고한 것이 상왕의 역린을 건드렸다. 한번 심기가 뒤틀린 상왕은 화살을 맞은 맹수처럼 진노했다.

군사와 관련된 일을 대왕에게만 아뢴 병조참판 강상인과 좌랑 채지지를 의금부에 가두게 하더니, 그다음 날은 보름 전에 병조판서를 제수한 박습을 비롯한 병조간부 일곱 명을 같은 혐의로 의금부에 구금하였다.

먼저 갇힌 강상인은 상왕이 왕자시절 인연을 맺은 뒤로 줄곧 충성을 바쳐 상왕이 병조참판에 앉혀준 자였다. 뒤에 갇힌 박습은 그의 딸이 상왕의 외손자인 권담(3녀 경안공주와 권규 부부의 장남)의 아내였고, 상왕의 장남인 양녕대군의 장인 김한로와 더불어 상왕과 과거급제 동기였다.

하지만 상왕은 인정사정을 두지 않았고 조정은 삽시간에 극도의 공포에 휩싸였다. 상왕이 자신의 처남 네 명과 여러 공신들을 냉혹하게 죽이고 10년도 채 되지 않은 시점이어서, 갇힌 이들은 초주검이 되었을 것이 분명하다. 대왕도 온갖 상상을 머릿속에 떠올리며 밤마다 악몽을 꾸고 가위눌렸을 개연성이 매우 높다.

하루 뒤에, 상왕이 왕위를 넘기기 직전에 친히 임명한 병조판서와 병조참판이 조말생과 이명덕으로 바뀌고, 형조판서를 비롯한 고위직 다수가 전격 교체되더니, 상왕이 의금부를 불러서 강상인을 죽기 직전까지 고문하라고 명을 내렸다.

그 뒤에 명하기를, 의금부의 당직자 한 명을 매일 자기에게 보내게 하더니, 강상인을 함경도 단천의 관노로 보내고, 박습을 비롯한 병조관리들을 전국 각지에 유배하였다. 사간원 인사가 뒤따랐다.[3]

그래서 폭풍이 멎은 듯싶더니, 아무도 몰랐던 제2막이 있었다. 11월 9일에 상왕 부부를 상왕과 대비로 봉숭하는 의식이 있었는데, 나흘 뒤에 상왕이 돌연 대사헌 허지·우사간 정초, 형조정랑 김지형, 병조참판 이명덕 등을 불러서 의금부와 더불어 박습을 국문하게 시켰다.

3개월 전에 왕위를 넘기면서 분명히 '군사에 관한 일은 친히 청단할 것이니, 병조는 항시 가까이 있으라.'고 했는데도 병조관리들이 자신을 따돌린 이유를 캐겠다며 문초를 독려했다.

곧바로 날카로운 비명을 동반한 혹독한 고문이 시작되더니 강상인·박습·이관(이조참판, 박습과 사돈 사이)·심정(중궁의 숙부) 등 네 명이 역적

--------------------

3 세종 즉위년 8월 25일, 26일, 27일, 9월 3일, 14일, 16일자 실록기사 참조.

으로 몰려서 한꺼번에 저승으로 보내졌다.

백관을 모아놓고 강상인을 거열하는데, 상인이 수레에 올라 크게 부르짖기를, "나는 죄가 없는데, 때리는 매를 견디지 못하여 죽는다." 하였다. 후에 변계량이 대왕에게 아뢰기를, "무술년(1418년) 옥사 때에 신이 의금부제조였었는데, 대사헌 허지가 여러 제조에게, '박습에게 압슬을 쓰자.'고 하여 여러 제조가 동의하고 즉시 행하니 박습이 곧바로 자백을 했습니다. 상왕께서도 박습의 죄를 의심하셨는데, 박은이 다시 청하여 목을 베게 되었습니다." 하였다(세종 즉위년 11월 26일).

한 달쯤 있다가 대왕의 장인인 심온이 순식간에 역적으로 몰려서 목숨을 빼앗기는 초유의 상황이 벌어졌다. 자신과 사돈 사이인 상왕의 천거로 황제가 사위의 세자 책봉을 윤허하는 고명을 보내준 데 대한 고마움을 전하러 명나라에 사신으로 다녀오다 압송되어 곧바로 사약을 받았다.

의금부에서 심온에게 묻기를, "상왕을 어떻게 하려고 하였느냐." 하니, 온이 대답하기를, "이와 같이 억지로 묻는 것을 보니 내가 상왕에게 무례한 짓을 하려고 한 것으로 꾸미려는 것이로구나." 하였다. 의금부에서 상왕에게 낭관을 보내, '심온이 상왕에게 무례한 짓을 하려고 하였다고 실토하였다.'고 아뢰니, 상왕이 한참 동안 깊이 생각하다가, 대왕에게 말하기를, "내가 (심온을) 죽여야 할지 살려야 할지 고민했는데, 이 말을 듣고 보니 어쩔 수가 없게 되었다." 하고, 덧붙이기를, "이 사람을 극형에 처하더라도, 그 딸인 왕비까지 폐할 이유는 없다." 하였다(세종 즉위년 12월 23일).

심온이 숙청되니 비로소 공포의 칼춤이 멎었다. 대왕이 보위에 앉자마자 무려 4개월 동안이나 조정 안팎에 피 냄새가 진동한 것이니, 전 과정을 속수무책으로 지켜본 대왕의 속은 숯덩이가 되었을 것이다.

더구나, 손아래 동서인 유자해의 오해와 말실수가 좌의정 박은의 자존심을 건드려 장인이 사지로 내몰린 결과가 되었으니, 속으로 얼마나 어처구니가 없었을까?

실록에 따르면, 좌의정으로서 관료들에 대한 인사권을 쥐고 있던 박은은 중궁의 제부이자 대왕과 동서 사이인 자해의 품계가 너무 낮다고 여기고 두 차례나 자해의 승진을 건의하였다가, 대왕이 하락하지 않아서 뜻을 이루지 못하였다.

그런데도 자해는 박은이 자신의 승진을 막은 것으로 오해하고 공개석상에서 박은을 모욕하는 말을 내뱉었다. 그 말이 박은에게 그대로 전해져 박은이 그의 장인인 심온에게 앙심을 품고 있을 때, 혹독한 고문에 굴복한 강상인의 억지진술로 심온이 역적으로 몰리자, 박은이 망설이는 태종에게 풍구질을 해줬다(세종 즉위년 11월 23일).


## 둘째. 형벌만능주의 배격

제왕이 되어서 정치의 맛도 알기 전에 악몽 같은 '피의 숙청'을 지켜봤기 때문이었을까? 아직 왕권을 완전히 넘겨받기도 전에, 사법권(형벌권)의 탈선과 광기를 막는 데 각별한 노력을 경주하였다. 사헌부, 형조, 의금부 등에서 법과 형벌을 담당하는 관원들에게 형벌을 삼가라고 힘써 가르친 자취가 실록에 즐비하다.

**첫째로, 결백한 사람이 불이익을 당하는 일이 없게 하였다.**
즉위하고 1년 남짓 지났을 때 대사헌 신상이, 빗물이 자주 새서 궁중의 물자를 담당하던 내자시의 옷감과 재물이 많이 썩었다며, 대왕에게 관리와 점검을 소홀히 한 전임자들에게 배상금을 물리기를 청했다. 대왕이 듣고 나더니, "예외 없이 모두 징수하면 무고한 자가 걸려들 수도 있다. 결백한 자에게도 배상금을 물리느니 죄가 있는 자까지 덮어주는 편이 낫다." 하였다(세종 1년 9월 19일).

**둘째로, 법을 감정적으로 적용하면 안 된다고 가르쳤다.**

평소 말이 너무 많아서 자주 조정대신들의 눈총을 받던 형조판서 김점이, 여자의 음행은 엄중하게 다뤄야 한다며, 여성이 간통죄를 범하면 장을 치게 하기를 청했다. 간통한 남녀는 장형에 처하여 죄값을 돈으로 받도록 한 수속조례(收贖條例)가 있었기 때문이었다.

대왕이 듣고 나서, 삼강(三綱)의 원칙이 적용되는 부부 사이는 군신과 부자 사이와 차이가 없으니, 행실이 나쁜 여자는 남편이 있든지 없든지 장을 치라고 하였다. 영의정 유정현이 김점과 더불어, 간통한 남성도 함께 장을 치기를 청하니, "불륜남의 죄도 밉지만, 불충불효와 거리가 먼데다, 수속조례가 유효하니 장을 치지 말라." 하였다(세종 1년 9월 25일).

**셋째로, 법을 합리적이고 공정하게 집행하도록 가르쳤다.**

[사례 1] 술을 금지할 적마다 청주를 마신 자는 걸려들지 않고, 탁주를 마시거나 술을 사고 판 사람들만 단속에 걸리자, 대왕이 서민들을 딱하게 여기고 지신사를 불렀다. 지신사 원숙이 어전에 이르니, 단속에서 제외해 줘야 할 경우와 철저히 적발해야 할 경우를 들려주고는, 의정부·육조·대간의 의견을 수렴하여 아뢰게 하였다.

술을 금하는 기간이라도 부모형제를 환영 혹은 전송하거나, 나이가 많거나 병이 있어서 약삼아 마시는 사람에게 술을 파는 자들은 단속하지 말게 하라. 단지 놀이를 목적으로 술을 마시거나, 다른 사람을 환영 혹은 전송하기 위해 마시려는 사람에게 술을 파는 행위만 금하는 방안을 의정부와 육조와 대간과 더불어 의논하여 아뢰도록 하라(세종 2년 윤1월 23일).

[사례 2] 사헌부에서 음주를 제한하여 헛된 소비를 줄이고 예의와 풍속이 유지되게 할 것을 청하니 대왕이 윤허하지 않았다. 규찰이 공정하지 못하여 왕왕 빈궁한 자가 우연히 탁주를 마시다가 붙잡히는 수가 있고, 부유하여 호강하는 자는 날마다 마셔도 감히 말하는 사람이 없어서, 형평 원칙에 어긋난다며 승낙을 거절한 것이다(세종 11년 2월 25일).

### 넷째로, 형벌을 최대한 신중하고 가볍게 쓰도록 유도했다.

[사례 1] 전국의 각급 기관에서 법과 형벌을 담당하는 관원들에게, "단한 번의 매질이라도 중도를 잃으면 원망을 불러서 민간의 화기(和氣)를 떨어뜨리니, 무고한 백성에게 죄를 덮어씌우는 일이 없게 하라."고 특명을 내렸다(세종 6년 8월 21일).

[사례 2] 1년쯤 세월이 흐른 뒤에는, "죄가 경한 듯도 하고 중한 듯도 하여 이렇게도 저렇게도 할 수 있는 경우는 경한 법을 따르도록 하되, 반드시 중한 법을 써야 할 상황이면 법에 알맞게 처결하라."고 교지를 내렸다(세종 7년 7월 19일).

[사례 3] 금화도감의 건의를 수용하여, 한성부 각 방(坊)의 실화용의자 가운데 노인·아동·장애인·임산부 등은 율에 따라 형을 집행하지 말고 한성부에서 죄 값을 돈으로 받도록 하였다(세종 10년 10월 28일).

**난장(亂杖)**
작가: 김윤보, 사법제도연혁도보,
서울대학교중앙도서관 소장

[사례 4] 경상도 내륙의 병영에 소속된 보병(진군·鎭軍)이 기마병과 수군(기선군·騎船軍)의 경우처럼 관직을 제수받을 목적으로 두세 번 반복해서 신문고를 쳤다. 좌대언 김종서가 원통하고 억울한 일이 아닌 일로 임금의 귀를 번거롭게 하였다며 죄를 다스리기를 청하자, 대왕이 불순한 목적으로 연달아 북을 치는 사람만 처벌하게 하였다.

소원을 이루지 못했는데 죄까지 받으면 진실로 불쌍하니 죄를 다스리지 말도록 하라. 옛날에 원숙이 지신사였을 적에, 의리에 어긋나는 일로 신문고를 친 사람을 처벌하자고 하는 것을 내가 따르지 않았다. 혹시 불순한 의도로 연달아 신문고를 치는 사람이 있거든 진실을 밝혀서 죄를 다스리는 것이 옳을 것이다(세종 14년 7월 18일).

**다섯째로, 백성에게 법을 알려줘서 범법을 막고자 하였다.**

[사례 1] 사헌부의 건의를 받아들여, 법으로 정한 43가지 금지사항을 간추려서 광화문 밖과 도성의 각 문(흥인문, 돈의문, 숭례문, 창의문, 혜화문, 광희문 등)과 종루 등지에 써 붙여서 사람들이 자세히 알고서 지킬 수 있게 하였다(세종 11년 2월 5일).

나라에서 매년 수시로 내리는 금지령을 모두 알기가 어려워 법을 어기는 사람들이 많아서 선제적 예방조치를 시행한 것이며, 호화로운 혼례와 상례를 금지하는 내용을 필두로, 복식의 가짓수와 색깔 및 착용요건, 금과 은의 사용 제한 등을 비롯하여, 불교와 친하지 말라는 내용 등이 포함되어 있었다.

도살된 소나 말의 고기를 먹는 것을 금지하고, 소나 말이 저절로 죽었을 경우에 거쳐야 할 절차를 규정한 조목도 있었다(32번째). 도성은 한성부에 신고하여 확인 도장을 받은 뒤에 그 고기·뼈·가죽·부산물 등을 매매해야 하고, 지방은 고을의 관아에 신고하여 확인서를 받은 뒤에 그 고기·뼈·가죽·부산물 등을 매매해야 한다고 되어 있었다.

[사례 2] 대명률을 이두로 번역하여 반포하게 시키려고 하였다. 처음에 대왕이 정사를 보다가 좌우의 신하들에게, 처벌이 중한 법조문을 추려서 이두로 번역하여 민간에 반포하는 방안을 토론에 붙였다.

사리를 아는 사람도 율문에 의거해 판결이 내려진 뒤에야 죄의 경중을 알게 되니 어리석은 백성들이 형벌의 무겁고 가벼움을 가려서 행동할 가능성은 낮았지만, 형벌이 무거운 죄목만이라도 알려줘서 범법자를 줄여보려고 한 것이다.

그런데 매사에 깐깐하기로 유명했던 이조판서 허조가 폐단이 일어날 가능성을 이유로 저지하려 하였다. 간악한 백성이 율문을 알게 되면, 죄의 경중을 헤아려서 두려워하고 꺼리는 바가 없이 법을 제 마음대로 농간하는 무리가 날뛸 수도 있다고 한 것이다.

대왕이 좌우의 신하들에게 고전을 살펴보고 의논하여 아뢰게 하였다. 백성에게 법을 알려주지 아니하고 범법자를 처벌하는 것은 조삼모사 술책에 가까울 뿐더러, 부왕 태종이 백성에게 율문을 읽히게 한 것은 다 뜻이 있었기 때문이라며, 고전에서 관련된 내용들을 찾아보게 시킨 것이다.

조금 뒤에 허조가 물러가니 대왕이 이르기를, "허판서는 백성들이 율문을 알면 소송이 넘치고 윗사람을 능멸하는 폐단이 심해질 것을 염려하지만, 나는 백성에게 금법을 알려줘서 두려워서 피하게 하는 것이 옳다고 생각한다." 하고, 집현전으로 하여금 백성에게 법률을 가르쳤던 전례를 찾아보게 하였다(세종 14년 11월 7일).

세월이 지나서 좌의정 허조가 병으로 위독한 상태에 빠지자(세종 21년 11월 4일), 사죄(死罪) 목록을 백성들에게 알려주는 방안을 공론화하였다. 죽을죄를 지은 죄수를 사형에 처하고 나서, 승지들에게 사죄목록을 간추려서 전국에 반포하는 방안에 대한 대신들의 반응을 알아보게 한 것이다.[4]

> 예전에 독법(讀法)이 있었던 적도 있지만, 어리석은 백성들로 하여금 율문을 다 알게 하기는 어려운 일이다. 그런데 사죄조문은 모두 간추려도 20여조에 불과하니 모두 뽑아서 전국에 반포하여 일반백성이 낱낱이 알게 하면 사죄를 범하는 자가 적어질 것이다. 나의 이런 뜻을 새겨서 의정부와 더불어 의논해보라(세종 21년 11월 13일).

대왕이 신하들에게 '예전에 독법이 있었던 적이 있었다.'고 말한 것은, 대왕이 즉위하고 한동안, 부왕시절에 하던 그대로, 수령이 백성에게 법률조문을 가르쳤던 것을 일컬은 것으로 짐작된다(세종 2년 윤1월, 29일). 태종 시절에는, 도성에서는 조회가 있는 날 오부의 관리가 관령이나 이정을 통하여, 지방에서는 조회가 있는 날 신명색(申明色)[5]과 율학생도가

---

4 허조는 1439년(세종 21) 12월 28일에 71세로 세상을 떴다.
5 임금의 명을 받고 지방 고을에 파견되어 수령들의 부정과 비리를 조사하여 감사에게 보고하는 일을 맡았던 직책 또는 그 직책에 임명된 사람들의 호칭이었다(큰 고을은 3명, 작은 고을은 2명). 태종 15년(1415)에 신명색 제도를 도입하

이방별감 혹은 이정을 통하여 백성들에게 법률을 가르쳤었다(태종 15년 5월 6일).

**여섯째로, 법을 써야 할 때와 말아야 할 때를 일깨워주었다.**

[사례 1] 재위 3년째 해 3월경, 나라의 각종 행사에 사용하는 장막의 공급을 관장하던 충호위의 제거로 있었던 임군례(정4품)가 겁 없이 상왕을 비방하였다가 저자에서 사지가 찢기는 거열형에 처해졌다.

군례는 한족(漢族)으로 귀화하여 통역관으로 개국에 기여해 공신에 책봉된 임언충의 아들이었다. 그런 그가 부정을 저지르다 적발되어 품계가 강등된 것에 불만을 품고 태종에게 불손한 글을 올렸다가 졸지에 처형된 것이고, 글을 몰랐던 군례를 대신해 글을 써준 정안지도 수사과정에서 거짓말을 하였다가 목이 베이었다.[6]

그런데 군례가 처형되고 20일쯤 지나서 사헌부 집의 심도원이 대왕에게 군례의 아들 맹손의 불고(不告) 혐의를 수사하겠다며 허락해주기를 청했다. 군례가 상왕을 험담할 때 맹손이 군례의 옷을 잡아당기며 말린 사실이 확인되었다며, 맹손이 아비의 죄를 알고도 관에 알리지 않은 죄를 캐겠다고 나선 것인데, 대왕이 허락하지 않았다.

대신, 군신 간의 의리도 중요하지만, 군신의 의리로 부자의 도리를 덮게 할 수는 없다며, 충보다 효가 먼저임을 상기시켰다. 맹손이 제 아비의 옷을 잡아당기며 난언을 막으려고 한 것은 자식으로서 당연한 도리를 한 것이라 난언에 가담했다고 볼 수 없다고 일러주더니, 도원이 물러간 뒤에 신하들을 둘러보며, 도원의 어리석음을 개탄하였다.

......................

였다가 각종 폐단이 야기되어 2년 뒤에 일제히 혁파하였다.
6 세종 3년 2월 1일, 14일, 18일, 22일자 실록기사 참조.

도원은 법을 담당하는 관리로서, 맹손이 아비의 말을 들은 것이 죄가 된다는 사실만 알고, 맹손이 제 아비를 사랑하는 효심은 헤아리지 못했으니, 어찌 법을 안다고 할 수 있겠느냐(세종 3년 3월 15일).

[사례 2] 날씨가 차가운 겨울에 대왕이 노량진을 건너 금천까지 자서 매사냥을 구경하고 돌아오다가 강가에서 발이 묶였다. 갑자기 눈보라가 몰아치고 물결이 거세져 배를 띄울 수가 없어서 언덕 위에 있는 새로 만든 큰 배 옆에서 시간을 보내다 다음날 새벽 4시 무렵에 강을 건너서 대궐에 이르렀는데, 사헌부에서 예조판서 신상과 정랑 정갑손을 탄핵하였다.

대왕이 눈보라를 만나 추운 들판에서 공포에 떨며 밤을 보내는데도 백관들을 모아 대왕의 안부를 확인하러 갈 생각을 하지 않은 죄를 따지라고 한 것인데, 대왕이 사헌부의 장무를 부르더니, 본인이 경솔하게 강을 건너가서 생긴 일이라며 말문을 막았다(세종 9년 1월 20일, 21일).

**여자죄수 문초**
작가: 김윤보, 사법제도연혁도보,
서울대학교중앙도서관 소장

[사례 3] 공히 미혼녀인 동자와 금음동이라는 두 처녀가 사내들과 애정행각을 벌인 사건이 불거지자, 판중추부사 변계량이 법대로 처리하기를 청했다. 이조판서 허조가 있다가, 여자들이 정조를 지키지 않는 것도 문제지만 사내들이 억세고 사나운 것도 문제라며, 사람의

마음을 바루고 풍속을 바로잡을 필요성을 제기하자, 대왕이, 두 처녀가 혼기를 놓쳐서 생긴 일이라며 여자의 혼인연령을 법으로 정하게 하였다(세종 9년 9월 4일).7

일주일쯤 뒤에 사헌부 장령을 불러서 동자와 금음동 사건의 수사상황을 물어보더니, 정을 통한 정황이 애매하면 굳이 끝까지 캐려하지 말고 상대방 사내가 자백한 부분에 대해서만 판결을 내리라고 지시하였다. 아울러서, 간통현장을 들킨 것도 아닌 처녀들을 여러 번 반복해서 신문한 잘못을 지적하며, 사법정의도 중요하지만 지나친 고문은 삼가야한다고 타일렀다.

끝까지 죄상을 밝혀서 뒷사람들이 본보기로 삼게 해야 한다는 생각도 옳지만, 무리하게 형벌을 써서 기어코 자백을 받으려고 한다면 얻는 것보다 잃는 것이 갑절이나 더 많을 것이다(세종 9년 9월 12일).

[사례 4] 평안도 수천에 살던 최유원이라는 자가 제 아내를 때려죽이고서는, 아내가 스스로 목매어 죽은 것처럼 가장하여 나무에 매달았다가 아들의 신고로 발각되었다. 형조에서 아들의 증언을 토대로 사형을 청하니, 대왕이 허락지 아니하고, 공정한 증거를 찾아서 다시 국문하게 하였다.

이유인즉슨, 아버지와 아들 사이에는 서로 숨겨주는 것이 도리라서, 아들의 증언으로 아비의 죄를 다스리는 것은 대의(大義)에 어긋난다는 것이었다(세종 12년 12월 29일).

.......................

7 뒤에 《문공가례(文公家禮)》의 규정에 따라 여자의 혼인연령을 14살~20살로 정하고, 20살을 넘기면 혼주(婚主)를 처벌하게 하였다. 단, 부득이하게 기한을 넘겨야 할 경우는 미리 관아에 그 까닭을 고하고 검증을 받게 하였다(세종 9년 9월 17일).

[사례 5] 실수로 해청(海青)을 놓친 응사(鷹師·매 조련사)를 용서하게 하였다. 대왕이 경기 북부 지역으로 강무를 나갔는데 매사냥에 쓰는 해청이 어디론가 날아가 버렸다. 멀리 도망을 친 것이다.

예조판서 신상이 대왕에게, 응사가 제대로 길을 들이지 못한 까닭이라며 응사를 처벌하기를 청하니, 대왕이 대답하기를, "농사철이 닥치기 전에 내가 매사냥을 보려고 그에게 훈련을 독촉해서 생긴 일이니 응사는 죄가 없다." 하고, 도망친 해청을 잡아오는 자에게는 해청을 새로 포획한 예에 의하여 상을 주겠다고 알리게 하였다(세종 13년 2월 13일).

[사례 6] 천문을 담당하던 서운관에서 설날에 일식(日食)이 있을 것이라고 하여, 대왕이 세자와 여러 신하들을 거느리고 망궐 하례를 거행한 뒤에 근정전 밖 섬돌에서 구식(救食)하였다.

그런데 일식이 일어나지 아니하자, 대왕이 서운관의 관원에게 종일토록 하늘을 관측하게 시키고, 북경을 다녀온 통사 이연에게 중국에서도 설날의 일식을 예견하였는지를 물으니, 정오쯤으로 예상하더라고 대답하였다(세종 14년 1월 1일).

사흘 뒤에 사헌부에서 서운관의 관측이 정밀하지 못했다며 담당자를 처벌하기를 청하니, 대왕이 이르기를, "분수(分數)가 매우 적어서 짙은 구름에 가려 보지 못했을 수도 있으니, 각 도에 공문을 내려 물어보게 하라."고 지시하더니, "서운관 직원은 죄가 없다." 하였다.

중국에서도 정월 초하루에 일식이 있을 것으로 예견하였다면 서운관에서 관측을 잘못한 것이 아니니, 전국의 각 도로부터 회보가 모두 도착하고 중국에 들어간 사신이 돌아온 뒤에 다시 의논해보자(세종 14년 1월 4일).

[사례 7] 상의원[8] 관원인 김효생이 화재에 대비하여 상의원에 파놓은 저수지에서 밤에 미역을 감다가 빠져 죽으니, 임금이 보고를 접하고 별장과 어의(御醫) 두 명의 직무태만을 엄히 문책하게 하였다.

상의원 못을 반드시 깊이 파서 물을 채워놓아야지 화재를 막을 수 있는 것이 아니다. 하지만 기왕에 못을 깊이 팠으면 경고판을 설치하여 불상사가 생기는 것을 막았어야지, 어찌하여 사람을 빠져 죽게 하였느냐. 별좌 매우는 입직을 하면서도 효생이 목욕하는 것을 막지 못했고, 내의 배상문과 오상신은 물에 빠진 효생을 제 때에 구료하지 않아 죽게 하였으니, 매우는 사헌부에 넘겨서 문초하게 하고, 상문과 상신은 의금부에 가두도록 하라(세종 25년 6월 22일).

**일곱째로, 법을 몰랐거나 고의가 없었으면 용서하게 하였다.**

[사례 1] 어떤 백성이 겁도 없이 어가(御駕) 앞에 뛰어들었다. 우대언 정언이 율에 의하여 사형에 처하기를 청하니, 대왕이 이르기를, "어가 앞에 뛰어들면 안 되는 법이 있는 줄을 알고도 감히 뛰어 들었다면 마땅히 법대로 다스려야 하겠지만, 무지한 사람이 어리둥절하여 갈 바를 모르고 뛰어든 것까지 법대로 죄를 주는 것은 옳지 않다." 하고, 다시 율문을 검토하여 아뢰게 하였다(세종 11년 3월 26일).

[사례 2] 경상도 전주에서 화살로 숯 더미를 쏘다가 잘못하여 여섯 살 된 아이를 죽인 사람이 체포되었다. 형조판서 정흠지가, 살인죄 대신, '미처 생각지 못하고, 미처 보고 듣지 못하여 오살(誤殺)한 죄'를 적용하기를 청하니, 대왕이 있다가, 사냥할 적에 새와 짐승을 쏘다가 실수로 사람을

---

8 조선시대에, 임금의 의복과 대궐의 일용품, 보물 따위의 관리를 맡아보던 관아. 1895년(고종 32)에 상의사(尙衣司)로 고쳤다.

맞혀도 살인죄를 적용하지 않는 예를 따르게 하였다(세종 13년 5월 11일).

[사례 3] 강원도 평강에서 강무를 하는데, 대왕의 막사 안으로 화살이 날아들자, 지신사 안숭선 등이 화살을 쏜 자를 찾아서 엄히 다스리기를 청했다. 대왕이 듣고 나더니, 다투어 쏘는 사이에 잘못 쏴서 생긴 결과일 것이라며 승낙하지 않았다.

숭선이 다시 나서서, 나중에 같은 일이 또 생길 경우를 생각해야 한다며 거듭 엄벌을 청하니 조사를 허락하였다. 숭선이 화살을 잘못 쏜 환관을 밝혀내, 대왕이 사건을 내시부로 넘기라고 말하니 숭선이 담당기관의 논결을 기다린 뒤에 형을 정하기를 청했다. 대왕이 마지못해 승낙하였다(세종 14년 2월 23일).

[사례 4] 이틀 뒤에 짐승을 모는 병사가 산을 감시하는데 화살을 맞은 큰 멧돼지가 포위망을 뚫고 나와서 궁궐소유의 말을 들이받아 죽게 하였다. 사복시 제조 최윤덕·정연 등이 현장을 확인하고 나서, 관원들이 주의를 다하지 않고 태만하여 멧돼지가 말을 죽게 하였다며 책임자들을 처벌할 것을 청하니, 대왕이 승낙하지 않았다. 뜻밖에 생긴 일을 가지고 죄를 주기가 어려울 뿐더러, 큰 멧돼지가 꼭 그 말에게로 달려와서 부딪힐 줄을 어찌 알 수 있었겠느냐는 것이었다(세종 14년 2월 25일).

**여덟째로, 앓던 왕자를 살리지 못한 어의들을 문책하지 않았다.**

다섯째 왕자인 광평대군 이여가 창진(瘡疹·천연두)을 앓다가 스무 살 꽃다운 나이에 숨을 거뒀다. 승정원과 사헌부에서 주치의에게 치료를 잘못한 죄를 묻기를 청하니, 대왕이 듣고 나서 의원의 죄가 아니라 죽은 자의 운명이라며 따르지 않았다. 그뿐만 아니라, 예로부터 대왕이 사랑했던 첩이나 아들이 죽으면 주치의를 처벌한 경우가 많았는데, 모두 잘못한 것이라고 일러주었다(세종 26년 12월 7일, 11일).

## ■ 대왕이 형벌권발동을 억제하려고 힘썼던 이유

그렇다면 대왕은 왜 그렇게 형벌권발동을 애써 억제하려고 하였을까? 이 의문에 대한 모범답안은 대왕이 당대 최고 수준의 유학자였다는 사실에 들어있다고 봐야 할 것이다. 어릴 적부터 유교의 시조인 공자의 가르침을 배웠으니, 군주로서 형벌을 쓰는 법도 공자의 말을 따랐을 것이기 때문이다.

공자가 고대 중국의 요순 때부터 주나라 때까지의 국정문서를 모아서 편찬한 것으로 전해지는 《서경(書經)》에 따르면, 중국인들이 이상적 태평성대로 손꼽는 요순시대의 형정은 근본적으로 무형(無刑)을 지향하였다. 백이(伯夷)[9]가 하민에게 예를 가르쳐 형벌을 미연에 막고, 고요(皐陶)[10]가 형벌의 중(中)을 밝혀 백성의 상성(常性)을 도왔던 것은 모두 형벌의 궁극 목표를 무형(無刑)에 두었음을 뒷받침한다.

또, 요순시대의 형정이 무형을 기약하여 백성을 중도(中道)에 합하도록 만든 것은, 살려주기를 좋아하는 인애(仁愛)하고 충후(忠厚)한 군주의 덕

......................

9 상(商)나라 말엽 고죽국(孤竹國) 군주의 장남이다. 이름은 묵윤(墨允), 자는 공신(公信), 시호는 백이(伯夷)이다. 백이의 부친은 삼남인 숙제에게 왕위를 물려주려 했으나, 부친이 죽은 후 숙제가 관례에 따라 장남인 백이에게 왕위를 받으라고 하자, 백이가 부친의 뜻이라며 사양하고 나라 밖으로 피신했다. 이에 숙제도 형제간의 의리를 지키기 위해 형을 따라 도망쳐버려, 나라 사람들이 어쩔 수 없이 둘째 아들을 왕으로 세웠다. 김민호(2020), 『충절의 상징 백이와 숙제』, 성균관대학교출판부.

10 순(舜) 임금을 보좌하였던 아홉 명의 신하 가운데 한 명으로, 법을 세워서 형벌을 정하고 죄수를 가두는 옥(獄)을 지었다고 한다.

(德)이 민심에 흡족하여, 백성들이 스스로 선(善)을 흥기하여 죄를 범하지 않았기 때문이다. 어짊(仁)에 바탕한 이러한 호생지덕(好生之德)은 바로 〈순전(舜典)〉의 형벌적용에서 보이는 '관대함(寬)'과 상통한다.[11]

공자의 사상과 가르침을 망라한 《논어(論語)》의 〈위정(爲政)〉편에 형벌에 대한 공자의 가르침이 들어있고, 유학에 밝았던 대왕은 그것을 그대로 믿고서 똑같이 실천하려 하였다고 생각된다.

> 백성을 법으로 인도하고 형벌로 가지런히 하면 백성이 법망을 면하려고만 하고 부끄러움을 모르게 된다. 백성을 덕(德)으로 인도하고 예(禮)로써 가지런히 하면 부끄러움을 알게 되고 감화를 받을 것이다.[12]

역시 공자의 사상과 가르침이 담긴 《예기(禮記)》의 〈치의(緇衣)〉 편에도, '민중이란 덕으로 가르치고 예로 가지런히 하면 바른 마음을 가지게 되고, 정책으로 가르치고 형벌로 가지런히 하면 피하려는 마음을 갖게 된다.'라는 구절이 나온다.[13]

유가(儒家)의 이와 같은 가르침은 신상필벌을 최고의 통치법으로 믿는 법가(法家)의 입장과 극명하게 대비된다. 흔히 한비자로 상징되는 법가의 사상가들은 형벌을 엄정하게 집행하는 것을 국가경영의 기본으로 여기고, 나라의 안정과 발전을 위해서는 범법행위에 대한 고통(형벌)의 수위를 최

---

11 유영옥(2016), "《상서(尙書)》형정(刑政)의 이념과 현실 적용", 『한국한문학연구』 제62권, 한국한문학회, 47-52쪽.

12 도지이정 제지이형 민면이무치(道之以政 齊之以刑 民免而無恥), 도지이덕 제지이예 유치차격(道之以德 齊之以禮 有恥且格).

13 부민교지이덕 제지이예 즉민유격심(夫民教之以德 齊之以禮 則民有格心), 교지이정 제지이형 즉민유둔심(教之以政 齊之以刑 則民有遯心).

대한 높여야한다고 하였다.

세종실록에는 대왕이 법가보다 유가(儒家) 쪽의 생각을 따랐음을 뒷받침하는 단서들이 무수히 많다.

먼저 재위 9년째 해에 대왕이 봉상 소윤 이심을 윤대하면서 주고받은 이야기가 시야에 잡힌다. 이심이 먼저, 화목한 인심과 풍속은 단기간에 바뀌는 것이 아니고 법령으로 바꿀 수 있는 것도 아니라고 말문을 열고나서, "여러 법령이 상세하게 갖춰져 있고 기강이 매우 엄격한데도, 인심과 풍속이 순후하지 못하오니, 풍속을 후하게 하는 데 힘쓰소서."라고 아뢰니, 대왕이 "그렇다."고 화답하였다(세종 9년 7월 26일).

두 번째로는, 15년째 해 10월에 대왕이 대신들과 절도범처벌에 관해 토론을 벌인 기사가 눈에 들어온다. 도성과 지방에서 도둑들이 극성을 부려서, 예조판서 신상이 사면 이전의 범행까지 합하여 절도3범이면 극형에 처하기를 청하니, 대왕이 듣고 나서, "도둑을 마구 죽인다고 도둑이 없어지는 것이 아니다." 라고 대답하였다(세종 15년 10월 23일).

비슷한 무렵, 재상의 딸이며 조정 관원의 아내인 어리가라는 여인이 평상복 차림으로 거리와 마을을 돌아다니다 사내들의 꼬임에 넘어간 사건이 불거졌다. 사헌부와 사간원의 관원들이 합세해, 여자는 사형에 처하고 사내는 지방에 유배하라고 상소를 올리니, 대왕이 이르기를, "남녀 사이의 정욕은 법으로 규제할 수 있는 것이 아니다." 하고 물리쳤다.14

범법자에 대한 처벌보다 근본원인을 제거하려고 힘쓴 자취도 곳곳에서 발견된다. 우마도둑이 극성을 부리자 예조로 하여금 가죽신 착용을 제한하

---

14 세종 15년 12월 4일, 5일, 8일, 9일자 실록기사 참조.

는 법령을 상세히 정하여 도둑질의 근원을 막게 하였다(세종 8년 1월 26일).

말을 탈 때에 말의 등에 얹은 안장을 덮는 우비를 소가죽이나 말가죽으로 제작하는 유행이 번져서 우마도살이 늘어나자 유행을 막을 대책을 세우게 하였다(세종 9년 10월 16일).

중추원사 민의생이, 왜인 상인들이 약재인 소목(蘇木)을 들여와서 판매하는 것을 갑자기 금하기가 쉽지 않다며, 나라에서 소목으로 염색하는 것을 금지시킬 것을 청했다. 그리하면 소목을 가져와 판매하는 왜상들이 저절로 없어질 것이라고 한 것인데, 대왕이 듣고 나서, 소목을 사용한 염색을 금하지 않고도 상황을 바꿀 수 있는 방안을 일러주었다.

경의 말이 옳기는 하나 즉흥적 판단으로 갑자기 소목사용을 막기가 곤란하니, 예조로 하여금 다른 염색방법을 찾아보게 하라. 여러 가지 방법으로 염색을 하게 하면 소목으로 염색하는 것을 금하지 않아도 저절로 소목거래가 사라질 것이다(세종 20년 1월 10일).


### 셋째. 공포정치 원천차단

세종 4년 5월에 태종이 죽어서 '견습' 꼬리표를 떼고 명실상부한 군주가 된 대왕은 공포정치의 발원지 역할을 하던 '괘씸죄'가 발붙일 틈새를 없앴다. 임금에 대한 불평이나 비방(난언)을 모두 '불충'으로 몰아서 역적으로 만드는 고약한 적폐를 없애기 위함이었다.

그 첫 시작으로 의정부와 육조에 명하여 불충(국왕모독)과 관련된 옛날 법들을 조사하여 아뢰게 하였다.

신하나 백성이 임금의 체면이나 위신을 실추시키면 담당자들이 사안의 경중을 가리지 않고 모두 불충으로 논죄하는 풍토가 사라져야할 것이다. 정부와 육조에서 방안을 찾아보도록 하고, 겸하여 역대의 형률을 검색해서 아뢰도록 하라. 일찍이 태종께서 그와 같이 명하셨느니라(세종 4년 윤12월 8일).

해가 바뀌자마자 형조에서 역대의 형률을 검토하여 난언 혐의에 대한 처벌기준을 마련해서 올렸다. 이를 적어서 남긴 실록기사에, 전년 윤12월 8일에 대왕이 내린 명령이 다음과 같이 복기되어 있다.

> 1422년(세종 4) 윤12월에 지시하시기를, '법을 어기고 난언을 퍼뜨린 사람이 있으면, 담당기관이 그 경중을 가리지 않고 모두 형률의 반역죄를 적용하니 실로 미안한 일이다. 형조는 역대의 형률을 찾아보고 의정부를 비롯한 여러 관청의 의견을 수렴하여 아뢰도록 하라.'고 하셨습니다(세종 5년 1월 4일).

형조에서 《당률(唐律)》, 《당률소의》, 《원사(元史)》〈형법지(刑法志)〉 등의 법전에서 관련조문들을 발췌해 여러 정부기관에 배포하고 의견을 수렴하니, 다음과 같이 법안이 정리되었다.

> 첫째, 난언으로 임금을 모독한 정도가 심하면 참형에 처하고 가산을 적몰한다. 둘째, 모독한 정도가 심하지 않으면 장 1백대를 가한 뒤에 3천리 밖에 유배한다. 셋째, 교서를 받든 관원에게 항거하고 신하의 예를 지키지 않은 자는 교형에 처한다(세종 5년 1월 4일).

그대로 윤허가 떨어지니 국가의 형벌권이 정치적으로 악용될 소지가 사라졌다. 불평이나 비방(난언)의 수준을 '심하다'와 '심하지 않다'로 명백히 구분하기는 어려워 보여도, 대왕이 입법을 추진한 취지를 떠올리면 획기적인 변화로 칭송할 만하다.

대왕이 난언죄 처벌기준을 정한 일은, 부왕시절처럼 난언죄가 권력을 지키고 강화하기 위한 도구로 쓰이면 절대로 안 된다는 신념에서 비롯되었을 개연성이 높다.

태종의 신하들은 군주의 통치를 불평하거나 비방한 자들에게 조위난언(造爲亂言), 망조난언(妄造亂言), 감조난언(敢造亂言), 거발난언(遽發亂言) 등의 혐의를 덮어씌워 불경(충)한 신하로 낙인찍었다. 그리고서 임금에게 일벌백계를 청하는 상소를 집요하게 올리면, 임금이 어쩔 수 없다는 듯이 처형을 재가하는 것이 공식처럼 되어 있었다. 정권이 바뀐 뒤에도 마찬가지였다.

대왕이 즉위한 직후에 고위관료 네 명(강상인, 박습, 이관, 심정)과 대왕의 장인(심온)이 처형되고 나서, 친구인 박습의 죽음을 애석해 한 전 수군절제사 김양준을 반역죄로 몰아서 가산을 빼앗고 장 1백대를 가한 뒤에 전라도 보성의 관노로 보냈다. 그럼에도 불구하고 사헌부와 사간원을 비롯한 조정의 중신들은 벌이 가볍다며 3년 가까이 중형을 청했다.[15]

그사이 전라도 부안현에 거주하던 대왕의 외할머니(태종의 장모) 송씨의 집종 덕금이 전년 9월에 유학생도인 최상온의 난언 혐의를 고발한 사건이, 의금부 조사를 통해 5개월 만에 덕금이 상온을 무고한 것으로 밝혀졌다. 덕금이 어떤 거짓말을 꾸며냈는지는 알 수가 없으나, 당시 전라도 감사가 3개월이나 시간을 끌다가 진상을 밝히지 못한 상태에서 12월에 중앙으로 발령이 나자 후임자에게 사건을 인계하고 임지를 떠났다.

그런데 후임자 역시 2개월 가까이 시간을 지체한 사실이 드러나, 지방에서 '사람을 호리는 속임수나 어지러운 말(광설난언·誑說亂言)'을 퍼뜨린

---

15 세종 1년 12월 4일, 9일, 12일, 24일, 26일, 2년 1월 4일, 20일, 21일, 22일, 23일, 25일, 28일, 윤1월 3일, 5일, 6일, 4년 4월 11일자 실록기사 참조.

자를 고발하는 자가 있으면, 감사가 고발인과 피고발인을 함께 단단히 가두고 즉시 보고를 올려서, 의금부로 하여금 진위를 밝히게 하는 것으로 제도를 고쳤다.[16]

한편, 대왕이 의정부와 육조에 난언죄의 신중한 적용을 지시하면서, "태종께서 일찍이 그렇게 명을 내리셨다."고 덧붙인 대목은, 보위에 있으면서 잔혹한 옥사를 연달아 일으킨 태종의 면모와 극명한 대조를 이룬다. 왕위에 있었을 동안 고위관료 여러 명을 불충으로 몰아서 목숨을 빼앗은 장본인이 후계자에게는 '죄형법정주의'를 가르쳤다는 뜻이기 때문이다.

이유야 여하튼지 간에, 대왕이 난언죄의 처벌기준을 정하게 한 의도(목적)는 국가의 사법권이 본래의 용도를 벗어나 백성의 삶을 파괴하는 흉기로 쓰이는 것을 막기 위함이었을 것이다.

덕분에 이후로 난언을 한 혐의로 불충죄를 적용해 목숨을 빼앗는 적폐가 확실하게 개선되었다. 여전히 이따금씩 난언죄로 목숨을 잃는 사람이 나오긴 하였어도, 태종 때처럼 고위관료가 난언죄로 '불충'의 덫에 걸려 목숨을 잃는 일은 생기지 않았다. 사례들 들어보겠다.

[사례 1] 강원도 안창현의 초막에 사는 이각과 역참에 근무하던 승려 홍민이 사재감(司宰監)[17]의 노비였던 승려 신철과 서로 대화를 나누면서, '이 임금이 즉위하고 해마다 흉년이 들어 살기가 매우 어려우니, 만약 내가 임금이 된다면 반드시 해마다 풍년이 들 것이다.'라고 하였다가 '대언죄(大言罪)'로 고발되었다. 의금부에서 세 사람의 발언을 확인하고 대왕에게 그대로 아뢰니, 승려인 홍민과 신철을 각각 본래의 신역(身役)으로 복

---

16 세종 2년 윤1월 5일, 9일, 11일, 13일, 14일자 실록기사 참조.
17 강이나 바다에서 물고기를 잡는 어량(魚梁)과, 산·숲·내·못 등을 관리하는 산택(山澤) 업무를 맡아보았다.

귀시키게 하였다(세종 5년 3월 5일).

[사례 2] 청주의 호장 박광은 '양녕대군이 즉위하면 백성들이 자애로운 덕을 받게 될 것이라.'고 헛소리를 하고, 청주의 또 다른 호장 곽절은, '양녕대군이 즉위하면 덕을 입을 것인데, 즉위하지 못하여 덕을 받지 못한다.'고 지껄였다가, 함께 난언죄로 고발되었다(세종 6년 3월 2일).

의금부에서 조사를 마치고 아뢰기를, 전년 1월 4일에 정한 기준 가운데, '그 정도가 그다지 심각하지 않은 경우'로 보아, 장 1백 대와 노역 3년에 처하되, 아전은 이미 부여된 역할이 있으니 노역 부분은 돈으로 내게 하기를 청하니, 그대로 윤허가 떨어졌다. 태종이 살아있었으면 박광도 곽절도 목숨을 부지하기 어려웠을 것이다.

[사례 3] 황해도 강음현에서 조원이라는 백성이 난언 혐의로 의금부 옥에 갇혔다. 조원이 토지소송을 제기하였는데 관청에서 차일피일 미루고 결정을 지어주지 아니하자 조원이 약이 올라서, "임금이 착하지 못해서 이 같은 자가 수령이 된 것이다."라고 내뱉었다가 고발을 당한 것이었다(세종 6년 4월 4일).

의금부 제조들과 삼성(三省)[18]이 조원에게 이유를 물으니, "수령이 손님과 술을 마시면서 내 송사의 판결을 미뤄서 참다가 못해서 그런 말을 하였다."고 대답하였다. 대왕에게 그대로 아뢰니, 대왕이 맹자의 말을 인용하여, '무지한 백성이 임금더러 착하지 못하다고 하는 것은 어린아이가 우물에 들어가려는 것과 같다.' 하고, 속히 풀어주라고 하였다(세종 6년 4월 17일).

지신사 곽존중과 다섯 대언(승지)이 어전에 나아가 조원의 죄를 엄히

18 임금이 진상을 규명해야 할 사안의 성격에 따라서 사헌부·사간원·형조·의정부·의금부 가운데 세 기관을 지명하여 피의자를 추국하는 임무를 맡겼다.

다스리기를 청했다. 대왕이 따르지 아니하자, 의금부·사간원·사헌부가 차례로 조언을 엄벌에 처하기를 청했다. 역시 허락지 아니하자 육조와 의정부가 합세하여 조원을 법대로 처리하기를 청했다.

그럼에도 불구하고 대왕이 꿈쩍도 아니하자, 영의정이자 의금부 제조이던 유정현이, 조원을 법대로 처리하기를 청했다. 대왕이 도리어 의금부 관원들의 기강해이를 질타하니[19], 유정현 등이 민망하여 말을 잇지 못했다(세종 6년 4월 24일).

그다음 날 사간원, 사헌부, 의정부, 육조가 벌떼처럼 한꺼번에 들고일어나 조원에게 불충죄를 적용해 엄벌에 처할 것을 상소하였다(세종 6년 4월 25일).

사헌부가 올린 상소에는, 조원이 평소 딴 배짱을 품고 있어서 그런 부도한 말(부도지언·不道之言)이 이따금씩 나오는 것이라는 문구도 들어있었다. 하지만 대왕은 도리어 원인을 제공한 수령의 잘못을 지적하며 상소를 멈추라고 하였다.

조원에게 차마 임금을 비방한 죄를 씌울 수가 없다. 조원이 사는 고을의 관원이 홍수와 가뭄의 반복으로 형편이 궁핍해진 백성의 처지는 생각지 않고 손님과 술을 마시면서 조원의 토지소송을 오랫동안 미루고 결단하지 않아서 생긴 일이니, 다시는 조원의 죄를 청하지 말라(세종 6년 4월 25일).

그럼에도 불구하고 사간원 헌납 차유와 사헌부 지평 이건기가 합세하여 다시 또 조원을 법대로 다스리기를 청하자, 대왕이 권도를 써서 조원

---

19 실록에는 이때 조원이 의금부 옥을 탈출해 잠적한 것처럼(재도·在逃) 되어 있으나, 이후 반복된 상소에 조원의 탈옥에 관한 언급이 전혀 없는 것으로 미루어 기록의 오류로 추정된다.

이 일찍이 절도를 저지른 혐의를 들춰서 고향인 강음현에서 2년 동안 노역하게 하였다. 대왕은 끝까지 조원을 용서하려 하였으나, 대신들의 반대가 심해서 입막음 수준의 벌을 내린 것이다(세종 6년 5월 6일).

[사례 4] 호군(정4품 무관) 조길통이 형수와 노비 문제로 다툼을 벌이는 과정에서, 형수의 어미가 품계가 1품인 김남수와 재혼한 것을 가지고 입씨름을 벌이다가, "1품 관직이 뭐 그리 대단하다는 것이냐. 나는 장차 1품관이 아니라 임금이 될 것이다.'라고 하였다가 난언혐의로 고발되었다(세종 14년 5월 8일).

대왕이 고발자인 내금위 김효함과 조길통의 형수 등을 의금부에 가두고, 대제학 정초와 좌승지 김종서로 하여금 삼성(三省)과 더불어 추국하게 시키더니, 며칠 뒤에 돌연 태도를 바꿨다. '길통이 무슨 뜻이 있어서 난언을 한 것이 아니고 망령되게 불쑥 지껄인 말일 뿐이다.' 하고 길통의 혐의를 덮어주고는, 길통이 모친상 중에 형수와 침실에서 술을 마시고 서로 음탕한 대화를 나눈 죄를 들춰서 직첩을 빼앗고 장 70대의 죄 값을 돈으로 내게 하였다(세종 14년 5월 14일, 17일, 15년 5월 26일).

[사례 5] 황해도 이천에 살던 양민 전남기가 어느 날, "지금의 임금이 얼마나 오래 가겠느냐. 서해도(황해도) 사람이 임금이 될 수 있다."고 떠벌였다가 난언혐의로 고발되었다.

의금부에서 조사를 마치고 나서, 남기가 심각한 수준의 난언을 하였다며 참형에 처하고 재산을 적몰하기를 청하니, 대왕이 전례를 내세워 남기를 살려줄 의향을 내비쳤다.

남기는 관리들로부터 환상곡 상환을 독촉받자 생활이 곤란하여 나를 원망하는 말을 한 것이니, 내게 손해를 입히거나 해를 끼친 것이 아니지 않은가. 예전에도 남기처럼 난언한 사람이 있었지만 허성(許誠)[20]을 시켜서 실정만 밝히고 극형에 처하지 않았으니, 특별히 은전을 베풀어 남기를 살려주면 어떻겠는가(세종 15년 3월 13일).

예조판서 신상이 반대를 표했다. 고려말엽에 난언이 분분하게 일어나서 나라가 쇠퇴하였을 뿐만 아니라, 남기의 난언은 죄가 무거워 예사로 논할 수가 없다며 법대로 참형에 처하기를 청하니, 대왕이 마지못해 윤허하였다.

[사례 6] 노인의라는 자가 무슨 일로 유후사(개성)에 소송을 제기하였는데, 말하는 가운데 임금의 덕을 들추면서 매우 불손한 언동을 하였다. 유후사 경력 정주생이 술에 취한 상태에서 노한 언성으로, "임금의 덕이란 게 무슨 물건인 줄 아느냐."고 큰소리로 꾸짖었다.

그런데 보고를 받은 대왕은 인의의 죄는 묻지 않고 주생을 의금부에 내려 형조와 대간과 더불어 진상을 조사하게 하였다. 주생이 숨기지 아니하고 모두 솔직하게 자백하니 장 1백대에 노역 3년을 더하게 하였다(세종 22년 6월 5일).


넷째. 억울한 죽음 방지

대왕은 억울한 죽음이 생기는 것을 막기 위해 부단한 노력을 기울였다. 무고한 백성이 억울하게 사죄누명을 쓰고 처형되는 것을 막기 위한

---

20 경기감사·동지중추부사·중추원사·이조판서·예문관대제학 등을 역임하였다. 성격이 강직하고 불의에 엄정하여 대왕의 신임이 각별했다.

안전장치를 겹겹으로 갖춘 것이다.

**첫째. 사죄사건에 대한 수사의 투명성과 공정성을 높였다.**

이전에는 수령 한 명이 사죄사건의 수사를 담당했던 것을 각 도의 감사가 강직하고 명민한 수령을 차사원으로 임명하여 사건이 발생한 고을의 관원과 함께 수사를 진행하게 하였다(세종 4년 10월 16일). 첫 단추가 잘못 꿰어지면 뒤에 치명적인 실수나 오류가 드러나도 고치기가 힘들기 때문이었다.

강간용의자가 범행을 자백했다가 사형을 받게 되자, 강간을 했다고 하면 그 여자를 자기에게 주리라고 생각하여 허위자백을 한 것이라고 실토한 사건을 계기로 사죄사건의 수사절차를 한층 더 촘촘하게 갖췄다. 사건이 접수되면, 각 도의 감사가 두 고을의 수령에게 공동조사를 시킨 뒤에, 용의자를 이웃 고을로 옮겨서 가두고 다른 고을의 수령을 시켜서 다시 조사하게 한 것이다(세종 12년 12월 3일, 4일).

**둘째. 사죄삼복법(死罪三覆法)을 충실히 준수하게 하였다.**

대왕이 처음으로 이 법을 시행한 것은 아니다. 『고려사』에, 고려의 열한 번째 왕이었던 문종(재위 1046~1083)이 명하기를, "사형판결은 삼복(三覆)을 기다려 처리하여 잘못된 판결로 억울하게 처형되는 일이 없게 하라." 하였다는 기록이 보인다.[21]

조선건국 직후인 태조 원년에 사죄삼복법을 채택하여 태종과 정종 시대를 거쳐 대왕치세까지 시행이 이어졌다.[22] 그런데 사법현장의 관원들이

......................

21 정순옥(2007), "조선전기 의금부 죄수의 삼복과 의정부 상복 시행 논란", 『역사학연구』 제29집, 호남사학회, 113-144쪽.
22 태조 1년 윤12월 16일, 태종 1년 2월 10일, 13년 8월 30일, 14년 6월 9일, 15년

법을 제대로 지키지 않아서 사실상 사문화된 상태에 있던 것을, 대왕이 즉위하여 사죄사건은 반드시 세 번 심리를 거치도록 하였다.

사죄삼복법은 이름 그대로 법정형이 사형(死刑)으로 되어있는 범죄혐의는 예외 없이 세 번 심의하도록 규정한 법이며, 초복(初覆)·재복(再覆)·삼복(三覆)으로 나누어 시행되었다.

초복은 사건발생지의 사법행정책임자(8도 감사와 한성부 윤)가 용의자가 자백한 사건의 전모를 형조 상복사(詳覆司)를 통해 임금에게 아뢰고 승인과 지침을 받았던 절차를 말한다.

초복에 앞서 용의자에게 신장(訊杖)을 가하여 자백을 받아내는 것을 지만취초(遲晚取招)[23]라고 하였다.

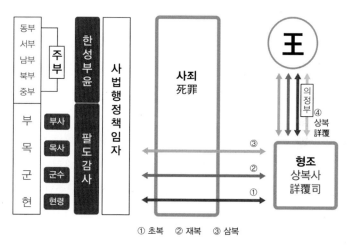

사죄삼복법(死罪三覆法)

8월 24일자 실록기사 참조.
23 취초(取招)는 용의자가 자신의 범행에 대해 진술하는 것을 받아서 적는 것을 말하고, 지만(遲晚)은 용의자가 범행을 자백하면서 '너무 오래 속여서 미안하다.'고 하였다는 의미로 붙여진 말이다.

재복은 사건발생지의 사법행정책임자가 초복결과를 토대로 용의자의 죄와 벌을 잠정(暫定)하여 형조 상복사를 통해 임금에게 아뢰고 재가와 지침을 받았던 절차를 말한다.

삼복은 사건발생지의 사법행정 책임자가 재복결과를 토대로 용의자의 죄와 벌을 확정하여 형조 상복사를 통해 임금에게 최종재가를 청했던 절차를 말한다. 재복과 삼복을 위한 심의를 복심(覆審)이라고 하고, 복심의 결과를 임금에게 아뢰는 것을 복계(覆啓)라고 하였다.

대왕이 사죄삼복법을 부활시킨 과정이 실록에 고스란히 적혀있다. 처음에 형조에서 재복과 삼복을 할 때에 초복기록을 살피지 않는 것을 알고 형조에 명하기를, 이후로는 재복과 삼복을 할 때에 초복결과를 꼼꼼히 살펴보고 의견을 정해서 아뢰게 하였다(세종 3년 12월 22일).

하루 뒤에 형조판서 이발이 앞서 형조에서 실수로 교형을 참형으로 잘못 판결한 사실을 깨닫고 사실대로 아뢰니, 대왕이 있다가, 형을 결단할 적에 두세 차례 반복하여 아뢰게 하는 것은 고금의 좋은 전법(典法)이라며, 신중하게 검토하여 다시 판결하게 하였다(세종 3년 12월 23일).

여러 가지 소송사건이 빈번해져 형조의 복심(覆審)부실로 사죄사건의 판결이 잘못되는 사례들이 생기자, 형조에 정랑 1명과 좌랑 1명을 더 두어서 오직 사죄사건에 대한 복심만 전담하게 하였다(세종 12년 12월 1일). 잇따라서 상복사의 서열을 고율사 위로 정하게 하였다(세종 12년 12월 29일).

**셋째. 상복(詳覆)절차를 반드시 거치도록 하였다.**

《속육전》〈형전〉에, 형조는 모든 사죄사건을 의정부와 의논을 거쳐 임금에게 아뢰어야 하고, 형률에 들어맞는 조문이 없으면 비슷한 조문을 적용해 형을 더하거나 감하여 의정부와 의논을 거치도록 되어 있었는데, 형률에 딱히 적용할 조문이 없으면 형조가 의정부에 물어보지 않고 직접 임금에게 아뢰었다.

상복사 관원들이, 최종결정권은 임금에게 있으니 의정부의 의견을 들어봐야 번거롭고 시간만 걸린다는 생각으로 법에 규정된 절차를 무시했던 것이어서, 대왕이 형조에 명하여, 형률에 딱히 적용할 만한 조문이 없는 사죄사건도 반드시 의정부의 의견을 물어보고 아뢰게 하였다(세종 18년 11월 28일, 21년 5월 3일). 형조는 단지 상복에 필요한 행정업무를 담당하였을 뿐이다.[24]

**넷째. 의금부 소관의 사죄사건도 삼복과 상복을 거치게 하였다.**

당시 의금부는 왕명을 받들어 왕족범죄·국사범·반역죄·강상죄 등을 담당하던 특별사법기관이었다. 그런데 사죄사건을 처리할 때 삼복을 거치지 아니하여 잘못된 처리를 돌이킬 기회가 없었던 것을, 형조와 마찬가지로 사죄사건은 모두 삼복을 거치게 하였다.

그 계기는 사간원에서 제공하였다. 처음에 수청이라는 시녀가 임금의 귀중품이 보관된 대궐창고의 물품을 훔친 혐의로 의금부에 내려졌는데, 의금부에서 조사를 마치고 나서, 형률에 따라 수청을 참형에 처하고 가산을 몰수하기를 청하니, 대왕이 그대로 윤허하였다. 그러자 지사간원사 고약해가 제동을 걸었다.

형조에서는 사죄사건이면 반드시 삼복을 하는데 의금부는 그렇게 하지 않는 이유를 따지고, 나쁜 본보기로 후세에 전해질 가능성을 제기하자, 대왕이 그 말을 옳게 여기고 즉시 의금부에 명하여 사죄사건은 세 번씩

24 오갑균(1995), 『조선시대의 사법제도 연구』, 삼영사, 119-120.

잘 살펴보고 아뢰게 하였다.(세종 8년 6월 24일).25

10년쯤 뒤에 별시위 이석철이 자신의 아내가 친정조카와 간통하였다고 무고한 사건을 의금부에서 처리한 기록에도 상복과 삼복을 행한 흔적이 뚜렷하게 적혀있다(세종 18년 6월 1일).

의금부관할의 사죄사건도 삼복원칙을 따르게 한 조치는, 즉결재판을 불허함으로써 통치자가 사사로이 형벌권(사법권)을 오남용할 여지를 차단한 것이라는 점에서, 형조관할 사죄사건에 삼복원칙을 적용하게 한 것과 다른 차원의 발전적 진화였다고 할 것이다.

이와 같은 평가가 가능한 것은 태종(이방원)처럼 의금부의 즉결재판을 통해 정적들을 제거하는 일이 더 이상 일어날 수 없게 되었기 때문인데, 세종 이후의 왕들이 그대로 놓아두지 않았다.26

한편, 사죄삼복법은 사형판결이 잘못되는 것을 막는 데 크게 기여한 반면, 사법적폐를 부추기는 두 가지 역기능을 동반하였다. 첫째는, 삼복을 마치고 형이 확정되기까지 시간이 너무 오래 소요되어, 법에 따라 마땅히 사형에 처해져야 할 용의자들이 삼복이 진행되는 동안 사면으로 석방되는 사례가 많았다.

둘째는, 삼복을 마치고 형이 확정되기까지의 기간이 너무 길어서, 옥에 갇혀서 삼복이 끝나기를 기다리던 용의자가 병에 걸리거나, 옥졸 혹은 다른 죄수들에게 폭행 또는 학대를 당하거나, 혹은 무더위나 추위 등으로 목숨을 잃는 경우가 흔하게 생겼다.

21년째 해 윤2월. 옥에 갇혀서 삼복이 끝나기를 기다리는 사죄용의자

....................

25 오갑균은 위 저서에서, 《추관지》 제2편 상복조(詳覆條)에, '세종 원년(1919)에 대왕이 의금부로 하여금 삼복법(三覆法)을 제정하게 하였다.'고 하였으나, 태조~태종 연간에도 삼복법이 시행되었다.

26 정순옥(2007), 앞의 논문, 122-129쪽.

가 47명이었는데, 가둔지 3년 된 자가 12명, 2년 된 자가 14명, 1년 된 자가 21명이었다(세종 21년 윤2월 30일). 도성과 지방에서 발생한 사죄사건들을 서로 공문을 주고받으며 여러 차례 상세히 복심하느라 해를 넘겨서 옥에 갇힌 채로 죽는 자가 적지 않았다(세종 24년 11월 23일).

### 다섯째. 사죄사건의 사실관계와 법률관계를 꼼꼼히 따졌다.

[사례 1] 돈을 녹여서 그릇을 만든 일당이 검거되었는데, 사실관계가 뚜렷한데도 범인들의 죄와 벌을 정하는 데 두 달 반이 소요되었다. 범행의 주모자(최석이)와 범행사실을 알았던 그의 아비(최인세)의 죄와 벌을 정하기가 애매했기 때문이다.

원인은 '가족이 함께 죄를 범했으면 호주(戶主) 한 사람에게만 죄를 지운다.'는 법조문의 적용을 둘러싸고 대신들의 의견이 갈렸기 때문이었다.

첫째는, 석이의 아비 인세는 범행에 가담하지 않았으니 죄를 지우면 안 된다는 의견이 있었다. 둘째는, 비록 범행에 가담하지 않았어도 아들의 범행을 알고 있었으니 법대로 인세에게 죄를 지우고 석이는 그냥 두자는 의견이 있었다. 셋째는, 범행을 주도한 석이를 극형에 처하고 그의 아비 인세는 장 1백대를 쳐서 3천리 밖으로 내쫓자는 의견이 있었다.

대왕이 신하들과 더불어 네 차례나 난상토론을 해봐도 결말이 나지 않자, 다수의 의견에 따라서, 범행을 주도한 석이를 사형에 처하고 그의 아비 인세는 죄를 묻지 않는 것으로 가닥을 잡았다.

이 사건이 불거질 즈음에 석이 일당처럼 돈이나 쇠를 녹여서 그릇을 만드는 범죄가 성행하자, 범법자를 고발하는 자에 대한 포상약속과, 범법자를 알면서도 고발하지 않는 자에 대한 처벌기준을 마련하였다.[27]

.....................

27 세종 14년 7월 13일, 18일, 9월 4일, 25일, 11월 10일자 실록기사 참조.

[사례 2] 함길도 길주 백성인 김가물이라는 사내가, 자신의 아내가 남편인 자신을 압박해 이혼에 동의하게 하고서는 이실이라는 자의 아들과 살림을 차리자, 원수를 갚을 마음으로 이실의 집에 불을 지른 뒤에 이실의 소를 쏘아 죽이고 도망하였다.

마침 이실의 집이 관가에서 멀지 않아 아전들이 달려가 불을 껐는데, 화살에 맞아서 숨이 끊어진 소를 발견하고, 사방으로 흩어져서 범인을 찾았다. 어떤 사내가 홀로 길을 가서 아전들이 잡으려고 하자, 사내가 차고 있던 소지품가방을 슬그머니 풀어서 길가에 버렸다. 아전들이 집어다 열어보니 안에 부싯돌이 들어 있어서 관아에 가두고 소를 쏴 죽인 이유를 물으니 입을 열지 않았다.

아전이 다시 활과 화살을 둔 곳을 물으니, '신당(神堂) 옆 숲에다 버렸다.'고 하였다. 현장을 가보니 과연 활과 화살이 있어서 어디서 난 것인지 물었다. 사내가 빌린 것이라며 그 주인을 말하여 그 사람을 불러서 보여줬더니, 자기 것이 맞다고 하였다. 형조에서 증거를 갖춰서 참형을 청하니, 대왕이 진범이 따로 있을 가능성을 제기하였다.

김가물이 이실의 집에 불을 지른 것이 명백해 보여 의심할 바 없으나, 이따금씩 사실관계를 잘못 파악하여 실정을 잃어버리는 일이 생긴다. 가물이 소지품가방을 풀숲에 던진 것은 그 안에 부시가 있어서 그랬던 것일 수 있고, 활과 화살을 신당 옆 풀숲에 감춘 것도 소를 죽인 범인으로 몰릴까봐 그랬을지도 모를 일이다. 내가 이런 말을 하는 것은, 가물이 불을 놓은 사실이 없는데도, 가만있으면 꼼짝없이 방화범으로 몰릴까봐서 그같이 행동하였을 가능성을 배제할 수 없기 때문이다(세종 14년 10월 29일).

이조판서 허조가 입을 열더니, "사실관계와 증거가 확실한데 무얼 의

심하시느냐."고 따지듯이 말했다. 그러자 대왕이, 자신의 의심이 너무 과했다는 생각이 들었던지, 사흘 뒤에 형조에서 다시 가물을 방화죄로 참형에 처할 것을 청하니, 그대로 재가하였다(세종 14년 11월 3일).

그런데 임금을 압박한 것이 민망하였던지, 매사 까탈을 부리기 일등이던 허조가 평소답지 않게 대왕의 비위를 맞췄다. 겸연쩍은 표정으로, "우리나라는 죽을죄를 지으면 여럿이서 신문을 진행하고, 여러 기관이 순차로 신문을 할 뿐만 아니라, 끝에 가서는 대왕의 재가를 얻어야 처형이 가능하니, 법이 참으로 훌륭하옵니다."라고 말하니, 대왕이 "그렇다."고 화답하였다(세종 14년 11월 3일).

### 여섯째. 변사자의 사망원인을 철저히 규명하게 하였다.

형관들의 무지나 판단착오 등으로 인한 오판을 막기 위해 검시지침서인 《무원록(無冤錄)》의 보급과 활용을 견인하였다. 가장 먼저 형조의 건의를 수용하여, 《무원록》에 의거해 인명에 관계되는 중대사에 관한 공사(公私) 문안에 반드시 연월일을 적게 하였다(세종 1년 2월 23일).

변사체검시를 아전들이 담당하던 관행을 없애고 중앙과 지방의 책임관원이 직접 관장하게 하였다(세종 14년 2월 16일). 《무원록》에 수록된 〈검시요령〉을 율과 시험과목에 반영하고, 통과하면 가산점을 주도록 하였다(세종 17년 6월 8일). 한성부에 명하여 검시보고서 서식인 〈검시규정집〉을 간행하게 하고, 각도 감사와 제주안무사에게도 같은 규정집을 인쇄하여 각 고을에 배포하게 하였다(세종 21년 2월 6일).

변사자신고가 접수되면 수령이 직접 살인용의자와 피살자가족의 입회하에 검시를 진행하게 하였다. 지방의 수령들이 직접 검시를 주도하지 않고 멀리 떨어져 바라보기만 한다는 지적이 있었기 때문이었다.

만일 수령이 검시를 하지 않아 피살 여부를 가리기가 곤란하면, 피살

**검시(檢屍)**
작가: 김준근, 국립민속박물관 소장

자 가족에게 수령을 고소하게 시켜서 수령을 엄히 문책하게 하였다(세종 21년 9월 18일). 죽은 시신 이외에 타인의 범죄로 부상을 입은 사람까지 상처의 깊이를 재서 고통을 가하는 사례가 있다는 보고가 접수되자 모두 금하게 하였다(세종 21년 11월 29일).

생소한 용어가 많고 설명이 간단해 이해가 어렵던 《무원록》에 알기 쉽게 훈석(訓釋)을 붙인 《신주무원록》을 발간하였다. 1339년(세종 21)에 최치운·이세형·변효문·김황 등을 시켜서 주해(註解)를 더하고 음훈(音訓)을 붙이게 하였다. 1440년에 작업을 마치니, 대왕이 집현전 부제학이던 최만리로 하여금 발문을 써서 책자의 후미에 넣게 하였다.

무원록은 형옥(刑獄)을 관장하는 사람들의 나침반이다. 사건을 수사하고 보고함에 있어서 단 한 가지라도 잘못을 저지르면 비록 고요(皐陶)에게 맡기더라도 밝혀내기가 어려울 것이니, 형옥에 있어서의 잘못은 모두 이로부터 비롯된다.

그래서 우리 전하께서 이를 깊이 우려하시고 문신들로 하여금 《고주무원록》을 가져다가 다시 살펴서 훈석을 달게 하고, 〈검시규정집〉과 〈법식〉을 따로 인쇄하게 하였다.

그렇게 한 연후에 책을 열어보니 일목요연하기가 손바닥을 보는 것 같았다. 이 책은 본래 원나라에서 간행되었으나 우리나라에 들어와 주석과 풀이가 상세하고 명확하게 되었다.

앞으로 형관들이 이 책을 보면서 성심껏 검시를 진행하면, 거의 적중하여 백성들의 원한이 깨끗이 풀려서, 백성을 사랑하고 형률을 신중히 하려는 주상의 뜻에 잘 부합할 수 있을 것이다.

최만리가 쓴 발문은 『신주무원록』의 우수성과 가치를 최고의 언어로 찬양한 글이다. 250년쯤 뒤인 영조 연간에 《신주무원록》 개찬에 들어가 정조 16년(1792년)에 《증수무원록》과 《증수무원록언해》가 나란히 세상에 나왔다(정조 16년 11월 20일).

《신주무원록》이 세상에 나오고 6년 있다가 《훈민정음》 해례본이 발간되었다. 앞에 태어난 《신주무원록》은 죽은 백성의 억울함을 풀어주기 위한 책이고, 뒤에 탄생한 훈민정음 해례본은 살아있는 백성의 억울함을 풀어주기 위한 책이었다. 그러므로 《신주무원록》과 《훈민정음》 해례본은 형제사이라고 하여도 무방할 것이다.

『신주무원록』을 배포하고 나서 중앙과 지방 모두 《무원록》의 〈정관검시〉 및 〈수리인명 사송규식〉 조항과 별책으로 발간한 〈검시규식〉에 따라 검시를 행하게 하였다(세종 24년 2월 27일).

변사자신고가 접수되면 형조의 담당 낭청이 현장을 가서 한성부와 함께 시신의 상태를 살피게 하였다(세종 25년 5월 16일). 또, 〈검시규정집〉

을 목판에 새겨서 인쇄한 뒤에 일련번호를 매겨 한성 5부에 나눠주고, 배포한 내역을 명백히 장부에 적어놓게 하였다.

한성 5부에서 초검(初檢)을 마치면 즉시 검시보고서를 작성해 형조에 보내고, 이어서 한성부가 복검하여 그 결과를 형조에 보내면, 형조의 상복사(詳覆司)에서 초검보고서와 복검보고서를 넘겨받아 면밀하고 신중하게 살펴본 뒤에 최종판단을 내리게 하였다(세종 28년 5월 15일).

이러한 노력에 힘입어, 대왕치세 말년에 이르러서는 형관들 사이에 검시의 중요성이 널리 공유된 것으로 보인다. 어명을 받고 고문치사 혐의를 조사하러 지방에 내려간 관원이 무덤을 파서 시신을 검시하겠다고 나섰던 사례가 세종실록에 자세하게 적혀있다(세종 31년 3월 26일).

### 일곱째. 금형일(禁刑日)을 많이 지정해 사형집행을 어렵게 하였다.

십악(十惡)[28]을 어긴 죄인이 아니면, '처형을 미뤘다가 가을이 되거든 집행하라'는 '대시(待時)' 명령을 부가하였다. 사형집행으로 인해 혹여 부정을 타서 오곡이 제대로 생장하지 못할 것을 우려했기 때문이었다. 그 외에도 갖가지 이유를 붙여서 형을 집행하면 안 되는 날들을 무수히 지정하였다. 실록에 본보기가 수두룩하다.

사형은 부왕(태종)의 3년 상 이후에 시행하라(세종 5년 1월 24일).
부득이한 경우가 아니면 사형수들을 가을에 처형하게 하라(세종 9년 1월 7일).
대시 사형수는 입춘~추분을 지나서 처형하게 하라(세종 12년 3월 5일).

· · · · · · · · · · · · · · · · · · ·

28 《대명률》에 정한 모반(謀反)·모대역(謀大逆)·모반(謀叛)·악역(惡逆)·부도(不道)·대불경(大不敬)·불효·불목·불의·내란 등을 말하며, 흔히 십악대죄라고 한다.

일식과 월식이 있는 날은 사형집행을 정지하라(세종 13년 12월 23일).

초하루, 보름날, 달이 상하현(上下弦) 되는 날, 24절기, 비 오는 날, 밤이 캄캄한 때, 종묘·사직에 제사하기 위해 서계(誓戒)[29]하는 날, 제사 당일, 임금·왕비·세자의 생일, 단오절·중추절·중양절에는 사형집행을 정지하라(세종 21년 12월 4일).

조회를 정지할 때, 일식·월식 때는 형의 집행을 일체 정지하도록 영구히 법을 세우라(세종 26년 10월 20일).

그 외에도 왕족·종친·의친·공신·고관 등이 사망하면 1일~3일간 조회를 정지하여, 그 기간은 임금에게 사형 재가를 품의할 수 없었다. 게다가 대왕은 평소 건강이 좋지 않아 출근을 못하고 병석에서 보낸 날이 많았다. 어느 한 가지도 사형집행을 방해할 의도로 일부러 그런 것은 아니더라도, 사법당국이 사형집행을 위한 택일에 어려움을 겪었을 것이 분명하다.


## 다섯째. 형벌권 오·남용 억제

### 첫째. 형벌을 가볍게 여기는 풍토에 경종을 울렸다.

[사례 1] 즉위교서에서 '어진정치'를 다짐하고 엿새 뒤에 경복궁 사정전에서 국정을 시작한 대왕은 가장 먼저 오래된 수사적폐를 없앴다. 대사헌 허지의 건의를 받아들여, 범법자가 도망쳐 숨으면 그 부모나 형제를 가두고 가혹한 고문으로 소재를 캐묻는 악습을 즉시 고치도록 한 것이다

---

29 나라의 큰 제사가 있기 7일 전에 제관으로 뽑힌 관헌들이 의정부에 모여서 서약하던 일을 말한다. 술과 고기를 먹지 않으며, 가무(歌舞)·조상(弔喪)·문병을 하지 않고, 금욕하고, 형살(刑殺·사형집행)을 하지 않으며, 몸가짐을 바르게 가지고, 어김이 있을 때에는 형벌을 달게 받겠다는 등의 내용을 서약하였다(두산백과).

(세종 즉위년 8월 17일).

3개월쯤 지나서 전국 각지의 각급 관리들에게 첫 번째 유시(諭示)를 내렸는데, 상왕의 관할인 국방과 외교를 제외하고 망라된 아홉 조목 중 여섯 번째에, 형벌을 삼가라는 지시(신형특지·愼刑特旨)가 들어가 있었다.

> 고을의 수령이 혹시 한 때의 사사로운 노여움으로 법을 어기고 형벌을 함부로 쓰거나, 호소할 데 없는 백성에게 채찍을 휘둘러 화기를 떨어뜨리면, 감사가 이미 내려진 교지대로 죄를 다스리되, 법을 굽혀서 함부로 고통을 가하는 일이 없게 하여[무치왕람·毋致枉濫], 형벌을 신중히 하고 죄인을 불쌍히 여기는 나의 뜻에 부응하라[부여흠휼지의·副予欽恤之意](세종 즉위년 11월 3일).

대왕이 이처럼 첫 번째 유시에서 전국의 감사들에게 '순간의 기분에 따라 법을 어기고 형벌을 함부로 쓰는 수령들을 규찰하라.'고 지시한 것은 형벌권이 사사로운 분풀이에 사용되는 사례가 많았다는 반증일 것이다. 감사가 형벌을 남용한 수령을 다스릴 때도 형벌을 삼가라고 한 것은, 감사들조차도 약점을 빌미로 형벌을 함부로 사용하였다는 뜻일 것이다.

주지하듯이, 왕조시대에는 피의자의 자백을 받기 위한 고문이 합법적으로 인정되었다. 따라서 지나친 고문을 통제할 필요성이 자연스럽게 제기되었는데, 그 해법으로 다양한 방안이 시행되었다.

대왕의 부왕인 태종은 상왕으로 물러나기 1년 3개월 전에 모두 7조목으로 이루어진 「신장시행규칙」을 정교하게 마련하여, 수사를 빌미로 신장을 과도하게 가하는 것을 금지시켰다(태종 17년 5월 11일).

[사례 2] 대왕이 즉위하고 1년 반쯤 지났을 무렵, 노비소송을 담당하는 형조좌랑(정6품) 정승서가 노비인 두 처녀에게 법적 한도의 2배에 해당하

는 매질을 가한 의혹이 불거지자 추상같이 응징을 가했다. 승서뿐만 아니라 그의 직속상관인 형조판서와 더불어서, 형조와 책임공방을 벌인 사헌부의 최고책임자(대사헌)도 의금부에 가두고 호되게 꾸짖었다.30

[사례 3] 성품이 모질고 포악하여 가는 곳마다 형벌을 함부로 써서 여러 명의 아전과 백성을 죽인 전 의주목사 우균을 본인이 원하는 곳에 부처하게 하였다(세종 2년 1월 24일). 태종실록에 따르면, 우균은 경상도 선산·영천·밀양·김해의 수령을 거치면서 혹독한 형벌로 무고한 사람을 10여 명이나 죽게 한 전력이 있었다.31

[사례 4] 가뭄이 극심하자 대왕이 전국의 전·현직 관원들에게 구언(求言)교지를 내려서 신하들의 다양한 진언이 취합되었다. 그 가운데 의정부와 육조의 심의를 통과한 열아홉 가지가 시행되었는데, 그 중 네 가지가 무분별한 남형과 그릇된 법집행을 바른 것이었다(세종 2년 윤1월 29일).

[사례 5] 관리들이 아전이나 백성의 등(背)을 때리는 것을 금지시켰다. 관리들이 아전이나 백성이 사소한 잘못을 저질러도 느닷없이 등에 매질을 가하여, 그로 인해 죽는 자가 많아서, 당나라 태종이 일찍이, '침과 뜸도 제자리를 옳게 잡지 못하면 사람을 죽일 수 있다.' 하고, 죄인의 등을 때리지 못하게 한 예를 따르게 하였다(세종 2년 11월 5일).

[사례 6] 예조에서 여러 법전에 수록된 과거의 교지 가운데 중앙과 지

---

30 세종 1년 6월 7일, 25일, 26일, 27일, 28일, 30일, 7월 4일, 5일자 실록기사 참조.
31 태종 9년 윤4월 20일, 17년 9월 19일, 10월 4일, 16일, 18년 4월 11일, 7월 24일, 8월 6일, 세종 즉위년 8월 15일, 12월 4일자 실록기사 참조.

방의 관원들이 제대로 시행하지 않는 31가지를 뽑아서 철저한 준수를 독려할 것을 청하니, 그대로 윤허가 떨어졌는데, 그 네 번째와 스물두 번째에 남형 퇴치에 관한 내용이 들어있었다(세종 2년 11월 7일).

전자는 태조 3년(1394)에 내려진 것으로, 중앙이나 지방의 소관기관으로 하여금 도형(徒刑)에 처해진 자들의 죄명과 노역을 시작한 연월과 석방 예정일을 기록하여 올리게 한 내용이었다.

후자는 태종 7년(1407)에 의정부가 내린 지침으로, 사실관계가 애매하여 사건이 계류중인 용의자들을, 중앙은 형조·사헌부·순금사(후의 의금부)가, 지방은 각도의 감사가 지체없이 갇힌 날짜를 아뢰어 지시를 받은 뒤에 지체없이 회신하라는 내용이었다(세종 2년 윤1월 29일).

[사례 7] 용의자를 신문할 때 사용하는 도구들의 표준을 정하여 전국에 알려주게 하였다. 율문의 옥구도(獄具圖) 부분에 각기 규격이 적혀있는데도, 전국 각지에서 형벌을 쓰는 기관들이 태와 장은 규격대로 제작해서 쓰면서 신문도구는 임의로 만들어 사용해, 의금부와 형조의 옥구들을 표준으로 삼도록 하였다(세종 3년 6월 9일).

[사례 8] 조카가 자기 아비를 죽인 용의자로 지목해 두 아들과 함께 장기간 옥에 갇혀서 매질을 당해온 백성의 딱한 사정을 듣고서, 혐의가 애매하다며 모두 풀어주게 하였다(세종 3년 8월 18일).

[사례 9] 부왕 태종이 죽고 나서 2년쯤 지났을 무렵, 이름이 곽장이라고 하는 유생(儒生)이 대왕의 형인 효령대군을 찾아가, 병조판서 조말생의 반란이 있을 것이라는 말을 들은 것처럼 허위로 투서를 하였다가, 대군에 의해 의금부에 넘겨졌다(세종 6년 3월 26일).

대왕의 명에 따라 삼성(의정부, 사헌부, 의금부)이 합동으로 곽장을 추국하는데, 여러 차례 모진 고문을 가해도 진술이 오락가락하여, 대왕에게 그대로 아뢰니, '없는 일을 꾸며서 글을 올린 죄'를 적용하게 하였다.

　엄하게 추궁해서 혐의를 밝혀낸다면 모를까, 혐의를 밝히지도 못하면서 공연히 고문만 하는 것은 매우 민망한 일이니, 사실이 아닌 말을 지어내서 임금에게 상서한 죄를 적용해서 형을 정하도록 하라(세종 6년 4월 20일).

사흘 뒤에 곽장이 의금부 옥에서 자살하였는데, 영의정이자 의금부 제조이던 유정현이 죽은 곽장의 목을 베기를 청했다. 대왕이 듣고서 도리어 의금부의 감시 소홀을 질타하니, 함께 보고를 들어갔던 대신들이 얼굴을 붉히며 몸 둘 바를 몰라 했다(세종 6년 4월 23일, 24일)

[사례 10] 궁궐 근위병인 갑사가 휴가기간에 고향에 머물며 아랫사람을 심하게 다루면 감사가 체포 수감하여 죄를 다스리게 하였다. 그보다 앞서 함흥 주사 박홍손이 세금을 독촉할 목적으로 별감과 함께 납세자의 집에 이르니, 현직 갑사인 납세자의 사위가 종 3명과 함께 홍손 등을 밧줄로 묶고 구타하여 부상을 입힌 상태로 이리저리 끌고 다니다 뽕나무에 달아맨 일이 있었기 때문이었다(세종 7년 2월 10일).

**둘째. 남형(濫刑)을 막기 위한 대책을 전방위로 시행하였다.**
[사례 1] 간통이나 죽을죄를 지은 혐의가 없는 여인을 임의로 구금한 한성부 판윤(민인생)을, 의금부 조사를 거쳐서 장 40대에 처하게 하였다(세종 10년 11월 26일).

[사례 2] 예순 살이나 먹은 자에게 장을 심하게 가하여 그 사람이 죽게 한 판교동현사(이종규)를 파직하였다(세종 11년 11월 13일).

[사례 3] 사냥을 하다가 사슴을 잡은 고을사람에게 사적으로 가혹한 형벌을 가하여 죽음에 이르게 한 판충주목사(윤하)의 임명장을 빼앗고 지방에 부처하였다. 윤하의 행동을 현장에서 지켜보고도 말리지 않은 판관(이백충)도 장 80대에 처하였다(세종 12년 11월 20일).

[사례 4] 범죄를 저질러 형벌을 받게 된 자에게 돈으로 죄 값을 치르게 할 때에, 속전 산정기준을 납부가 가능한 범위 내로 조정하였다. 속전(贖錢)으로 받아들이는 액수가 과다해서 부녀자와 가난한 천민(노비, 백정, 장인바치 등)들은 전 재산을 모두 팔아도(경가파산·傾家破産) 금액을 마련할 수가 없다는 지적이 제기되었기 때문이었다(세종 7년 3월 9일).

[사례 5] 사면령이 적힌 문건에 각급 관아에서 임의로 조건이나 지시를 추가시키지 못하게 하라고 특명을 내렸다. 사면은 과거의 허물을 씻고 새로운 사람이 될 수 있는 길을 열어주는 것인데, 기관별로 소급해서 형벌을 적용할 수 있는 예외조건을 집어넣어, 사면령을 내려도 죄를 용서받지 못하는 사람이 생겼기 때문이었다(세종 7년 11월 9일).

[사례 6] 간통혐의로 검거된 두 여성이 범행현장에서 붙잡힌 것이 아닌데도 사헌부가 규정을 어기고 여러 차례에 걸쳐 신문을 진행하였다는 보고를 접하고, 사헌부 장령 윤수미를 불러서, 범죄사건을 처리할 때는 항시 사실관계를 명백히 밝히라고 주의를 주었다.
아울러서, 본인이 즉위한 이후에 사리를 알 만한 사람이 형벌을 겁내

서 결백을 주장하지 못하다가 후에 다시 기회를 만나서 죄를 면한 사례가 있다며, 형벌을 과하게 써서 급하게 판결을 내리는 일이 없게 하라고 상기시켰다(세종 9년 9월 12일).

[사례 7] 주범과 종범이 각기 있는 범죄사건에 있어서, 주범이 공신의 자손이거나 혹은 임금의 특별한 은전으로 감형이나 사면을 받으면 종범도 똑같이 감형 혹은 사면의 혜택을 받도록 하는 법을 제정하였다(세종 10년 윤4월 23일).

[사례 8] 범죄혐의를 수사할 때에 사면 이전의 범행은 추궁하지 못하게 하고, 수사가 진행중인 사건 가운데 발생시점이 사면령 선포보다 앞서는 사건들을 모두 파악하여 즉시 아뢰게 하였다. 사면령을 선포해도 증거가 확실한 사건은 끝까지 추궁하는 적폐를 없애기 위함이었다(세종 11년 11월 13일).

[사례 9] 죄인에게 유배형을 선고할 때에 지역을 지정하는 기준을 정하게 하였다. 이전에는 형정을 담당하는 관원들이 임시로 요량하여 지역을 정했던 관계로 도성에서부터 유배지까지의 거리가 들쭉날쭉하게 되는 문제점이 지적되어, 상정소로 하여금 명확한 기준을 마련하게 한 것이다(세종 12년 5월 15일, 윤12월 11일).

[사례 10] 어린아이나 노비를 고문할 때에 등에는 매를 때리지 못하도록 금지령을 내렸다. 일찍이 법을 세워 등에는 매질을 못하게 했는데도, 관원이 화를 참지 못하고 등에 매질을 하거나, 개인집에서 노비를 고문할 때에 등을 때려서 생명을 해치는 일이 많았기 때문이었다(세종 12년 11월 21일).

[사례 11] 형조의 직원을 늘리게 하였다. 의정부 찬성 허조가, 중앙과 지방의 옥졸들이 형벌을 낮추려고 힘쓰기는커녕 그 가족들에게까지 형벌을 가하여, 죄가 없는 자가 태장을 맞거나 경범이 중형을 받는 일도 있다며, 그와 같이 청했기 때문이었다(세종 12년 11월 24일).

[사례 12] 각도 감사가 범죄인을 처결할 때에, 전과 여부를 확인해봐서, 만약 전과가 있으면 그 죄명, 연월일, 장소 및 태장(笞杖)의 수를 파악하여 형조에 문서로 제출하도록 규례를 정했다.

《대명률》 명례(名例) 편에, '죄가 발각되어 이미 판결을 내렸는데 다른 죄가 또 발각된 경우는, 뒤에 발각된 죄가 앞서 발각된 죄와 형(刑)이 비슷하면 그냥 넘어가고, 형이 더 무거우면 사법절차를 진행시켜 두 죄의 형을 합산한다.'고 되어 있었기 때문이었다(세종 12년 11월 24일).

[사례 13] 장형(杖刑)에 해당하는 죄를 지은 부녀자의 직첩을 회수하지 못하게 하였다. 조참을 받고 정사를 보다가 대왕이 좌우의 신하들에게, 부녀자가 장형에 해당하는 죄를 지었으면 직첩(職牒)32을 회수하는지 여부를 물었다.

우대언 김종서가 '그렇다.'고 대답하자, 대왕이 이르기를, 부인은 남편을 따르는 것이니, 남편이 현직에 있으면 장형에 해당하는 죄를 지었어도 직첩을 회수하면 아니 될 것이라고 하였다(세종 12년 12월 16일).

........................

32 남편이 관직을 받으면 그 품계에 따라서 부인에게도 작호(爵號)가 내려졌다. 예컨대 남편의 품계가 1품부터 3품 사이이면 그 부인은 차례로 정경부인, 정부인, 숙부인 작호를 받고, 남편의 품계가 4품이면 그 부인은 숙인 작호를 받았다. 조병인(2016), 『세종식 경청』, 문우사, 655쪽 참조.

**셋째. 고질적 병폐가 계속 재발해도 포기하지 않았다.**

[사례 1] 함길도 영흥부에서 잔혹하게 고문을 행하여 사망자가 생기고 부상자가 속출한 의혹이 불거지자, 감사와 전·현직 부사 및 수령 두 명을 포함한 관원 여섯 명을 도성으로 압송하여 의금부의 조사를 거쳐 엄하게 응징하였다(세종 12년 윤12월 10일).

이틀 뒤에. 새로 직임을 받은 회덕 현감 박성치·문의 현령 조오·해미 현감 김경 등이 부임신고를 하러 입궐하니, 친히 인견하고, "형벌은 매우 고통스러운 것이니 홧김에 형벌을 과하게 쓰는 일이 없도록 하라."고 주의시켰다(세종 12년 윤12월 12일).

[사례 2] 죄를 저질러 도형(徒刑)에 처해진 자가 자신의 노비를 노역장에 보내는 것을 금지시켰다. 대왕이 형조를 부르더니, "죄를 범한 자에게 도역(徒役)을 정하는 것은 악을 징계하여 뒷사람을 경계하고자 함인데, 중앙과 지방의 관리 가운데 청탁을 받고서 노비를 대신 보내게 해주는 자가 있다." 하고, 이후로는 자신의 도역을 노비에게 시킨 사람뿐만 아니라 대리복역을 허락해준 관리도 엄히 다스리라고 특명을 내렸다(세종 12년 윤12월 14일).

[사례 3] 창원 부사 양활·지영천군사 노진·충주 판관 양미가 역시 부임신고를 위해 입궐하니, 수령 가운데 법을 무시하고 형벌을 과하게 쓰는 자가 많다며 형벌을 삼가라고 주의를 주었다. '죄가 확실하면 고문을 해도 무방하지만, 자기의 분노로 인하여 법을 굽혀서 지나치게 형벌을 가하는 것은 매우 옳지 못하다.'하고, 죄수를 불쌍히 여기는 마음으로 조심해서 형벌을 쓰라고 하였다(세종 12년 윤12월 25일).

[사례 4] 율문의 친속상위용은조(親屬相爲容隱條)에 의거하여, 동거하는 친족이나 가까운 친인척의 죄를 숨겨줬거나, 노비나 머슴이 주인의 죄를 숨겨준 경우는 죄를 묻지 말고, 수사기밀을 누설하여 죄인이 잠적케 한 경우도 처벌하지 말도록 하였다. 또, 노유불고신조(老幼不拷訊條)에 의거해, 80세 이상이거나 10세 이하인 자와 병이 위독한 사람은 신장을 치지 못하게 하였다(세종 13년 5월 3일).

[사례 5] 고문을 통해 얻은 자백에 대해 깊은 불신을 드러냈다. 경상도 의령에서 자기 남편을 죽인 여인에게 공모자를 추궁하니, 처음에는 아무도 없다고 하다가, 고문을 가하자 친정아비를 지목하였다. 그 아비를 국문하니 처음에는 불복하다가, 다시 고문을 가하자 딸과 공모한 사실을 자백하였다.

법대로 하자면 부녀를 함께 능지처사해야 하였으나 아비의 형을 낮춰서 살려주게 하였다. 이유인즉슨, 여인이 처음에는 공모자를 말하지 않다가 고문을 받고서야 친정아비의 이름을 댄 것이 석연치 않다는 것이었다.

예조판서 신상이 있다가, 이처럼 큰 죄는 하루아침에 갑자기 짓게 되는 것이 아니라며, 틀림없이 그 아비가 딸의 범행을 알았을 것이라고 아뢰자, 다시 명확하게 신문하여 결과를 아뢰게 하였다. 이유인즉슨, 사리(事理)가 무궁한데 용의자 혼자서 제 남편을 죽이지 않았다고 어떻게 단정하겠느냐는 것이었다(세종 13년 5월 19일).

[사례 6] 평안도의 감사와 관원들이 아동들의 실없는 말을 듣고 순진한 백성들을 강도로 엮으려고 무리하게 혹독한 고문을 가하여 9명이 죽고 5명은 거의 죽을 뻔한 사건이 발생하자, 전국의 각급 관아에서 법과 형벌을 담당하는 관원들에게 형벌을 삼가라는 취지의 〈휼형(恤刑)교지〉를 내

렸다.33

이후로 전국 부(府)·목(牧)·군(郡)·현(縣)의 책임자로 부임하는 관원들을 일일이 접견하고 '형벌을 조심해서 쓰라.'고 주의를 주었다. 또, 중앙관서의 아전과 사령 및 지방의 향리(鄕吏)34는 공적인 업무를 위한 경우에도 형벌을 마음대로 쓸 수 없게 하고, 형벌을 함부로 써서 인명을 상하게 하였으면 법률에 의거해 죄를 가하게 하였다(세종 13년 9월 5일).

[사례 7] 주범과 종범이 각기 있는 범죄사건에 있어서, 주범은 사면대상이 아닌데 종범은 사면대상이면서 대명률의 상사소불원조에 해당하지 않으면, 종범을 사면대상에 포함하게 하였다(세종 13년 10월 16일).

[사례 8] 경상도 성주목사 이흡과 밀양부사 유지례 등이 경주판관 김자이와 동침한 기생 빙호월과 윤의 등을 잔혹하게 매질하다 두 사람 모두 사망케 하였다. 사헌부에서 경위를 알아보니, 두 차례의 매질에 이미 뼈가 드러난 것으로 확인되었다(세종 13년 11월 8일, 14년 4월 16일).

이후부터 그해 연말까지 전국 각지의 수령으로 임명된 관리들이 부임 신고를 위해 입궐하면, 한층 더 강한 어조로 신형(愼刑)을 당부하였다.35

[사례 9] 노비소송을 전담하던 형조의 도관(都官)에서 자기들도 형벌(고문을 뜻한 것으로 보임)을 쓸 수 있게 허락해주기를 청하니, 대왕이 의정부와 육조에 내려주고 의견을 물었다.

......................

33 세종 13년 5월 28일, 6월 2일, 13일, 19일자 실록기사 참조.
34 그 지방 출신으로 조상으로부터 아전 직책을 물려받은 사람들의 호칭이었다. 이전(吏典), 이속(吏屬), 속리(屬吏), 이배(吏輩)라고도 하였다.
35 세종 14년 1월 4일, 15일, 2월 4일, 17일, 4월 26일, 5월 22일자 실록기사 참조.

다음날 조회에서 찬반이 갈린 사실을 확인한 대왕은, 찬성론자들을 겨냥하여, 이제까지 형벌을 쓰지 않던 관원에게 새삼 형벌을 쓸 수 있게 허용할 필요가 있겠느냐며 좌우를 살폈다.

도관의 청을 들어줄 수 없다는 뜻을 에둘러서 밝힌 것인데, 예조판서 신상과 형조판서 정흠지가 한 목소리로 도관의 애로를 아뢰었다. 도관이 형벌을 안 쓰기 때문에, 증언과 증거가 명백하여도 도관의 판결에 불복하며 억지를 부리는 간악한 무리들이 있다며, 도관의 청을 들어주기를 청하자, 대왕이 일언지하에 물리쳤다.

도관의 관원은 백성의 부모라고 불리니, 도관의 송사는 말로 캐물어서 진실을 밝혀야 한다. 관에서 형벌을 쓰지 않고 조사를 벌여도 그 위엄에 압도되어 허위자백을 하는 자들이 생기는 마당에, 고문까지 허용하면 되겠는가. 형벌은 줄일수록 좋은 것이니, 예전에 없던 법을 세워서 민생을 해롭게 하는 것은 매우 옳지 않다(세종 14년 1월 16일).

[사례 10] 의금부에서 황해도 곡산에 사는 '약노'라는 양민 여인을 혹독하게 고문한 끝에 마침내 억지로 살인혐의를 씌운 의혹이 불거졌다. 약노에게 적용된 혐의는 모종의 주문을 외워서 이웃사람을 죽게 하였다는 것이었다.

약노는 그때까지 무려 10년 동안을 갇혀 지내면서, 곡산 옥에서 11차례 고문을 당하고, 의금부로 옮겨와서도 15차례나 고문을 당해 몸도 마음도 만신창이가 되어 있었다.

주문을 외워서 이웃사람을 죽게 하였다는 약노의 혐의는, 그녀가 매질을 견디다 못해서 살해도구를 말하지 않아도 되는 수법을 허위로 꾸며댄 것이었다. 따라서 관원들이 약노의 진술을 검증하려고 닭과 개를 가져다가 약노에게 주문을 외우게 하였지만 양쪽 모두 멀쩡하였다.

하지만 약노가, '여러 해 갇혀 있어서 주문을 받는 귀신이 달아났다.' 고 둘러대자, 의금부에서 의심하지 않고 살인죄를 적용해 대왕에게 사형을 청하였다.

수사결과를 보고받은 대왕은, 주문을 외워서 사람을 죽게 하기는 불가능하고, 오래 갇혀 있어서 주문을 받아주던 귀신이 달아났다는 약노의 진술도 의심된다며, 좌부승지 정분을 두 차례나 의금부에 보내 약노를 직접 면담케 하여, 마침내 약노가 자포자기하고 스스로 누명을 덮어쓴 사실을 밝혀냈다(세종 15년 7월 19일).

그 뒤에 안음현감 박서가 부임신고를 하러 입궐하자, "간혹 형벌을 과하게 쓰는 자들이 있다며, 무고한 자에게 억지로 죄를 씌우는 일이 없게 하라."고 주의를 주었다(세종 15년 8월 16일).

이날을 포함하여 그해 연말까지 모두 16회에 걸쳐서, 부임신고를 위해 입궐하는 부·목·군·현 책임자들에게 형벌을 삼가라고 상기시켰다. 그다음 해에도 부임 신고를 위해 입궐한 수령에게 22회에 걸쳐 신형(愼刑)을 당부하였다.

**넷째. 사법행정 전반에 걸쳐서 개선과 혁신을 추진하였다.**

[사례 1] 매 분기마다(3월·6월·9월·12월) 임금이 지명한 내시별감(봉명내시별감)이 임금에게 죄수현황을 보고하는 업무를 법전과 맞도록 고쳐서, 전옥서에 갇힌 죄수현황은 형조에서, 의금부에 갇힌 죄수현황은 사헌부에서 각각 아뢰게 하였다.

이전에는 감옥부(監獄府)·형조·사간원이 내시별감과 더불어 전옥서와 의금부에 갇힌 죄수들을 살펴본 뒤에 그 결과를 내시별감이 임금에게 아뢰었는데, 《속육전》에 내시별감의 역할에 관한 언급이 없어서 법대로 따른 것이다(세종 16년 6월 24일).

[사례 2] 경기도에 살던 홍지라는 백성이 전 현감 유종상과 싸움을 벌이다가 홧김에 임금을 험담한 혐의로 고발되었는데, 경기 감사에 의해 차사원으로 지명된 영평 수령과 철원 수령이 술에 취해서 신문을 진행하다 무리하게 고문을 가하여 홍지가 죽었다.

그 아들 유인이 분개하여, 차사원이 날마다 술에 취해서 자기 아비에게 형벌을 과도하게 가하여 아비가 콩팥이 부어서 죽었다며 원통함을 호소하는 말을 올리니, 대왕이 감사에게 진상규명을 지시하였다(세종 16년 9월 6일).

[사례 3] 채찍사용의 엄격한 제한을 지시하였다. 법전에, 채찍은 오십 대 이하로 때리도록 되어있는데도, 중앙과 지방의 관리들이, 열대만 쳐야 할 때에 오십 대를 친다는 소문이 들렸기 때문이었다.

또, 가죽 두 쪽을 포개서 채찍을 만들어 너무 두껍고 지나치게 아프며, 그 고통이 태나 장을 맞을 때보다 배를 넘는다는 말도 들려서, 죄의 경중에 따라 채찍을 열 대에서 오십 대 사이로 제한하게 하였다(세종 17년 9월 30일).

[사례 4] 신장불과본죄(訊杖不過本罪) 원칙을 채택하여, 장차 용의자에게 적용될 죄의 법정형 한도에서 신장을 그치게 하였다.[36] 또, 지방의 옥에서 죄수가 죽으면, 죄명, 옥에 갇힌 날짜, 발병일시, 투여한 약과 병의 증세, 신장을 가한 횟수와 사망일시 등을 상세히 적어서 형조에 보고하게

36 세종 12년 12월 1일, 13년 11월 5일, 12월 20일자 실록기사 참조.

하였다(세종 19년 1월 23일).

[사례 5] 《대명률》의 〈형률〉 '단옥(斷獄)' 편에, '반란을 일으키고 도망쳐 잠적한 자는 모두 참형에 처한다.'는 조항이 잘못 적용되는 적폐를 시정하였다.

죄수들이 무리를 지어 옥졸을 협박하거나 폭행하고 탈옥한 경우는 모두 목을 베라는 뜻인데, 형정담당 관원들이 그 뜻을 잘못 알거나 혹은 책임을 면할 생각으로, 사법당국에 붙잡히기 전에 종적을 감춘 죄수와, 옥을 부수고 도망친 단순탈옥자에 대해서도 동 조항을 적용해 극형을 받게 하던 폐단을 없앤 것이다(세종 19년 12월 15일).

[사례 6] 죄를 저질러 전옥서에 갇혀있던 죄수 두 명이 연달아 급사하였다는 보고가 올라오자, 즉시 사헌부에 명을 내려, 옥관들의 구호에 실수가 없었는지, 형관들의 고문이 과하지 않았는지, 옥졸들이 용의자들을 무리하게 다룬 것은 아닌지 여부를 상세히 조사하여 아뢰게 하였다(세종 20년 10월 22일).

[사례 7] 의정부의 건의를 받아들여, 한성부의 관령과 지방의 권농(勸農)이 공무로써 사람을 때려 상하게 한 경우는 《육전》의 〈이전(吏典)〉에 규정된 원악향리(元惡鄕吏)를 처벌하는 예(例)에 의거해 죄와 벌을 내리게 하였다(세종 20년 11월 9일).

[사례 8] 의정부에서 대왕에게, 지방에서 형정을 담당하는 관원들의 남형이 심해서 이따금씩 죄수가 고문 후유증으로 목숨을 잃기도 한다며, 옛날 중국의 법전과 국내 법전의 관련규정을 모두 내세워, 지나친 가혹행

위를 금지시키기를 간하니, 그대로 윤허가 떨어졌다(세종 21년 2월 2일).

[사례 9] 용의자를 고문을 할 때에 신장을 가하는 요령을 작성해 배포하였다. 의정부에서, 앞서 그림으로 그려서 각 관아에 내려준 고신도(栲訊圖)에 형장을 가하는 위치가 애매하게 표시된 부분이 있어서, 신장을 치는 관원들이 모르고 잘못 치는 일이 생길 가능성을 제기했기 때문이었다.
　요령의 핵심은 죄인을 모로 누이고 무릎 아래를 옆쪽에서 때리되, 위로는 무릎 위까지 이르지 않게 하고, 아래로는 옆구리까지 이르지 않게 하라는 것이었다(세종 21년 10월 17일).

[사례 10] 용의자로 지목되어 이미 매질을 당한 자에게 곧바로 다시 또 매질을 가해 자백을 받아서 죄를 정하는 것을 금지시켰다. 또, 고문을 행한 뒤에 다시 또 매질을 할 때는 경과한 일수와 매질로 인해 생긴 상처의 경중을 참작하여 시행하게 하였다(세종 25년 10월 8일).

## ■ 대왕이 지방관들을 친견하고 신형(愼刑)을 당부한 내역

〈표 25〉는 대왕이 보위에 있으면서 부(府)·목(牧)·군(郡)·현(縣) 의 책임자로 임명한 관원들을 친견하고 '형벌을 조심해서 쓰라.'고 당부한 내역을 집계한 것이다. 재위 9년부터 25년까지 17년 동안 모두 111회에 걸쳐서 221명에게 신형교육을 하였음을 알 수 있다.[37]
　한 번에 적게는 1명부터 많게는 11명까지 인견하고 신형을 당부하였

---

37 대왕은 재위 1년 1월 30일, 경연(經筵)에서 시강관 정초로부터, '새로 임명한 수령들을 반드시 친히 인견하고 됨됨이를 살피시라.'는 권유를 듣고, 그해 4월 19일부터 재위 31년 8월 19일까지 3백79개월 동안 3백72회에 걸쳐 지방으로 부임하는 지방관들을 성심으로 친견하였다.

다. 약노사건이 있었던 재위 15년부터 17년까지 3년 동안은 66회(월평균 1.8회)에 걸쳐서 129명에게 '휼민신형(恤民愼刑)'을 훈육하였다.

〈표 25〉 새로 부임하는 지방관들을 친견하고 신형(愼刑)을 당부한 내역

| 구분 | 9년 | 10년 | 11년 | 12년 | 13년 | 14년 | 15년 | 16년 | 17년 | 18년 | 19년 | 20년 | 21년 | 22년 | 23년 | 24년 | 25년 | 계 |
|---|---|---|---|---|---|---|---|---|---|---|---|---|---|---|---|---|---|---|
| 횟수 | 3 | 1 | 1 | 2 | 13 | 5 | 21 | 22 | 23 | 2 | - | 2 | - | 4 | 10 | 1 | 1 | 111회 |
| 인원 | 10 | 1 | 2 | 6 | 19 | 14 | 35 | 55 | 39 | 5 | - | 2 | - | 7 | 21 | 2 | 3 | 221명 |

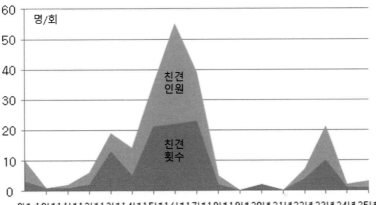

<그림 5> 새로 부임하는 지방관들을 친견하고 신형(愼刑)을 당부한 내역

**다섯째. 장기간 병마와 싸우면서도 신형(愼刑)원칙을 챙겼다.**

[사례 1] 재위 26년 가을에 대왕이 장차 공법을 시행할 생각으로 사정 (司正·정7품 무관) 김석제를 청안현에 보내 벼의 작황을 살펴보게 하였더니, 석제가 현지에 가서 어떤 일로 사람을 때려죽였다. 대왕이 병조정랑 이예손을 조사관으로 보냈는데, 예손이 법조문과 다르게 석제를 장 1백대와 노역 3년에 처하기를 청하니, 윤허하였다(세종 26년 10월 7일).

[사례 2] 애매한 말을 듣고서 저지른 적이 없는 죄를 교묘하게 옭아매거나, 법을 과도하게 적용하여 지나치게 고문을 가하거나, 혹은 불법으로 백성을 해치는 자는 끝까지 죄를 캐서 엄히 다루게 하였다(세종 28년 11월 21일). 또, 형벌을 맡은 관원이 죄인의 문초에 관한 일을 임금이나 세자에게 청할 때는, 작은 사건이라도 반드시 문서로 아뢰게 하였다(세종 29년 4월 24일).

[사례 3] 군기감의 기술자(양생)가 죄를 짓고 잠적하여 군기감의 판사(박강)가 그 매부(근대사)를 잡아서 벌을 주었더니, 양생의 누이(근대사의 처)가 말하기를, 자기는 본디 이완(李完)[38] 첩의 딸이라 왕실과 가까운 친척 사이인데, 천역을 맡고 있어 원통하고 민망하다고 하였다.

판사 박강이 그 말을 듣고도 놀라기는커녕 모욕적인 언사로 면박하였고, 군기감 정(正) 원익수 등도 또한 나서서 말리지 않고 율에 맞지 않게 장 80대를 가한 의혹이 불거져, 박강과 익수 등 연루자들을 모두 파직하였다(세종 29년 6월 2일).

[사례 4] 전라도 동복현에서 신문을 받던 용의자가 혹독한 매질에 목숨을 잃은 일이 발생하여, 기관(記官)의 목을 베고 현감은 장 1백대를 가한 뒤에 3천 리 밖에 유배시켰다(세종 29년 11월 2일). 이때의 현감이 하강지였는데, 간언을 잘해서 대왕의 각별한 총애를 누리던 하위지의 친형이었다.

----

38 이성계의 이복형인 완풍대군 이원계의 차남 이천우의 서자이다.

## 여섯째. 옥송처리 기간 단축

《대명률직해》〈형률〉'단옥' 편의 엄금조(淹禁條)는, "죄수를 오랫동안 옥에 가두어 둠으로 인하여 그 죄수가 사망하였으면 담당관원을 장 60~100대에 처하고, 사망한 죄수가 장형 이하의 형에 처해질 자였으면 장 60대와 노역 2년에 처한다."고 되어 있었다.[39]

이에 따라 대왕은 납득할 만한 이유 없이 판결을 오래 지체한 관원이 적발되면 용납하지 않았다. 과도한 매질이나 고문이 사라지더라도, 계류 중인 사건의 판결이 제때 이뤄지지 않으면, 죄수들이 병에 걸려서 죽거나 원통하고 억울한 마음이 쌓여서 천지간의 화기(和氣)를 떨어뜨린다고 믿었기 때문이다.

### 첫째. 옥송을 지체시키는 요인들을 적극적으로 해소하였다.

형조의 재판책임자(지형조사)가 사정이 있어 출근하지 못했더라도 부하 관원들은 사헌부에 가서 송사를 듣고 사건의 판결에 참여하게 하였다. 전에는 지형조사가 청사에 나오지 않으면 형조판서와 형조 당상관은 물론이고 정랑 이하도 사헌부에 가지 않아서 송사진행이 지체되는 일이 잦았다(세종 즉위년 9월 26일).

의금부에 명하여 대수롭지 않은 경미한 사건은 담당관원 혼자서도 처리할 수 있게 하였다(세종 1년 2월 17일). 또, 육조 가운데 검률(檢律)이 없는 곳에 검률을 보내 관원들에게 법조문을 가르치게 하였다. 검률은 중앙과 지방의 관청에 배속되어 법령의 해석, 인용, 구형(求刑) 등을 담당하던 종9품 관직이었다.[40]

........................

39 고사경·김지·정도전·당성 엮음, 박설주 역주(2014), 『역주 대명률직해』, 민속원, 625-626쪽.

검률이 없었던 제주에 검률을 보내면서, 유죄 이하에 해당하는 사건은 도안무사에게 즉결처리권을 부여해, 판결지체로 인해 원통하고 억울한 마음을 품는 백성이 생기지 않게 하였다(세종 1년 8월 12일).

부안현에 거주하던 대왕의 외할머니(태종의 장모) 송씨의 집종 덕금이 전년 9월에 유학생도(최상온)의 난언 혐의를 고발한 사건을 계기로, 지방에서 '사람을 호리는 속임수나 어지러운 말(광설난언·誑說亂言)'을 퍼뜨린 자가 고발되면 감사가 고발인과 피고발인을 함께 구금하고 즉시 보고를 올려서 의금부가 진위를 가리게 하도록 제도를 고쳤다.[41]

전라도 감사가 3개월이 지나도록 진상을 밝히지 못하고 시간을 끌다가 서울로 발령이 나자 후임자에게 사건을 인계하고 현지를 떠났고, 후임자 역시 2개월 가까이 처결을 지체한 것으로 밝혀졌기 때문이었다.

예조에서 대왕에게, 태종 7년(1407)에 의정부에서, "혐의가 의심되는 부분이 있어서 사법절차를 진행하지 못하고 용의자를 오랫동안 옥에 가둬둔 사건들을, 중앙은 형조·사헌부·순금사가, 지방은 감사가 용의자들을 구금한 기간을 문서에 적어서 그때그때 의정부에 보고하고 지시를 받아서 즉시 처리하라."고 지시를 내렸는데 제대로 이행되지 않는다고 아뢰자, 그대로 따르게 하라고 지시하였다(세종 2년 11월 7일).

재위 4년 5월 10일에 부왕 태종이 죽어서 상주가 된 대왕은, 국상기간(초상~3년상)이라 사죄사건의 처리가 지체되어, 정상을 참작해 석방해 줄 만한 죄수들까지 장기간 갇혀서 고통을 겪다가 비명에 죽는 일이 생길 것

----

40 매년 두 차례 형조에서 시험을 통해 율관(律官)을 선발해서 검률(檢律) 직책을 맡겼다. 형조에는 검률 2인(뒤에 1인)을 두고, 병조·한성부·승정원·사헌부·의금부·규장각·개성부·강화부, 그리고 8도의 감영에 검률을 1명씩 파견하였다. 검률들은 재판과 관련된 제반 업무를 관장하였다. 범죄용의자에 대한 구형(조율·照律)도 검률이 하였다(관직명사전, 한국학중앙연구원, 2011).
41 세종 2년 윤1월 5일, 9일, 11일, 13일, 14일자 실록기사 참조.

을 염려해, 형조에 특명을 내려서, '독극물을 써서 사람을 죽였거나, 몰래 흉물을 만들어놓고 액운을 빌어서 사람이 죽게 하였거나, 고의로 살인이나 강도를 저지른 자들을 제외한 모든 사죄사건을 자세히 파악하여 즉시 아뢰게 하였다(세종 5년 10월 8일).

바로 다음 날 전옥서에 수감된 죄인 가운데 절대로 구금을 풀어줄 수 없는 사람을 제외하고 나머지 수감자들을 전원 보방한 뒤에 심리하게 하였다(세종 5년 10월 9일). 도형(徒刑)에 처해진 죄수의 노역기한이 차면 관할관청이 보고를 올리고 곧바로 석방하게 하였다(세종 6년 4월 4일).

가뭄이 극심한데 용렬한 관리가 죄수를 옥에 가두고는 특별한 이유도 없이 심리와 판결을 미루며 시간을 끌어서 죄수로 하여금 원통하고 억울한 마음을 품게 하는 경우가 많다는 말이 들리자, 형조에 명하여, 전국의 옥에 갇혀 있는 죄수들을 속히 심리하게 하라고 독려하였다(세종 7년 6월 17일).

형조의 잡송이 번다하여 관원들이 옥사에만 전념하기가 어려워 당사자들로 하여금 원통하고 억울한 마음을 품게 만든다는 지적이 제기되자, 형사소송 이외의 이해다툼은 한성부가 전담하고, 노비소송은 의금부가 전담하게 하였다(세종 8년 4월 13일).

사안이 명백하여 다툴 것이 없는 사건은 일부 절차를 생략하게 하였다. 사헌부에서 율에 비추어 사형을 확정한 죄수 가운데, 율에 비춰보지 않아도 사죄가 분명한 자는 사헌부가 직접 임금에게 보고하여 재가를 받게 하고, 죄가 의심쩍은 자는 형조에 넘겨서 삼복(三覆)을 거치게 하였다(세종 9년 10월 8일).

황해도와 평안도 각 고을의 수령들이, 남에게 재앙이나 불행이 일어나도록 빈 혐의로 체포한 자들을 마음을 다해 신속히 처결하지 않고 특별한 이유도 없이 여러 달 동안 가둬두고 있다는 보고를 접하고, 형조로 하여금, 해당 수령들을 엄히 추국하여 결과를 아뢰게 하였다(세종 10년 12월 6일).

그럼에도 불구하고 옥송이 지체되는 적폐가 사라지지 않았던가보다. 1년 반쯤 뒤에 사간원의 좌사간 신포시 등이 국정의 잘잘못에 대해 상소한 문건에, '죄수를 신문하여 송사를 처리하는 일은 지체하면 안 되는 것인데도, 형정담당 관원들이 사안이 간단한 사건들만 맡으려 하고 복잡한 사건은 모두 회피하여 처리가 오랫동안 지체되는 경우가 생긴다.'고 한 구절이 보인다(세종 12년 5월 15일).

2년쯤 지나서 형조에 판결이 많이 밀려있다는 소문이 들리자, 죽을죄를 지은 중범은 어쩔 수 없더라도, 별 것도 아닌 혐의로 오래 갇혀있으면 원통하고 억울한 마음을 품는 것이 인지상정이라며, 대언(승지)들을 시켜서 형조의 관리에게 실정을 물어보게 하였다(세종 14년 3월 22일).

백성들이 농사에 전념할 수 있도록, 농번기라서 송사처리가 정지되는 춘분부터 추분 사이 기간에도, 특정 유형의 사건은 심리를 진행하게 하였다. 대상은 살인·강도·저주·간통·국경방어에 관계된 사건, 도망한 노비를 붙잡아 관에 고발한 경우, 허위문서를 내세워 남의 노비를 강제로 차지한 경우, 남의 권리나 이익을 침해하여 손해를 입힌 사건, 풍속에 관계되는 죄를 저지른 경우 등이었다(세종 14년 6월 14일).


**둘째. 옥송처리기한을 종전의 10일에서 100로 늘렸다.**

처음발단은 사헌부에서 송사처결을 지연한 관리들을 엄히 처벌하기를 청한 데서 비롯되었다. 대왕이 상정소에 그 필요성을 토론하게 시키니, 10일로 되어 있는 처리시한이 너무 짧아서 현실적으로 지키기가 어렵다며, 처리시한을 늘려주기를 청했다.

난상토론 끝에, 영의정 황희·좌의정 맹사성·이조판서 허조·예문관 대제학 정초 등의 제안에 따라, 원고와 피고로부터 서류와 증거가 모두 제출된 날로부터 만 1백일 이상 판결을 지연시킨 경우만 고발장을 받아 문책하고, 거듭 위반하면 파직하기로 하였다. 황희 등이 송사가 지체될 수밖에 없는 이유를 설명한 것이 주효했던 것 같다.

> 판결을 하려면 문서도 살펴봐야 하고 증거확인도 필요하여 열흘 안에 판결을 내릴 수가 없는데도, 열흘이 지나서 소송당사자가 이의를 제기하면 사헌부가 무조건 문책에 나서 율문의 본뜻이 퇴색하게 되옵니다. 대개 소송당사자는 관리의 눈치를 살피면서 송사가 진행되는 형세를 지켜보다가, 자기에게 불리할 것 같으면 틈을 엿보아 관리가 소송을 지연시킨다고 하소연합니다. 그로 인해 한 사람이 사법절차에 회부되면 동료관원 전원이 함께 피혐에 걸려서, 소송을 진행하는 날보다 손을 놓고 쉬는 날이 더 많으니, 사헌부의 엄격한 제재는 도리어 판결을 지연시키는 원인이 됩니다(세종 14년 11월 15일).

그런데 판결기한을 열흘에서 백일로 늘린 뒤로도 형조에 판결이 지체된 사건이 많다는 보고가 잇따르자, 다시 또 대신들의 의견을 수렴해 형정담당 관원들의 숨통을 터줬다. 사건의 난이도를 잘 헤아려서 모든 사건을 기한 안에 종결하도록 노력하되, 부득이한 사정으로 처리기한을 넘겨야 할 경우는 그 이유를 자세히 기록하여 즉시 아뢰게 한 것이다(세종 15년 3월 10일).

그럼에도 불구하고 체옥 적폐가 좀처럼 개선되지 않았던 모양이다. 2년쯤 뒤에 (전 형조판서) 신개가 대왕에게 올린 「도둑방지종합대책(안)」 가운데, '당연히 처형되어야 할 절도3범도, 구비서류가 갖춰지지 않았다거나 금형기간이라는 등의 이유로 결단이 미뤄지다가 사면을 받아서 죽음을 면한다.'는 문구가 나온다(세종 17년 6월 14일).

**셋째. 옥송업무의 효율성이 극대화되도록 힘썼다.**

재위 17년 11월경 대왕이, 법전에 명시된 결옥수칙(決獄守則)을 엄격히 지키라고 어명을 내렸다. 중한 형벌을 관장하는 형조의 잡송이 과다하여 관원들이 사건들을 성의 있게 살필 겨를이 없다는 지적이 제기된 데 따른 조치였다.

또, 착오가 생기는 것을 막기 위해, 상피사건을 제외하고, 노비가 자신이 양민임을 확인하려고 제기한 송사와, 노비의 소유권을 둘러싼 분쟁을 모두 형조의 도관이 전담하게 하였다(세종 17년 11월 2일).

지방마다 옥사가 많이 밀려있다는 보고를 접하고, 세상이치에 밝으면서 성품이 강직하고 두뇌가 명석한 조정대신들을 각 도에 파견해 감사와 함께 판결이 지체된 사건들을 속히 처결하게 하였다.

옥바라지
작가: 김윤보, 사법제도연혁도보,
서울대학교중앙도서관 소장

설령 죽을죄를 지었더라도 오랫동안 갇혀 있으면 원망하는 마음이 생기게 마련이고, 죽을죄인도 아닌 죄수를 오랫동안 가둬두면 옥바라지하는 부모와 처자의 원망이 쌓일 것을 고려한 조치였다. 당시는 죄수의 끼니와 옷가지를 가족이 공급했었으니 말해 무엇 하겠는가(세종 18년 5월 25일).

사법절차가 종료된 형사사건들을 다시 심리하고 검사하는 역할을 하던 검상(檢詳) 자리를 독립된 직책으로 격상시켰다. 이전에는 예조에 있으면서 따로 공식적인 직명 없이 문신 참외관 2명의 감독을 받던 검상 직책을, 의정부 내에 품계가 정5품인 검상 관직을 신설하여 재심업무에 전념하게 한 것이다(세종 18년 7월 4일).

궁궐에서 잡물을 훔친 자를 심리하는 절차를 간소화하였다. 정상이 애매하여 죄의 경중을 판단하기가 어려운 사건이 아니면, 임금에게 아뢰는 절차를 생략하고 형조에서 직접 죄와 벌을 정하게 한 것이다(세종 19년 1월 17일).

죄가 가벼운 공범은 모두 보방으로 풀어주고 불구속상태에서 수사와 재판을 진행하게 하였다. 사면령을 내려도 (사면에서 제외된) 주범의 재판이 끝나지 않았다는 이유로 죄가 경미한 공범들까지 석방하지 않아서, 간혹 병이 들거나 얼고 굶주리다 목숨을 잃는 사례가 생기는 폐단을 없앤 것이다(세종 19년 4월 30일).

지방의 옥에 구금되어 있던 죄수가 사망하면 감사가 그 원인을 상세히 조사하여, 고문이 과도하였거나, 음식과 옷을 박절하게 주었거나, 치료가 소홀해서 죽은 것이면 그 수령을 즉시 파면하게 하였다. 그밖에 세 가지 사항을 더 지시하였다(세종 20년 11월 28일).

첫째로, 사망원이 애매하여 파면하지 못했더라도 1년 동안 2명 이상의 죄수를 죽게 하였으면 복무성적에 반영하게 하였다. 둘째로, 도성의 의금부나 전옥서에서 죄수가 죽으면 사헌부가 나서서 사망원인 등을 조사하게 하였다. 셋째로, 옥에서 죄수가 사망하면 옥졸들을 〈이전(吏典)〉 위수조(爲首條)에 따라 죄와 벌을 정하게 하였다.

**넷째. 보고용 옥송서류들을 나누어서 제출하게 하였다.**

중앙과 지방에서 발생한 범죄사건의 사법처리에 필요한 서류들이 번

다하여, 분량이 많은 것은 1백 장을 넘을 때도 있어서 아전들이 그것을 베끼다가 보고기한을 넘겨서 죄수들이 오랫동안 옥에 머무는 경우가 많다고 하자, 우선 먼저 사건의 전말을 간략히 적어서 올린 뒤에, 원문을 승정원에 제출하게 하였다(세종 20년 12월 25일).

**다섯째. 중앙과 지방 사이에 공문이 오가는 시간을 단축시켰다.**

지방의 관아에서 중앙의 형조에 공문을 보낼 때 방명(房名)까지 적게 하되, 반대의 경우도 똑같이 하게 하였다(세종 19년 12월 23일). 아울러서, 공문 배송이 지체되거나 분실사고가 발생해, 태형이나 장형에 처해질 죄수가 장기간 옥에 갇혀 있다가 죽는 경우가 생기지 않도록 하였다.

규정상으로는, 범죄사건과 관련되어 신속한 배송이 요구되는 문건은 각 도의 감사나 절제사의 전령이 역마를 타고 도성에 오는 편에 보내도록 되어 있었다. 하지만 실제로는 역참을 통해 문건을 보내는 경우가 많았는데, 병조의 관원들이 친분을 이유로 형조가 발급한 증명서가 없는 자에게도 역마를 내줘서, 공문송달 지연으로 죄수가 죽는 일이 자주 발생하였다.

위와 같은 문제를 해결하기 위해, 지방에서 발생한 범죄사건에 대해 형조가 판결을 내리면, 그 문건을 공적인 용무를 위해 역마를 타고 지방에 파견되는 관원으로 하여금 가져가게 하고, 그런 인편이 없을 때는 문건을 공문통에 넣고 방울을 다섯 개 달아서('긴급' 표시) 역참을 통해서 급히 보내주게 하였다.

아울러서, 만약 공문이 늦게 도착하면 감사가 거리를 살펴서 엄중히 죄를 다스리게 하고, 병조의 관리가 형조가 발급한 증명서를 확인하지 않고 역마를 내주었으면 법에 따라 엄히 다스리게 하였다(세종 21년 2월 3일).

**여섯째. 사죄삼복법 시행에 따르는 병폐를 없애고자 하였다.**

형조에서 대왕에게, '조사를 마치고 삼복이 끝나기를 기다리는 사죄용의자가 모두 47명인데, 가둔지 3년 된 자가 12명, 2년 된 자가 14명, 1년된 자가 21명이라고 보고하면서, 그 원인으로 삼복제도와 의정부의 무성의를 지적하였다.

> 저희 형조에서 사건을 다시 자세하게 조사하느라 사죄용의자가 오래 갇혀있는 경우도 있고, 의정부에 보고하였으나 회신이 없어서 처결을 미루고 또 미루다가 몇 해를 지난 경우도 있어서, 차꼬와 수갑의 고통과 가산의 손실이 말하기 어려울 정도로 큽니다. 반드시 처형될 자들은 어쩔 수 없더라도, 연루자나 죄가 의심되어 처형되지 않을 자들까지 고통을 겪다가, 굶주림, 추위, 질병 등으로 죽는 일이 생기니 온당치 못합니다.

> 앞으로는 사죄사건이 발생하면 《속형전》의 규정에 따라 기한 내에 용의자신문을 마치고 결과를 우리 형조에 보내면, 우리 형조에서 그 내용을 상세하게 복심하여 의정부로 올려 보내 전하께 아뢰게 하시옵소서. 아울러서 그 시한을 1년으로 정하고 매년 연말에, 의정부, 형조, 승정원이 상세히 복심하느라 판결이 미뤄진 사죄용의자의 수를 전하께 아뢰게 하시옵소서(세종 21년 윤2월 30일).

재위 19년부터 21년까지 3년에 이르도록 전례 없이 극심한 가뭄이 계속되자, 형조·사헌부·한성부·도관에 명을 내려, 다른 일을 모두 멈추고, 오랫동안 미결로 남아있는 소송들을 즉시 판결하게 하였다.

지중추원사 권제가 상소를 올려서, 형조·사헌부·한성부·도관 등의 소송담당자가 고복(考覆) 절차가 번거롭다는 핑계로 사안이 간단한 사건까지 오래도록 처결을 미루어 소송당사자들이 억울한 마음을 품는 경우가 많다며, 대책으로 올린 것을 그대로 따른 것이었다(세종 21년 5월 3일).

  그러자 전에는 없었던 허위보고 폐단이 생겼다. 지방의 죄수가 장기간 구금되거나, 과도한 고문으로 인해 병에 걸리거나, 혹은 굶고 떨다가 죽으면, 담당관리가 문서를 날조하여 보고하고, 감사 역시 확인하지 않는 실정이 드러나, 수감되었던 죄수의 사망보고서가 형조에 접수되면 재차 면밀히 검토하여 아뢰도록 법을 세웠다(세종 24년 9월 12일).

  의정부에서 아뢰기를, 중앙과 지방에서 발생한 사죄사건들을 서로 공문을 주고받으며 여러 차례 상세히 복심하느라 해를 넘겨서 옥에 갇힌 채로 죽는 자가 자못 많다고 하니, 수령의 복무성적을 평가할 때 사망에 이르게 한 인원을 반영하게 한 교지(세종 20년 11월 28일자)의 시행세칙을 정하게 하였다.

  4년 뒤에, 1년 안 동안 사죄 혐의자 2,3명과 경범죄 혐의자 2인을 죽게 하였으면 상등(上等)을 줄만하여도 중등(中等)을 주고, 사죄 혐의자 4명과 경범죄 혐의자 3인을 죽게 하였으면 하등(下等)을 주는 평가기준이 마련되었다(세종 24년 11월 23일).

  **일곱째. 삼한법(三限法)에 정한 옥송처리기한을 따르게 하였다.**
  지속적인 노력에도 불구하고 체옥(滯獄)의 폐단이 사라지지 아니하자, 형조를 불러서 《속육전》〈형전(刑典)〉의 삼한법(三限法) 조항을 상기시키며, 형정담당 관원들에게 형사절차의 신속한 진행을 독려하게 하였다.

  사건이 크든지 작든지 상관없이, 증인이 나라 안에 있고 사실관계가 명백한 사건은 10일이면 넉넉히 처리할 수 있고, 내용이 간단한 사건은 3일이면 충분할 것이니, 중앙과 지방에서 옥사를 결단하는 관리들은 한결같이 《경제육전》의 규정대로 신속하게 처리하여, 죄수가 불필요하게 오래 갇혀 있는 경우가 없도록 하라. 혹시 부득이하여 처리기한을 넘겨야 할 사건은, 태형이나 장형에 처해질 경범죄라도 사유를 정확히 아뢰어, 죄수를 가엾게 여기는 나의 뜻에 부응하게 하라(세종 25년 4월 14일).

삼한법이란 태종 때 옥송의 지체를 막기 위하여 사건의 경중에 따라 처리기한을 명시한 법으로, 사죄에 해당하면(대사) 90일, 도죄나 유죄에 해당하면(중사) 60일, 태죄나 장죄에 속하면(소사) 30일 이내에 절차를 마치게 되어 있었다.

또 사건담당자가 특별한 이유 없이 법정처리기한을 넘겼으면 법에 따라 엄하게 다스리되, 부득이한 사정으로 기한을 넘겼으면 그 사유를 서면으로 자세히 아뢰게 하였다(태종 15년 12월 8일).

### 여덟째. 체옥(滯獄)을 막기 위해 성심을 다 쏟았다.

가뭄이 길어지자 대왕이 의정부에 명하기를, 의정부 관원들을 전국 각지에 재판관으로 파견해 지체된 옥사들을 속히 결단하게 하여서 백성의 원통하고 억울한 사정을 펴주게 하는 방안을 의논하여 아뢰게 하였다(세종 25년 5월 16일).

또, 형정담당 관원들이 당장 처리가 가능한 사건들까지 지엽적인 문제로 시간을 허비하거나 특별한 이유 없이 판결을 미루면서 용의자를 장기간 구금해 죄가 가벼운 죄수가 목숨을 잃는 일이 발생하자, 사죄사건의 신속한 처리를 독려하는 교지를 형조에 내렸다.

지방에서 사죄사건이 발생하면 감사가 형조에 공문을 보내 적용할 죄목을 지정받게 하라. 혹시 형조에서 추가로 확인해야 할 것이 있으면 즉시 현지 감사에게 공문을 보내 물어보고, 확인할 것이 없으면 곧바로 사건을 의정부로 이첩하라. 의정부에서 검토를 마치면 현지 감사에게 공문으로 결과를 알려주고, 감사는 공문을 받는 즉시 용의자 신문을 마치고 형조에 결과를 보고하게 하라. 공문을 일반탁송 궤짝들과 같이 보내면 시간이 지체될 수 있으니, 반드시 공무를 위해 역마를 이용하는 인편에 부치도록 하라(세종 25년 6월 3일).

하지만 법과 형벌을 다루는 관원들이 구태(舊態)를 벗지 못했다. 대왕이 세상을 뜨기 8개월쯤 전에 승정원에서 살인사건 보고를 지체하였다가 도승지 이사철과 좌부승지 조서안이 대왕으로부터 호통을 들었다.

경상도 하동에서 아버지가 네 명의 아들 가운데 두 명에게만 재산과 노비를 나눠줬다가 한 아들이 다른 아들을 살해하게 만든 사건의 수사보고서를 접수하고서도, 아버지의 교사 혐의가 모호하다는 이유로 오랫동안 보고를 지체했기 때문이었다.

하동에서 형제 사이에 벌어진 살인사건은 강상에 관계된 것이라 더욱 신속히 처리했어야 옳을 일인데, 수사보고서가 승정원에 도착한 지 6개월이 지나도록 아뢰지 않았으니, 어째서 사건의 경중과 선후를 구분해서 옥송을 처리하지 않는 것이냐. 도저히 있을 수 없는 일이 벌어진 것이니, 송사판결의 시한에 관한 법규를 확인하여 아뢰도록 하고, 형조는 현재 미결상태에 있는 옥송의 개시일자를 모두 기록하여 아뢰도록 하라(세종 31년 8월 22일).

또, 장난삼아 외국인을 놀렸다가 무려 4년이나 옥에 갇혀서 열아홉 차례나 고문을 당한 두 백성을 보방으로 풀어주게 하였다. 처음에 경상도 상주 객관에 조선말을 조금 알아듣는 쇄미구라(灑未仇羅·사이미 큐라)라는 왜인이 있어서, 일수(日守·심부름꾼) 김보산과 통역 망내가 그를 도와주고 있었다. 그런데 작은 장난이 큰 봉변을 불렀다.

마침 도절제사가 상주를 방문하여 영접을 위해 군사를 모으는 나팔과 북소리가 들리자 왜인이 깜짝 놀라서 보산과 망내에게 그 까닭을 물었다. 두 사람이 장난기가 발동해, '당신을 잡으려 한다.'고 말하자, 쇄미구라가 그대로 믿고 겁에 질려서 촌으로 달아나 도움의 손길을 청하다, 기력이 탈진해 거의 죽기 직전에 가까스로 구조되었다(세종 31년 8월 23일).

이 일로 보산과 망내가 모진 고문을 당하며 여러 해를 걸쳐서 지내다, 대왕의 특명으로 운 좋게 보증인을 세우고 불구속 상태에서 수사와 재판을 받게 되었는데, 형조의 관리들이 사법권을 남용하고 옥송처리를 지체한 혐의로 문책을 당했다. 처음에 대왕이 의정부의 고관들에게 의견을 물었다.

> 김보산이 왜인을 희롱하여 도망가게 만들었지만, 희롱이 진행된 상황을 따져보면 두 사람이 모반할 마음을 품었던 것도 아니고, 평소에 원한이 있어서 복수를 하려고 벌인 일도 아니어서, 그 실정을 밝히기가 곤란할 이유가 없는 사건이다. 그런데도 두 용의자를 열아홉 차례나 고문하고 4년 동안이나 가둬둔 형조의 관리에 대해 국문을 명하고자 하는데 어떻게들 생각하는가(세종 31년 8월 27일).

좌의정 하연과 좌참찬 정분이 한목소리로 반대를 표했다. 형조와 감사가 함께 잘못한 것은 맞지만, 그 뒤에 사면령이 내려져 죄를 물을 수 없다고 말하자, 우참찬 정갑손이 두 가지 이유를 내세워 대왕의 발언에 힘을 보탰다.

첫째는, 김보산과 망내 사건 말고도 형조에서 제 때에 처리하지 않고 미뤄둔 옥송사건들이 더 있다고 하였다. 둘째는, 사면령을 내린 문건에 '죄가 발각된 자도 용서한다.'고 하였으니, 비록 사면 전에 사건이 발생하였어도 발각된 시점이 사면령이 내려진 이후여서, 죄를 물을 수 있다고 하였다.

대왕이 의금부를 불러서 형조관리들이 김보산과 망내의 옥송을 부득

이한 이유 없이 장기간 지체한 이유를 문초하게 시키더니, 형조 낭청의
수령관과 차사원 전원에게 태형을 선고하고 돈으로 매 값을 내게 하였다.


## 일곱째. 오결가능성 최소화

천인합일(天人合一) 사상을 믿었던 유교나라의 임금들은 옥송판결이 잘
못되어도 필연적으로 재앙이 닥친다고 여겼다. 죄수들의 원억이 쌓이면
민간의 화기를 떨어뜨려 하늘의 응징(천벌)을 당한다고 믿은 것이다.

대왕 역시도 같은 믿음을 강하게 갖고 있어서, 즉위직후부터 오결을
줄일 수 있는 방안을 백방으로 모색하였으며, 특히 법관들의 재판역량을
향상시키기 위한 정책들을 다양하게 시행하였다.


### 첫째. 법전의 배포, 편찬, 번역 등을 중단 없이 추진하였다.

법조문에 대한 오해나 무지로 법관이 판결을 잘못 내릴 여지를 없애기
위해, 국법으로 사용하던 중국법전, 행정용어집, 국민교화서 등을 넉넉히
인쇄하여 전국의 관아에 나눠주었다(세종 5년 10월 3일).

예조 산하 검상조례사(檢詳條例司)의 검상(檢詳)[42]을 유능한 관원으로
임명하고 자주 바꾸지 못하게 하였다. 임금이 내리는 교지 가운데《원육
전》이나《속육전》에 들어있지 않아서 법으로 삼을 만한 것들을 취합해 책
으로 엮어서 훗날 참고할 수 있게 하기 위함이었다(세종 6년 5월 25일).

....................

42 검상은 태조 6년에《경제육전》을 편찬한 이후로, 검상조례사 소속이면서 예조
  에 파견되어, 입법업무와 형사사건에 대한 재심업무를 담당하다가 세종 18년 4
  월에 국정운영체계가 육조직계제에서 의정부서사제로 바뀌고 나서 의정부의 정
  식 직책이 되었다(세종 18년 7월 4일).

《원육전》과《속육전》은 태종 연간에 하윤과 이직 등이《경제육전》을 토대로 각각 3권씩으로 편찬한 〈경제육전원집상절(원집상절)〉과 〈경제육전속집상절(속집상절)〉을 지칭한 것이다.

《원육전》(원집상절)은《경제육전》의 방언과 이두 부분만 한문으로 바꿔서 다시 쓴 것이고,《속육전》(속집상절)은 정종 즉위년(1398)부터 태종 7년(1407)까지 약 10년 동안 내려진 교지(법령)를 모두 취합하고《경제육전》의 일부를 고쳐서 집어넣어 편찬한 것이다(태종 12년 4월 14일)[43].

주자소에 명하여,《당률소의》를 넉넉히 인쇄해서 중앙과 지방의 관원에게 나눠주게 하고(세종 9년 3월 23일), 분기별 관원채용과 율과시험에 《당률소의》를 포함시켜 성적을 합산한 점수로 순위를 매기게 하였다(세종 11년 6월 3일).

사인 조서강과 소윤 권극화를 시켜서 상정소에서 대명률을 번역하게 하였다. 지신사 안숭선과 좌대언 김종서가, "《대명률》의 문어(文語)는 뜻을 이해하기 어려워서, 율문과 대조할 적에 죄의 경중을 오인하는 경우가 생긴다며,《당률소의》·《의형이람》 등의 글을 참고해서《대명률》을 번역하여 사람들이 알기 쉽게 할 것을 청하여, 그대로 따른 것이었다(세종 13년 6월 22일, 23일).

《대명률》을 번역하게 하였다는 말은 '문어체'로 되어 있어 여간 사람은 해독하기가 어려운《대명률》을, 이두를 활용해 조선의 사대부(지식인)들이 널리 썼던 한자로 풀이하게 하였다는 뜻이다. 그렇게 한 목적은 조문을 잘못 이해하여 송사를 부당하게 판결하게 될 여지를 최소한도로 줄이기 위함이었다.

그런데 의도했던 결실을 거두지 못하고 도중에 중단된 것으로 보인다.

---

43 연세대학교 국학연구원(1995),『경제육전집록』, 5쪽.

세종실록에 후속기사가 보이지 않을뿐더러, 조서강이 3개월쯤 뒤에 사헌집의로 발령이 났다(세종 13년 10월 8일).

권극화는 1년 반쯤 뒤인 그 다음해 12월에 가서 사간원의 지사간원사(사간원지사)로 발령이 났지만(세종 14년 12월 8일), 실록에 번역작업을 진행한 흔적이 보이지 않는다. 단지, 사관들의 착오에 의한 중복편집이 분명해 보이는 오류가 확인될 뿐이다.44

### 둘째. 법전편찬사업에 역점을 두어 뜻대로 결실을 거뒀다.

1422년(세종 4) 5월 10일에 부왕이 죽자마자, 장례를 치르기도 전에 《육전》 편찬에 들어갔다. 성공적인 추진을 위해 성산 부원군 이직과 좌의정 이원을 도제조로 삼고, 찬성사 맹사성과 참찬 허조를 제조로 앉혔다(세종 4년 8월 11일). 이후로 작업이 진행되는 과정을 꼼꼼히 챙겼다(세종 5년 7월 13일).

약 3년 반에 걸친 수정작업을 진행하여 마침내 《신속육전》 6책과 《등록(謄錄)》 1책이 완성되었다(세종 8년 12월 3일). 전자는 법전이고 후자는 규정집이다. 국가법령집관리의 번거로움을 최소한도로 줄이기 위해, 영구적으로 시행되어야 할 법령은 '전(典)'에 올리고, 한시적으로 시행하다가 폐기하거나 수정할 법령은 '녹(錄)'에 올리는 이원적 편찬방식을 적용한 것이다.

그런데 개찬한 법전에 내용이 누락되거나 잘못 들어간 부분이 적지 않다는 지적이 제기되어(세종 10년 윤4월 1일), 이직 등이 다시 《신속육전》 5권과 《등록》 1권을 편찬하여 올리니, 대왕이 보고서 하연 등에게 재수정

........................

44 세종 14년 11월 13일자 실록에도, 지신사 안숭선이 《대명률》을 조선말로 번역하여 전국에 반포할 것을 제의하였다는 기사가 실려 있다. 그런데 외견상으로는 앞서 인용한 세종 13년 6월 22일의 기사와 다른 것 같으나 골자는 차이가 없어서, 사관의 착오에 의한 중복편집으로 추정된다. 게다가 이후로 후속기사가 한 건도 보이지 않는다.

을 명하였다(세종 10년 11월 29일).

4개월쯤 뒤에 대왕이, 태종 때 하윤 등이 편찬한 《원육전》과 《속육전》을 인쇄하여 중외의 관리들에게 나눠주게 하였다(세종 11년 3월 18일). 그 무렵 어느 때쯤, 이직 등이 편찬하고 하연 등이 수정한 《신속육전》 최종본이 완성되었던 모양이다. 1년쯤 뒤에 대왕이 경연에서 《신속육전》을 강론하였다(세종 12년 3월 27일).

다음해 4월 대왕이 대신들에게, 하윤이 지은 《원육전》 대신 조준이 편찬한 《방언육전》을 쓰는 방안에 대해 의견을 물었다. 전자는 저속한 상말로 적혔거나 뜻이 애매한 곳들이 많은 반면, 후자는 내용이 알기 쉽게 잘 짜여 있다고 하였다. 원육전의 단점과 방언육전의 장점을 말한 것이니, 방언육전을 쓰고 싶다는 뜻을 밝힌 것이나 다름이 없었다.

그런데 반응이 엇갈렸다. 좌의정 황희는 《방언육전》을 써도 무방하다고 하고, 총제 하연은 《방언육전》을 쓸 수 없다고 하였다. 아울러서, 《속육전》을 한문으로 편찬하여, 《원육전》의 한문본도 편찬을 해야 할 형편이라며, 《원육전》의 모호한 부분만 고치는 방안을 제의하였다.

잠자코 경청하던 대왕이 입을 열더니, 《원육전》과 《속육전》이 각각 다르니, 《원육전》과 《속육전》을 함께 쓰라고 하였다(세종 12년 4월 11일).

1년 반쯤 뒤에 상정소에서, "《이두원육전》의 목판이 있는 강원도로 하여금 각판의 깨진 곳들을 보수해 인쇄하여 중외에 나눠주게 하고, 《상정원육전》은 거둬들일 것을 청하였다.

전자는 건국시조인 태조 때에 이룩된 법전이기도 하고, 관리들이 쓰기가 편하고 쉽기 때문이라고 아뢰니, 곧바로 윤허가 떨어졌다(세종 13년 5월 13일).

5개월쯤 뒤에 대왕이 신하들에게, 새로 찬술한 《신속육전》을 정부와 육조에서 다 살펴보았는지 여부를 묻더니, 잇따라서, 의심나는 곳이 몇 군데나 되는지를 물었다.

지신사 안숭선이 나서서, 두루 살펴보니 의심나는 대목이 보이지 않더라고 아뢰니, 새로 찬술한 《신속육전》을 믿지 못하겠다고 혹평하였다. 경연에서 강론까지 하고서 간행했는데도, 경연관인 집현전 학사들이 성심껏 살피지 않았다는 것이었다(세종 13년 10월 28일).

1년 남짓 지나서 상정소 도제조 황희 등이, 일일이 임금의 재결을 받아서 기본법만 모아서 엮은 《정전(正典)》 여섯 권과, 한시적으로 시행하다가 오래지 않아서 폐기한 법들을 별로로 묶은 《등록》 여섯 권으로 이뤄진 《경제속육전》을 완성하여 올리니, 대왕이 주자소에 인쇄를 명했다(세종 15년 1월 4일). 두 달쯤 뒤에 《경제속육전》의 활용을 극대화할 의지를 내비쳤다.

새로 찬술한 《경제속육전》을 속히 인쇄해 반포하여, 신민들로 하여금 어떤 법이 어떻게 제정되어 있는지를 자세히 알게 하라. 나도 경연에서 강론하겠다. 사람이 죄에 빠지는 것은 법을 알지 못하기 때문이다(세종 15년 3월 5일).

이후로 경연에 나아가 새로 찬술한 《경제속육전》을 강하다가 오류를 발견하면 다시 논의하게 하였다(세종 15년 6월 21일).

3개월쯤 뒤에 지신사 안숭선이, 새로 편찬한 《경제속육전》에 들어있으나 시행되지 않는 조목이 매우 많다며, 예조로 하여금 뽑아서 아뢰게 한 뒤에 검토하여 시행하게 하기를 청하니, 그대로 윤허가 떨어졌다(세종 15년 9월 24일).

2년쯤 뒤에 대왕이 영의정 황희 등을 불러서, 《경제속육전》을 편찬할 때 누락된 30여 개의 교지 가운데 시행할 만한 것들이 있다며, 누락된 교지들을 내려준 날짜를 고쳐서 다시 내려주는 방안에 대해 의견을 물었다.

모두가 한목소리로 지지를 표하자, 그대로 따르게 하였다(세종 17년 1

월 22일). 10개월쯤 뒤에 예조의 건의를 수용하여, 《경제속육전》을 수찬할 때 제외시킨 교지들을 주자소에 인쇄하게 시켜서 맨 뒤에다 붙이게 하였다(세종 17년 11월 20일).

이로써 대왕이 13년 이상 공을 들인 '국가법령집정비사업'이 드디어 마침표를 찍으니, 이조·호조·예조·병조·형조·공조 등 국가기관들의 분장 업무가 질서있게 정비되었다.

나라의 정치·경제·외교·국방·교육·복지·문화·치안 등 분야의 국정을 유기적이고 효율적으로 추진할 수 있는 법적기반이 촘촘하게 갖춰진 것인데, 어느 하나도 전해지는 것이 없어서 아쉬움이 크다.

**셋째. 예비법관들에 대한 법률교육을 획기적으로 강화하였다.**

문신 중에 율문에 정통한 자를 율학의 훈도관으로 배치해 생도들에게 《당률소의》·《지정조격》·《대명률》 등을 가르치게 하였다. 율문이 문신도 알기가 어려울 정도로 한문과 이두로 복잡하게 쓰여 있었기 때문이었다(세종 8년 10월 27일).

형조 안에 있던 율학청을 밖으로 옮겨서 형조 고율사(考律司)의 낭청 한 명을 지정해 율과합격자들에게 율율을 가르치게 하였다(세종 15년 1월 5일).

종전의 율학(청)을 사율원(司律院)으로 고치고, 예비법관들에 대한 교과과정과 기관운영을 획기적으로 고치고 바꿨다. 율문을 강습하는 법을 엄중히 하고 율문공부를 권장하는 여섯 가지 조목을 채택하였다. 아울러서 시험을 실시하여 성적에 따라 보상과 징벌을 내리게 하였다(세종 16년 8월 26일).

**넷째. 오결이 생기는 근원을 끊기 위해 새 문자를 만들었다.**

대왕은 평소 용의자에 대한 고문이 합법적으로 허용되는 상황에서는 무리한 매질이나 강압에 굴복해 허위자백을 하는 사례가 많을 수밖에 없다는 생각을 가졌던 것 같다. 유력한 증거로 재위 19년째 해 11월의 실록에 보이는 다음의 기사를 들 수 있다.

> 사헌부에서 죄인을 신문할 때에 무리하게 고문을 시행해 실정을 다 확인한 뒤에야 신문을 그치기 때문에 간혹 죄를 억지로 덮어씌우는 경우가 생긴다. 그런 까닭에 신문조서에 미심쩍은 구석이 없어도 나는 약간씩 의심을 품으니, 나의 이런 뜻을 본받도록 하라(세종 19년 11월 12일).

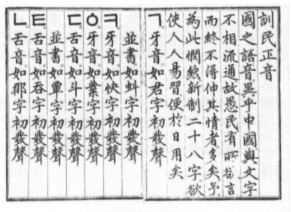

간송본 복간본(2015) – 정음 ㄱㅋㄴ

출처: 김슬옹(2018), 『훈민정음 해례본 입체강독본』

사헌부만 대왕으로 하여금 남형을 걱정하게 만든 것이 아니다. 지방의 수령들 가운데 자기 마음대로 판결을 내려서 도형과 유형 이하에 해당하는 옥송의 판결에 오류가 많다는 지적이 제기되어, 대왕이 전국의 수령들에게 명을 내려, 사율원에서 법률전문가로 파견한 검률(檢律)의 판단을 존중하게 하였다(세종 21년 5월 3일).

그런데 매우 유감스럽게도 법관들의 오판과 오결을 줄이기 위한 혁신의 길목에 난공불락의 철옹성 같은 장애물이 우람하게 버티고 있었으니, 바로 '한자(漢字)'라는 걸림돌이었다.

한자를 잘 아는 법관들도 법조문을 오독(誤讀)하여 판결을 잘못내리는 경우가 많았다. 보완대책으로 예전부터 이두(吏讀)를 써왔지만, 법의 해석과 적용에 자주 오류가 따랐다. 그러자 마내 대왕이 비장한 결심을 하기에 이르렀다.

법전이 어려운 한자로 되어 있어서, 법관이 자신의 송사를 오결하여도 원통하고 억울한 마음을 풀지 못하는 백성의 원망이 쌓여서 천지의 화기를 떨어뜨리는 것을 기필코 막아볼 생각으로, 비밀리에 '문자개량'을 추진하였다.

사법적폐로 백성의 원억이 하늘까지 전해져 천벌이 내려지는 악순환의 고리를 끊겠다는 각오로, 법관도 백성도 어렵지 않게 익혀서 쓸 수 있는 새 문자를 공들여서 연구한 끝에, 마침내 아주 쉽고 편리한 언문(훈민정음)을 창제하였다.

주지하듯이, 조선왕조는 건국초기부터 주자학의 명분론에 입각하여 당시 동아시아의 맹주로 군림하던 명나라를 지성으로 섬겼다. 따라서 모든 국제질서가 명나라를 중심으로 돌아가던 상황에서 한자를 대신할 새 문자를, 그것도 임금이 친히 짓는다는 것은 스스로 무덤을 파는 행위에 비견될 만큼 위험천만한 도박이었다.

하지만 대왕은 명나라의 훼방이나 응징을 아랑곳하지 않고, 백성이 살아야 외교도 있고 사대도 있다는 신념으로 새 문자를 만들었다. 누구나 짧은 시간 내에 쉽게 글자를 터득해 각종 법령·진술조서·증거기록·공소

장·판결문 등을 직접 읽을 수 있게 해주기 위함이었다.

언문(훈민정음)이 완성되어 처음 공개된 시점이 세종 25년 12월말임을 상기하면, 누구나 쉽게 배울 수 있는 새 문자를 만들기 위해 국가의 경영 체계까지 바꾼 것 같기도 하다. 이전까지 육조직계제로 운영하며 모든 국 정을 임금이 친히 처리하던 것을, 재위 18년에 의정부서사제로 바꾸어 업 무에 대한 부담을 대폭 줄였기 때문이다.

한 걸음 더 나아가, 당시 대왕의 건강상태가 몹시 나빠서 즉위초반부 터 공들여서 진행해온 경연마저 중단한 것을 감안하면, 병환으로 목숨이 위태로운 상황에서 초인적인 투혼을 발휘해 언문을 창제하였을 가능성도 엿보인다. 어쩌면, 건강이 악화되어 죽음이 멀지 않았다고 여기고, 국가경 영체계를 바꾸고 경연도 중단하고 언문창제에만 몰두하여 성공에 이른 것일 수도 있다.


## 여덟째. 살인죄 판례 축적

대왕이 임금으로 즉위한 1418년은 조선이 건국된 지 26년째가 되는 해였다. 4년 뒤에 태종이 죽어서 대왕이 통치권을 거머쥐고 자신의 시대 를 열었던 1422년 5월은 조선건국 30주년이 되는 해였다. 그동안 선대의 세 임금은 정국의 혼란으로 기틀을 닦을 여가가 없어서 정치·경제·사회· 국방·외교·교육·복지·문화 등 영역에 어지럽고 혼란한 일들이 많았다.

그런 상황에서 보위를 물려받은 대왕은 즉위하자마자 법령정비와 법 전편찬에 착수하였다. 부왕이 죽자마자, 장례도 치르기 전에 국가법령집 개찬을 지시해 재위 11년에 《신속육전》(법전)과 《등록(謄錄)》(규정집)을 편찬하고, 재위 15년에는 《경제속육전》을 완성하였다.

하지만 법전과 규정집만 있으면 나라가 다스려지는 것이 아니다. 아무리 법을 촘촘하게 갖춰도, 백성의 삶 속에서 벌어지는 상황들을 빠짐없이 법에 규정할 수는 없기 때문이다. 설령 법으로 다 규정하더라도 그 적용은 별개의 문제다. 코에 걸면 코걸이가 되고 귀에 걸면 귀걸이가 되는 요술 외에도, 이현령비현령, 유전무죄무전유죄 같은 것이 끼어들어 법질서를 어지럽히는 일이 비일비재하다.

특히 사람의 생명과 관련되는 살인은 가해자와 피해자의 관계, 범행동기, 범행도구, 공범여부, 사후 행동 등에 따라 죄와 벌의 적용이 천차만별로 달라진다. 오늘날도 그렇듯이, 옛날에도, '모든 범죄는 범인의 본심을 밝혀서 죄를 정한다'(원심정죄·原心定罪)는 원칙이 확고하여, 범행의 고의성 여부를 판단하는 문제가 무엇보다도 중요하였다.45

그런데 살인사건은 피살자의 진술을 들을 수가 없어서, 가해자가 거짓말을 하거나, 목격자를 매수 혹은 협박하거나, 혹은 증거를 없애버리면, 고의성 여부를 판별하기가 고도로 힘들다. 더구나 당시는 과학수사는 말할 것도 없고, 검시(檢屍) 이외에 부검 같은 것은 생각도 못했으니 말해 무엇하겠는가.

하지만 대왕은 법관들이 살인죄 적용과 양형 및 부가형벌 부과 등에 대해 고민을 말하면, 해박한 법률지식으로 명쾌하게 정리를 해줘서, 나중에 유사한 상황이 발생하면 판례로 활용되게 하였다. 또, 인과관계가 복잡하거나 혐의가 의심되는 사건은 신하들과 격의 없이 토론을 벌여서 원만한 결론을 도출하였다.

......................

45 한상권(2007), 앞의 논문, 29-30쪽.

**첫째. 살인범(들)에게 속전과 매장은을 징수하는 기준을 보완하였다.**

먼저 형조에서 대왕에게, 한 사람이 여러 명을 살해하였거나, 여러 명이 한 사람을 살해한 경우에 속전(贖錢)을 거두고 매장은을 징수하는 방법을 정해주기를 청했다.

> 《대명률》의 과실살인 조항에 '과실로 사람을 죽게 한 자는 서로 싸우다가 살인한 죄에 준하여 처벌하고, 율에 따라 속전을 거둬서 피살자 유족에게 준다.' 하였고, '위세로 사람을 압박하여 죽게 하였거나, 관리 혹은 공무로 파견된 관원이 공무와 무관하게 평민을 위협하여 사망하게 한 경우는 매장은 10냥쭝을 징수하여 피살자 유족에게 준다.'고 하였습니다. 그런데 한 명이 한 명을 죽였다면 율문을 근거로 속전을 거두고 매장은을 징수해서 피살자 유족에게 주면 되지만, 한 명이 여러 명을 살상하였거나, 여러 명이 한 명을 살상한 경우는 속전과 매장은을 징수하기가 애매합니다. 그렇다고 징수를 그만둘 수도 없어서, 전자의 경우는 피살자의 수를 따져서 한꺼번에 속전과 매장은을 징수하고, 후자의 경우는 가해자들에게 속전과 매장은을 분담시키고 있사오니, 수찬색(修撰色)으로 하여금 자세히 정하게 하옵소서 (세종 7년 8월 17일).

대왕이 대답하기를, "형조에서 주관할 일이니 잘 조사하여 정하라." 하였다. 실록에 후속기사가 없어도, 알아서 정하도록 재량권을 주었으니, 해오던 대로 규정을 정했을 것이 틀림없다. 수찬색이란 세종 4년 8월부터 이직·이원·맹사성·허조 등을 주축으로 《속육전》 개찬작업을 해오던 임시기구였다.

**둘째. 아내와 간통한 사내를 때려죽인 행위를 투구살인과 구분하였다.**

대언(승지)들이 대왕에게, 어떤 남자가 방안에서 자기 아내와 간통하고 방 밖으로 나온 사내를 따라가 죽인 사건을 보고하고 나서, "형조의 담당자가 말하기를, 율문에는 단지 '간통현장에서 죽이거나 상해를 입힌 경우는 죄를 따지지 않는다.'고만 되어 있으니, 간통현장을 벗어나서 죽였다면 마땅히 투구살인(鬪毆殺人)으로 봐야 한다.'고 하였사옵니다." 하니, 대왕이 즉석에서 교통정리를 해줬다.

> 자신의 아내와 간통한 남자를 여자의 남편이 쫓아가서 죽였다면 간음현장에서 붙잡아 죽인 경우가 아니어도 간음현장에서 살상한 것으로 볼 수 있을 것이다. 또, 투구살인한 자는 사면이 있으면 죽음을 면할 수 있고, 사면이 없으면 죽음을 면할 수 없으니, 투구살인죄를 적용할 것은 아니지 않겠느냐(세종 10년 윤4월 15일).

그로부터 5년쯤 뒤에 대왕이 간통죄 처리에 대해 신하들에게 고충을 털어놓은 기록이 있어 보충자료로 소개해보겠다.

경상도 영덕현의 아전이 은밀히 기생과 간통하였는데, 수령 최기가 그 기녀를 신문하다가 매질이 과하여 기녀가 죽었다(세종 15년 5월 22일). 그런데 아마도 간통현장을 들키지는 않았던 모양이다. 대왕이 신하들과 정사를 의논하다가, "간통죄는 처리하기가 쉽지 않다."고 말문을 열더니, 간통죄 처리원칙을 수정할 필요성을 제기하였다.

> 반드시 한 방에 있다가 잡혔어야지 간통죄를 적용하는 것은 옳지 않은 것 같다. 여자를 유인하여 집에 두는 것이 어찌 다른 뜻이 있겠는가. 간통한 장소에서 잡힌 것으로 논하여도 사리에 어긋남이 없을 것이다(세종 15년 6월 4일).

우의정 최윤덕이 아뢰기를, "율문에 딱 들어맞지 않는다 할지라도, 여자를 집으로 유인한 것이 확실하면 간통하다가 현장에서 잡힌 것으로 논하여도 무방할 것이옵니다." 하니, 대왕이 그렇게 여겼다.

**셋째. 여럿이서 한 명을 때려죽인 용의자들을 살려주게 하였다.**

먼저 형조에서 아뢰기를, "부평에 수감된 사노 상좌·두언·망오지·어리대 등이 고을성과 싸우다가 을성을 죽였사온데, 상좌는 교형에 해당하고, 두언은 장 1백대에 유 3천 리에 해당하오며, 망오지와 어리대는 장 1백대에 해당하옵니다." 하니, 대왕이 대답하였다.

여러 사람이 합세하여 한 사람을 죽였다면 가담자들을 모두 죽이는 것이 옳다고 여기기가 쉽고, 예조판서 신상도 다 죽이는 것이 옳다고 하였다. 그러나 한 사람이 죽은 일로 가담자 전원을 죽일 수는 없고, 《당률소의》에도 '주범만 죽인다.' 고 되어 있다. 이 사건은 처음부터 살해할 의도를 가지고 죽인 경우가 아닌데, 싸우다가 때려죽인 자를 살려준 전례가 있는가(세종 12년 9월 24일).

우대언 김종서가, 근년에 1, 2명이 구제된 바 있다고 아뢰니, 상좌와 두언의 형을 공히 한 등씩 낮춰서 사형을 면하게 해줬다.

**넷째. 싸우다가 사람을 죽인 경우는 범인을 가급적 살리게 하였다.**

먼저 형조에서 아뢰기를, "하동현 사는 선장(船匠·배 만드는 목수) 오부령 등 네 명이 한 패가 되어 보충군 송약로와 싸우다가 약로를 죽였사온데, 부령은 율이 교형에 해당하고, 나머지 세 명은 공히 장1백대에 해당합니다." 하니, 대왕이 대답하기를, "아뢴 대로 하되 부령만은 1등을 감하라." 하고, 좌우의 신하들에게 말하였다.

싸우다가 사람을 죽인 것은 고의살인이 아니다. 고의가 있었음이 분명하면 살인죄를 적용해도 되겠지만, 서로 뒤엉켜 싸우다가 얻어맞은 뒤에 법정기한 안에 병으로 죽은 것까지 살인으로 간주해 사형에 처하는 것은 매우 민망한 일이다(세종 12년 10월 13일).

의정부 찬성 허조가 있다가, '사건에 의심스러운 면이 많다.'고 아뢰니, 대왕이 말하기를, "싸우다가 사람을 죽인 경우는 가능하면 피의자를 살려 주는 것이 옳다." 하였다.

### 다섯째. 죽일 의도가 없었던 살인용의자들을 살려주게 하였다.

전라도 영암군에 사는 황막동이 덕중이라는 자를 때려죽여서, 형조에서 형률에 따라 막동을 교형에 처하기를 청했다. 대왕이 수사결과를 살펴보고 나서, "막동이 처음부터 덕중을 죽일 작정으로 때린 것이 아니고, 내은금이 합세하여 경쟁적으로 때렸으니, 가장 가벼운 죄에 처하도록 하라." 하였다(세종 13년 10월 28일). 그런데 지시를 하고나서 뒷맛이 개운치 않았던지, 이틀 뒤에 측근들에게 복잡한 심중을 털어놓았다.

사람의 목숨은 지극히 중(重)하니 사람을 죽인 자는 죽이는 것이 옳을 테지만, 죄가 의심될 때는 가벼운 죄를 따르고, 죄가 애매하면 용서해야 하는 것이 원칙이다. 그런데 황막동과 내은금 사건은, 둘 가운데 누가 더 죽도록 세게 때려서 덕중을 죽게 하였는지 가리기가 심히 어렵다. 덕중의 죽음을 야기한 사람을 가릴 수 없다고 하여 모두 용서하면 처벌이 너무 가볍게 되고, 둘이 합세하여 죽인 중죄를 적용해 둘 다 죽이면 처벌이 너무 무겁게 될 것이니, 어떻게 처리해야 좋을지 모르겠다(세종 13년 10월 30일).

**여섯째, 죄수를 가혹하게 다루다가 죽게 한 관리에게 매장은을 징수하는 기준을 논의하였다.**

대왕이 형조에 명하기를, 형정을 담당하는 관리가 규정을 어기고 죄수를 거칠게 다루다가 사망의 결과를 초래한 경우에, 그 관리에게 매장은(장례비용)을 징수하는 기준에 대해 의정부와 육조의 의견을 수렴하여 아뢰라고 하였다. 《대명률》에, 형장을 가한 관리 전원에게 1인당 10량씩을 거둬서 사망자의 유족에게 주라고 되어 있어서, 다수의 사망자가 발생할 경우는 수습이 곤란해질 수 있다는 것이었다.

첫째는, 사망자 모두에게 10량씩을 주게 하면 관리가 내야 할 금액이 사죄를 속죄시키는 경우보다 더 많아져서, 공무를 수행하다가 저지른 죄가 죽을죄(사죄·死罪)보다 무거워지는 모순이 생길 수 있다고 하였다. 둘째는, 관리가 부담해야 할 금액이 너무 커져서 재산을 모두 팔아도 감당할 수 없는 상황이 생길 수 있다고 하였다(세종 13년 12월 23일).

그 뒤로 의정부와 육조의 의견이 어떻게 수렴되고, 얼마 동안의 토론 과정을 거쳐서, 최종적으로 어떤 기준이 정해졌는지에 대하여는 실록에 아무런 정보가 없다. 하지만 건전한 상식과 합리적인 사고를 토대로 판단해보면, 어떤 기준이 정해졌을 가능성이 매우 희박하게 느껴진다. 이유는 두 가지다.

첫째는, 대왕이 우려한 상황을 피하려면 사망자 1인당 매장은 징수기준(10량)을 대폭 낮추는 길밖에 없는데, 그렇게 되면 매장은제도를 유지할 필요가 사라지게 된다. 둘째는, 비록 범행을 자백받기 위한 고문이 합법적으로 허용되었어도, 대왕의 극단적 우려에 대해 대신들이 공감을 느꼈을 것 같지가 않다.

**일곱째. 싸우다가 상대방을 죽였으면 참형 대신 교수형에 처하게 하였다.**

형정담당 관원들이 살인범에 대한 형을 청할 때 죄의 경중을 구분하지 않는 적폐가 드러나자, 대왕이 형조를 불러서, 투구살인까지 참형에 처해도 괜찮은 것인지 여부에 대해 의정부와 육조의 의견을 수렴하여 아뢰게 하였다.

《대명률》에 이르기를, '서로 싸우다가 상대방을 죽인 투구살인은, 손발로 때렸거나 칼로 찔러서 죽였거나 상관없이 범인을 교형에 처하고 고의살인은 참형에 처한다.' 고 되어 있다. 그런데도 관리들이 투구살인에 대하여도 참형을 청하니, 죄의 경중을 구분해서 구형하는 것이 옳을 뿐더러, 사면이 있게 되면 죄수의 목숨이 좌우될 수도 있는 중요한 문제다. 싸움을 하다가 일어난 일이라도 칼을 써서 상대방을 죽였다면 죽일 마음이 있었다고 봐야 할 것이고, 주먹으로 때리거나 발로 걷어차서 상대방이 죽었다면 죽일 의도가 없었다고 봐야 할 것이니, 똑같이 교형에 처하는 것은 부당하다고 생각된다.

《당률》에 이르기를, '때리고 싸우다가 사람을 죽게 한 자는 교형에 처하고, 칼을 써서 사람을 죽인 자와 고의로 살인한 자는 참형에 처하되, 싸움을 하다가 일어난 일이라도 칼을 써서 상대방을 죽였으면 고의살인으로 간주한다.' 하였고, 《당률소의》에도, '원래는 살인할 마음이 없었는데 서로 때리고 싸우다가 상대방을 죽였으면 교형에 처하고, 칼을 써서 상대를 살해하였거나 고의로 살해하였으면 참형에 처한다. 싸움을 하다가 벌어진 일이라도 칼을 써서 상대방을 죽였다면 고의살인으로 간주해 참형에 처한다.' 하였으니, 투구살인까지 참형에 처해도 괜찮은 것인지 여부를 의정부와 육조에 문의하여 아뢰도록 하라(세종 14년 10월 20일).

실록에 후속기사가 없어서 결론을 알 수가 없으나, 지시의 맥락으로 미루어, 대왕의 생각 그대로 싸우다가 상대방을 죽인 자에 대하여는 교형을 구형하게 하는 것으로 가닥이 잡혔을 것으로 추정된다.

**여덟째. 투구살인과 고의살인에 대한 형벌을 구별하게 하였다.**

먼저 형조에서 대왕에게 아뢰었다. "《대명률》에 이르기를, '싸우다가 때려서 살인한 자는 손발 또는 물건이나 쇠로 만든 연장 따위를 썼는지 여부와 상관없이 모두 교형에 처하고, 고의살인범은 참형에 처하고, 여럿이 공모하여 같이 때려서 죽게 한 경우는, 직접 손을 쓴 자는 교형에 처하고, 주모자는 장 1백대와 3천리 밖 유배에 처하고, 나머지 사람들은 각각 장 1백대에 처한다. 비록 쇠로 만든 연장을 써서 죽였더라도, 사지(四肢)의 급소를 찌르거나 가격한 경우가 아니면, 처음부터 죽일 의사가 없었는데 우연히 죽이게 된 것으로 간주한다. 본래는 비록 싸우다가 벌어진 일일지라도, 급소를 찔러서 죽였다면 사람을 죽일 의도가 있었다고 봐야 할 것이니, 관리가 조사할 때에 죽일 의사가 있었음을 자백하면 고의살인으로 치고, 처음부터 살해할 의사가 있었음을 부인하면 싸우다가 죽인 것으로 치되, 용의자의 진술에 따라서 죄의 경중을 판단한다.'고 되어 있어, 어리석은 자는 무거운 형을 받고, 간사한 자는 가벼운 형을 받게 됩니다. 그래서 옛날 법전을 들춰봤더니, 《당률》에 이르기를, '싸우다가 때려서 죽게 한 자는 교형에 처하고, 칼을 썼거나 고의로 죽인 자는 참형에 처하고, 서로 싸움을 벌이다가 죽였더라도 무기나 칼을 써서 죽였으면 고의살인으로 간주한다.' 하였고, 《당률소의》에 이르기를, '칼을 썼다는 것은 곧 살해할 마음이 있었다는 것이니, 싸우다가 우연히 죽였더라도 고의살인으로 간주하여 참형에 처한다.' 하였사오니, 앞으로는 사지의 급소 이외의 곳을 칼로 찔러서 죽게 한 경우는 《당률》에 따라 처결하게 해주시옵소서."

한 가지가 더 있었다. "여러 명이 공모하여 함께 한 사람을 구타하여 범행의 선후와 경중을 분간하기 어려운 경우는, 조사할 때 거짓말이 난무해, 때때로 주먹을 살짝 쓴 자가 걸려들고 세게 쓴 자는 빠져나가 생사가 뒤바뀌는 경우가 생깁니다. 게다가 법조문의 문구도 제각각입니다. 《당률》에는, '어지럽게 구타하여 부상을 입혀서 가해의 선후나 경중을 알 수가 없을 때는, 주모자와 처음 때린 자만 중죄를 주고, 나머지는 각기 2등을 감한다.' 하였는데, 《당률소의》에는, '여럿이서 함께 싸우며 어지럽게 구타하다 부상을 입혀 죽게 하여, 직접 죽인 자도 가해의 경중도 알기가 곤란할 때는, 사전에 공모가 있었으면 주모자를 중형에 처하고, 사전에 공모하지 않고 여럿이 때렸으면 처음 때린 자를 중형에 처하고, 주모자도 아니고 제일 먼저 때린 자도 아닌 나머지 사람들은 각각 2등을 감한다.' 하였사옵니다. 하오니 앞으로는 상대방이 숨을 거두도록 주먹을 휘두른 자를 가려 낼 수 없으면 《당률》을 따르도록 윤허해 주시옵소서."(세종 15년 9월 2일).

대왕이 모두 그대로 윤허하였다.

**아홉째. 여럿이서 한 명을 죽였으면 전원에게 매장은을 거두게 하였다.**
어느 대신이 대왕에게 어떤 사람이 실수로 두 사람을 죽인 사건을 보고하면서, 과실치사를 살인죄로 처벌하기는 곤란하지만, 사망자를 화장하여 땅에 파묻는 데 필요한 비용을 가담자 전원에게 징수해 뒷사람을 경계하는 것이 좋겠다고 아뢰자, 대왕이 승낙하지 않았다.

열 사람을 죽였더라도 단지 살인죄로 다스릴 따름이고, 죽인 인원을 따져서 죄의 경중을 정하지 않으니, 비록 두 사람을 죽였어도 한 건의 과실치사로 보아 은을 징수함이 옳을 것이다(세종 16년 1워 ㄹ 20일).

형조참판 남지 등이 있다가, '은을 징수하는 것은 죽은 사람을 장사지내기 위한 것이니, 두 사람을 죽였으면 두 사람 분을 징수하여 유족에게 주는 것이 옳을 것 같다.'고 말하니, 다시 더 의논하여 아뢰게 하였다. 이에 형조에서 의논을 거쳐서 다음과 같이 결과를 아뢰었다.

> 살인사건의 하수인이 특사를 만나 석방되어도 매장은 10냥을 징수해 피해자 집에 주도록 되어 있으나, 여럿이서 한 사람을 구타하였거나, 갑이 먼저 때리고 을이 뒤에 때려서 상처를 입힌 뒤에 갑이 추가로 상처를 더 입혀서 죽게 한 경우에, 인과관계가 밝혀지기 전에 갑과 을이 함께 사면으로 풀려나면 다시 추문할 수 없어서 매장은을 받아낼 길이 막히니, 앞으로는 두 사람이 함께 같이 구타하여 치상에 이른 뒤에 한 사람이 추가로 상처를 더 입혀서 죽게 하였어도 두 사람 모두에게 매장은을 징수해 피살자 유족에게 주도록 하시옵소서(세종 16년 1월 20일).

대왕이 그대로 받아들이니, 두 사람이 함께 같이 한 사람을 폭행하여 치상에 이른 뒤에 한 사람이 추가로 상처를 더 입혀서 마침내 사망에 이르게 한 경우도 두 사람 모두에게 매장은을 징수해 피살자 유족에게 준다는 원칙이 정해졌다.

**열째. 흉악범을 고문치사케 한 수령에게 매장은을 물리지 말게 하였다.**
평안도 위원군의 수령 정윤덕이 강도살인 용의자 이만송을 문초하다가 잘못해서 만송이 사망에 이른 사건이 발생하였다. 평안도 감사가 대왕에게 사건의 경위를 적은 장계를 올리면서, 윤덕에게 만송의 장사비용(매장은)을 물리지 말기를 청했다.
매장은 조항은 죄가 가벼운 자를 잘못 다뤄서 목숨이 끊어지게 한 경우에 죽은 자를 불쌍히 여기고 장사비용을 물어주라는 것인데, 이만송은 일가족 일곱 명을 죽여서 마땅히 극형에 처해질 자였으니, 윤덕에게 '형벌을 법대로 집행하지 않아서 용의자가 죽게 한 죄'를 적용해 매장은 10냥을 징수하는 것은 법조문의 취지에 맞지 않는다는 것이었다.

대왕이 보고 나서 형조에 내려주고 의정부와 함께 의논하여 아뢰도록 명을 내렸다. 형조에서 의논을 거친 뒤에 모든 사람이 평안도 감사의 말을 지지한다고 결과를 아뢰니, 대왕이 듣고 나서, 윤덕에게 매장은을 물리지 말라고 지시하였다(세종 26년 7월 4일).


## 아홉째. 양친우선 원칙 고수

《대명률》〈형률〉 편에 법보다 효를 위에 두게 한 조문이 들어있으니, 바로 '존류양친조(存留養親條)'라는 것이다. 그 요지는, 죄수에게 고령의 조부모나 부모가 있는데 봉양할 다른 성인 자식이 없으면, 임금이 형을 감하여 집에서 부모를 봉양(양친·養親)하게 할 수 있다는 것이다.

죄수에게 적용될 형벌이 도형이나 유형이면 장 1백대로 대체하고, 장형이나 태형이면 돈으로 대신 받고 풀어줄 수 있게 되어 있었다.

대왕은 보위에 있었던 내내 존류양친 원칙을 충실하게 지켰으며, 사헌부와 형조 등에서 법과 형벌을 담당하는 관원들에게 법보다 효가 우선이라는 사실을 분명하게 깨우쳐주었다. 법보다 인륜(人倫)이 먼저라는 사실을 주지시킨 것이다.

[사례 1] 화폐를 사용하지 않은 죄로 형을 받은 사람 가운데 외아들인 자들을 별도로 추려서 아뢰게 하더니, 동전을 사용하지 않은 죄로 지방에

부처되었던 차재라는 자를 석방하여 어버이를 봉양하게 하였다(세종 7년 8월 24일, 8월 27일).

[사례 2] 사죄(死罪)용의자가 외아들이면, 그에게 적용할 형률을 아뢸 때 공신 자손의 예에 따라 신상명세를 첨부하게 하였다. 아울러서, 70세 이상의 어버이가 있는 사람은 먼 지방의 수령으로 임명하지 말게 하고, 부득이한 사정이 있을 경우는 사유를 아뢰게 하였다(세종 8년 8월 17일).

[사례 3] 황해도 송화에 사는 백정 김조을도가 싸우다가 상대방을 죽여서 법에 따라 교형에 처해질 상황에 놓였는데, 형조에서 조을도가 독자이면서 70살 먹은 아비가 있는 사실을 아뢰며,《대명률》의 〈존류양친조〉에 따라 살려주기를 청하니, 대왕이 을도의 죄를 한 등급 낮추게 하였다(세종 8년 12월 15일).

[사례 4] 몽골족의 후예인 달단(韃靼)에게 소를 판매한 죄로 장 1백대를 맞고 강제로 입영될 처지에 놓였던 황해도 옹진의 진군 임사경도 은덕을 입었다. 사경의 모친이 황해도 감사에게, '사경의 사식(私食)을 대기가 어려울 뿐더러, 사경이 독자라서 91세인 자기도 굶어죽게 생겼다.'고 호소한 글이 대왕에게 보고되니, 사경을 속전도 받지 말고 풀어주게 하고, 8도에 공문을 내려 비슷한 사례가 없는지 확인하게 하였다(세종 9년 3월 25일).

[사례 5] 작목 감역관인 호군(정4품) 신통례라는 관원이 유부녀인 관아의 여종을 강간하여 형조에서 교형에 처할 것을 청하니, 대왕이 장 1백대를 가하여 3천리 밖으로 내쫓게 하였는데, 뒤에 형조에서 통례에게 입이 비뚤어지는 와사증(喎斜證)을 가진 77살 된 노모가 있는 사실을 아뢰며,

그대로 형을 집행하겠다고 아뢰었다.

이유인즉슨, 강간은 상사소불원조에 해당하여(실제로는 그렇지가 않음) 존류양친 원칙을 따를 수 없다고 여겼기 때문이었는데, 대왕이 권도를 써서, 장 1백대는 그대로 집행하고 유배형은 돈으로 대신 받게 하였다(세종 12년 10월 25일).

[사례 6] 중국어통역 겸 외교관인 김척이 북경에 들어가면서 약재와 진주 두 냥쭝을 몰래 싸가지고 가서 백반과 납철을 구입하고, 명나라 관원들에게, '서장관(조선에서 중국에 들어가는 사신단의 기록담당)은 중국의 어사(御史)와 같다.'고 말한 사실이 밝혀졌다.

사헌부의 수사를 거쳐서 척이 국가기밀을 누설한 죄로 참형에 처해지자, 80살 먹은 척의 어미가 대왕에게 탄원서를 제출해 아들을 살려주기를 간청하였다. 자신에게 세 아들이 있는데, 한 명은 고질병 환자이고 또 한 명은 소경이라, 척이 죽으면 자신도 죽게 될 것이라며, 눈물로 호소한 것인데, 효과가 있었다.

대왕이 척의 어미를 가엾게 여기고, 그녀의 호소에 거짓이나 숨김이 없는지 여부를 알아보게 시키더니, 모두가 사실임이 확인되자 척의 목숨을 살려서 고향과 가까운 곳으로 귀양을 보내게 하였다.[46]

[사례 7] 법정형이 사형인 밀무역혐의로 16명의 용의자가 의금부 옥에 갇혀서 조사를 받았는데, 그 가운데 스스로 혐의를 시인하고 증거도 충분한 9명을 '나라를 배반하기로 모의하고 몰래 다른 나라로 잠입한 죄'로 참형에 처하면서, 외아들로 확인된 두 명은 살려서 부모를 봉양하게 하였

---

46 세종 13년 1월 16일, 4월 7일, 7월 4일, 10월 1일, 13일, 14년 7월 12일자 실록기사 참조.

다(세종 14년 12월 18일, 28일).

　[사례 8] 찰방을 역임하고 한강나루를 지키던 갈주라는 자가 이계충·변자중과 공모하여, 계충의 외조부 고순론의 서자인 산보의 불효를 무고하였다. 사헌부가 조사에 나섰는데 갈주가 자백을 거부하자 대왕에게 고문을 허락해주기를 청했다. 이때 갈주가 부친의 3년 상을 치르느라 상복을 입고 있었는데, 사헌부가 상중에 죄를 지은 것을 괘씸히 여기고 갈주를 혼내주려고 한 것이었다. 그런데 의도한 대로 뜻을 이루지 못했다.
　대왕이 듣고 나더니, 부모가 죽어서 슬픔에 젖어 곡을 하는 사람에게 태나 장을 가하게 할 수는 없다며, 윤허하지 않았기 때문이다. 갈주의 소행은 밉지만, 그를 처벌하기 위해 아름다운 법을 훼손시키는 것은 바람직하지 않다고 하였다(세종 16년 12월 4일).
　대왕이 아름답다고 말한 법은, 상중에 죄를 범한 자에 대하여는 그 죄를 돈으로 갚게 하든지, 본인이 죄를 받기를 원하면 100일 후에 시행하도록 특례를 규정한 《속육전》〈형전〉의 상인범죄논결조(喪人犯罪論決條)를 일컬은 것으로 짐작된다.

　[사례 9] 제주에서 우마절도 2범 이상자를 색출해 평안도로 들여보내게 하면서, 이미 육지로 데려온 자 가운데 고령의 부모를 봉양할 다른 형제가 없는 독자는 제주로 다시 돌려보내고, 아직 육지로 데려오지 않은 도둑 가운데 독자는 현지에서 경차관이 집으로 보내주게 하였다(세종 16년 12월 21일).
　제주에서 우마절도 2범 이상자로 검거된 자들을 육지로 데려올 때에 다시 또, 독자인 자는 잡아오지 말고 제 집에 머물러 두어서 어버이를 봉양하게 하라고 상기시켰다. 이후로 제주에서 우마절도 2범 이상자로 붙잡혔다가 운 좋게 풀려나 부모를 봉양한 자가 백여 명에 이르렀다(세종 17년 3월 12일, 18년 6월 20일).

[사례 10] 나라에 죄를 지은 아비 대신 잡혀온 왜인 이라시라(而羅時羅)를 살려서 보내주었다. 이라시라는 왜적 야목고라(也木古羅)의 아들이었는데, 해적질을 하다가 붙잡힌 것이 아니고, 조선에 죄를 지은 제 아비의 병이 중해서 가명으로 대신 왔던 것이라, 그 정상이 용서할 만한데다가 병으로 고통을 당하여, 대왕이 의원을 보내 치료한 뒤에 아비에게 돌려보내게 하였다(세종 26년 4월 2일).

[사례 11] 김종서가 힘들게 육진을 개척해 우리 강토에 편입된 함길도의 후미진 오지에 죄수들을 강제로 들여보낼 때도, 70세가 넘어 늙고 병든 부모나 조부모를 거두어 구휼하고 봉양할 다른 자손이 없는 경우는 제외하게 하였다(세종 26년 8월 5일).

[사례 12] 중궁전에 속해있던 경창부 윤으로 있으면서, 시험관들에게 청탁하여 무과 초시에 응시한 아들을 부정으로 합격시킨 변효문의 직첩을 박탈하고 모친이 살고 있는 충청도 직산에 부처하자(세종 29년 8월 28일), 사간원에서 처벌이 너무 가볍다며 대왕에게 효문의 형을 높이기를 청했다.
하지만 대왕은, 효문의 모친이 90살을 넘어서 곁에 머물면서 임종할 수 있게 한 것이라며 사간원의 간언을 따르지 아니하고, 그 어미가 만약 도성에 있다면 효문을 지방에 부처하지 않았을 것이라고 대답하였다(세종 29년 9월 13일).
3개월쯤 뒤에 효문의 아들 변균이 대왕에게 탄원서를 올려서, 조모의 나이가 96살이라 여생이 얼마 남지 않아 살아생전에 직산에 유배된 아들을 보고 싶어 하니 선처를 바란다고 아뢰자, 대왕이 곧바로 효문을 석방하게 하였다(세종 30년 1월 14일).

[사례 13] 만호 인사에 개입한 혐의로 사형을 당하게 된 환관 서성대가 외아들임을 알고서 그의 목숨을 살려주게 하였다. 그의 어미가 나서서, 성대는 독자이니 존류양친 원칙에 의해 죽이지 말기를 호소하여, 대왕이 가엾게 여기고 성대의 형을 감하여 죽음을 면하게 해준 것이다.[47]

[사례 14] 사면대상에서 자동으로 제외되는 살인범도 외동아들이면 목숨을 살려서 노부모를 봉양하게 할 수 있는 길을 열었다. 처음에는 대왕이 먼저 말을 꺼냈다가 형조의 반대에 막혀서 뜻을 접어야 하였다. 대왕이 35살 되던 해 10월 마지막 날, 대왕이 형조를 불러서 존류양친 원칙의 적용에 따르는 한계에 대해 의견을 물었다.

이제까지는 십악(十惡)에 속하는 죄를 범한 자와, 사전에 범행을 모의하고 고의로 사람을 살해한 자들을 제외하고, 서로 싸우거나 혹은 서로 희롱하다가 상대방을 사망시켜 사형에 처해진 자들은 감형으로 목숨을 살려서 부모를 봉양하게 해왔다. 그런데 《대명률》의 〈존류양친조〉는, '사면이 금지된 사형수가 아니면서, 부모나 조부모가 늙고 병이 들었는데 집에 부양할 다른 성인 남자가 없을 때는, 임금에게 죄목을 상세히 아뢰고 윤허를 받아 살려준다.'고 되어 있고, 《대명률》의 〈상사소불원조〉는, '십악에 속하는 죄, 고의살인, 관물절도, 강도·절도·방화 등은 사면을 불허하고, 과실치사·실화(失火)·관물유실 등은 용서한다.'고 되어 있다. 사람의 목숨은 귀한 것이니 당연히 그렇

........................

47 세종 31년 4월 13일, 15일, 5월 18일, 6월 10일, 8월 16일자 실록기사 참조

게 하는 것이 옳겠지만, 상사소불원조 때문에 독자라도 살인범은 형을 감하여 살려줄 수가 없으니, 형조에서 율문을 자세히 살펴봐서 아뢰도록 하라(세종 13년 10월 30일).

그런데 형조에서 올린 법해석에 틈새가 없었다. 상사소불원조에 '살인 등(살인지류·(殺人之類)'으로 되어있다고 해서 존류양친조에 규정된 '죽을 죄를 범하여 사면에서 제외되는 사람'의 범위를 임의로 좁힐 수 있는 것이 아니라며, '서로 싸우다가 죽였거나(투구살), 장난하다가 죽였거나(희오살), 실수로 죽였거나(과오살), 사전에 죽이기로 모의하고 고의로 죽였거나, 모두 사형에 처하는 것이 옳다'고 아뢰니, 대왕이 그대로 받아들였다(세종 13년 10월 30일).

그런데 이때 대왕이 속으로 대명률의 상사소불원조와 존류양친조가 서로 충돌하는 문제를 반드시 해결해야겠다고 단단히 마음을 먹었던 모양이다. 18년의 세월이 흘러서 대왕의 나이가 53살이 되었을 때, 건강이 몹시 나쁜 상태에서, 누구와도 상의를 거치지 아니하고, 세자를 시켜서 아무도 예상치 못한 '깜짝명령'을 형조에 내렸다.

《대명률》 상사소불원조에서 말하는 살인을 두고, 혹자는 '모의살인과 고의살인 이외에 투구살·희오살까지 포함된다.' 하고, 혹자는 '때리고 장난하다가 실수로 사람을 죽인 것은 고의살인이 아니니, 상사소불원조와 상관이 없다.'고 한다. 그런가하면, 조문 끝부분의 '살인등류(살인지류·殺人之類)'라는 표현을 내세워, '고의살인은 모두 상사소불원조에 해당한다.'고 주장하는 사람도 있어서 어느 쪽이 맞는 것인지 알 수가 없다. 그러나 의심스러우면 형벌을 낮춰야 하는 것이니, 상사소불원조에 반드시 배제하도록 명시되어 있지 않으면 모두 죄를 용서하여 사면하도록 하라. 지난 1431년에(세종 13년 10월 30일)[48]

투구살·희오살·과오살까지 상사소불원죄로 간주해 사면에서 제외하고 존류양친원칙도 적용하지 못하게 법을 정했는데, 앞으로는 투구살·희오살·과오살 혐의로 사형에 처해진 죄수도 고령이고 병든 조부모나 부모를 봉양할 다른 장정이 집안에 없으면 증거서류를 구비해 내 재가를 받아서 목숨을 살려주도록 하라(세종 31년 7월 17일).

평소에는 좀처럼 보기 힘들었던 아주 이례적인 일방적 지시였던 점으로 미루어, 대왕이 죽음을 예감하고 작심을 하고서 오랫동안 마음에 품었던 뜻을 결행한 것으로 보인다. 위와 같이 특명을 내리고 나서 정확히 8개월 뒤에 묵은 병환이 한층 더 깊어져 숨을 거뒀기 때문이다.

존류양친과 관련된 대왕의 특명은 부왕 태종이 세워놓은 전례를 한 단계 진화시킨 것이었다. 태종도 대명률의 존류양친 원칙을 따랐었지만, 상사소불원조를 벗어나지는 않았기 때문이다.

35년 전인 태종 15년 8월 도성 동부의 아전이던 장덕생이 동부의 관인을 훔쳐서 사용한 혐의가 불거져, 형조에서 덕생으로부터 자백을 받아내고 증거를 수집하여 임금에게 덕생을 참형에 처하기를 청했다.

장덕생의 어미가 임금에게 탄원서를 올려서, 덕생이 독자라며 사형을 면하게 해주기를 청하자, 임금이 자비를 베풀었다. 살인강도도 목숨을 살려서 부모를 봉양케 하라는 조문이 있으니 관인을 훔친 것이 어찌 살인강도보다 중하겠느냐며, 사형수라도 독자이면서 사면에서 제외되는 대상이 아니면 목숨을 살려서 부모를 봉양케 할 수 있는 길을 연 것이다.

앞으로는 상사소불원조에 의해 사면이 불가능한 죄를 제외하고, 죽을죄를 범한 사람도 독자이면 죄수들을 보고할 때 대명률의 존류양친

48 세종실록 원문에는 '1432년(세종 14, 선덕 7)'에 입법된 것으로 되어 있으나, 그 내용으로 미루어 '1431년(세종 13)'을 오기한 것으로 판단된다.

조를 함께 적어서 아뢰는 것을 원칙으로 삼으라(태종 15년 8월 18일).


## 열 번째. 맞춤식 수용자처우

1450년 2월 17일 대왕이 마침내 54살로 숨을 거두니, 조정에서 명나라 황제에게 부고를 띄우면서 같이 들여보낸 「행장(行狀)」에 대왕의 휼형행적을 자세히 적어서 보냈다. 그 내용을 하나씩 자세하게 살펴보면 수감생활의 고통을 역지사지로 헤아린 '맞춤식 처우'가 촘촘하게 행해졌음을 알 수 있다.

> [1] 죄수를 불쌍히 여겨 크고 작은 형벌을 애써 삼가도록 관리들을 훈육하고, 비록 한 대의 회초리나 한 대의 장일지라도 모두 《대명률》을 따르게 하였다. [2] 전국 관아의 형정담당 관원들에게 형벌을 함부로 써서 억울한 마음을 품는 백성이 생기는 일이 없게 하라고 교지를 내리고, 그 교지를 감옥과 관청의 벽에 걸어놓고 반복해서 읽고 외우게 하였다. [3] 친히 옥의 도면(안옥도·犴獄圖)을 그려서 전국에 내려주고 그와 똑같이 옥을 짓게 하였으며, 추운 곳과 더운 곳의 건물을 달리 짓도록 하였다. [4] 죄수 구휼에 완벽을 기하여, 굶주려서 몸이 여위거나 병에 걸리는 자가 없게 하였다(세종 32년 2월 22일).

위의 실록기사에서 '추운 곳과 더운 곳의 옥을 달리 짓게 하였다.'는 말은 겨울 기온이 상대적으로 낮은 수도권 즉 기호지방의 감옥 설계와, 겨울기온이 상대적으로 높은 부산, 진주, 광주, 목포 같은 삼남지방의 옥 설계가 달랐다는 뜻이니, '인권시대'의 수용자처우가 무색할 지경이다.

대왕을 장사지내면서 낭독한 「애책(哀冊)」에도 '감옥에 갇힌 죄수들을 불쌍히 여겼다(흠휼영어·欽恤囹圄)'고 적혀있다. 그것이 아니라도 대왕은

보위에 있었던 32년 내내 옥에 갇힌 죄수들을 부모가 자식을 보살피듯이
극진하게 챙겼다.

**첫째. 옥에 갇힌 죄수들의 생명을 끔찍이도 소중히 여겼다.**
각 해의 범죄발생건수와 도형(중노동)에 처해져 지방에서 복역하는 죄
수들의 생사 여부를 기록하여 아뢰게 하였다. 이미 죽어서 세상에 없는데
도 구금자명단에 있는 죄수들을 파악하기 위함이었다(세종 4년 2월 8일).
죄수 중에 병에 걸린 자는 죄의 경중을 논하지 말고 모두 활인원으로
옮겨서 성심껏 구료하게 하였다(세종 5년 3월 4일). 활인원은 빈민의 질병
구료사업을 관장하게 하기 위하여 한성부 동소문 밖 연희방(燕喜坊)에 설치
하였던 동활인원과 용산에 설치하였던 서활인원을 함께 일컫던 말이다.[49]
옥에 갇힌 죄수가 병을 얻으면 의원을 보내 성의껏 구료하여 죄수가
목숨을 잃는 일이 생기지 않게 하였다(세종 7년 3월 24일). 회의 때마다
매번 도성의 옥에 갇힌 죄수들의 현황을 아뢰게 하고, 지방은 주기적으로
현황을 올리게 하였다(세종 7년 4월 26일). 틈틈이 형조에 교지를 내려,
옥을 담당하는 관리들의 안일과 태만을 꾸짖었다.

옥은 죄인을 징계하는 곳이지 사람을 죽게 하는 곳이 아니다. 그런
데도 옥을 맡은 관원들이 죄수들을 성심껏 살피지 않고 맹추위와 무
더위에 사람을 가둬두어 환자가 되게 하고, 심지어는 얼고 굶어서 비
명에 죽게 하는 일까지 생기니 가련하고 민망한 일이다. 관리들은 항
상 규정을 직접 확인하고 살피면서 옥을 수리하고 청소하여 늘 정결
을 유지하고, 병든 죄수는 약을 주어 구호하고 치료하라. 옥바라지를

....................

49 활인원에서는 도성의 환자들을 구료하는 일 외에, 무의탁 병자를 수용하고, 전
염병 발생 시 환자수용소를 가설하여 음식·의약품·의복 등을 배급하고 간호하
는 일과 사망자를 묻어주는 일도 담당하였다.

해줄 가족이 없는 죄수는 관에서 옷과 먹을 것을 주어 구호하되, 성심껏 이행하는지 여부를, 도성은 사헌부가 지방은 감사가 엄히 규찰하도록 하라(세종 7년 5월 1일).

죄수들이 수감되어 있는 전옥서 관원들이 오로지 죄수들을 살피는 일에만 전념할 수 있도록 부가적인 업무들을 대폭 줄여주었다. 각종 제사와 왕실가족 경호의 당번이거나 한 달에 네 번 있는 조참 때를 제외한 나머지 잡무들을 모두 면해준 것이다(세종 7년 5월 14일).

죄를 짓고 도형 혹은 유형에 처해져 지방에 부처된 사람들을 각 도의 감사가 매월 말에 규정에 따라 보고하게 하였다(세종 9년 3월 25일). 또, 지방수령에 임명되어 부임신고를 위해 입궐하는 관원들에게 옥에 갇힌 죄수들을 극진히 보살피라고 훈육하였다.

그 첫 번째는 지예천군사로 임명된 정하와 각각 홍덕·광양·예안 현감에 보임된 세 명이었다. 네 사람이 함께 입궐하니, 대왕이 말하기를, 지방의 옥에 갇힌 죄수가 여름의 장마와 겨울의 혹한으로 죽는 일이 생길 수 있다며, 마음을 다하여 어루만지고(진심무휼·盡心撫恤), 사건의 판결을 지체하지 말라(무사체옥·毋使滯獄)고 당부하였다(세종 9년 7월 13일).

옥에 갇힌 죄수 가운데 가족도 구호해줄 친척도 없는 자는 관청에서 의복과 음식을 주게 하였다(세종 9년 10월 13일). 또, 죄수가 일찍 죽는 환난을 당하지 않게 하라고 지시를 내리고, 도성은 사헌부가 지방은 감사가 이행여부를 확인하게 하였다. 두 가지 이유가 있었다.

첫째는, 옥의 내부가 지저분한 탓으로 악한 기운이 발산되어, 옥에 갇힌 죄수들이 반복해서 질병에 시달리다 이내 죽음에 이르는 경우가 잦았기 때문이었다. 둘째는, 여러 차례에 걸쳐서 죄수들을 구휼하는 방법을 교지로 내렸는데도, 옥관들이 형식적 문구로 여기고 거의 봉행하지 않았기 때문이었다(세종 11년 2월 8일).

그럼에도 불구하고 관원들이 말을 듣지 않았던지, 1년 남짓 지나서 다시 또 죄수보호를 독려하는 교지를 형조에 내렸다.

첫째는, 관리들이 죄수를 불쌍히 여기지 아니하여 옥 내부가 불결한데다 바닥이 낮고 습기가 많으며, 또 죄수가 굶거나 추위에 떨고 있어도 외면하고 질병마저 방치하여 일찍 죽는 사례가 많다고 하였다.

둘째는, 여러 차례에 걸쳐 교지로 내려준 《경제육전》의 구호요령과 고찰방법을 충실히 이행하여 죄수가 억울하게 죽는 일이 없도록 마음을 다해 죄수들을 보살피되, 중앙은 사헌부가 지방은 감사가 반복해서 점검하게 하였다(세종 12년 4월 27일).

옥에 갇혀서 병을 앓는 죄수가 형편이 가난하고 보호자도 없어서 끼니를 이어가기 어려운 경우는 활인원의 예에 따라 혜민국에서 약품을 주어 구료하게 하고, 그밖에 환자인 죄수들도 똑같이 구료하게 하였다.

또, 갇힌 죄수 가운데 보살펴줄 사람이 없는 자는 관에서 의복과 식량을 지급하고, 병에 걸린 자는 관에서 약품을 조제하여 구호하라고 누차 교지한 바를 다시 명백히 주지시키고 반복하여 점검하게 하였다(세종 13년 3월 19일, 21일).

**둘째. 죄수들을 가두는 구금시설을 획기적으로 혁신하였다.**

옥이 없는 고을은 옥을 새로 짓고, 좁은 곳은 고쳐 수리하고, 죄수의 성별과 죄의 경중을 가려서 가두되, 겨울에는 따뜻하게 하고, 여름에는 시원하게 할 것을 지시하였다.

일부 고을에서 옥을 짓지 않고 관내의 죄수들을 인근 고을의 옥에 가두어, 왕왕 수사나 재판이 왜곡되기도 하고, 기존의 옥들도 너무 좁아서 혹한기와 혹서기에 죄수가 병에 걸리는 일이 잦았기 때문이었다(세종 14년 7월 11일).

그런데 당시도 오늘날처럼 죄수들을 가두는 옥(獄)을 혐오시설로 여기는 정서가 있었던가보다. 대왕이 옥 환경 개선을 지시하고 며칠 있다가 좌승지 김종서에게, '옥을 수리하면 재앙이 따른다.'는 말의 근거를 물었다.

죄수들의 침식을 편하게 해주려고 옥을 수리하는데도 시비를 거는 이유를 물은 것인데, 종서가 고전에는 없는 말이라고 아뢰니, 대왕이 있다가, "형벌을 좋아해서 옥을 수리하는 것이 아니니 재앙을 걱정할 일이 아니다." 하고 넘겨버렸다(세종 14년 7월 18일).

이후로 구금되어있던 죄수들의 의문사가 잇따랐던 모양이다. 19년째 해 정월에, 중앙과 지방을 막론하고 옥에 갇혀 있던 죄수가 죽으면, 죄의 경중을 불문하고, 사망자의 죄명과 옥에 가둔 날짜, 병에 걸린 일시, 처방한 약과 병의 증세, 신장을 가한 횟수, 죽은 일시 등을 자세히 기록하여 형조에 제출하고, 자신에게도 아뢰게 하였다(세종 19년 1월 23일).

죄수들이 갇혀있는 전옥서에 전염병이 크게 번지자, 즉시 의원을 파견해 환자들을 살리게 하고, 이후로는 미리 혜민국에 신청하여 약재를 받아놓았다가 환자가 생기면 때맞춰서 쓰도록 하였다. 병세를 살피고 나서 약을 요청하면 치료시기를 놓칠 수 있음을 감안해 선제적 대응을 지시한 것이다(세종 19년 11월 9일).

죄수가 옥에서 죽으면 감사가 그 원인을 정밀하게 조사하여, 고문이 지나쳤거나, 굶고 떨게 하였거나, 의원의 치료가 소홀하였음이 드러나면 수령을 즉시 파면하게 하였다. 지방의 옥에 갇혀 있던 죄수가 1년에 2인 이상 죽었으면, 사망 원인이 애매한 경우라도 사실 여부를 확인하여 수령의 복무성적에 반영하게 하였다(세종 20년 11월 28일).

그럼에도 불구하고 죄수가 옥에서 죽는 사례가 끊이질 아니하자, 대왕이 친히 이상적인 옥의 설계도를 그려서 의정부에 내려주고 의견을 수렴하게 하였다.

이미 지어져 있는 옥들은 하나같이 감방 내부가 너무 비좁을뿐더러, 사면이 모두 막혀 있어서, 혹한기·혹서기·장마철 등에 병사하는 죄수가 나오지 않도록 하면서 탈옥을 막을 수 있는 묘책을 친히 강구하여 대신들의 반응을 들어보려고 한 것이다.

대왕이 친히 작성한 설계도면은, 옥의 담장을 널찍하게 쌓고, 감방을 이중으로 설계하고, 나무를 적당히 심어서, 죄수들이 모진 추위와 심한 무더위를 탈 없이 견딜 수 있게 하고, 옥 바깥에 가시수풀을 조성하고 중문을 굳게 지켜서 죄수의 탈옥을 막을 수 있게 되어 있었다.

의정부가 의견을 수렴하고 나서 대왕에게 아뢰기를, 농한기를 피해서 그대로 옥을 짓게 하면 되겠다고 하였다. 인하여 죄수들에 대한 처우와 감시를 함께 강화하기를 청하더니, 의문사와 탈옥을 막을 대책을 아뢰었다.

각 고을의 호장과 서기들에게 옥관(獄官)을 겸직시켜, 만일 죽을 이유가 없는 죄수가 죽거나, 죄수가 담장을 넘어 탈옥하면, 먼저 호장과 기관을 처벌한 뒤에 사헌부에서 행대를 파견해 규찰하게 하기를 강력히 청했다.

이유인즉슨, 지방 각 고을에서 옥졸 직책을 천하게 여겨 가난하고 외로운 사람에게 옥졸 부역을 맡기는 까닭으로, 죄수들에 대한 옥졸의 토색질이 심하다는 것이었다. 그뿐만 아니라, 굶고 떨다가 죽는 죄수가 나와도 아전들이 보통일로 여기고 즉시 보고하지 않는 경우도 많다고 하니, 그대로 승낙이 떨어졌다(세종 20년 12월 18일).

그것이 전부가 아니었다. 사헌부의 건의를 받아들여, 전옥서의 죄수가 죽으면 사헌부에서 사망원인 등을 철저하게 조사하고, 반드시 한성부의 복검을 거친 뒤에 시신을 유족에게 내주게 하였다(세종 20년 12월 24일).

또, 의정부에서 지방의 옥에 갇힌 죄수 가운데 옥관들의 잔혹한 학대와 매질을 견디지 못하여 목숨을 잃는 자가 많은 실상을 낱낱이 아뢰면서 철저한 감시와 감독을 행하기를 청하니, 그대로 윤허가 떨어졌다(세종 21년 2월 2일).

같은 날 형조에서 옥을 새로 짓는 데 필요한 도면과 설계의 구체적이고 세부적인 사항들을 대왕에게 보고하면서, 각 도에 그대로 내려주고 감사로 하여금 형편과 여건에 맞춰서 단계적으로 공사를 진행하게 하기를 청했다.

중앙과 지방의 옥마다 축대를 높이 쌓아 그 위에 시원한 옥 3칸을 짓되, 문과 벽을 모두 두꺼운 판자로 막고, 바깥벽에 틈과 구멍을 내서 바람이 통하게 하소서.

남자 옥 4칸과 여자 옥 2칸을 지어 죄수의 성별과 죄의 경중을 가려서 가둘 수 있게 하되, 모두 판자를 깔고 지붕의 처마 끝에 4면으로 채양을 만들어, 날씨가 더울 때는 죄수들이 형편에 따라 앉거나 누울 수 있게 하였다가, 밤에는 도로 옥 안에 가두고 자물쇠로 채우게 하소서.

따뜻한 옥과 서늘한 옥을 구분해서 짓되, 모두 흙벽을 쌓고 바깥의 네 면에 지팡이나무 다섯줄을 심어서 가지가 무성해지면 문을 만들어 여닫게 하소서.

나무가 무성하기 전까지 임시로 녹각을 설치하되, 토질이 지팡이나무에 부적합한 평안도와 함길도는 가시나무를 심게 하고, 지형에 따라 옥과 옥 사이의 거리와 사면 담장의 높이를 적절히 맞춰서 죄수의 탈옥을 막게 하소서(세종 21년 2월 2일).

대왕이 시킨 일이니 그대로 윤허가 떨어졌다. 단지 감옥의 물리적 환경만 바꾸게 하는 데 그치지 않았다. 의료처우를 맞춤식으로 바꾸게 하였다. 혜민국이나 제생원의 관리 가운데 의술에 정통한 자를 한 달씩 당번으로 지정하여, 죄수가 병에 걸리면 즉시 약재를 싸가지고 가서 구호하게 하였다.

또, 혹한기·혹서기·장마철에 죄수의 의복·음식·침구·위생상태 등을 면밀히 점검하게 하였으며, 야간에도 숙직하는 관원을 두어서 죄수간의 협박·폭행·상해·학대 등을 방지하게 하였다(세종 21년 3월 9일).


2년쯤 세월이 흐른 뒤에 전국의 감사들에게 공문을 내려서, 2년 전에 내려준 도면(도화안옥형제·圖畵犴獄形制)대로 옥(獄)을 지었는지 여부를 확인하여 보고하게 하였다.

관리들이 죄수처우에 소홀하여 갇힌 자들이 심한 추위나 무더위와 장마에 목숨을 잃는 일이 생기는 것을 막으려고, 앞서 옥의 모양을 그림으로 그려서 각 도에 내려준 데 따른 이행상황을 점검코자 한 것이다(세종 23년 6월 27일).

그 결과에 대하여는 실록에 기록이 보이질 않는다. 하지만, 대왕이 승하한 직후 조정에서 명나라 황제에게 부고를 띄우면서 같이 들여보낸 「행장(行狀)」에, "친히 옥의 도면을 그려서 안팎에 보여 똑같이 집을 짓게 하였으며, 추운 곳과 더운 곳의 건물을 다르게 짓게 하였다."고 하였으니, 대왕이 지시가 충실하게 이행되었음을 짐작할 수 있다(세종 32년 2월 22일).

### 셋째. 계절별 죄수처우요령을 친히 작성하여 내려주었다.

무더위가 계속되자 유배형 이하의 죄수들을 풀어주게 하더니, 전국의 감사들에게 특명을 내려서, 각 고을의 수령들로 하여금 옥에 있는 죄수들을 성심껏 보살펴서 병에 걸리지 않게 하라고 하였다(세종 25년 7월 12일).

이후로 대왕의 건강이 극도로 나빠져 4년 가까이 죄수들을 챙기지 못하다가, 도성에 유행병이 퍼지자, 의금부와 전옥서에 가둔 죄수 가운데 유행병을 앓는 자는 감방의 바깥으로 꺼내서 느슨하게 묶어놓게 하였다(세종 29년 5월 10일).

그다음 해 날씨가 몹시 무더운 한여름 어느 날 대왕이 승지들을 불렀다. 전에 삼복날 손으로 물장구를 쳐서 더위를 물리친 경험을 들려주더니, 더위가 닥치면 동이에 물을 담아 옥중에 두고 자주 물을 갈아서, 죄수들로 하여금 손을 씻게 하여 더위를 먹지 않게 해주고 싶다며, 과거에 그런 법이 있었는지를 물었다.

승지들이 문헌을 찾아보고 나서, 그런 법이 있었는지는 모르겠으나, 오래된 책자에 '죄수에게 세수하고 머리를 감고 감방을 깨끗이 쓸게 하였다.'고 적힌 것을 본 적이 있다고 아뢰니, 곧바로 집현전에 명하여 그 글을 찾아오게 하였다. 얼마 뒤에 대왕이 친히 마련한 〈계절별 죄수처우요령〉이 전국의 관아에 내려졌다(세종 30년 7월 2일).

첫째. 4월부터 8월까지는 옥중에 동이를 놓아두고 냉수를 길어다가 자주 물을 갈아줘라. 둘째. 5월에서 7월 10일까지는 자원에 따라 열흘에 한차례씩 몸을 씻게 해주어라. 셋째. 매월 한 차례 자원에 따라 머리를 감게 해주어라. 넷째. 10월부터 정월까지는 옥 안에 짚을 두텁게 깔아줘라. 다섯째. 죄수들이 목욕할 때에는 반드시 관리와 옥졸이 함께 직접 감시를 행하여 도망자가 생기지 않게 하라(세종 30년 8월 25일).

## 넷째. 수형자의 가정을 지켜주려고 부단히 노력을 쏟았다.

당시는 연좌법이라는 것이 있어서, 가장이 죄를 받아 처형되거나 옥에 갇히면 그 배우자와 자녀들도 따라서 죄를 받거나 관청의 노비가 되는 경우가 흔했다. 그것도 살던 집에서 멀리 떨어진 외지의 관청에 따로따로 배속된 관계로, 시간이 지나면서 가정이 파탄하는 경우가 많았다.

그래서 옥에 갇힌 죄수들의 가정이 붕괴되는 것을 막기 위해 다양한 정책을 시행하였다. 가뭄이 오래 계속되자, 범법을 저지른 관원들로부터 회수한 직첩을 도로 내주게 하고, 먼 곳에 안치되거나 관노로 붙여진 사람들이 가족과 자유로이 왕래할 수 있게 해주었다.

배우자와 미혼인 자식들도 단란하게 모여서 살 수 있게 허락하고, 부모와 혼인한 자식들 간의 자유왕래도 허락하였다. 노역이나 유배에 처해졌거나 혹은 지방에 부처되어 가족과 헤어진 사람들의 부모와 처자식들을 죄수와 내왕하면서 서로 만나보게 해주었다(세종 5년 4월 28일).

죄수들에 대한 이와 같은 배려는 선왕으로부터 배운 것으로 짐작된다. 앞서 태종이 나라를 다스릴 때에도, 범죄를 저질러 도형이나 유형에 처해졌거나 자신이 원하는 곳에 안치된 사람들의 처자를 원하는 곳에서 살 수 있게 해주고, 관가의 노비로 붙여진 자들의 어미도 자식과 서로 내왕하며 만나보게 해주었기 때문이다(태종 17년 5월 12일).

하지만 행형담당 관원들이 어명을 제대로 받들지 않았던 모양이다. 2년쯤 뒤에 대왕이 지신사에게 불만이 가득한 어조로 형조에 왕명을 전하게 시켰다.

> 지난 1432년(세종 14) 4월에 하교하기를, '지방에 안치되었거나 관노로 정해 붙인 사람들의 아내와 자식 중에 아직 미혼인 자들은 한데 모여서 살게 하고, 그 부모와 기혼인 자와, 도형 혹은 유형에 처해졌거나 지방에 부처된 자들의 부모처자들이 서로 왕래하며 모두 만나보게 하라.' 하였는데, 아직까지 왕래하지 못하는 자가 있다고 하니, 전의 교지를 다시 내려주고 그대로 시행하게 하라(세종 7년 6월 18일).

농사철인데도 가뭄이 길어지자, 옥에 갇힌 죄수의 처나 딸들 가운데 여러 해 동안 헤어져 거처하는 자는 본인들이 원하는 바에 따라 한 곳에 안치하게 하였다. 그뿐만 아니라, 남의 죄에 연좌되어 관청의 노비가 된 사람의 아내와 딸들에게 원하는 곳에서 나라가 정해준 공물을 바치면서 살아가게 해주었다(세종 8년 4월 28일, 29일).

그 외에도, 아무런 죄가 없는데도 억울하게 다른 사람의 죄에 연좌되어 지방에서 살고 있는 사람의 자식은, 어디서든 임의대로 편리한 곳에서 살 수 있게 허락해주었다(세종 10년 12월 4일).

사형에 처해지거나 옥에 갇힌 죄수들의 어린자식을 특별히 구휼하게 하였다. 경기도 광주에 사는 사노 원만이 주인집 처녀 고음덕과 사통하여 자식이 태어나자 음덕과 아이를 데리고 순천으로 도망을 갔다가 목을 매어 자살하였다.

형조에서 대왕에게 음덕을 율에 따라 참형에 처할 것을 청하니, 대왕이 듣고서, 아이가 굶주리거나 추위에 얼어 죽지 않게 성심껏 거두라고 명을 내렸다(세종 11년 11월 4일).

돌봐줄 사람이 없는 죄수의 자식들을 친척에게 맡기게 하고, 젖먹이 아이는 젖 있는 사람에게 맡기게 하였다. 친척이 없는 아이는 관가에서 거두어 기르게 하고, 지방은 관리들이 잘 보살펴 기르게 하였다.

그런 뒤에 사헌부와 8도의 감사들로 하여금 혹시라도 아이가 끼니를 굶거나 추위에 떠는 일이 없는지 철저히 점검하게 하였다(세종 13년 7월 28일).

죄를 저질러 공노비가 된 사람도 부모와 처자를 격리시켜 천한 일을 시키지 않고 모두 한 곳에 모여서 살 수 있게 해주었다(세종 16년 11월 15일). 도죄(徒罪)를 범한 자 가운데 70살이 넘은 부모가 살아있는 자는 소재한 곳에서 노역할 수 있게 해주었다(세종 21년 11월 1일).

노역(도형)에 처해져서 지방에 부처되거나 안치된 죄수 가운데 80살이 넘는 부모가 살아있는 자들에게는 1년에 한 번씩 5일의 휴가를 주어서 부모를 만나보게 하고, 그 기간을 복역일수로 쳐주게 하였다(세종 26년 7월 4일, 12일).

세상을 떠나기 7개월쯤 전에는, 건강이 극도로 쇠약해진 가운데도, 처자식과 멀리 떠나면 누구나 연모하고 생각하는 정을 느끼게 마련이라며, 스스로 법적 근거를 찾아내, 잘못을 저질러 가족과 떨어져 힘들게 살고 있는 죄수들에게 온정을 베풀었다.

그 교지에는 두 가지 배려가 들어있었다. 하나는, 유배형에 처해졌거나 혹은 관노비로 붙여져서 가족과 떨어져 사는 사람들도 본인이 원하면 아내와 미혼자녀들을 현지로 불러서 함께 살 수 있게 해주고, 부모나 기혼자녀들의 왕래를 막지 말라는 것이었다.

또 하나는, 죄를 저질러 강제노역에 처해진 자들의 복역기한을 법으로 정하고, 죄인을 지방에 부처하거나 유배시킬 때는 가급적 가까운 곳으로 보내주라는 것이었다(세종 31년 7월 20일).


## 열한 번째. 노비들의 권익 옹호

대왕이 즉위하여 4년 째 되던 해 2월 사람들이 일찍이 생각지 못한 새 법이 생겼다. 노비고가장예(奴婢告家長例)라고 하는 것으로, 그 골자는, 노비가 주인의 범법을 관에 고발하면 관에서 접수를 거부하고 무고죄를 적용해 교수형에 처하고, 노비의 배우자(여자 종의 남편이나 남자 종의 아내)가 자기 배우자의 주인을 고발하면 접수를 거부하고 장 1백대를 쳐서 3천리 밖으로 내쫓으라는 것이었다(세종 4년 2월 3일).

노비고가장예에서 한자 '例(예)'는 법식·규칙·규정·조목 등을 의미하니 '노비고가장예'는 곧 '노비고가장조'와 동의어라고 할 수 있다.[50]

노비고가장예는 수령의 부정부패에 대한 부하관원과 관내 백성의 고소를 금지하는 것을 골자로 하는 부민고소조(部民告訴條)와 함께 세상에 나왔다. 두 법조문이 이란성 쌍둥이처럼 함께 나란히 탄생한 것이다.

**벼타작**
작가: 김홍도, 김홍도필 풍속도화첩,
국립중앙박물관 소장

노비고가장예 입법은 상하·존비·귀천·장유를 구별하는 유교원리에 입각해 집안의 위계질서를 확고히 하기 위한 정치적 포석이었을 것이 확실하다. 반면, 부민고소조가 입법된 것은 무질서하고 어지러웠던 지방관아의 복무기강과 행정질서를 조기에 다잡으려는 의도가 강하게 작용한 결과로 보인다.

그런데 입법자들의 의도와 무관하게 두 법은 태생적 한계를 가지고 있었다. 먼저, 노비고가장예는 가뜩이나 주인에게 얽매어서 자유가 없었던 노비들의 삶을 한층 더 답답하고 우울하게 만들 소지를 다분히 안고 있었다.

부민고소조 역시 수령들의 부정부패를 부추기고 백성의 불만을 키우게 될 여지를 의심할 여지가 없을 정도로 갖고 있었다. 실제로도 부민고

---

50 현행 형법 제328조(친족간의 범행과 고소)를 친족상도예(親族相盜例)라고 하고, 교통사고처리특례법, 특정강력범죄의 처벌에 관한 특례법, 가정폭력범죄의 처벌에 관한 특례법, 성폭력범죄의 처벌 등에 관한 특례법 같은 법률이 현존한다.

소조는 탄생 직후부터 풍문탄핵금지법[51]과 함께 지방수령들의 부정부패를 부추기는 주범으로 지목되어 대왕이 숱하게 애를 먹었다.[52]

따라서 위의 두 법을 제정했다는 이유로 대왕의 애민정신을 의심하는 시각이 있는 것은 지극히 자연스러운 현상이라고 생각된다. 두 법 중에서도 노비고가장예가 특히 더 의심의 빌미가 되는 것 같다. 의구심의 극점에는 노비고가장예를 입법한 대왕의 성군자격을 부정하는 독설(毒舌)이 똬리를 틀고 있다. 하나같이 터무니없는 과장이고 무책임한 왜곡이다.

예컨대, 이영훈은 『세종은 과연 성군인가』라는 책에서, 노비고가장조의 탄생으로 조선의 노비는 주인의 어떠한 불법행위나 악행에 대해 저항할 법적능력을 상실하였다고 쏴 부쳤다.

'자신들이 보유한 사회적 생명으로서의 권리, 상징, 기억을 박탈당했으며, 이래로 노비들은 사회적으로 죽어버린 자로서 동물이나 가축의 똥오줌을 덮어쓴 존재로 천시되었다.'고 절규하였다.[53]

노비고가장조가 생김으로써 못된 주인들의 악행이 심해졌을 가능성을 전적으로 배제하기는 어려울 것이다. 그뿐만 아니라, 대왕이 노비고가장조를 입법한 사실에 대한 혹평을 명쾌하게 일축할 만한 논리도 궁색하다.

....................

51 근거 없는 유언비어나 악의적 음해로 인해 공직자들이 치명적 타격을 입는 것을 막기 위해, 사헌부와 사간원이 세간에 떠도는 소문을 근거로 대왕에게 관원의 사법처리를 청하는 것을 금지한 것을 말한다. 조병인(2020), "조선 초기 왕들의 고민: 어떻게 해야 나라가 바로 설 것인가", 『검찰동우』 제46호, 검찰동우회, 85-108쪽.

52 조병인(2019), "세종의 부민고소금지법 제정과 시행에 관한 연구", 『범죄수사학연구』 제5권 제2호(통권 제9호), 경찰대학 범죄수사연구원, 19-52쪽.

53 이영훈(2018), 『대왕은 과연 성군인가』, 백년동안, 53-57쪽.

하지만 위에 인용한 이영훈의 비판을 일부도 수용할 수 없으며, 이유는 세 가지다.

첫째로, 노비가 주인의 잘못을 관아에 신고하였다가 참형에 처해진 사례를 실록에서 찾아볼 수 없다. 노비가 주인 혹은 배우자의 주인을 폭행하거나 죽여서 목이 베인 사례들은 이따금씩 보여도[54], 노비가 주인의 범법을 관아에 고발하였다가 목이 베인 사례는 눈에 띄지 않는다.

그 이유에 대해 두 가지 가능성을 상상해볼 수 있다.

첫째는, 노비들이 법을 겁내서 감히 주인의 범법을 신고할 엄두를 내지 못했을 수 있다. 둘째는, 실제로는 사례가 많았는데 실록에 실리지 않은 것일 수 있다.

하지만 양쪽 모두 증거가 없으니, 법적용이 느슨했다고 밖에 볼 수가 없다. 그렇게 여겨도 무방할 것이, 주인을 고발하지 않은 노비가 노비고가 장조로 처벌되는 것을 대왕이 적극적으로 막아준 적이 여러 번 있었다.

둘째로, 노비를 학대 혹은 착취하는 행위를 용납하지 않았다. 주인이 노비를 학대하거나 함부로 죽이는 것을 막기 위해 법제까지 갖췄다.

셋째로, 잘못을 저질러 곤경에 처한 노비들에게 구세주가 되어주었다.

넷째로, 관노비들의 복지수준을 파격적으로 높였다. 관청의 여종이 임신을 하면 130일의 출산휴가를 주고 남편에게도 30일의 육아휴직을 주었다.[55] 저출산 문제가 심각한 지금의 근로기준법보다도 한참 앞섰던 것이 분명하다.

....................

54 세종 11년 10월 11일, 25일, 12년 10월 13일, 20년 7월 26일, 10월 27일, 22년 2월 23일 실록기사 참조.
55 세종 8년 4월 17일, 12년 10월 19일, 25일자 실록기사 참조.

이상 열거한 네 가지는 비록 노비고가장조가 생겼어도 노비들의 권익이 짓밟히지 않았음을 뜻하는 것이다. 따라서 "노비들이 보유한 사회적 생명으로서의 권리, 상징, 기억을 박탈당했다."는 이영훈의 주장은 엄청난 착각임이 분명하며, "이래로 노비들은 사회적으로 죽어버린 자로서 동물이나 가축의 똥오줌을 덮어쓴 존재로 천시되었다."는 주장도 같다. 사실관계를 올바로 소개해 보겠다.

**첫째. 대왕은 위기에 놓인 노비들을 적극 변호해주었다.**

'노비로서 주인의 잘못을 고발한 행위(혐의)'가 인정되어 그대로 두면 목숨을 잃을 처지에 놓인 노비들이 사형을 면할 수 있도록 적극적으로 편을 들어줬다. 혹자는 '병 주고 약 준 격'이라고 말하는지 몰라도, 조선은 상하·존비·귀천·장유의 구분과 위계질서를 근간으로 세워진 유교(성리학)나라였음을 모르지 않는다면, 병과 약을 동시에 줄 수밖에 없었던 난관을 수긍할 수 있을 것이다.

대왕이 노비를 적극 변호해준 구체적 사례들을 들어보겠다.

[사례 1] 집현전 응교(종4품)이던 권채가 제집 여종이던 덕금을 첩으로 삼으니, 채의 아내 정씨가 덕금을 시기한 끝에 방에 가두고 발에 쇠고랑을 채웠다. 그래도 분이 풀리지 아니하자 덕금에게 밥 대신 오줌과 똥을 먹게 하였다. 덕금이 똥 속에 구더기가 우글대는 것을 보고 먹지 않으려 하자 정씨가 침으로 항문을 찔러서 억지로 구더기를 삼키게 하였다.

덕금이 굶주림과 고통을 견디지 못하고 사경을 헤매자 정씨가 사내종을 시켜서 덕금을 내다 버리게 하였는데, 마침 길을 가던 형조판서에게 발각되어 대왕까지 알게 되었다(세종 9년 8월 20일).

대왕이 권채에 대해 실망을 표하며 철저한 조사를 지시하니, 권채의 아내 정씨가 덕금에게 간통혐의를 덮어씌우고 수개월 동안 침학(侵虐)한 사실이 드러나, 대왕이 권채 부부를 의금부에 내려서 추국하게 하였다(세종 9년 8월 24일).

의금부가 추국을 마치고 나서, 권채는 부인 정씨의 악행을 몰랐을 뿐더러, 종과 주인 사이의 일이라서 가해자와 피해자를 대면시켜 조사하기가 곤란하다며, 정씨가 가장의 명을 거역하고 종을 학대한 죄만 다스리기를 청했다(세종 9년 8월 27일).

대왕이 권채는 일단 석방하고 정씨에 대해서만 덕금을 학대한 이유를 캐게 하여 결과를 듣고 나더니, 종과 주인 사이의 일로 논할 사안이 아니라며, 권채 집의 다른 종들에 대한 엄한 추궁을 지시하였다. 아울러서, 만약 권채도 부인의 악행을 알았던 정황이 드러나면 함께 잡아다가 추국하라고 특명을 내렸다(세종 9년 8월 27일).

종들의 증언으로 권채가 공범으로 밝혀지자, 권채의 관직을 박탈한 뒤에 유배형에 처하고, 그의 아내 정씨는 장 80대에 해당하는 죄 값을 돈으로 받고 풀어주게 하였다. 사대부 집안의 여인들에게 주어지던 특혜를 적용한 것인데, 이조판서 허조가 이의를 달았다. 위계질서가 붕괴되어 사회의 기강이 무너질 수 있다며 권채의 죄를 덮어주기를 청한 것이다.

하지만 대왕은 일축하고 따르지 않았다. 비록 종일지라도 엄연히 첩이 되었으면 마땅히 첩으로써 대우해야 하고, 그 아내도 또한 마땅히 덕금을 가장의 첩으로 대우함이 옳을 것인데, 부부의 잔인 포학함이 도를 넘어서 용서할 수 없다고 하였다.

그뿐만 아니라, 비록 신분은 천하여도 노비 역시 '하늘이 낸 백성(천민·天民)'이니, 그들을 차별하는 것은 하늘을 대신하여 만물을 다스리는 대왕의 도리에 어긋난다고 일갈하였다. 그럼에도 불구하고 지신사 정흠지가 '권채의 죄는 가벼운 것 같다.'고 허조를 엄호하자, 대왕이 권채를 파직하는 선에서 매듭을 지었다(세종 9년 8월 29일, 9월 3일, 4일).


[사례 2] 본궁(왕실농장)에 소속된 이천부라는 자가, 판목사를 지낸 김 사청이 건원릉(태조 묘)의 나무를 베어 농장을 보수한 혐의를 관아에 일 러바쳤다. 승려이면서 사청의 집 여종이던 해심과 또 다른 종인 신의가, 노비고가장조를 적용받지 않으려고, 이천부에게 사청의 벌목 사실을 알려 주고 대신 고발하게 사주한 것이었다(세종 13년 3월 17일).

의금부에서 범행동기를 밝히고 보니, 해심과 신의가 함께 보복을 모의 하고 거짓말을 꾸며서 사청을 무함한 것이었다. 해심은 사청이 자신을 천 인으로 만든 것에 앙심을 품었고, 신의는 사청이 자신의 처를 빼앗고 자 기를 쫓아낸 데에 원한을 품고서, 사청이 법을 위반한 것처럼 거짓말을 꾸며내 이천부로 하여금 고발하게 한 것이었다.

사실관계가 모두 밝혀져서 해심과 신의가 주인의 잘못을 관아에 고발 한 것으로 판정이 내려지기 직전에 일부 대신들 사이에 반대기류가 형성 되었다. 이유는 두 가지였다.

첫째는, 노비가 직접 사청을 관아에 고발한 것이 아니므로 해심과 신 의에게 노비고가장조를 적용하면 안 된다는 것이었다. 둘째는, 해심은 노 비신분을 벗고 양민이 되기 위한 소송을 벌이는 중이어서, 그녀의 신분을 노비로 보면 안 된다는 것이었다.

열흘이 가깝도록 힘겨루기만 반복되고 여론이 한 곳으로 모아지지 아 니하자, 대왕이 나서서 해심과 신의에게 유리한 쪽으로 여론을 유도해 두 사람 모두 노비고가장조가 적용되는 것을 피했다.

그대로 두었으면 노비로서 주인의 범법을 고발한 혐의로 목이 베이었 을 두 사람을 동시에 살려내서, 장 1백대에 유배 3천리에 처하되, 여자인 해심은 돈으로 죄 값을 갚게 하고, 남자인 신의는 장 1백대에 노역 3년에 처하게 한 것이니, 대왕이 변호인 역할을 톡톡히 해준 셈이다(세종 13년 3월 23일, 24일, 25일, 28일).

[사례 3] 세자궁에서 쓰던 금수저와 은쟁반 등이 사라졌는데, 귀생이라는 자가 없어진 그릇들이 모두 대왕 곁에서 심부름을 하는 한의의 집에 있다고 승정원에 알려줘서, 즉시 사람을 보내 금 9냥쭝과 은 4냥쭝을 찾아냈다. 귀생에게 범인을 제보하게 된 경위를 물으니, "한의의 집종인 차송에게서 들었다." 말하고, 차송도 그대로 시인하여, 대왕이 차송을 의금부에 가두게 하였다(세종 16년 6월 5일).

그런데 신문을 진행할 수가 없었다. 사실관계를 밝히려면 차송과 한의를 대질시켜야 하는데, 법에 종과 주인을 대질시키지 못하게 되어 있었기 때문이었다. 대왕이 의금부에 의견을 물으니, 훔쳐간 물건들을 회수하고 사건을 종결하기를 청했다. 영의정 황희와 좌의정 맹서성을 비롯한 의정부의 고관들을 불러서 의견을 물으니, 각기 다른 대답을 내놨다.

황희 등은, 정황상 차송이 직접 관에 고발한 것이나 다름이 없다며, 노비가 가장을 고발하면 받아주지 말고 무고죄로 사형에 처하게 한《속육전》의 노비고가장조에 의거해, 차송을 처형하는 것이 옳다고 하였다. 반면, 맹사성 등은, 차송이 음흉한 마음을 품고서 일러바친 것이 아니라서 사형은 과중하게 생각된다며, 가장 가벼운 형에 처하기를 청했다.

그러자 대왕이 차송이 귀생을 통해 한의의 범행을 제보하게 된 경위를 낱낱이 밝히더니, 차송에게 노비고가장조를 적용할지 말지를 두고 의금부·의정부·육조와 20일 이상 토론을 벌여서, 차송을 장 1백대와 3천리 밖 유배에 처하게 하였다(세종 16년 6월 7일, 9일, 10일, 26일).

**둘째. 주인이라도 노비를 함부로 죽이지 못하게 하였다.**

재위 4년에 노비고가장조가 제정된 이후로도 노비를 침학한 주인이나 관원을 엄하게 다뤘다. 처벌 수위도 높았다. 대표적 본보기로, 주인인 자신을 배반하고 부역을 회피하였다는 이유로, 자기 집의 노비를 무자비하게 구타한 끝에 두 귀를 자르고, 힘줄을 끊고, 머리털을 깎는 등의 잔혹한 형벌을 가하여 그 종이 사망케 한 행 사직 임가를 장 1백대에 처하게 하였다(세종 8년 2월 2일). 죄 값을 돈으로 내는 속죄를 허용하지 않았다.

한꺼번에 장 1백대를 맞으면 어지간한 사람은 장독(杖毒)이 퍼져서 살지를 못했다고 한다. 그러니까 대왕이 자기 노비를 학대한 임가를 장 1백대에 처한 것은 '죽도록 패라.'고 한 것이나 다름이 없었다. 장을 치는 구슬아치에게 뇌물을 건네고 장을 때리는 시늉만 하게 하였을 개연성도 없지 않으나, 실록에 그런 기록은 없다.

그 뒤에 형조에서 주인이 노비를 죽인 사건을 아뢰니, 금지법령을 더욱 엄히 하라고 특명을 내렸다. 옆에 있던 판중추부사 변계량이, 일찍이 주자가 말하기를, '살인은 본래 중한 것이라서 노비를 죽인 일을 가볍다고 할 수 없다.'고 하였다고 아뢰니, 대왕이 주자가 하였다는 그 말을 아름답게 여겼다(세종 8년 12월 8일).

그로부터 7년 반쯤 뒤에 대왕이, 주인이 노비를 학대하거나 죽이는 것을 막기 위한 법제를 갖췄다. 처음에 형조를 부르더니, "《속형전》에 '노비가 가장을 고발하면 고소장을 받지 않고 참형에 처한다.'는 조문만 있고, 노비를 함부로 죽인 주인을 고발하게 한 조문은 없어서, 주인들이 거리낌 없이 노비를 때려죽인다." 하고, 이후로는 태종 15년(1415)에 내린 지시에 의하여 다시 의논하여 아뢰게 하였다(세종 16년 6월 8일).

그런데 구체적 내용을 확인할 길이 막혀있다. 태종 15년(1415) 실록의 기사 가운데, 노비주인들의 악행을 언급한 기사가 보이질 않는다. 따라서 태종이 당시에 어떤 지시를 내렸는지는 알 길이 없으나, 20여일 뒤에 형조의 주도로 주인이 노비를 학대하거나 죽이는 것을 막기 위한 법이 제정되었고, 그 요지는 세 가지였다.

첫째는, 노비에게 거리낌 없이 형벌을 가하는 주인이 있으면 즉시 이웃들이 달려가서 말리게 하였다. 둘째는, 만약 법을 어기고 형벌을 마구 가하여 노비가 죽었으면 이웃들이 관령에게 고발하게 하였다. 셋째는, 이웃집에서 주인이 노비를 학대하는 현장을 보고서도 신경 써서 살피지 않았거나, 주인이 노비를 때려죽인 실정을 알고도 고발하지 않은 자는 엄벌에 처하게 하였다(세종 16년 6월 27일).

그로부터 약 6년 뒤에, 현직 의정부 좌찬성이던 이맹균이 첩으로 삼았던 여종이 맹균의 부인에 의해 참혹하게 죽인 사실이 발각되자, 노비를 죽인 주인을 엄벌에 처하게 한 대명률의 조문을 널리 알리게 하였다(세종 22년 6월 19일).

대명률에는, '노비가 잘못을 저질러서 그의 주인이나 가까운 핏줄 혹은 외척이 관청에 고발하지 않고 자기가 직접 노비를 때려죽였으면 장 1백대에 처하게 되어 있었다. 만약 죄가 없는 노비를 때려죽였으면 장 60대에 노역 1년에 처하고 죽은 노비의 처자를 모두 노비신분을 면해주어 양민으로 살게 해주라고 되어 있었다.

반면, 노비가 주인의 명령을 거역하여 주인이 그 노비에게 형벌을 가하다가 우연히 죽게 하였거나 부주의로 죽게 한 경우는 주인의 죄를 면해주게 되어 있었다.[56]

......................

56 세종 26년(1444) 윤7월 24일자 실록기사에서 발췌한 것인데, 실록편찬 과정에서 착오가 있었던 것 같다. 세종실록 원문과 국역본 공히 대명률 형률편의 '노비구가장조(奴婢毆家長條)'가 그와 같은 것으로 소개하였으나, 노비구가장조는 주인을 폭행한 노비를 참형에 처하게 한 조문이다.

다시 4년쯤 뒤에는, 노비가 잘못을 저지르거나 주인의 명을 따르지 않았다는 이유로 주인 또는 그의 가까운 핏줄의 손에 죽은 경우는 그 노비의 처자를 모두 관노비로 삼게 하였다. 노비는 토지와 더불어서 한 집의 경제력을 좌우하는 요소였으니, 노비에 대한 주인의 횡포를 막는 데에 효과가 있었을 것이 분명하다.

대왕이 대명률을 따르지 않은 이유는 관습법의 무게감과 금지의 실효성 때문이었다. 대왕은 주인이 잘못을 저지른 노비에게 형벌을 가하는 것을 묵인해온 지가 오래되어 대신들의 지지를 끌어내기가 어렵다고 판단하였다. 그에 더하여, 개인집에서 은밀하게 벌어지는 일을 일일이 적발해서 혐의를 입증하기가 쉽지 않다고 생각하였다(세종 26년 윤7월 24일).

대신들의 지지를 끌어내기가 어렵다고 판단한 이유는 관원들 가운데 집에 노비가 없는 사람이 없었기 때문이었을 것이다. 개인집에서 은밀하게 벌어지는 일이라 적발과 입증이 어려울 것이라는 계산은, 주인이 노비를 죽였더라도 다른 노비들을 협박해 위증을 하게하면 범행을 입증하기가 매우 어렵다고 판단했기 때문이었을 것이다.

**셋째. 주인의 노비 침탈, 학대, 착취 등을 묵과하지 않았다.**

이러한 사실은 이영훈의 주장이 지나친 억지이거나 사실관계를 명백하게 왜곡한 것임을 거듭 뒷받침하는 객관적 증거라고 생각된다. 세종실록에서 유력한 증거로 발췌한 열두 사례를 들어보겠다.

[사례 1] 대왕이 즉위하고 10개월쯤 지나서 여종에게 형벌을 함부로 쓴 관리를 응징하였다. 법률상 신문할 때의 태장은 한 차례에 30대를 이내로 그치되, 한 번 칠 때마다 한 획씩 긋고, 30이 차면 그쳐야 하는데, 형조좌랑 정승서가 여종을 신문하면서 태장을 두 번 치고 한 획씩 그은

사실이 드러나, 형조판서와 대사헌까지 의금부에 가두고 합동수사를 지시해, 승서의 직첩을 거두고 장 1백대를 돈으로 바치게 하였다(세종 1년 6월 27일, 7월 5일).

[사례 2] 예조의 보고를 통해, 여러 관사가 각기 소속된 노비들에게 봉족(奉足)57을 주지 않고 급료도 지급하지 않아서 도망간 자가 많은 사실을 알고, 태종시절에 의정부가 내려 보낸 공문에 따라, 정역(正役) 1명당 봉족 1명을 주고 급료도 주게 하였다. 급료를 주지 않을 경우는 봉족 2명을 주게 하고, 연령이 66세 이상이거나 15세 이하인 노비는 남녀를 막론하고 부역에 동원하지 못하게 하였다(세종 2년 11월 7일).

[사례 3] 예조의 보고를 통해, 중앙의 관아에 배속된 노비가 휴가를 얻어 고향에 내려갔다가 곧바로 상경하지 않으면, 소속관아에서 도성의 주인을 압박하거나 혹은 상경을 지체한 날수를 따져서 속전을 징수하는 적폐를 알고서는, 태종시절에 의정부가 내려 보낸 공문에 따라, 관청의 노비가 휴가를 받고 고향을 갔다가 기한 안에 올라오지 않으면 그 도에 공문을 보내 상경을 독촉하게 하고, 상경을 지체한 데 대한 죄는 본인이 상경한 뒤에 따지게 하였다(세종 2년 11월 7일).

[사례 4] 이름이 자재인 사노비가 광화문의 종을 울리고 억울한 사정을 호소하여 승정원에서 까닭을 물으니, 신문고를 치려는데 의금부 당직자가 막더라고 하였다. 대왕에게 보고가 올라가니, 신문고는 사람들이 마

........................

57 평민이나 천민이 나라의 부름을 받고 출역(出役)할 경우에, 나라에서 그 집의 일을 도와주도록 지정한 사람(들)을 일컫던 말이다. 역사에 나가지 않은 사람(들) 중에서 봉족이 지정되었기에, 여정(餘丁)이라고도 하였다.

음대로 칠 수 있게 하여 백성들의 사정이 위로 통할 수 있게 하려고 설치한 것이라며, 의금부 관원이 북을 못 치게 막은 이유를 물었다. 승지들이 자재로부터 들은 말을 그대로 아뢰니, 그 사람 말고도 북을 치려다 못 친 사람이 많았을 것이라며, 의금부 관원 두 명을 곧바로 파면하였다(세종 10년 5월 24일).

[사례 5] 노비의 상속재산을 가로챈 자들을 응징하였다. 처음에 사직(司直·오위 소속의 정5품 무관) 정득훤의 계집종 연덕이 자신의 딸 무해를 태조 계비(성비·誠妃)[58]의 거처에 바치고는 무해가 죽은 것처럼 주변에 소문을 퍼뜨렸다.

시간이 흘러서 연덕이 죽자, 득훤의 형제가 연덕이 남긴 유산을 후사가 없는 종의 가산이라며 모두 차지하였다. 무해가 성비에게 호소하여, 성비가 그대로 대왕에게 전하니, 득훤을 의금부에 내려 추국하게 하였다(세종 10년 5월 25일).

[사례 6] 최유원이라는 백성이 자기 집의 종을 때려죽인 사건을 보고받고, 법대로 죄와 벌을 가하게 하였다. 형률[59]에 '주인으로서 노비를 죽인 자는 죄가 없다.'고 한 것은 윗사람과 아랫사람의 분별을 엄하게 하라는 뜻이고, '주인으로서 노비를 죽인 자는 장형에 처한다.'고 한 것은 사

........................

58 태조가 왕위에서 물러나 태상왕으로 있을 때, 아들인 태종이 앞서 죽은 신덕왕후의 빈자리를 메우기 위해 태조의 후궁이던 원씨를 두 번째 계비(繼妃)로 책봉하고 성비(誠妃)라고 하였다(태종 6년 5월 2일). 이로써 성비는 조선 최초의 대비가 되었다가, 대왕이 즉위하니 최초의 대왕대비가 되어서, 세종 31년 12월 29일까지 살았다.
59 《대명률직해》〈형률〉편 투구조(鬪毆條)의 노비구가장(奴婢毆家長) 규정을 말한 것이다.

람의 목숨을 소중히 여기라는 뜻이라며, 유원을 처벌해야 하는 이유를 설명하였다.

노비도 사람인데, 죄가 있다고 하여 주인이 혹독한 형벌로 죽인 것은 주인으로서 자애무육(慈愛撫育)해야 하는 도리를 어긴 것이다(세종 12년 3월 24일).

[사례 7] 함길도 영흥부 군기고에 불이 나자 감사 민심언 등이 관노인 가질동과 연만 등을 방화범으로 지목하고 마음대로 압슬을 행하여 허위자백을 받았는데, 관노 내은달이 장을 너무 많이 맞아 숨이 끊어졌다.

그런데도 사실을 숨기고 허위로 보고를 올린 것을, 대왕이 형조정랑 신자근을 현지에 파견해 자초지종을 알아오게 한 뒤에, 영흥부의 전·현직 관원 여섯 명을 도성으로 압송해, 의금부의 조사를 거쳐서 전원 직책을 빼앗고 모두 지방으로 귀양보냈다(세종 12년 12월 17일, 윤12월 10일).

[사례 8] 경기도 광주에서 이씨라는 여인이 죽은 남편의 첩이었던 여종을 때려죽인 사건이 보고되자, 이씨를 장 60대와 노역(도형) 1년에 처하고, 여자인 점을 감안해 죄 값을 돈으로 바치게 하였다.

당초에 이씨의 남편 박구가 아내 이씨의 여종 서가이를 첩으로 삼아서 딸 넷을 낳았다. 구가 아직 살아 있을 때 이씨가 남편의 뜻을 받들어, 서가이와 그녀가 낳은 네 딸의 노비신분을 면해주는 문서를 만들어주고 노역에서 풀어주었다.

얼마 뒤에 구가 숨을 거두자 이씨가 본색을 드러내, 서가이와 그녀가 낳은 네 딸에게 주었던 문서를 다시 빼앗기 위해 서가이를 때려죽였다. 서가이의 어미 부가이가 이씨를 관아에 고소하니, 대왕이 대신들의 의견을 수렴하되, 이씨를 장 60대와 노역 1년에 처하고 죄값을 돈으로 치르게 하였다(세종 19년 11월 4일, 20년 5월 15일).

[사례 9] 의정부 좌찬성이던 이맹균[60]의 집에서 안주인이 여종을 때려 죽였다. 맹균이 일찍이 집의 여종을 첩으로 삼았는데, 아내 이씨가 질투가 지나쳐 그 여종을 몹시 참혹하게 때려서 여종이 마침내 죽은 것이다.

이씨는 나이가 칠십 살에 가까웠고 자식도 없었다. 그런데도, 질투심을 못 이겨 남편의 첩에게 여러 차례 가혹행위를 반복하며 갖은 방법으로 침탈과 학대를 반복하다, 끝내는 움 속에 넣어두고 음식을 주지 않아 배를 곯다가 기진하여 죽게 한 것이었다.[61]

집의 다른 종들을 시켜 시신을 파묻게 하였더니 종들이 홍제원 길가의 구렁텅이에 내버렸다. 대왕이 보고를 접하고 삼사(三司=사헌부·사간원·홍문관)를 불러서, 시신의 신원과 범인을 반드시 밝히라고 명하자, 맹균이 듣고서 일이 발각될 것을 두려워하여 스스로 사건의 전모를 털어놓았다.

그러자 사헌부에서 맹균이 솔직하게 아뢰지 않았다며 대왕에게 맹균을 엄히 처벌하기를 청했다. 맹균이 아내의 죄악을 가려줄 생각으로, 여종이 죄를 저질러서 아내가 때렸던 것이라고 거짓말을 꾸며서 임금을 속였다며, 맹균을 법대로 다스리라고 하였다. 남편의 첩을 죽인 이씨는 강제로 이혼시켜 도성 밖으로 내쫓으라고 하였다. 대왕이 상소를 읽고 나더니, 맹균을 파면하여 귀양을 보내고 이씨도 작첩을 빼앗았다.

....................

60 고려 말엽 절의를 지켜서 포은 정몽주, 야은 길재와 더불어 고려 삼은(三隱)으로 꼽히는 목은 이색의 손자다.
61 세종 22년 6월 5일, 6월 10일, 6월 12일, 6월 17일, 6월 19일, 6월 20일, 6월 22일자 실록기사 참조.

[사례 10] 전 판중추원사 오승이 아내가 먼저 세상을 떠나자 기생 금강아를 첩으로 들여 가사를 주관하게 하였다. 이때에 오승이 80살이어서 금강아가 몰래 다른 남자와 정을 통했는데, 승이 정신이 혼미해 눈치를 채지 못했다. 그런데 뒤에 강아가 집의 남자종과 간통하는 것을 알고 승이 종의 발바닥을 불로 지지고 때려죽였다가 사헌부에 발각되었다.

사헌부에서 조사를 마치고 나서, 강아는 율에 따라 장을 치게 한 뒤에 함길도 4진의 노비로 보내고 오승에게도 벌을 내리기를 청하니, 강아는 장을 친 뒤에 함길도 경성의 관비로 보내고, 승은 고령임을 감안해 죄를 논하지 말게 하였다. 사헌부가 굽히지 아니하고, 승이 간통현장을 잡은 것이 아닌데도 그 종을 때려죽였으니 용서하면 안 된다고 간하니, 승을 경기도 죽산현에 안치하게 하였다(세종 25년 11월 4일).

[사례 11] 지방 각 고을의 수령들이 관용숙소에 소속된 여자 관노비에게 중앙에서 공적인 일로 내려온 관리에게 식사와 생활용품을 제공하는 등의 일을 시키지 못하게 하였다. 중앙은 여러 관아가 운영하는 관용숙소의 여자 노비에게 일을 시키는 것을 금지한 법이 세워져 있는데, 지방은 그런 법이 없어서 관용숙소의 여자 관노비를 거리낌 없이 부려먹는 폐단이 흔했기 때문이었다(세종 26년 8월 16일).

[사례 12] 대왕이 세상을 뜨기 10개월쯤 전에, 이복동생인 익녕군 이치가 제집의 종 계동이 자신이 관계하는 계집종을 간통하였다는 이유로 계동의 불알을 까버린 사실을 알고는 종부시(宗簿寺)로 하여금 치를 국문하게 하였다(세종 31년 5월 13일).

종부시는 왕실과 종친으로서 잘못을 저지른 자들에 대한 처리를 담당하던 관서였다. 왕실족보인 선원계보기략(선원록)도 이곳에서 찬록하였다.

**넷째. 위기에 처한 노비들의 바람막이가 되어 주었다.**

확실하게 잘못을 저질렀거나 혹은 잘못한 것이 없는데도 억울하게 누명을 쓰고 형벌을 받을 상황에 처한 노비들에게 형률을 공정하고 투명하게 적용해 위기를 벗어나게 해준 적이 여러 차례 있었다.

[사례 1] 황해도 봉산군에 거주하는 본궁(왕실농장)의 노비 제불이 군수 김길덕에게 부역을 면제해 주기를 청했다가 거절당하자 언사가 매우 거만하였다. 길덕이 아전을 시켜 내쫓으니, 제불이 본궁의 종은 재상과 동급이라며, 동료 노비인 오마대를 불러서 아전 최육을 끌어내 그의 옷을 벗기고 욕을 보였다.

또, 큰 소리로, '군수가 어느 곳에서 나왔기에 감히 나를 박대하느냐'고 고함을 지르더니, 품속에서 내수소 신표(信標)를 꺼내서 땅바닥에 내던져 진흙이 묻게 하고서는 '최육이 빼앗아 밟아서 못쓰게 되었다.'고 덮어씌웠다.

형조에서 제불의 행패를 확인하고 제불에게 '부민으로서 수령을 능욕한 죄'를 적용해 장 60대와 노역 1년에 처하기를 청하니, 대왕이 듣고서, 전에 '종이 노역이나 유배에 해당하는 죄를 범하였으면 장 1백 대에 처하고 나머지 죄는 돈으로 받으라.'고 교지를 내린 사실을 상기시키며, 장을 80대로 높이고 노역은 빼게 하였다(세종 10년 2월 30일).

형조에서는 오마대에 대하여도, 임금의 인장과 본궁의 인장이 함께 찍힌 증명서를 최육이 밟아 못쓰게 만들었다고 무고한 죄를 적용해, 장 1백 대를 가한 뒤에 3천리 밖에서 3년 동안 중노동을 하게 하기를 청하였으나, 대왕이 장 1백대만 가하게 하였다.

[사례 2] 전주 사람인 강마의 종 동량이 주인을 배반하고 남의 집에 가 있어서 강마가 관청에 소송을 제기하였다. 그런 뒤에 강마가 길을 가다가 동량과 마주쳐 그를 끌고 가려고 하자, 동량이 팔을 뿌리치다가 강

마의 이를 부러뜨렸다.

형률에는, '노비가 잘못해서 집안의 어른을 상해하였으면 장 1백대를 쳐서 3천리 밖에 유배한다.'고 되어 있는데, 형조에서 참형을 청했다.

비록 고의로 구타한 것은 아니어도, 팔을 뿌리치다가 이를 부러뜨렸으니 과실로 보기가 곤란하다며, '머리털을 끌어당기거나 목덜미를 잡은 행위도 구타와 똑같이 다룬다.'고 한 《이학지남》의 조문을 들어 참형을 청한 것인데, 대왕이 형률을 따르게 하였다(세종 12년 12월 1일).

[사례 3] 군자감의 종 박만 등 다섯 사람이 벽을 뚫고 쌀 40말을 훔쳐서, 형조에서 여죄가 더 있는지 밝히려고 고문을 가해도 자백하지 아니하여, 형률에 따라 장을 가하고 석방하였다.

얼마 뒤에 형조에서, 군자감에서 다시 또 쌀 97석이 사라졌다며, 박만 등을 다시 고문하게 허락해주기를 청하니, 대왕이 대답하기를, "이미 사법처리가 종료된 사건일 뿐더러, 범행여부가 명백하지 않으니 신문하지 않는 것이 옳다." 하고 허락하지 않았다(세종 27년 4월 3일).

[사례 4] 경상도 밀양에서 종의 아들로 나이가 겨우 열 살인 변송이라는 아이가, 주인이 제 아비를 침탈하는 것을 보고 당돌하게 칼로 그 주인을 찌르려다가 미수에 그친 사건이 보고되었다.

실록에는 대왕이 변송을 의금부에 잡아다가 조사하게 하였다는 기사만 있고, 그 결과에 대하여는 아무런 정보가 없지만, 변송에게 실형이 선고되었을 가능성은 희박하다.

변송의 나이가 형벌을 가하기에는 너무 어렸을 뿐더러, 대왕이 이전에 소년강도를 용서하여 살려준 적이 세 번이나 있었기 때문이다(세종 29년 6월 27일).

# 참고문헌

## 〈영인본〉

세종대왕기념사업회(1972), 『태조강헌대왕실록』, http://sillok.history.go.kr/.
세종대왕기념사업회(1974), 『정종실록』, http://sillok.history.go.kr/.
세종대왕기념사업회(1974), 『태종공정대왕실록』, http://sillok.history.go.kr/.
세종대왕기념사업회(1968), 『세종장헌대왕실록』, http://sillok.history.go.kr/.
세종대왕기념사업회(1977), 『문종실록』, http://sillok.history.go.kr/.
세종대왕기념사업회(1977), 『단종실록』, http://sillok.history.go.kr/.
세종대왕기념사업회(1977), 『세조실록』, http://sillok.history.go.kr/.
세종대왕기념사업회(1979), 『예종실록』, http://sillok.history.go.kr/.
세종대왕기념사업회(2001), 『한국고전용어사전』, https://terms.naver.com/.
조선총독부 법무국(1937), 《사법제도연혁도보》, 서울대학교 규장각한국학연구원.
한국사사전편찬회(1995), 『한국고중세사사전』.


## 〈단행본〉

고사정·김지·정도전·당성 엮음, 박철주 역주(2014), 『대명률직해』, 민속원.
권오향 외(2020), 『세종은 과연 성군인가, 우문에 대한 현답』, 보고사.
김광옥(2018.), 『세종 이도의 철학: 생생의 길, 생민과 변역』, 경인문화사.
김대길(2006), 『조선후기 우금(牛禁)주금(酒禁)송금(松禁) 연구』, 경인문화사.
김민호(2020), 『충절의 상징 백이와 숙제』, 성균관대학교출판부.
김백철(2017), 『법치국가 조선의 탄생: 조선 초기 국법체계 형성사』, 이학사.
김슬옹(2011), 『세종대왕과 훈민정음학』, 지식산업사.
김슬옹(2017), 『한글혁명』, 살림터.
김슬옹(2018), 『훈민정음해례본입체강독본』, 박이정.
김슬옹(2019), 『세종학과 융합인문학』, 보고사.

김용심(2019), 『백정, 나는 이렇게 본다』, 보리.

김종성(2018), 『너무나, 인간적인 인간적인 나는 세종이다』, 북오선.

김주영(2000), 『화척』(1-5권), 문이당.

박병호(1986), 『세종시대의 법률』, 세종대왕기념사업회.

박병호(2012), 『한국법제사』, 민속원.

박영규(2013), 『한 권으로 읽는 세종대왕실록』, 웅진지식하우스.

박영규(2019), 『크리미널 조선: 우리가 몰랐던 조선의 범죄와 수사, 재판 이야기』, 김영사.

박종국(1984), 『세종대왕과 훈민정음』, 세종대왕기념사업회.

박종성(2013), 『백정과 기생: 조선천민사의 두 얼굴』, 서울대학교출판문화원.

박현모(2006), 『세종의 수성(守成)리더십』, 삼성경제연구소.

박현모(2012), 『세종, 실록 밖으로 행차하다』, 푸른역사,

박현모(2014), 『세종이라면』, 미다스북스.

박현모(2014), 『세종처럼』, 미다스북스.

박현모(2019), 『세종학개론』, 문우사.

방성혜(2012), 『조선, 종기와 사투를 벌이다』, 시대의 창.

심희기(1997), 『한국법제사강의』, 삼영사.

안성훈·김성돈(2015), 『조선시대의 형사법제 연구: 총칙의 현대 형사법 편제에 따른 재정립』, 한국형사정책연구원.

오갑균(1995), 『조선시대 사법제도 연구』, 삼영사.

윤국일(1998), 『경제육전과 경국대전』, 신서원.

윤백남(1948), 『조선형정사』, 민속원.

이상각(2008), 『이도 세종대왕: 조선의 크리에이터』 추수밭.

이석제(2002), 『나라와 백성을 향한 세종의 번뇌』, 세종대왕기념사업회.

이영훈(2018), 『세종은 과연 성군인가』, 백년동안.

이익(저)·고정일(역)(2015), 『성호사설』, 동서문화사.

이한우(2003), 『세종, 그가 바로 조선이다』, 동방미디어.

이한우(2006), 『세종, 조선의 표준을 새우다』, 해냄출판사.

이희근(2013), 『백정, 외면당한 역사의 진실』, 책밭.

임재표(2000), 『조선시대 전통 행형제도』, 한국형사정책연구원.

임재표(2001), 『조선시대 인본주의 형사제도-원형옥(圓形獄)과 휼형(恤刑)을 중심으로』, 박사학위논문, 단국대학교대학원.

장국화 엮음·임대희 외 옮김(2003), 『중국법률사상사』, 대우학술총서 아카넷.

정광(2015), 『한글의 발명』, 김영사.

정도상·최재혁(2009), 『백성을 섬긴 왕, 세종이 꿈꾼 나라』, 시대의창.

정긍식(2018), 『조선의 법치주의 탐구』, 태학사.

조기형(2011), 『한자성어·고사명언구 대사전』, 이담북스.

조남욱(2001), 『세종대왕의 정치철학』, 부산대학교출판부.

조남욱(2015), 『성군 세종대왕』, 새문사.

조병인(2013), 『오래된 지혜 경청』, 이담북스.

조병인(2016), 『세종식 경청』, 문우사.

조병인(2018), 『세종의 苦(고): 대국의 민낯』, 정진라이프.

조지만(2006), 『조선시대의 형사법: 대명률과 국전』, 박사학위논문, 서울대학교대학원.

조지만(2007), 『조선시대의 형사법: 대명률과 국전』, 경인문화사.

조지만(2007), 『한국의 외국법수용사』, 세창출판사.

조지만(2007), 『한국법제사강요 : 법전편찬과 형벌을 중심으로』, 세창출판사.

차주환(1984), 『한국의 도교사상』, 동화출판사.

최영선(2009), 『한글창제 반대상소의 진실』, 신정.

한영우(2019), 『세종평전: 대왕의 진실과 비밀』, 경세원.

홍순민·한상권·손병규 외(2015), 『조선시대사. 1: 국가와 세계』(한국역사연구회시대사 총서 5), 푸른역사.

홍이섭(2011), 『세종대왕』, 세종대왕기념사업회.

홍현보(2019), 『언문』, 이회문화사.


연세대학교 국학연구원(1995), 『경제육전편집』, 신서원.

한국미술협회(1986), 《계간미술》 제39호, 중앙일보사.

한국학중앙연구원(2011), 『관직명사전』,

한국형사정책연구원(2019), 『인간 존엄과 가치의 형사법적 실현』, 30주년 유관학회 공동 국제학술회의자료집.

〈논문〉

김경회(1996), "조선시대에 있어서 경찰에 관한 사적 고찰", 『중부대학교논문집』 제7집 제1권, 중부대학교.

김상환(1997), "조선전기 형벌노비의 유형과 그 성격", 『경상사학』 제13집, 경상대학교.

김성돈(2008), "조선전기 형사법과 형정운용에 나타난 애민적 형사정책", 『성균관법학』 제20권 제1호, 성균관대학교 법학연구소.

김성돈(2008), "조선시대의 죄형법정주의의 이념적 기초와 실천적 함의", 『성균관법학』 제20권 제2호, 성균관대학교 법학연구소.

김성희(1976), 『조선세종대 형정의 일연구-재판제도를 중심으로』, 석사학위논문, 이화여자대학교대학원.

김영수(2009), "세종대의 법과 정치: 유학적 '예치주의'의 이상과 현실", 『세종 리더십의 형성과 전개』, 지식산업사.

김용환(1995), "조선시대 형사법 및 형사제도에 관한 연구", 석사학위논문, 고려대학교대학원.

김진옥(2015), 「금오헌록」의 자료적 가치」, 『민족문화』 제45호, 한국고전번역원.

김창윤(2014), "조선시대의 치안정책과 조직에 관한 연구", 『한국공안행정학회보』 제57호, 한국공안행정학회.

남도영(1975), "선초(鮮初)의 우마도적: 특히 형정운영을 중심으로", 『동국대학교 논문집』 제14집, 동국대학교.

문형진(2000), "조선초기 『대명률』의 운영실태", 『외대사학』 제12집, 한국외국어대학교 역사문화연구소.

문형진(2000), "조선초 고신운용과 형구 사용에", 『외대사학』 제13호, 한국외국어대학교 역사문화연구소.

박강우(2003), "조선조 대명률직해의 형법총칙적 조항의 분석", 『형사정책연구』 제24권 제3호(통권 제55호), 한국형사정책연구원.

박병호(1997), "세종대 법치의 역사적 의의", 『21세기 문화·과학을 위한 세종대왕 재조명』, 세종대왕 탄신 600돌 기념 학술대회 자료집, 세종대왕기념사업회.

박영도(2006), "대왕의 유교적 법치: 인정(仁政)과 법의 관계를 중심으로", 『대왕의 국가경영』, 지식산업사.

박현모(2014), "대왕의 법 관념과 옥사(獄事)판결 연구", 『한국정치연구』 제23집 제1호, 한국정치학회.

박현모(2014), "대왕의 민본정치", 『세종 리더십의 핵심가치』, 한국학중앙연구원출판부.

박현모(2010), "대왕은 왜 훈민정음을 창제했나: 법과 문자", 『훈민정음창제 564돌 기념 세종학 학술회의 자료집』, 한국학중앙연구원 세종리더십연구소.

소순규(2019), "조선 세종조 배향공신 신개의 정치적 역할과 종묘 배향의 배경", 『민족문화연구』 제82호, 고려대학교 민족문화연구원.

유미림(2006), "대왕의 한글창제의 정치", 『대왕의 국가경영』, 지식산업사.

유영박(1964), "조선왕조의 미도(彌盜)대책-특히 성종 3년의 「한성5부방리금도절 목」 분석", 『향토서울』 제23호, 서울역사편찬원.

유영옥(2016), "『상서(尚書)』 형정의 이념과 현실 적용", 『한국한문학연구』 제62 권, 한국한문학회.

이준구(2000), "조선시대 백정의 전신 양수척, 재인·화척, 달단 : 그 내력과 삶의 모습을 중심으로", 『조선사연구』 제9집, 조선사연구회.

임용한(2017), 「조선초기 한성부의 기능과 한성판윤」, 『서울과 역사』 권95호, 서 울역사편찬원.

장지연(2020), "15세기 한성의 사신객관 형성과 그 의미", 『서울과 역사』 권104호, 서울역사편찬원.

정순옥(2007), "조선전기 의금부 죄수의 삼복과 의정부 상복 시행 논란", 『역사학 연구』 제29집, 호남사학회.

정윤재(2015), "세종대왕의 국가경영리더십 연구: 그의 「천민/대천이물론」과 「보 살핌」의 정치를 중심으로", 『통섭학으로서의 세종학』, 세종탄신 618돌 기념 세종학학술회의 자료집.

정윤재(2019), "세종대왕의 민본(民本)정치와 그 현대적 함의: 그의 '천민(天民)/대 천이물론(代天理物論)'과 '보살핌'의 정치를 중심으로", 『한국학의 랜드마 크 : 세종학의 위상과 비전』, 한국정치학회 한국학세계학술대회 자료집.

정윤재(2019), "〈훈민정음 해례본〉 서문 속의 민본정치", 『2019년 학술회의자료집』, 한국문명학회.

정태헌(1988), "조선 초기 사회범죄에 관한 연구", 박사학위논문, 동국대학교대학원.

조남욱(1993), "세종대왕의 인권의식에 관한 연구", 『유교사상연구』 제6집, 한국유 교학회.

조남욱(2014), "세종의 인간존엄성 추구", 『세종리더십의 핵심 가치』, 한국학중앙 연구원출판부.

조병인(2016), "세종의 민본주의 형사정책 연구", 『고궁문화』 제9호, 국립고궁박물관.

조병인(2019), "세종의 〈휼형(恤刑)교지〉에 관한 연구", 『범죄수사학연구』 제5권 제1호(통권 제8호), 경찰대학 범죄수사연구원.

조병인(2019), "세종시대 '도둑과의 전쟁'에 관한 연구", 『형사정책연구』 제30권 제2호(통권 제118호), 한국형사정책연구원.

조병인(2019), "세종이 훈민정음을 창제한 이유: 형사학의 관점", 『형사정책연구』 제30권 제4호(통권 제120호), 한국형사정책연구원.

조병인(2019), "세종의 사법개혁-현재적 의미를 중심으로", 『한국학의 랜드마크 : 세종학의 위상과 비전』, 한국정치학회 한국학세계학술대회 자료집.

조병인(2019), "세종의 사법개혁에서 착안한 국가경찰의 개혁과제", 『조선시대 법치주의와 경찰개혁』, 제11회 한국법제사연구회 학술회의 자료집.

조병인(2019), "세종의 부민고소금지법 제정과 시행에 관한 연구", 『범죄수사학연구』 제5권 제2호(통권 제9호), 경찰대학 범죄수사연구원.

조병인(2019), "세종의 지성사대-이기기 위한 져주기", 『세종의 외교와 문화정책』, 세종학강좌교재, (사)세종대왕기념사업회.

조병인(2019), "명나라 영락제에게 진헌된 여덟 공녀의 비극", 『고궁문화』 제12호, 국립고궁박물관.

조지만(1999), "조선 초기《대명률》의 수용과정", 『법사학연구』 제20호, 진원.

한상권(1992), "18세기 전반 명화적 활동과 정부의 대응책", 『한국문화』 제13호, 서울대학교 한국문화연구소.

한상권(2007), "세종대 치도론(治盜論)과 『대명률』: 절도삼범자(竊盜三犯者) 처벌을 중심으로", 『역사와 현실』 제65호, 한국역사연구회.

한상권(2011), "조선시대 교화와 형정", 『역사와 현실』 제79호, 한국역사연구회.


〈논단〉

신선영(2020), "죄와 벌의 시각화: 20세기 초 김윤보의《형정도첩》", 『문화재, 우리에게 오다』, 문화재청 블로그(https://blog.naver.com/chagov/221781583264)

조병인(2014), "경청문화: 세종의 삶과 좌우명", 『형사정책연구소식』 제132호, 한국형사정책연구원.

조병인(2015), "삼성의 '신경영'과 세종의 혁신정치", 『형사정책연구소식』 제134호, 한국형사정책연구원.

조병인(2015), "세종, 형사정책의 표본을 보이다(상)", 『형사정책연구소식』 제135호, 한국형사정책연구원.

조병인(2015), "세종, 형사정책의 표본을 보이다(중)", 『형사정책연구소식』 제136호, 한국형사정책연구원.

조병인(2016), "세종, 형사정책의 표본을 보이다(하)", 『형사정책연구소식』 제138

호, 한국형사정책연구원.

조병인(2018), "세종은 인도적 처우의 개척자였다.",『교정』제511호, 법무부 교정
본부.

조병인(2018), "시험대에 오른 국가경찰의 활로: 세종실록에 열쇠가 있다"(1),『수사
연구』제422호, 수사연구사.

조병인(2019), "시험대에 오른 국가경찰의 활로: 세종실록에 열쇠가 있다"(2),『수사
연구』제423호, 수사연구사.

조병인(2019), "세종의 사법개혁: 오결(誤決)과 체옥(滯獄)을 없애라.",『검찰동우』
제45호, 검찰동우회.

조병인(2020), "조선 초기 왕들의 고민: 어떻게 해야 나라가 바로 설 것인가?",『검
찰동우』제46호, 검찰동우회.

조병인(2020), "세종의 형사정책 실패사례 3종세트",『형사정책연구소식』제155
호, 한국형사정책연구원.

조병인(2019), "'훈민정음' 탄생에 숨겨진 비밀", 〈여주신문〉 제1088호(10월 8일)
573돌 한글날기념 특집호. 여주신문사.

조병인(2020), "세종이 성군(聖君) 대접을 받는 이유", 〈여주신문〉 제1135호(9월
28일) 574돌 한글날기념 특집호, 여주신문사.

부록

[부록 1] 고려 말엽~세종 연간에 명나라에 말을 수출한 내역

| 순번 | 시기 | 명(明)의 요구 | 수출한 수효 | 운송 기간 | 운송 횟수 |
|---|---|---|---|---|---|
| 1 | 고려 공양왕 3년 6월 ~ 조선 태조 1년 11월 | 10,000 | 10,000 | 17개월 | 8회 |
| 2 | 태조 3년(홍무 27년) 4월 ~ 5년 4월 | 10,000 | 5,500 | 24개월 | 8회 |
| 3 | 태종 1년(건문 3년) 9월 ~ 3년 4월 | 10,000 | 11,081 | 19개월 | 8회 |
| 4 | 태종 7년(영락 5년) 9월 ~ 8월 2월 | 3,000 | 3,000 | 5개월 | 9회 |
| 5 | 태종 9년(영락 7년) 10월 ~ 10년 3월 | 형편대로 | 10,000 | 5개월 | 19회 |
| 6 | 세종 3년(영락 19년) 9월 ~ 11월 | 10,000 | 10,000 | 2개월 | 18회 |
| 7 | 세종 5년(영락 21년) 8월 ~ 9월 | 10,000 | 7,000 | 36일 | 10회 |
| 8 | 세종 9년(선덕 2년) 4월 ~ 6월 | 5,000 | 5,000 | 40일 | 8회 |
| 9 | 세종 32년(경태 1년) 1월 ~ 문종 즉위년 | 2~3만 | - | - | 면제 |
| | 합 계 | | 61,581 | | |

* 출처: 조병인(2018), 『세종의 꿈(고): 대국의 민낯』, 정진라이프, 183쪽.


[부록 2] 태종~세종 연간에 명나라에 소를 수출한 내역

| 순번 | 시기 | 명(明)의 요구 | 수출한 수효 | 운송 기간 | 운송 횟수 |
|---|---|---|---|---|---|
| 1 | 태종 4년(영락 2년) 4~6월 | 10,000 | 10,000 | 50일 | 10회 |
| 2 | 세종 14년(선덕 7년) 7~8월 | 10,000 | 6,000 | 25일 | 6회 |
| | 합 계 | 20,000 | 16,000 | 75일 | 16회 |

* 출처: 조병인(2018), 『세종의 꿈(고): 대국의 민낯』, 정진라이프, 213쪽.

부록 3] 대왕치세 32년 동안 대사면(일반사면)을 단행한 내역

| 순번 | 일자 | 사유 | 상한 | 순번 | 일자 | 사유 | 상한 |
|---|---|---|---|---|---|---|---|
| 1 | 즉위년 8월 11일 | 대왕 즉위 | 일죄 | 18 | 17년 7월 29일 | 가뭄 | 도죄 |
| 2 | 즉위년 11월 9일 | 상왕 존호 봉숭 | 일죄 | 19 | 18년 5월 12일 | 가뭄 | 도죄 |
| 3 | 1년 5월16일 | 상왕 탄신일(53세) | 장죄 | 20 | 18년 5월 24일 | 가뭄 | 도죄 |
| 4 | 2년 4월 8일 | 가뭄 | 이죄 | 21 | 21년 4월 28일 | 가뭄 | 도죄 |
| 5 | 4년 5월 2일 | 상왕 환후 | 일죄 | 22 | 22년 4월 25일 | 가뭄 | 장죄 |
| 6 | 6년 7월 12일 | 상왕 내외 부묘(祔廟) | 일죄 | 23 | 23년 윤11월 20일 | 明의 봉천전 준공 | 일죄 |
| 7 | 6년 10월 15일 | 明 황제(홍희제) 등극 | 일죄 | 24 | 23년 7월 23일 | 원손(元孫) 탄생 | 일죄 |
| 8 | 7년 6월 23일 | 가뭄 | 이죄 | 25 | 25년 5월 14일 | 가뭄 | 장ㅈ하 |
| 9 | 7년 윤7월 22일 | 明 황제(선덕제) 등극 | 일죄 | 26 | 25년 7월 12일 | 가뭄 | 유죄 |
| 10 | 9년 6월 9일 | 가뭄 | 이죄 | 27 | 26년 7월 11일 | 재변(災變) | 일죄 |
| 11 | 10년 4월 8일 | 明 황태자 책봉 | 일죄 | 28 | 28년 3월 13일 | 왕비 환후 | 일죄 |
| 12 | 11년 7월 2일 | 가뭄 | 이죄 | 29 | 30년 4월 3일 | 세손(홍위) 책봉 | 유죄 |
| 13 | 13년 5월 16일 | 가뭄 | 도죄 | 30 | 31년 5월 26일 | 가뭄 | 도죄 |
| 14 | 14년 6월 21일 | 가뭄 | 도죄 | 31 | 31년 11월 1일 | 세자 환후 | 도죄 |
| 15 | 15년 5월 3일 | 원묘(元廟) 건립 | 일죄 | 32 | 32년 1월 23일 | 대왕 환후 | 일죄 |
| 16 | 16년 7월 23일 | 가을장마 | 도죄 | 33 | 32년 윤1월 1일 | 明 황제(경태제) 등극 | 일죄 |
| 17 | 17년 2월 9일 | 明 황제(정통제) 등극 | 일죄 | 34 | 32년 2월 15일 | 대왕 위독 | 일죄 |

**[부록 4] 세종치세 32년 동안 보방을 시행한 내역**

| 순번 | 일자 | 사유 | 상한 | 순번 | 일자 | 사유 | 상한 |
|---|---|---|---|---|---|---|---|
| 1 | 2년 4월 4일 | 체옥 | 경죄 | 18 | 17년 7월 29일 | 가뭄 | 도죄 |
| 2 | 4년 4월 26일 | 태종 환후 | 유치 | 19 | 17년 8월 25일 | 가뭄 | 경죄 |
| 3 | 4년 7월 2일 | 가뭄 | 경죄 | 20 | 18년 11월 19일 | 추위 | 경죄 |
| 4 | 4년 11월 7일 | 추위 | 경죄 | 21 | 20년 5월 20일 | 가뭄 | 도죄 |
| 5 | 4년 11월 26일 | 추위 | 경죄 | 22 | 21년 4월 11일 | 가뭄 | 도죄 |
| 6 | 5년 10월 9일 | 가뭄 | 경죄 | 23 | 21년 7월 4일 | 가뭄 | 도죄 |
| 7 | 6년 2월 24일 | 농번기 | 경죄 | 24 | 22년 4월 18일 | 가뭄 | 도죄 |
| 8 | 7년 4월 27일 | 가뭄 | 경죄 | 25 | 22년 7월 9일 | 더위 | 경죄 |
| 9 | 7년 6월 15일 | 가뭄 | 경죄 | 26 | 23년 6월 25일 | 더위 | 경죄 |
| 10 | 7년 7월 23일 | 가뭄 | 경죄 | 27 | 25년 5월 8일 | 가뭄 | 도죄 |
| 11 | 8년 11월 27일 | 추위 | 경죄 | 28 | 26년 7월 1일 | 가뭄 | 도죄 |
| 12 | 9년 3월 28일 | 농번기 | 경죄 | 29 | 26년 7월 13일 | 재변 | 유치 |
| 13 | 12년 윤12월 4일 | 가뭄 | 경죄 | 30 | 27년 5월 11일 | 가뭄 | 도죄 |
| 14 | 14년 7월 7일 | 더위 | 경죄 | 31 | 28년 6월 2일 | 체옥 | 경죄 |
| 15 | 16년 6월 4일 | 더위 | 경죄 | 32 | 29년 6월 13일 | 가뭄 | 경형 |
| 16 | 17년 3월 25일 | 농번기 | 경죄 | 33 | 31년 5월 20일 | 가뭄 | 도죄 |
| 17 | 17년 6월 21일 | 가뭄 | 경죄 | | | | |

**[부록 5] 세종치세 32년 동안 형조판서 역임자**

| 순번 | 발령 일자 | 이름 | 재직기간 | 순번 | 발령 일자 | 이름 | 재직기간 |
|---|---|---|---|---|---|---|---|
| 1 | 태종 18년 8월 10일 | 조말생 | 17일 | 17 | 18년 6월 22일 | 정 연 | 41개월 |
| 2 | 즉위년 8월 27일 | 김여지 | 9개월 | 18 | 21년 10월 1일 | 박안신 | 14개월 |
| 3 | 1년 4월 8일 | 김 점 | 9개월 | 19 | 22년 5월 3일 | 정인지 | 6개월 |
| 4 | 2년 1월 7일 | 허 지 | 23개월 | 20 | 22년 11월 12일 | 남 지 | 20일 |
| 5 | 3년 12월 7일 | 이 발 | 34개월 | 21 | 22년 12월 3일 | 김종서 | 11개월 |
| 6 | 5년 9월 29일 | 권 진 | 24개월 | 22 | 23년 11월 14일 | 유계문 | 15개월 |
| 7 | 7년 9월 7일 | 신 상 | 47일 | 23 | 25년 1월 11일 | 안숭선 | 9개월 |
| 8 | 7년 10월 24일 | 정 진 | 17개월 | 24 | 26년 10월 6일 | 신인손 | 4개월 |
| 9 | 9년 3월 20일 | 서 선 | 13개월 | 25 | 27년 2월 11일 | 남 지 | 15개월 |
| 10 | 10년 4월 24일 | 김자지 | 33개월 | 26 | 28년 4월 25일 | 권맹손 | 7개월 |
| 11 | 12년 윤12월 3일 | 하 연 | 13개월 | 27 | 28년 12월 2일 | 윤 형 | 12개월 |
| 12 | 13년 2월 1일 | 정흠지 | 51개월 | 28 | 29년 12월 3일 | 민 신 | 3개월 |
| 13 | 17년 3월 27일 | 신 개 | 4개월 | 29 | 30년 2월 4일 | 이승손 | 20개월 |
| 14 | 17년 6월 9일 | 이숙묘 | 3개월 | 30 | 31년 10월 5일 | 조극관 | 3개월 |
| 15 | 17년 9월 8일 | 신 개 | 7개월 | 31 | 31년 12월 26일 | 조 혜 | 12개월 |
| 16 | 18년 4월 14일 | 하 연 | 2개월 | | | | |

[부록 6] 세종치세 전후의 형조 편제

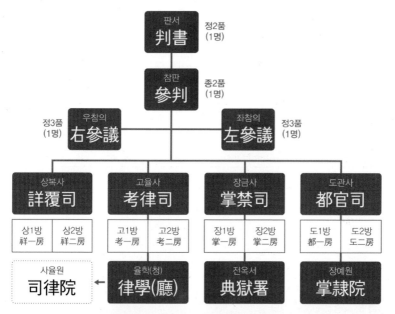

| 부서 | 소관업무 | 책임관원 |
|---|---|---|
| 상복사 | 중앙과 지방에서 발생한 사죄사건 복계(覆啓) | 정랑 1, 좌랑 1 |
| 고율사 | 각종 법령의 제정, 개정, 폐기 | 정랑 1, 좌랑 1 |
| 율학(청) | 예비법관 및 현직 법관 교육 | 교수 1, 훈도 1 |
| 장금사 | 사죄사건 이외의 형사사건 수사와 재판 | 정랑 1, 좌랑 1 |
| 전옥서 | 옥사가 종료되지 않은 미결수 구금과 처우<br>집행을 기다리는 사형수(관리가 아닌 일반인) | 제조 1, 주부 1<br>봉사 1, 참봉 1 |
| 도관사 | 중앙과 지방의 노예(노비) 및 포로 관리 | 정랑 1, 좌랑 1 |
| 장예원 | 노비(노예)문서 관리<br>노비소송 심리 | 지사 1, 의랑 2<br>정랑 2, 좌랑 2 |

* 성종 때 완성된 《경국대전》〈이전(吏典)〉에 따르면, 조선 초기에는 위의 표에 명시한 '책임관원'
이외에, 별제(종6품) 2명, 명률(종7품) 2명, 심률(종8품) 2명, 검률(종9품) 2명, 아전 57명[녹사錄事]
8명, 서리[書吏] 49명)이 더 배속되었다.

**[부록 7] 대왕치세 32년 동안 병조판서 역임자**

| 순번 | 발령 일자 | 이름 | 재직기간 | 순번 | 발령 일자 | 이름 | 재직기간 |
|---|---|---|---|---|---|---|---|
| 1 | 태종 18년 8월 10일 | 박 습 | 18일 | 11 | 18년 12월 3일 | 황보인 | 45개월 |
| 2 | 즉위년 8월 27일 | 조말생 | 97개월 | 12 | 22년 8월 12일 | 한 확 | 4개월 |
| 3 | 8년 3월 6일 | 이 발 | 9개월 | 13 | 22년 12월 3일 | 정 연 | 43개월 |
| 4 | 8년 11월 25일 | 이맹균 | 4개월 | 14 | 26년 7월 1일 | 한 확 | 8개월 |
| 5 | 9년 3월 20일 | 황 상 | 11개월 | 15 | 27년 1월 24일 | 안숭선 | 29개월 |
| 6 | 10년 윤4월 20일 | 최윤덕 | 20개월 | 16 | 29년 4월 18일 | 이 선 | 1개월 |
| 7 | 12년 1월 8일 | 이 수 | 4개월 | 17 | 29년 5월 12일 | 김효성 | 6개월 |
| 8 | 12년 4월 26일 | 조계생 | 11개월 | 18 | 29년 11월 1일 | 김세민 | 14개월 |
| 9 | 13년 2월 29일 | 이명덕 | 4개월 | 19 | 31년 1월 5일 | 민 신 | 22개월 |
| 10 | 13년 7월 2일 | 최사강 | 55개월 | | | | |

[부록 8] 〈도성도(都城圖)〉, 《여지도(輿地圖)》 제1책, 서울대학교 규장각한국학연구원 소장

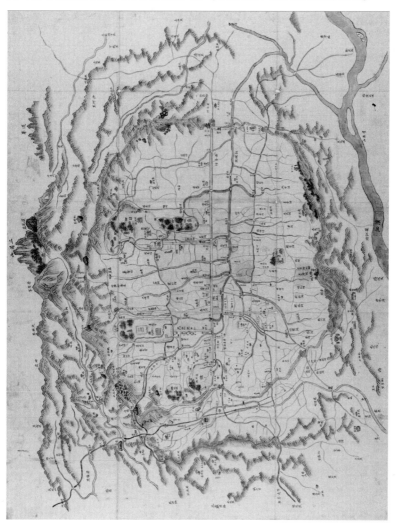

이제껏 아무도 일러주지 않은
## 세종치세 도둑 대학살

초판 1쇄 인쇄 | 2020년 09월 15일
초판 1쇄 발행 | 2020년 09월 25일

지은이    조병인

펴낸이    한정희
편집·디자인   유지혜 김지선 박지현 한주연
마케팅    유인순 전병관 하재일

펴낸곳    역사인
출판신고   제313-2010-60호.(2010년 2월 24일)

주소    경기도 파주시 회동길 445-1 경인빌딩 B동 4층
대표전화   031-955-9300 | 팩스   031-955-9310
홈페이지   www.kyunginp.co.kr | 전자우편   kyungin@kyunginp.co.kr

ISBN 979-11-86828-22-9  03910
값  34,000원